中国人民大学
考古文博学术系列丛书

西陲屏藩

清代伊犁河谷驻防城的考古学研究

郝园林 著

科学出版社

北京

内 容 简 介

本书基于对伊犁河谷清代"伊犁九城"、牛录城堡、卡伦、营盘等驻防城的考古学调查、测量和勘探，结合中外文献、图片资料等，进行了较为系统的考证和研究。伊犁驻防城体系的发展历经初建、高潮、完善、战乱、重建五个阶段。各城形制规整、特点鲜明，军事防御设施完善。空间分布上呈现出"双核心"布局，互为掎角之势。伊犁河谷清代驻防城是在中央王朝的主导下，由各族兵员百姓共同建起来的，它们有效地稳固了边疆局势，维护了国家统一。以此材料和史实为本，作者还就城市考古学、城市形态学、"中心地"、边疆理论、"新清史"等理论范式做了深入反思。

本书可供考古学、历史学、建筑学及军事学等方向的研究者和爱好者，以及大专院校相关专业师生阅读和参考。

审图号：GS（2023）4087 号

图书在版编目（CIP）数据

西陲屏藩：清代伊犁河谷驻防城的考古学研究 / 郝园林著. —北京：科学出版社，2023.10

（中国人民大学考古文博学术系列丛书）

ISBN 978-7-03-074137-0

I. ①西… II. ①郝… III. ①伊犁河－军事－防御体系－考古学－研究－清代 IV. ① K872.45

中国版本图书馆 CIP 数据核字（2022）第 236820 号

责任编辑：张亚娜 周 赒 / 责任校对：王晓茜
责任印制：肖 兴 / 封面设计：北京美光设计制版有限公司

科 学 出 版 社 出版
北京东黄城根北街 16 号
邮政编码：100717
http://www.sciencep.com

北京中科印刷有限公司 印刷
科学出版社发行 各地新华书店经销

*

2023 年 10 月第 一 版 开本：787×1092 1/16
2023 年 10 月第一次印刷 印张：20 1/4 插页：8
字数：478 000

定价：168.00 元
（如有印装质量问题，我社负责调换）

序　言

新疆古称西域，地处中国西北边陲，属亚欧大陆腹地。其地疆域辽阔，地貌多样，北界阿尔泰山，南接昆仑山、喀喇昆仑山和阿尔金山，天山山脉横亘于中部，山脉相阻，形成了天山以南的塔里木盆地和天山以北的准噶尔盆地，即所谓"三山夹两盆"的地理格局。这里分布着 570 余条大小河流，主要依靠山脉积雪和山地降水汇流而成。复杂多变的地形条件，水量丰沛的河流，使这一区域形成了包含森林草原、大漠戈壁和田园绿洲等多样的生态景观。

在广袤的新疆版图中，伊犁河谷占据着重要地位。伊犁河谷位于西天山区域，三面环山，地貌呈由东向西敞开的喇叭状，大西洋和里海等西来的湿气，使谷地内河流纵横，植被繁茂，而由特克斯河、巩乃斯河和喀什河三大支流汇合而成的伊犁河一路西去，流向哈萨克斯坦境内的巴尔喀什湖。伊犁河之名，我国文献多有记载，如《汉书》之"伊列"河，《新唐书》之"伊丽河""帝帝河"，耶律楚材《西游录》之"亦列河"等，另有"益离""亦剌河"等同名异写。伊犁河两岸为阶地漫滩，土壤肥沃。河谷内气候湿润，水草肥美，宜于畜牧，素有"塞外江南"之美称。

伊犁河流域因其优越的自然条件，自古以来就是多民族聚居活动的区域，同时也是各族群往来迁徙、东西方文化交流传播的重要通道。在距今 5000 年前后，伊犁河谷内的人群就开始使用铜器；进入青铜时代后，这里更成为青铜文明传播的主要途径；在距今 3000 年前后，河谷内的居民已广泛使用铁器。据中外史料记载，从公元前 3 世纪开始的两汉至北朝时期，伊犁河谷就有塞种人和月氏、乌孙、匈奴等古代民族在此游牧射猎。进入隋唐和辽金阶段，先后又有柔然、突厥和西辽等部族政权相继统治该地区。13 世纪以后，蒙古各部开始据有伊犁大部地区。明清之际，沙俄也对伊犁河流域的卫拉特蒙古各部虎视眈眈。1762 年，清廷在伊犁设立"总统伊犁等处将军"（简称"伊犁将军"），伊犁地区就此正式纳入清廷的直接统治之下，作为中央王朝的"屏藩"之地，伊犁由此也成为了当时新疆的政治和军事中心。

伊犁河谷因拥有优越的自然条件和作为丝绸之路枢纽的地理位置，该地区留下了旧石器时代、新石器时代和各历史时期丰厚而色彩纷呈的考古学文化遗存。随着我国"一带一路"倡议的实施和新疆考古调查与发掘工作的逐步展开，中国人民大学北方民族考古研究所也积极投入到了新疆的考古工作中。2012 年，我们与新疆维吾尔自治区文物考古研究所合作，制定了"新疆北部地区考古发掘规划"。2014年7~8月，我们发掘了阿勒泰地区属于早期铁器时代的东喀腊希力克别特遗址和墓地；同年8月，我在考察博尔塔拉蒙古自治州青铜时代的阿敦乔鲁遗址和呼斯塔遗址时，受邀参观了惠远新城，以及城中的伊犁将军衙署。2016年7~8月，我们发掘了双河市属青铜时代的泉水沟遗址和墓地、博尔塔拉蒙古自治州都木都厄布得格早期铁器时代遗址和历史时期古城址；同年8月，我再度受伊犁哈萨克自治州文物局之邀，协助筹备和组织召开了有关老惠远城保护利用的"惠远古城历史文化研讨会"；会后即在当年9月开展了惠远新、老古城的考古调查与勘探工作。2017年8月，在前期调查勘探的基础上，我们在新疆维吾尔自治区文物考古研究所召开的"惠远新老古城考古勘探成果评审会"上，顺利通过了评审。

通过一系列的调查和研讨，我深感伊犁河谷的清代考古资源内涵丰富，特别是声名远播的清代"伊犁九城"至今仍然大部保存完好，具有重大的学术意义与现实意义，但多年来只有历史学界利用文献资料的研究成果较多，而考古学界的关注则远远不够。有鉴于此，我就将以"伊犁九城"为核心的伊犁清代城址的研究课题交给了博士在读的郝园林。当时他刚从美国匹兹堡大学交流学习回国不久，在匹兹堡大学期间，跟随周南（Robert D. Drennan）教授学习和掌握了一些国外的考古学理论和方法。有志于做明清考古的他，欣然接受了该选题，并在2016年9月首次进行考古调查之后，便投入到资料的搜集工作中，整理了多达百万字的史料长编，并就此将"伊犁九城的考古学研究"确定为他的博士论文选题。随后于2017年3月又赴伊犁做了进一步的深入调查和航测等工作，并在2017年6~7月参与了对惠远新、老古城的勘探工作。2017年8月，我又组队带郝园林对"伊犁九城"中的绥定城、塔勒奇城、瞻德城、广仁城、拱宸城、惠宁城、熙春城、宁远城，以及扎库齐牛录城和纳旦木卡伦进行了实地调查和航测，搜集了详尽的第一手资料。

面对大量的考古调查资料和文献史料，郝园林的学习背景为他进行研究提供了良好的契机。他本科阶段在中国人民大学历史学专业学习，受到了较为系统的史学训练并参加了我指导的北京延庆西屯的田野考古实习。在硕士学习阶段，我安排他参加了几次较大规模的考古发掘工作，如河北卢龙蔡家坟商周遗址和北京周边地区明清墓葬的发掘与整理，他还随我多次调查阴山以北的北魏和金元时期的城址，基本上掌握了田野考古的基础知识和基本技能。郝园林通过硕士毕业论文《明万全右卫城军事防御体系的考古学观察》的写作，对于城市考古的方法已经有了较好的把握，通过查阅和编纂80多万字的史料长编，在明清文献资料的搜集方面也已初入门径。这些训练为他博士阶段的考古调查和论文的撰写打下了比较好的基础。

郝园林为人谦虚，性格随和，做事兢兢业业，不辞劳苦，平时跟大家相处也十分融洽，这是一种很值得称道的做人态度。他平时学习刻苦，读书认真，勤于思考。在博士论文的写作过程中，他克服困难，几次进入伊犁河谷进行考古调查，为了查阅史料，在图书馆泡了许多个日夜，最终高质量地完成了博士论文《清代伊犁河谷城址的考古学研究》，并得到了论文评审和答辩专家的好评。对此我是十分欣慰的。郝园林毕业后去天津师范大学历史文化学院工作，承担了考古学通论、考古绘图、历史人类学与田野考察等课程的讲授，教学相长，他也因此在学术上得到了进一步的提高，申请到了国家社会科学基金项目的经费支持，并为本书的出版再赴伊犁进行补充调查。与此同时，他博士论文中的一些学术观点发表在了考古学和历史学的核心刊物上，得到了学界的普遍好评。由此，他在不断增补新的考古资料的基础上，又补充了一些文献史料和俄文资料，在细节上进一步完善，理论探讨上也进一步深入，最终完成了这部《西陲屏藩：清代伊犁河谷驻防城的考古学研究》（后文称《西陲屏藩》）的学术专著。几年打磨，终成正果，且如约而至，这实在是一件令人高兴的事！

《西陲屏藩》做了诸多有益的探索。一是首次尝试以考古学的视角聚焦于伊犁河谷区域内的清代城址，探讨了城址的布局和形制特征等问题，并编制了详尽的城址数据库；二是创见性地提出伊犁驻防城的布局与形制理念来源于明代北方卫所城，伊犁驻防城存在着相互呼应的双核布局模式；三是通过对具有地域性特点的伊犁清代城址的研究，就城市考古学方法论、城市形态学、"新清史"等学科理论和范式做了较为深入的探讨。尽管上述结论尚显青涩，甚至有待商榷，但不失为有益的探索。我也希望郝园林能对相关理论和话题继续探索，迈向更广阔的研究领域。

《西陲屏藩》是作为中国人民大学考古文博学术系列丛书出版的。该系列之前出版的著作研究年代包括史前、商周、辽、明等时期。《西陲屏藩》的出版，意味着该系列丛书的研究年代进一步拓宽到了清代，这其实也是人大考古这几年工作内容和培养方向的折射。我们在培养学生的过程中，只想不断拓宽我们的视野，并无门户之见，亦无地域年代之限，更无理论偏见。这一点也是我们的特色。

我曾经参与《清史》编纂工程八年，深知清史研究的重要和清代考古的必要。多年来我们将考古的年代下限定在辽金元时期，明清时期自然不在考古之列。但近年随着配合基建考古工作的开展和文物保护意识的加强，大量明清时期地下遗迹不断被发掘，许多清代地面遗址也纳入考古与文物保护的视野，清代考古的展开已成必然。但面对浩如烟海的清代文献，清史学界对于清代考古材料往往是忽略的，因而不能关注到清代遗址丰富的考古学内涵。毋庸讳言，丰富的清代文献史料，使很多遗址的名称、年代和相关背景信息已基本明确，以"考古学文化"为研究对象的考古学方法论体系难以发挥作用。《西陲屏藩》也面临同样的境况，其相关研究论述仍不免偏重于文献史学的考释，考古材料的解读仍有较大的提高空间。因此，清代考古的学术背景要求有志于清代遗址的研究者，既要充分利用经典的考古学方法，也要创新研究理论，扩大考古学研究视野，丰富考古学研究手段。对于清代考古而言，郝园林已经扎扎实实地迈出了一大步，但我们要走的路还很长。希望郝园林在接下来的研究中，立足伊犁，将研究视野放大到新疆乃至中国边疆的广大区域，为边疆考古作出更大的贡献。

　　适逢百年考古的盛世，中国考古学正以崭新的姿态进入下一个百年，希望每一位年轻的考古学者都肩负起时代的责任。

　　是为序。

2022 年 6 月 16 日于时雨园

目　　录

第一章 绪 论

第一节 缘 起

古庙东西辟广场，雪消齐露粉红墙。

风光谷雨尤奇丽，苹果花开雀舌香。

城隅两日霁寒威，韦曲词人尚下帏。

趁得南山风日好，望河楼下踏春归。[1]

——（清）洪亮吉

伊犁，是一个充满诗情画意的地方。伊犁河谷地的草绿，天山顶雪山的洁白，是这片土地的底色。伊犁河的不羁，薰衣草的浪漫，孕育了伊犁人民的情怀。当我第一次踏进伊犁，便被它深深地吸引。马奶、油塔子、杏干、苹果等美食，还有乌苏、伊力特美酒，调动起我每一个味蕾。而当我走进清代伊犁河谷城址，走进伊犁九城，走进惠远城，揭开这段日渐尘封的历史，又被其深深折服与感动⋯⋯

清乾隆二十四年（1759），清廷在平定准噶尔及大小和卓之叛乱后，于乾隆二十七年批准设立"总管伊犁等处将军"，即"伊犁将军"，清代在新疆的军府制正式确立。伊犁将军初驻绥定城，乾隆二十八年，首任伊犁将军明瑞在伊犁河北岸筑大城，乾隆赐名"惠远"。随着伊犁将军移驻惠远城，该城成为新疆的政治、军事、经济、教育文化中心，左宗棠曾谓之"西路第一重镇"[2]。事实上，从乾隆二十六年至四十五年，除修绥定、惠远两城外，还修筑有塔勒奇城、宁远城、惠宁城、广仁城、瞻德城、拱宸城、熙春城等城池，统称"伊犁九城"。其后，又于光绪八年（1882）在惠远北修筑新城，伊犁将军移驻该城，是为惠远新城，旧址年久失修，被称为惠远老城。上述城址现在均有遗迹残留，其中尤以惠远新城保存最好，城内将军衙署、钟鼓楼等遗存仍在。

---

[1]（清）洪亮吉：《洪亮吉集》更生斋诗卷一《万里荷戈集·伊犁纪事诗四十二首》，中华书局，2001年，第1212页。

[2]（清）左宗棠：《复陈新疆情形折》，《左宗棠全集》奏稿七，岳麓书社，2014年，第170页。

伊犁九城残存的遗迹，及其在清代统一新疆历史进程中所发挥的重要作用，使之成为考古学研究的绝佳材料。机缘巧合下，作者对伊犁九城、牛录城、卡伦做过多次调查，甚至还对惠远新、老城进行过勘探，获取了详实且珍贵的考古学资料。本书希望能带领读者以考古学的视角走入这些城址，并借助大量史料甚至有些诗意的历史文献，开启一段充满乐趣、收获丰富的学术体验。

第二节　概念、目标与思路

开篇明义，首先有必要对本书研究对象的空间范围、时间范围及内容做严格限定，以此作为讨论范围，进而明确本书的研究思路和方法。这便是本节内容的基本思路。

一、概　念　设　定

伊犁河谷位于我国新疆西北，身居天山西部腹地，为"天山南北两路总会之区"[1]，地处亚欧大陆中部。其北、东、南三面环山，北面是西北—东南走向的别珍套山、科古琴山、博罗科努山及依连哈比尔尕山，南面是东北—西南走向的哈克他乌山、那拉提山和乌孙山，东侧横亘有阿吾拉勒等山，总体构成"三山夹两谷"的喇叭状地貌轮廓。谷地内伊犁河由东向西流经，两岸地势较为平坦。

本书研究的地域范围便是该谷地，包括伊犁哈萨克自治州伊宁市、霍城县、察布查尔锡伯自治县、尼勒克县、新源县、巩留县、特克斯县、昭苏县等地区。该地区四季分明、日照充足，加上既深且窄的谷地环境，形成了外部寒冷、内部温暖的"逆温带"，年均气温10.5℃。同时，大西洋、里海等西来湿气顺利进入，使其雨量充沛，成为新疆最湿润的地方。该地区自古水草丰茂、花果满地，非常适合农业和畜牧业的发展，被称为"绿色走廊"，素有"果园""粮仓""天马之乡"等美誉。清人指其"山川形势甲于诸部，气候和暖，人民殷庶，物产饶裕，西陲一大都会也"[2]，实不为过。

伊犁河及其上游三条支流特克斯河、巩乃斯河和喀什河自西向东流经伊犁河谷全境，沿途还汇入包括霍尔果斯河在内的各小支流。伊犁河在清代也被称为"伊江"，时

[1]（清）松筠修，（清）汪廷楷、祁韵士撰：《西陲总统事略》卷五《疆域山川》，中国书店，2010年，第74页。

[2]（清）傅恒等：《钦定皇舆西域图志》卷一二，《景印文渊阁四库全书》第五〇〇册，台湾商务印书馆，1986年，第300页。

人谓之"为一方之胜"[1]。伊犁河汛期水流量较大,一方面为伊犁地区生产生活提供了丰富的水资源和便利的水运交通,另一方面由于该地区土壤多为沙性黄土,河道变动较大,对谷地内的生态和人文景观产生了深刻的影响。

伊犁河谷地处欧亚内陆中心,从远古时期始,它便是联系欧亚地区各民族、各人群的重要纽带。在距今约 4000 年时伊犁河谷进入青铜时代,距今约 3000 年时进入早期铁器时代。大约到汉朝前后,塞种人、月氏人、乌孙人、匈奴人等先后在此活动,其中乌孙人在河谷内建有赤谷城。西域都护府建立后,伊犁河谷地区被纳入汉王朝版图,有"伊列"之名。现在伊犁河谷已发掘出大量青铜时代至早期铁器时代的墓葬,同时发现有目前已知欧亚大陆规模最大的铜矿开采冶炼遗址奴拉赛铜矿址。唐王朝统一西域后,在西突厥诸部设置昆陵、濛池都护府,现谷地内仍有唐时磨河古城、吐鲁番于孜城、波马古城、夏塔古城等古城址,突厥牙帐弓月城有可能即是以上诸城中的某座。在《旧唐书·突厥传》等文献中已见"伊丽"之名,同汉时"伊列"一样,均为"伊犁"一名之来源。

13 世纪,成吉思汗灭西辽国,伊犁河流域被分封给察合台。阿力麻里城成为察合台汗国的政治中心,周边散布有海努克城、可坦买里城、阿布那什城、布拉克巴什城、三宫城等。明末清初,准噶尔部占据伊犁河谷,建立政权,设置金顶寺、银顶寺等佛教建筑,清人谓之"庙之宏赡,遂甲于漠北"[2]。

乾隆年间,清廷平定准噶尔部及大小和卓后,于 1762 年设立伊犁将军,并屯兵筑城,营建了一大批驻防城,用来"节制南北两路,统辖外夷部落"[3],彻底确立了中央王朝对新疆的统治。乾隆皇帝将"西域"更名为"新疆","伊丽"改为"伊犁"。据清廷《钦定西域同文志》,"伊犁"取自蒙语音译,即同"伊勒",为"光明显达"之意[4]。清廷一统新疆,产生了深远的历史意义,"乾隆皇帝对伊犁流域和喀什噶尔的吞并,标志着实现了中国自班超时代以来的 18 个世纪中实行的亚洲政策所追随的目标,即定居民族对游牧民族的、农耕地区对草原的还击"[5]。

---

[1]（清）洪亮吉:《洪亮吉集》更生斋诗卷一《万里荷戈集·伊犁纪事诗四十二首》,中华书局,2001 年,第 1212 页。

[2]（清）傅恒等:《钦定皇舆西域图志》卷四七,《景印文渊阁四库全书》第五〇〇册,台湾商务印书馆,1986 年,第 897 页。

[3]（清）松筠:《新疆识略》卷五《官制兵额》,《续修四库全书》第七三二册,上海古籍出版社,2002 年,第 663 页。

[4]（清）傅恒等:《钦定西域同文志》,《景印文渊阁四库全书》第二三五册,台湾商务印书馆,1986 年,第 15 页。

[5]［法］勒内·格鲁塞著,蓝琪译:《草原帝国》,商务印书馆,1998 年,第 670 页。

历代人类活动在伊犁河谷留下了大量的遗址。据第三次全国不可移动文物普查结果，伊犁哈萨克自治州境内保存各类单体文物5万余处，其中不可移动文物1359处，包括古遗址63处、古墓葬1175处、古建筑20处、石窟寺及石刻49处、近现代重要史迹及代表性建筑52处。既展现了伊犁河谷地区多元的文化面貌，也体现了中华民族的统一进程。其中古代城址归属于古遗址类，保存相对较好，屡出重要发现，年代多集中在唐、元、清三朝，具有重要的学术研究价值。

本书研究的对象便是伊犁河谷内的清代驻防城，除包括清廷在伊犁河北岸营建的惠远老城、绥定城、塔勒奇城、宁远城、惠宁城、广仁城、瞻德城、拱宸城、熙春城、惠远新城外，还涵盖伊犁河南岸的八个牛录城堡，同时囊括遍布谷地内的卡伦、军台、营盘等（图1-1）。它们地域相近，时人所谓"纵横相连，东西不逾二百里，大城居其中"[1]，"大城"即惠远老城。在管理上，这些城址也被视为一个整体，均属于伊犁将军的核心管辖区，由下属将官分领不同辖域或者事务。上述城址共同构成伊犁河谷驻防城体系，是本书研究的主要内容。

伊犁河北岸驻防城核心的九座城址被统称为"伊犁九城"，简称"九城"。九城内驻守伊犁将军及属下官兵，是伊犁河谷城址的核心。九城等级较高，城内事务繁多，故伊犁将军设官对伊犁九城进行统一管辖，如参赞大臣、领队大臣、抚民同知、理事同知官员，另有巡检、经纪等[2]。清人称："九城并列于伊犁河北岸，东西相望，互为犄角，高山大河，表里环抱，形势之胜，甲于西域。"[3]因此，伊犁九城是本书研究的重点。

值得一提的是，惠远老城遭到废弃以后，兴建了惠远新城，二者几乎没有同时发挥作用，伊犁九城一直由九座城组成，只是先后的组成稍有变化，惠远新城在清末接替了惠远老城的角色。九城中，本书主要研究惠远老城，在文献中一般称其为惠远城，也称旧城。因此，在本书中，若提到"惠远城"，即指惠远老城，而非惠远新城。

伊犁河谷历史在清代可分为两个阶段，前段为准噶尔部等势力占据时期，后段为清廷统治时期，二者一般以乾隆二十四年（1759）为界。前段该地地广人稀，人们多

---

[1]（清）李云麟：《论伊犁》，《清朝经世文续编》卷七五《兵政十四》，文海出版社，1972年，第1924页。

[2]《新疆识略》载："请将现有之理事同知一员改为抚民同知，管理地方一切事务。再添设理事同知一员，办理各营刑名案件，得旨，允行。凡伊犁九城税赋、牲畜、煤窑、房租、地租、钱局、厂工，及商民、绿营命盗案件，或由本处主事职衔升补，或由废员主事职衔粮员升补。"（清）松筠：《新疆识略》卷五《官制兵额》，《续修四库全书》第七三二册，上海古籍出版社，2002年，第666页。

[3] 许崇灏：《新疆志略》，黑龙江教育出版社，2015年，第174～175页。

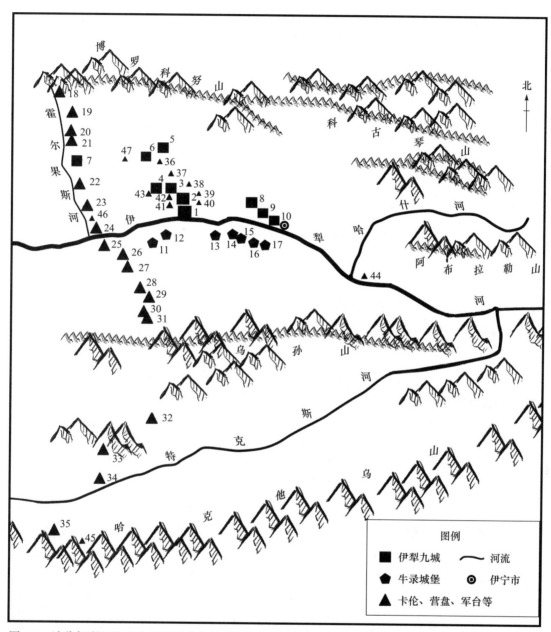

图 1-1 清代伊犁河谷驻防城遗迹分布示意图

1. 惠远老城 2. 惠远新城 3. 绥定城 4. 塔勒奇城 5. 广仁城 6. 瞻德城 7. 拱宸城 8. 惠宁城 9. 熙春城 10. 宁远城 11. 乌珠牛录、依拉齐牛录城堡 12. 堆齐牛录城堡 13. 孙扎齐牛录城堡 14. 宁古齐牛录城堡 15. 纳达齐牛录城堡 16. 扎库齐牛录城堡 17. 寨牛录城堡 18. 哈尔索胡尔卡伦 19. 契格尔干卡伦 20. 富尔干卡伦 21. 沙彦卡伦 22. 察罕额博卡伦 23. 登元卡伦 24. 河源卡伦 25. 头湖卡伦 26. 梧桐孜卡伦 27. 纳旦木卡伦 28. 阿布散特尔卡伦 29. 多兰图卡伦 30. 吐库尔浑卡伦 31. 洪纳海卡伦 32. 哈桑卡伦 33. 格登山卡伦 34. 苏里季尔卡伦 35. 纳林哈勒噶卡伦 36. 瞻德城东营盘 37. 长远洞营盘 38. 绥定城东营盘 39. 惠远新城东营盘 40. 惠远新城南营盘 41. 惠远新城西营盘 42. 惠远新城北营盘 43. 火烧庄子古城 44. 哈什怀顺城 45. 沙图阿满军台 46. 乔老克炮台 47. 索伦营城从事游牧活动，较少有营建工程，故本书的研究集中于后段。在这一阶段，清廷在伊犁河谷屯兵筑城，开始了大规模的驻防城建设工程。本书研究的年代下限为清王朝结束，即 1912 年。

事实上，前述对研究对象地域和年代的界定主要是为明确研究主题所服务，并非严格死板的限定。本书出于切中研究主题的目的，在做相关讨论时会适当外延，地域范围可能会向四周扩大，时间区间可能会向前后延展。

对伊犁河谷城址的研究可以从很多角度切入，本书主要是从考古学角度入手，以考古学材料为基础，同时尽可能地全面搜集文献材料，但仅将其作为辅助。材料收集完备后，通过类型学、地层学等考古学方法，对城址的相关遗存进行考古学解释，这就是本书所指考古学研究方法。从根本上来讲，考古学的目标是复原人类过去的历史。因此，本书最终的目标是尝试解决相关的历史问题，即通过围绕物质层面进行解释的方式，引发对人、对社会问题的思考，从而探索各族群（清代各民族兵员百姓）的行为活动模式，总结出一些规律性认识和结论。

在确定了研究范围的前提下，本书尝试以问题为导向，集中解决在一定学术史背景下提出的相关问题。而清代伊犁河谷城址具有独特的资料属性，是有效解决相关学术和现实问题的非常合适的材料。反之，通过拟解决的问题，可进一步认识到本书选题的学术价值和应用价值。

二、研　究　目　标

本书首先要解决的是"存在"这一根本性问题。只有确定了"存在"的驻防城，才有进一步研究的可能。这种"存在"，既包括驻防城在文献中的存在，也包括其在实地调查中的存在。二者多有交集，即在文献和调查中都可见，这种情况占大多数；只具其一，即文献中有记载而调查已不可见，抑或调查后判断为清代遗址但文献中没有记载。不论何种情况，都需要尽可能地穷尽文献史料，同时对伊犁河谷做区域系统调查，方可做到没有遗漏。而只有在此基础上进行的研究，才立得住脚，这也是本书的基本意义所在。

对伊犁河谷驻防城的考古学研究可以城址的空间和功能为划分标准，从城内、城外、城址属性三个方面切入：城内即城址的建置，具体可分为城市建设和行政设置两个方面，驻防城建设指城墙及城内建筑的营建及完善，行政设置指职官体系的设置及级别的相应变化，二者构成了驻防城内部研究的基本面；城外即城址之间的关系及城址与周围环境的互相影响，前者包括行政上的等级关系、互通有无的贸易关系、势不两立的敌对关系等，后者包括驻防城对周边环境的认识及利用，以及环境对人类活动的影响；城址属性主要包含城址的功能和文化面貌，城址功能可分为军事性、政治性、商业性等，文化面貌主要指驻防城的建筑及装饰所体现的族属和文化特征。这三个方面基本涵盖了驻防城研究的主要内容，因此本书尝试从这三个角度设定研究拟解决的问题。

从古城的建置这一角度来说，本书首先要解决的问题是有关伊犁河谷地区驻防城的历史沿革，即在考古学的视野下，伊犁九城和河谷内的牛录城堡、卡伦等经历了怎样的发展历程，是否可对城址及建筑做分期讨论，这是本书要解决的基本问题之一。前人对此虽有研究，但对城内建筑建置关注较少，同时部分结论有待进一步商榷。

在搞清楚建置沿革的基础上，本书拟解决驻防城的形制和布局问题，即结合早年卫星影像和实地田野调查与发掘，复原伊犁九城及周边牛录、卡伦的城市形态及内部结构。在此基础之上，进一步探讨城址形态形成及变化的动力，以及内部结构是否反映某种意义，例如：驻防城是否经过系统规划？驻防城的形态选择和改变是否来源于某一种观念？扩建是否可代表城址对地方控制的进一步扩大？驻防城的内部结构是否是政治权力的产物，抑或仅仅是某种传统？等等。

书中进一步围绕城址之间的关系及城址与环境之间的互相影响来进行讨论。城址之间的关系方面，主要探讨伊犁河谷驻防城的布局是否有一定的规律性，即是否具有线性、等级性、向心性、联合性等特征，进而探讨每个城址在城市体系中发挥的作用，由此进一步探讨伊犁河谷驻防城空间布局的地理环境基础和思想基础，再通过惠远老城和惠远新城选址位置的变化，探讨城市选址变迁的因素。

在城址与环境的互相影响方面，本书主要探讨的问题是伊犁河谷驻防城如何认识与利用周围的自然环境，以及自然环境是如何对城址形态、功能等方面产生影响的。在此基础上，探讨伊犁河谷驻防城的选址决定因素。目前看来，伊犁河谷城址的选址有战略上的考虑，但学界仍缺乏深入论证。伊犁河谷驻防城并不是历史城市的延续，它是在空白土地上书写的新历史篇章，因此对其选址的讨论也是本书的重点之一。

在城市功能方面，伊犁河谷驻防城的主要功能是什么？其最终建设成果是否达到了相应的功能设计？若没有，是因为什么？该地区城址功能是否发生变化，发生变化的动力因素是什么？这些均是本书要探讨的内容。

"文化"是考古学研究中的核心概念之一，指"考古发现中可供人们观察到的属于同一时代、分布于共同地区，并且具有共同特征的一群遗存"[1]。文化的概念一般被运用于新石器时代至早期铁器时代的研究中，因为这一时段的研究无法直接体察和描

---

[1] 安志敏：《考古学文化》，《中国大百科全书·考古学》，中国大百科全书出版社，1986年，第253页。

述人类行为，便通过"文化"进行转接。对于本书所研究的清代驻防城来说，文化的概念仍可使用，这里更多地强调物质遗存所反映出的风格，以及这种风格所指向的族群。

本书研究对象具有较强的特殊性，即边疆地区的清代驻防城，文献记载十分丰富，因而对于探讨城市考古学，乃至考古学的相关问题具有一定的意义。如考古材料究竟如何能在所谓证史、补史的基础上更进一步？考古材料究竟该如何解读，才能真正将考古材料与文献材料勾连起来？是否能尝试在研究过程中发掘伊犁河谷驻防城的多方面意义？考古材料在解决城址的建置、布局和功能等问题中能否脱离文献所扮演的决定作用？对上述问题进行思考及探索，再反思考古调查及发掘的目标及过程，即一般的调查方法是否能有效帮助我们解决相应的历史问题？能否有改进的余地？这些都是作者一直思考的城市考古学方面的问题。

作者还将通过本书研究，做一些针对基础性理论范式的反思，比如历史地理中的城市形态学在城市考古研究中应用的可能性如何？在本书研究视野下"新清史"的观点是否成立？马克斯·韦伯（Max Weber）、施坚雅（George William Skinner）、欧文·拉铁摩尔（Owen Lattimore）等人对中国城市的论述，是否适用于本书研究对象？等等。本书将努力在这些基础问题上做出一些回答。

综合来看，本书的最终目标可表现在理论与实践两个层面。理论层面，除了获得伊犁河谷清代城址最为完备详细的信息这一研究目标，本书还拟通过系统的考古调查和勘探，深入挖掘城市遗存中蕴含的信息，使文献记载中的历史信息"落地"，建立起伊犁河谷清代城址发展演变更为精确的时空框架。徐苹芳先生曾指出："考古学的发现和研究可以给边疆史地的研究提供文献上所没有的史料及其深远的历史背景。"[1]现在越来越多的考古发现与研究证实了这一点。本书将研究视角置于伊犁河谷地区，通过对各地众多城址的比较和研究，深入挖掘边疆城址的研究价值。

在城市史研究框架下，伊犁河谷驻防城的研究具有重要意义。日本学者斯波义信指出："在中国城市史的研究方面，通常总是以长安、洛阳或北京之类的模式，千篇一律地概括中国的城市，而且满足于这种研究的思想非常根深蒂固，因此很难作出，诸如一般的和正规的城市论、城市形态论或城市生态论之类的研究。"[2]他认为，只有通过对诸多个别城市的研究和比较，找出普遍性与特殊性，才能提炼出有关中国城市发展史的正确论述。该观点在国内学界得到众多认同。目前，国内学界对城市史研究的

[1] 徐苹芳：《中国边疆史地研究与考古学》，《中国边疆史地研究》1992年第2期。

[2] ［日］斯波义信著，胡德芬译：《宋都杭州的城市生态》，《历史地理学读本》，北京大学出版社，2006年，第414页。

地域范围也在逐渐扩大。本书将研究对象和目标置于新疆伊犁地区，便是对该趋势的一种积极响应。

本书也将努力为明清时期城市考古的研究提供更多的思路和材料。目前，明清城市史著述较多，但从考古学研究角度切入者寥寥。伊犁河谷城市群地处边疆，所处年代也距今较近，并且是相对独立的城市群，所以考古材料信息保存得较为完整，史料也相当丰富，可以成为一个很好的城市考古研究方法探索的切入点。如何在前人的认识水平上继续推进，如何从数量有限而又有无限解读可能的考古材料和历史文献中发掘更多信息，组织更多联系，形成更有思想、更有趣的结论，是考古学研究中非常重要的问题，清代伊犁河谷驻防城的考古学研究将有助于此类问题研究的推进。

实践层面，作者对部分城址进行过调查，同时参与了对惠远老城、惠远新城的伊犁将军衙署、钟鼓楼等关键建筑遗址的考古勘探。在本书中，将努力对这些调查勘探成果进行系统梳理，研究清楚伊犁河谷地区城址的形制、规模等问题。目前，清代城址的调查发掘多集中于北京、盛京等地，对新疆城址的考古调查尚属首次，具有重要的开拓意义。这也将为以后新疆清代城址的工作积累经验。

目前，伊犁河谷地区清代驻防城面临着不断被破坏的威胁，主要源于自然的侵蚀和人为的破坏。自然的侵蚀主要是河流的冲刷和雨水的侵蚀。例如，惠远老城在建城伊始便面临着伊犁河冲刷的严重威胁，当地官兵不断进行修筑河堤的工程，但当该城被沙俄占领后，此项工作停止，于是该城日渐被伊犁河吞噬，目前仅残存大概三分之一。人为破坏早期体现为战争毁城，但更主要的是近现代城镇在旧有古城基础上不断兴建而对旧有墙体造成的损毁，导致原有城墙日渐消逝，仅遗留断壁残垣。因此，鉴于考古材料的保存状况日益恶化，对伊犁河谷城址的研究成为当务之急，此外，更重要的是通过研究可以尽可能保存好伊犁地区城址的历史文化内涵，以引起当地政府和群众的重视，为保护物质文化遗产提供学术支撑。

伊犁作为伊犁将军驻地，是清廷在新疆确立统治地位后的第一个政治军事中心区域，清人所谓"伊犁为新疆总会重地，设有疏虞，边陲大局何堪设想"[1]。伊犁城址在清廷巩固边疆、防御沙俄侵略、维护国家统一方面，发挥了重要作用。因此，本书的研究将为维护国家统一、民族团结提供充分的历史证据，对研究清季以来中央政府对新疆乃至整个中国北疆的开发治理有重要意义。本书还可为新疆城市治理的实践提供有益的借鉴。城址的设制作为清廷重要举措之一，在稳定新疆治理的过程中起到了重

---

[1]（清）王先谦：《东华续录》同治四〇，《续修四库全书》第三八〇册，上海古籍出版社，2002年，第583页。

要作用。同时，新疆清代城址多被沿用，是现今人类活动聚居区。因此，对其设制的研究，可为现代城市治理提供历史参照。

本书期望通过研究，对推进丝绸之路沿线国家之间的文化交流有所助益，为增强文化自信贡献一份力量。伊犁河谷城址位于丝绸之路中道的节点，对相关城址的研究可以进一步丰富丝绸之路的文化内涵。

综合以上，本书的研究目标体现为两大层面：理论层面，将建立起有关伊犁河谷清代驻防城系统研究的框架，这对于丰富对边疆城址的认识有重要价值，同时也对城市史、城市考古方法论的探索有一定助益；实践层面，尝试为今后考古工作的开展奠定基础，这对文化遗产的保护意义重大，也为现代新疆城市治理提供有益的借鉴，还可促进丝绸之路沿线国家之间的文化交流，增强文化自信。

三、研 究 思 路

本书的研究思路主要分为三步：搜集前人研究资料；考古调查与勘探；横跨考古与文史领域的综合研究。

第一步，全面收集并梳理伊犁河谷地区清代驻防城的相关资料。其中包括相关城址的调查和发掘资料、卫星影像及史料舆图，编制史料长编；与城址相关的寺庙、乡村聚落、手工业遗址等遗存也纳入材料收集范围，利用地理信息系统（Geographic Information System，简称 GIS）软件录入相关信息，并在数字地图中标注各处遗址的位置，再导入更多的地理信息系统信息，如地形、地貌、植被等。除考古资料外，对相关历史学、古建筑等研究成果也做系统整理。

第二步，对伊犁河谷清代驻防城做系统调查。基于考古学的地层学和类型学方法，辅以新型科学手段，对城址进行系统调查，并选择重点城址进行勘探。随后，对城址的考古及文献资料进行研究，探究城址的营建形制规格，绘制相关城址的平面图，进而对伊犁河谷城址的规模、分布进行分析。在对城址规模差异和整体布局有了清晰认识后，再结合相关文献资料，探讨城址的等级、选址依据和内部结构等方面的问题（图 1-2）。

在此思路指导下，2016～2023 年，我们对伊犁河谷驻防城进行了多次系统调查。在对伊犁河谷城址的调查中，不仅利用了谷歌地球中近年的卫星影像，还找到了拍摄于 20 世纪 60 年代的锁眼卫星影像，后者保存了早期的城址情况，为研究古城的形制、布局等提供了更加贴近古城原貌的材料。其中对伊犁九城和相关牛录城堡、卡伦的调

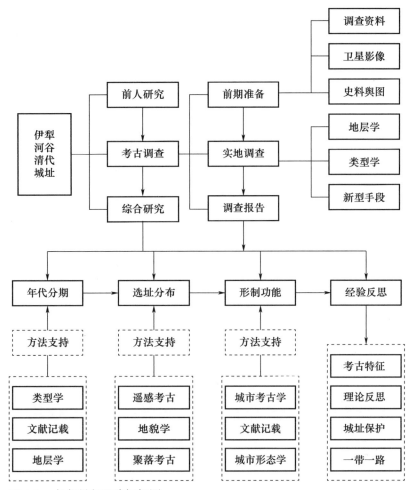

图 1-2 本书研究思路框架图

查与研究的成果,已经发表[1]。

第三步,对伊犁河谷驻防城进行横跨考古与文史领域的综合性研究。在城址营建制度研究的基础上,结合周边相关遗存,以城市为着眼点,对城市面貌和经济生活等方面问题进行分析,具体包括年代分期、选址分布、形制功能三个方面。同时在考虑政治、环境等多方面因素的前提下,考察各城址的后续演变过程,以求在对材料的解读上有所创新,并对城址保护研究现状及理论范式做经验反思。

---

[1] 任冠、郝园林:《惠远老城调查、勘探与研究》,《北方民族考古》第6辑,科学出版社,2018年;郝园林:《新疆清代城址的调查与研究》,《中国文物报》2020年4月17日第6版;郝园林、魏坚、任冠:《新疆伊犁九城的调查及初步研究》,《中国国家博物馆馆刊》2021年第1期;郝园林:《清代伊犁卡伦的考古调查与初步研究》,《北方文物》2021年第1期;郝园林:《清代伊犁锡伯营城堡的考古调查与研究》,《北方文物》2022年第2期。

　　综合研究部分的相关成果已发表[1]，如作者依托文献史料，结合伊犁九城的舆图，厘清了九城建置沿革中的一些问题，并探讨了满城建置的来源以及形态布局特征等问题[2]。此外，我们还依托伊犁驻防城材料，探讨了一些理论和技术性问题[3]。

　　在研究方法层面，本书除利用考古学和历史学的基本理论和方法外，还借鉴并反思前述的相关理论体系，即在材料分析的过程中探索并利用历史地理学、城市地理学等学科的基本概念和方法，力图对伊犁河谷驻防城做一个跨学科的综合研究。

---

　　[1]　郝园林：《明清北疆驻防城的商业化及影响——以张家口堡、宁远城为中心》，《城市史研究》第44辑，社会科学文献出版社，2021年。

　　[2]　郝园林：《清代新疆"伊犁九城"建置始末——兼论满城形制的渊源》，《清史研究》2020年第3期；郝园林：《"式样图"所见"伊犁九城"形态与布局》，《故宫博物院院刊》2021年第7期。

　　[3]　郝园林、森谷一树：《CORONA影像在城市考古中的应用》，《边疆考古研究》第22辑，科学出版社，2017年；郝园林：《考古学视野下清代伊犁多民族军事驻防体系的构建》，《中华民族共同体研究》2023年第2期。

第二章　研究范式述评

本章将系统梳理清代伊犁驻防城的文献史料，以及前人的史学、考古学及其他相关学科研究成果，详细讨论并选择相关理论预设及范式，为后面的研究打下基础。一个特定的研究范式，应有三个基本维度支撑，分别是概念纲领、支撑理论方法和实践体系，下面的论述即从这三个方面来进行。

第一节　丰富的文献资料与单薄的考古工作

目前尚无对伊犁河谷清代驻防城的系统研究，研究者多关注其中某一类城址，且通过历史文献研究的较多，考古调查及研究相对较少。究其原因，是有关伊犁河谷驻防城的文献资料十分丰富，而相对地，考古工作则略显单薄。

一、文　献　资　料

清代史料浩如烟海，关于伊犁河谷驻防城的文献资料也是不胜枚举，从史料学的角度来讲，可大体分为档案、官修史书、政书、方志、文集等。

（一）档案史料

档案是历史研究中的第一手资料，按照是否公开出版，可分为未刊档和已刊档。关于档案材料在新疆的应用，吴元丰已经做了较为全面的论述，可资参考[1]。现将有关伊犁河谷城址的档案择要介绍如下。

清代未刊档案数量巨大，有不少关于伊犁河谷驻防城的记载。如军机处满文月折档里有大量关于清代伊犁河谷地区修筑工程的记载，主要反映了修建城池、兵房、官署、寺庙、粮仓、先农坛、箭亭、牢房等工程情况，其中有数篇附了城址的舆图，图

---

［1］吴元丰：《军机处满文月折包内新疆史料及其研究价值》，《西域研究》2000 年第 1 期；吴元丰：《清代新疆历史满文档案概述》，《西域研究》2010 年第 3 期。

中详细绘明了城内的建筑及样貌，并粘条说明了古城的建置规格及驻防情况等，价值颇大，为本书所重。又如中国第一历史档案馆收藏的有关惠远城的军机处录副奏折，多达几百篇，内容涉及惠远城的修建、改建、补筑、建筑布局及所费银两，以及惠远城的人事变动、驻防兵力、满营布局，还包括惠远城的社会、经济生活，清朝中央政府派遣官员、遣戍罪臣等活动[1]。这些资料都需要我们实地赴中国第一历史档案馆等机构查阅录入。

未刊档中满文档案是研究新疆清代城址非常重要的资料来源。伊犁将军、都统和大臣等多为满洲或蒙古官员，按要求，他们必须用满文书写公文向皇帝请示汇报，皇帝也用满文撰写谕旨颁给有关官员。因此，在清代中央国家机关的满文档案内保存下来了近十几万件新疆历史资料，时间跨度长达 250 年。

从使用的便利性来说，已刊档较未刊档要方便许多。随着国家清史工程和诸多重大项目的推动，越来越多的档案被出版发行，其中不少已经数字化，非常便于使用。已刊档中，有一类是关于某一地区或专题的档案汇编，如《清代新疆满文档案汇编》，它是有关新疆的满文档案的汇集，内容极其丰富，可谓包罗万象，涉及面甚广，主要包括职官、军务、民政、司法、宗教、民族、财政、农业、牧业、矿产、贸易、货币、教育、文化、卫生、地理、交通、运输、工程、外交以及重大历史事件等方面情况，对本书研究具有重要的意义[2]；《清代新疆档案选辑》，收录新疆清代档案 58000 余件，内容涵盖政治、经济、文化、教育、司法等多个方面[3]。

还有一些是清代大臣上奏的文书汇编。清代，从伊犁将军到领队大臣都有以文书形式向皇帝汇报和请示的权力。由于是当事人奏报当时当地发生的事情，内容基本真实可信，属于第一手材料。如《刘锦棠奏稿》，共 16 卷，起于光绪四年（1878），止于光绪二十年，其中部分内容反映了刘锦棠对于伊犁河谷驻防城形势的判断和认识，具有较高的史料价值[4]。还有如《伊犁将军马亮、广福奏稿》，是光绪二十八年（1902）四月至光绪三十二年十二月任伊犁将军的马亮在任内与副都统广福的联名具奏，内容涉及伊犁地区政治、经济、军事、外交、民族、地方治安等问题[5]。

（二）官修政书

官修政书是重要的材料，内容基本可信，是研究古城建置的主要资料来源之一。

[1] 中国第一历史档案馆：《乾隆朝满文寄信档译编》，岳麓书社，2011 年。

[2] 中国第一历史档案馆编：《清代新疆满文档案汇编》，广西师范大学出版社，2012 年。

[3] 新疆档案局编：《清代新疆档案选辑》，广西师范大学出版社，2012 年。

[4] （清）刘锦棠、李续宾：《刘锦棠奏稿·李续宾奏疏》，岳麓书社，2013 年。

[5] 杜宏春校笺：《伊犁将军马、广奏稿校笺》，中国社会科学出版社，2016 年。

官修政书包括《清实录》、《清史稿》、《清会典》、清三通等。其中《清实录》体例完善，内容详实，是研究清史的基本资料，是本书所依据的基本资料之一[1]。《清高宗实录》详细记述了惠远老城的修筑及定名经过，颇有史料价值。《清史稿》虽然饱受诟病，但仍有值得肯定和重视之处，其中《地理志》《职官志》中关于伊犁河谷城址的行政建制和嬗变的内容依然值得参考[2]。但官修政书相较于档案材料来说，在细节和准确性上仍有差距，所以在使用时，仍需参考档案类源头性史料的记载。

（三）地方史志

关于伊犁的方志、乡土志、地理志等资料较为丰富，内容涉及伊犁河谷地区的山川、河流、城池（城堡）、人口、经济、风俗等。边疆史地，特别是西北史地的著述，在清代兴起，成就颇大，其体例虽与一般方志不同，但也是记述一方的沿革形胜，因而性质与方志颇有近似之处。方志在城市形态研究中的作用，有学者认为包括三点：第一，可对正史中城市形态材料作补充；第二，揭示了制度设计与城市实际形态之间的关系；第三，保留了其他文献所没有的材料[3]。新疆的史志在本书的驻防城考古学研究中也发挥了一定的作用。有关伊犁河谷驻防城的地方志，数量较多，从内容上可分为直接记载伊犁事宜的、记载新疆事宜的及国家级的大型方志三类，现择要介绍如下。

直接记载伊犁事宜的方志较多，最早的是《伊江汇览》。《伊江汇览》成书于乾隆四十一年（1776），作者格琫额曾任职惠远老城满营佐领及协领等职，后升任副都统、库尔喀喇乌苏领队大臣等职，对伊犁史地颇为熟知，并亲自参与了驻防体系建设的工作。其书详载了惠远城、惠宁城、绥定城、宁远城、塔勒奇城早期的建城、仓储、制度等情况，是有关伊犁河谷驻防城的最早方志，具有较高史料价值，是本书主要的参考资料之一[4]。《伊江集载》所记事始于乾隆二十二年（1757），迄于咸丰年间（1851～1861），内容多为抄录于他处的政事记录，史料价值稍逊，但其年代下限较晚，也有关于拱宸、瞻德、广仁等城的诸多史料，也是本书的参考来源[5]。

《伊犁略志》记载了乾隆二十九年至三十年伊犁各营官兵边卡巡防额数及各处办理

---

[1] 《清实录》，中华书局，1986 年。

[2] 赵尔巽等：《清史稿》，中华书局，1976 年。

[3] 成一农：《中国古代方志在城市形态研究中的价值》，《中国地方志》2001 年第 1～2 期。

[4] （清）格琫额：《伊江汇览》，《中国地方志集成·新疆府县志辑》第九册，凤凰出版社，2012 年。

[5] （清）佚名：《伊江集载》，《中国地方志集成·新疆府县志辑》第九册，凤凰出版社，2012 年。

情况，对于研究卡伦制度有一定价值[1]。《总统伊犁事宜》同样记载较多伊犁河谷城址概况，类似于地方档案类文献的汇集，史料价值较高[2]。清末新政后编纂的《伊犁府乡土志》[3]、《绥定县乡土志》[4]、《宁远县乡土志》[5]中有关于清末城内建筑、人口分布等记载，有助于了解伊犁驻防城在后期的情况。

《伊犁文档汇钞》记录了道光年间伊犁驻防八旗官兵的军事、生产及行政事务，主要包括惠远城满营应办事宜，伊犁巴彦岱[6]满营应办事宜，伊犁营务处、印房处应办事宜，伊犁军器库、伊犁绿营、厄鲁特营（亦称额鲁特营）、察哈尔营、索伦营（亦称索伦达虎尔营）、锡伯营应办事宜等内容，也具有较高的价值[7]。

清廷入主新疆后不久便开始组织编修整个新疆的地方史志，所记内容中伊犁河谷占了较大篇幅，较重要者包括《钦定皇舆西域图志》《西陲总统事略》《新疆识略》《西域水道记》等。

《钦定皇舆西域图志》，傅恒修，是清代新疆首部官修通志，于乾隆四十七年（1782）成书。除抄录自其他文献的内容外，还包括实地调查勘测资料，内含图考、历史地理沿革、疆域、官制、兵防、屯政等，是研究伊犁河谷驻防体系早期历史的重要资料[8]。

《西陲总统事略》，松筠修，嘉庆七年（1802）汪廷楷始编，嘉庆十年后由祁韵士补撰，嘉庆十三年成书。内容包括新疆南北两路全境舆图、城池衙署、坛庙祠宇、卡伦和屯田、教学事务等内容，是本书重要的参考资料[9]。

《新疆识略》，由松筠主持编修，徐松等人撰写，成书于嘉庆末期，初刻于道光初期，记事时间下限为嘉庆二十一年（1816）。全书共12卷，卷目分别为新疆总图、北路舆图、南路舆图、伊犁舆图、屯务、库储、厂务、外裔等，从多角度记录了伊犁河

[1]（清）佚名：《伊犁略志》，《清代新疆稀见史料汇辑》，全国图书馆文献缩微复制中心，1990 年。

[2]（清）永保：《总统伊犁事宜》，《清代新疆稀见史料汇辑》，全国图书馆文献缩微复制中心，1990 年。

[3]（清）许国桢：《伊犁府乡土志》，《新疆乡土志稿》，新疆人民出版社，2010 年。

[4]《绥定县乡土志》，《新疆乡土志稿》，新疆人民出版社，2010 年。

[5]《宁远县乡土志》，《新疆乡土志稿》，新疆人民出版社，2010 年。

[6] 巴彦岱，蒙古语“富饶地方”之义，部分文献中又称巴燕岱、巴颜岱、八音台等，现有伊宁市巴彦岱镇。本书中引用文献时尊重原文，名称不作改动，作者论述部分统一为巴彦岱。

[7]（清）佚名：《伊犁文档汇钞》，《清代边疆史料抄稿本汇编》，线装书局，2003 年。

[8]（清）傅恒等：《钦定皇舆西域图志》，《景印文渊阁四库全书》第五〇〇册，台湾商务印书馆，1986 年。

[9]（清）松筠修，（清）汪廷楷、祁韵士撰：《西陲总统事略》，中国书店，2010 年。

谷驻防城的地理和社会经济情况。特别是有关各城规制、建置、人口等方面的记载，成为本书研究重要的依据[1]。《西域水道记》是徐松对《新疆识略》中有关新疆水道内容的进一步扩充，因而在关于驻防城的内容上与《新疆识略》基本一致，但徐松其后一直在修改，扩充了较多内容，这一部分亦可资参考[2]。

清代朝廷主持修纂的国家级大型方志也有不少关于伊犁河谷驻防城的记载，如《钦定八旗通志》，嘉庆元年（1796）成书，其中《营建志》详述了伊犁驻防城的形制规模，衙署、满汉学舍、仓廒、军器库等的房间数目，是非常有价值的史料，是本书研究材料的重要来源之一[3]。另如嘉庆重修《大清一统志》，所载截止到嘉庆二十五年，内容虽与前述方志多有重合，但亦可为参考来源之一[4]。

清末新疆建省后，在官方主导下也修了数部方志，对于研究当时伊犁河谷城址的情况有非常重要的参考价值。如《新疆图志》，于宣统三年（1911）成书，旁征博引，史料详尽，并且有大量的实测地图，价值较高[5]。

中华人民共和国成立后的地方史志也有较大的参考价值。《霍城县志》"文物名胜"条，记载了伊犁九城的建置沿革和保存现状[6]。《察布查尔锡伯自治县志》考证并调查了锡伯境内卡伦的情况，具有较高价值，其中收录的民国时期《河南县志》，记录了牛录城堡在20世纪30年代的情况，颇为珍贵[7]。

综合来看，地方史志对研究伊犁地区驻防城的意义极大。上述方志中多设有《城堡》一章，记载了驻防城的建置沿革、形态规模、驻防人口及编制等，因其来源于地方档案，有些撰者进行过实地考察，可信度较高，是本书参考的重要资料。史志中其他条目下的内容，也有涉及驻防城的情况，亦作为本书参考。此外，史志中多绘有清代伊犁地区舆图，反映了当时伊犁驻防体系及山水环境，笔画多古朴典雅，作者尽可能地将之清绘后引用于本书中，以飨读者。

（四）文集史料

文集史料可分为中、外文集两种。伊犁在清代为遣戍之地，陈庭学、祁韵士、徐

［1］（清）松筠：《新疆识略》，《续修四库全书》第七三二册，上海古籍出版社，2002年。

［2］（清）徐松：《西域水道记》，中华书局，2005年。

［3］（清）铁保等：《钦定八旗通志》嘉庆四年刊本景印本，台湾学生书局，1968年。

［4］（清）穆彰阿等：《大清一统志》，《续修四库全书》第六二四册，上海古籍出版社，2002年。

［5］（清）王树枏等：《新疆图志》，上海古籍出版社，2015年。

［6］《霍城县志》编纂委员会编：《霍城县志》，新疆人民出版社，1998年。

［7］ 察布查尔锡伯自治县地方志编纂委员会编：《察布查尔锡伯自治县志》，新疆人民出版社，2007年。

松、洪亮吉、林则徐等人都曾被发配至此，他们在伊犁期间所撰写的游记、散文、政论、笔记及诗歌都保留了下来。这些文字有助于我们从更多角度来认识伊犁河谷驻防城。

被贬至伊犁的祁韵士受到伊犁将军赏识，除编纂《西陲总统事略》《西陲要略》外，还作有《万里行程记》。徐松除《西域水道记》外，还作《新疆赋》。洪亮吉和林则徐则将伊犁的见闻记述下来，洪亮吉遣戍伊犁不过百日，却留下了关于伊犁建筑、风土的详细见闻和诗篇，可见于《洪亮吉集》[1]、《天山客话》[2]、《遣戍伊犁日记》[3]等。林则徐在其遣戍日记《荷戈纪程》中记录了入住惠远城的情况，对研究城内街道布局有一定价值[4]。还有如爱新觉罗舒敏、陈中骐等人的诗篇，都涉及驻防城建筑的描写，值得参阅[5]。此外，文集类史料的汇编也涉及伊犁风物建筑，一定程度上方便了作者查阅[6]。

民国时期一些人士的游记记录，同样值得重视。如民国谢晓钟（谢彬）之《新疆游记》，对研究清代伊犁河谷驻防城也非常有价值，他利用在伊犁暂住的几日，将相关城址的现状及时人所述都详细地记录了下来，值得参考[7]。陈澄之的《伊犁烟云录》，较为详细地介绍了伊犁九城在民国时期的情况，并描述了伊犁河谷地区的风俗人情，也是本书的资料来源[8]。

海外史料文集方面，较多曾游历伊犁河谷的外国人留下了大量的游记记录及影像资料。如19世纪80年代沙俄侵占伊犁期间，便有俄人记载了伊犁河谷驻防城的情况，典型如 M. A. 捷连季耶夫《征服中亚史》[9]。清末英国泰晤士报记者莫理循曾游历广仁城、绥定城、惠远新城和宁远城，其在游历时所拍照片已经整理出版，成为本书的重要资料来源[10]。芬兰人马达汉也留下了丰富的影像资料[11]。

[1]（清）洪亮吉：《洪亮吉集》，中华书局，2001年。

[2]（清）洪亮吉：《天山客话》，阳湖洪用勤授经堂清光绪三年刻本。

[3]（清）洪亮吉：《遣戍伊犁日记》，阳湖洪用勤授经堂清光绪三年刻本。

[4]（清）林则徐《林则徐全集》，海峡文艺出版社，2002年。

[5]（清）爱新觉罗舒敏：《适斋居士集》，《清代诗文集汇编》第五二〇册，上海古籍出版社，2020年。（清）陈中骐：《伊江百咏》，清嘉庆抄本，北京大学图书馆藏。

[6] 姚晓菲：《明清笔记中的西域资料汇编》，学苑出版社，2016年。

[7] 谢晓钟：《新疆游记》，中国国际广播出版社，2016年。

[8] 陈澄之：《伊犁烟云录》，《丝绸之路西域文献史料辑要》第一辑，新疆美术摄影出版社，2016年。

[9]［俄］M. A. 捷连季耶夫：《征服中亚史》，商务印书馆，1983年。

[10]［澳］莫理循：《1910，莫理循中国西北行》，福建教育出版社，2008年。

[11]［芬］马达汉：《马达汉西域考察日记（1906—1908）》，中国民族摄影艺术出版社，2004年。

此外，还有其他日俄间谍以游历为名进行专门的考察测绘，如日本人日野强曾到访伊犁，在其日记里较为详细地记录了伊犁各驻防城的情况，具有较高的参考价值[1]。俄国军人德·费德罗夫上校曾来到伊犁，他详细地考察了伊犁九城，回国后编写了《伊犁地区军事数据统计》一书，书中绘制了较为细致的测绘图，包括城市平面图、墙体立面图、房屋平面图等，具有较高的参考价值[2]。

综合以上可以看出，有关伊犁驻防城的文献资料可谓浩如烟海。这些资料较全面地反映了伊犁驻防城的建设、形态、建筑、军政、经济、社会、生活等方面的情况。通过这些史料，人们对伊犁河谷城址的时空信息有了较为深入的认识，也正因如此，考古学家对它们的兴趣相对较小，考古资料相对较少。

二、历　史　研　究

对于清代伊犁河谷驻防城的研究，目前主要集中于"伊犁九城"。其中，对于伊犁九城建置沿革的研究，开始于 20 世纪 80 年代，是较为典型的历史研究。比如魏长洪第一次系统地梳理了伊犁九城从兴建到繁盛再到被毁弃的始末，考证了惠远城、广仁城、瞻德城等城址的兴建年代，并简要分析了伊犁九城兴衰背后的原因[3]。闫雪梅则逐一介绍了九城的建置沿革和现状[4]。

随着研究工作的不断深入，有学者开始把目光聚焦于个别城址，其中惠远城是最受学者们关注的。如田卫疆对惠远城的营建过程及其在清代新疆历史中的作用进行了整体考察，并对其兴衰的原因进行了探讨[5]。秦川认为惠远城是在军府制下为了让驻防八旗官军居住而建立的，并进一步探讨了惠远城功能的变化及导致该变化的地理环境因素[6]。尹雪萍等探讨了惠远城的修筑时间和驻防情况[7]。施新荣等通过史源学的方式，讨

[1]　[日]日野强：《伊犁纪行》，黑龙江教育出版社，2006 年。另有于维诚、潘喜明编译：《日本新修中国通志·新疆卷》，新疆大学出版社，1994 年。

[2]　[俄]德·费德罗夫（Д. Фёдоров），Опыт Военно-статистического Описания Илийского Края, Ташкент: Типография Штаба Туркесганского Военного Округа, 1903.

[3]　魏长洪：《伊犁九城的兴衰》，《新疆社会科学》1987 年第 1 期。

[4]　闫雪梅：《清代伊犁九城遗址》，《新疆文物》2005 年第 4 期。

[5]　田卫疆：《清代伊犁惠远城建史初识》，《中国边疆史地研究》2009 年第 1 期。

[6]　秦川：《从惠远城兴建的军事功能看清代新疆军府制的建立》，《新疆师范大学学报（哲学社会科学版）》2003 年第 4 期；秦川：《清代伊犁惠远城功能的变化及其与地理环境的关系》，《新疆师范大学学报（哲学社会科学版）》2004 年第 3 期。

[7]　尹雪萍、卢川：《清代伊犁惠远城的建立及八旗驻防概况》，《安徽广播电视大学学报》2013 年第 1 期。

论了有关惠远城建城时间文献记载不同的原因[1]。牛贯杰广泛搜罗了包括档案、地方史志、名人日记、照片等有关惠远城的资料，进一步推动了惠远城的研究[2]。他还利用档案、地图等，考证了惠远老城、惠远新城的布局、用水系统、多元信仰的文化空间等[3]。其他城址如惠宁城、拱宸城也有具体的研究，如马利红等详细地考证了惠宁城的兴建始末[4]。

　　上述研究虽然涉及伊犁九城的沿革，并且在研究范式上实现了从事实考证到活动空间的探索，取得了较大的突破，但部分结论论证不足，值得进一步商榷。同时，对于惠远城、惠宁城以外的城址涉及较少。

　　相对于伊犁九城，关于卡伦、军台、牛录城的研究较少。卡伦是清代伊犁河谷驻防体系的重要组成部分。马长泉较早探讨了清代卡伦的起源及类型，其所指出的类型分类有助于本书对伊犁地区卡伦的分析[5]。宝音朝克图详细梳理了清代东北、漠北、天山南北卡伦的设置及管理，对于卡伦制度进行了更详细的梳理[6]。还有对新疆地区卡伦的专门研究，如马长泉探讨了清代新疆卡伦的设立和所发挥的作用[7]。还有学者将研究视角放在了不同大营的卡伦[8]。上述研究对文献的发掘较细致，一步步推进，基本可说明伊犁河谷卡伦的设置及管理等问题。可惜之处在于没有对卡伦进行实地调查，缺乏将卡伦大小、形制等与文献所记制度结合起来的研究。

　　军台同卡伦一样，在伊犁河谷驻防城体系中扮演了重要角色。已有学者注意到了伊犁在新疆台站体系中所扮演的角色[9]，也有学者对新疆军台的名称做了研究，涉及

---

　　[1]　施新荣、魏晓金：《史源学方法的价值——以清代伊犁惠远城建城时间为例》，《西域研究》2021 年第 2 期。

　　[2]　牛贯杰：《惠远城文献资料汇编》，知书房出版社，2016 年。

　　[3]　牛贯杰：《新发现地图所见两惠远城述论》，《西域研究》2021 年第 2 期。

　　[4]　马利红、安英新：《清代伊犁惠宁城相关史实考述》，《满族研究》2016 年第 3 期。

　　[5]　马长泉：《卡伦的起源及类型问题》，《新乡师范高等专科学校学报》2003 年第 1 期；马长泉：《清代卡伦职能简论》，《新疆大学学报》2003 年第 2 期。

　　[6]　宝音朝克图：《清代北部边疆卡伦研究》，中国人民大学出版社，2005 年；宝音朝克图：《清朝边防中的三种巡视制度解析——"卡兵巡查"、"巡查卡伦"、"察边"之区别与联系》，《清史研究》2003 年第 4 期。

　　[7]　马长泉：《新疆卡伦的设立及作用》，《新疆大学学报》2005 年第 1 期；马长泉、张春梅：《清代新疆卡伦制度研究》，暨南大学出版社，2020 年。

　　[8]　佟加·庆夫：《锡伯营驻守的卡伦及遗址》，《新疆日报》1989 年 4 月 22 日；吕一燃：《伊犁索伦营卡伦的变迁》，《中国边疆史地研究报告》，1992 年第 3-4 期；巴赫：《清代新疆厄鲁特营卡伦》，《新疆社会科学研究》1988 年第 11 期。

　　[9]　刘文鹏：《论清代新疆台站体系的兴衰》，《西域研究》2001 年第 4 期；王志强、姚勇：《清代新疆台站体系及其在边疆开发中的作用》，《西域研究》2007 年第 4 期。

乌鲁木齐通伊犁的台站及现在的地名[1]。但同卡伦研究一样，对军台的研究尚无考古调查。

关于牛录城的研究相对较少。唐剑较详细地分析了牛录城的布局、形态以及城内的建筑风格[2]。唐智佳论述了锡伯营城堡的组建、选址、形制、布局和功能等[3]。二者对牛录城堡形制与布局的研究，均以文献资料为依据。

在建置研究的基础上，有学者关注到了清代伊犁地区的城市形态及形成因素。如阚耀平明确指出伊犁在清代以来形成了城镇群落，其城镇形态的演变可分为块状—条形状—块状三个阶段发展过程，且多为双城形态，分别为满、汉两座城池，政治中心和经济中心分离，平原地区的城址多呈矩形形态，山麓地带的城镇则是因地形而建，呈现出不规则的城市形态[4]。张建军梳理了清代新疆主要城址的占地面积，并且分析了其与政治、军事、经济、人口、自然地理等因素的关系[5]。刘玉皑的研究也涉及了伊犁地区城址从清末至近代在形态、功能及功能分区上的转变[6]。

伊犁河谷城址的选址及布局也引起较多学者的关注，主要集中在伊犁九城的研究上。吴轶群按照年代顺序详细梳理了伊犁九城及周边卡伦的兴建、布防、驻军、城内机构等，将伊犁九城的研究向前推进了一步，并且指出新疆地区城址体系的先后变化：伊犁地区城市等级最早受到军府制度影响，最高军政首脑为伊犁将军，其下辖领队大臣驻惠远城；第二等级是惠宁城、宁远城以及绥定城，分别署理惠宁城满营、回户、绿营事务；第三等级是其他绿营兵所驻之城。这一时期伊犁河谷城址体系建设的主要目的是政治军事布防，同时开展屯垦屯牧的经济形态，使民族隔离政策得以实现，具有综合布局、交通方便、职能互补、民族隔离等特征。至新疆建省后，绥定城和宁远城等级上升，取代了惠远老城的地位，成为第一级中心型城市，分处东、西两侧中心，两城市均同时具有政治及经济职能[7]。吴轶群在另一篇文章中对伊犁地区驻防城的等级划分与上述稍有不同，将惠宁城也划入第一等级[8]。他指出清末新疆建省后，伊犁九城城市布局体系发生了两处变化：第一，伊犁九城的等级体系由建省前的惠远城和

[1]　董琳、杨晓梅：《清代新疆台站与古今交通地名》，《新疆师范大学学报》2001年第4期。

[2]　唐剑：《新疆锡伯族传统建筑文化研究》，西南交通大学硕士学位论文，2016年。

[3]　唐智佳：《清代伊犁锡伯营城堡研究》，《中国边疆史地研究》2019年第1期。

[4]　阚耀平：《近代新疆城镇形态与布局模式》，《干旱区地理》2001年第4期。

[5]　张建军：《论清代新疆城市的占地规模》，《中国历史地理论丛》1998年第3期。

[6]　刘玉皑：《边疆与枢纽：近代新疆城市发展研究（1884—1949）》，中山大学出版社，2016年。

[7]　吴轶群：《清代新疆边境地区城市对比研究——以伊犁、喀什噶尔为中心》，上海古籍出版社，2020年。

[8]　吴轶群：《试论清代伊犁城市体系之产生》，《新疆大学学报（哲学人文社会科学版）》2009年第3期。

惠宁城为最高级别，变为建省后以绥定城、宁远城和惠远新城为最高级；第二，伊犁九城的空间布局体系由军府制度下的满城中心结构同时也体现出一定的条块隔离结构，转变为建省后的府治以及道治治所的双中心与东西块状结构[1]。

　　关于伊犁河谷驻防城布局，张建军等人的研究也予我们一定启发。张建军指出伊犁九城为草原型城市，沿河流和交通线分布，并通过梳理资料提出伊犁九城的城市发展可以分成两个阶段：第一阶段，乾隆二十六年（1761）至三十一年，兴建了塔勒奇、宁远、绥定、惠远老城及惠宁五城，它们均是政治中心，更重要的是都扮演了军事据点的角色，这一时期伊犁河谷是以惠远城为中心，左右分布绥定城及宁远城，相互之间联系紧密，结构紧凑；第二阶段，乾隆四十五年（1780），修建了拱宸、瞻德、广仁、熙春四座城，其中三座城分布于原西侧绥定、惠远老城之西北，一城则嵌入东侧惠宁与宁远城之间，这使得惠远城西部共有五座卫星城，而东部则有三座卫星城，它们共同加强了对伊犁河谷中心城市的拱卫，同时也弥补了西北部防御力量的不足[2]。彭修建论述了伊犁九城设置的背景、条件、布局和功能[3]。上述研究都以城址的等级关系和布局模式为主要内容，为伊犁河谷驻防城的考古学研究提供了有益的借鉴。

　　城市与周边环境的关系及对周边环境的利用是城市史研究的重要内容，具体体现在城市的选址、生业、交通等方面。选址方面，李江从地理与古建筑的角度，认为伊犁河谷城址沿河分布，形态呈方形，街道东西走向，可容纳庞大的官兵数量[4]。王芳、栾福明等人利用空间自相关分析、半方差函数等方法研究了伊犁河谷夏代至清代遗址的时空分布，认为清及以后的遗址数量相对较少，但规模较大，主要集中分布在伊犁河谷西部平原地带的低坡度地区，形成"单中心"分布格局，同时也呈现出"碎片化"趋势[5]。生业方面，清代伊犁驻防城对周边环境的利用主要体现在屯田及牧地方面[6]。交

[1]　吴轶群：《清代伊犁城市体系变迁探析》，《地域研究与开发》2009年第4期。

[2]　张建军：《清代新疆城市地理研究》，陕西师范大学博士学位论文，1998年。

[3]　彭修建：《清代伊犁九城的布局与战略作用研究》，《伊犁师范学院学报（社会科学版）》2010年第2期。

[4]　李江、韦承君：《清代伊犁河谷城镇分布与形态规模研究》，《建筑史》第44辑，中国建筑工业出版社，2019年。

[5]　王芳、张小雷、杨兆萍等：《历史时期伊犁河谷文化遗址时空特征及驱动力分析》，《地理学报》2015年第5期；王芳、张小雷、杨兆萍等：《4000aBP以来伊犁河谷文化遗址时空分布及变异性》，《中国沙漠》2015年第4期；栾福明、王芳、熊黑钢：《伊犁河谷文化遗址时空分布及地理背景研究》，《干旱区地理》2017年第1期。

[6]　哈斯巴、博河：《清代新疆察哈尔营牧地考》，《新疆师范大学学报》1989年第2期；巴赫：《清代新疆察哈尔营的戍守与开发》，《新疆师范大学学报（哲学社会科学版）》1990年第2期；张丕远：《清朝乾隆时代新疆屯垦统计数据的探讨》，《历史地理》第十四辑，上海人民出版社，1998年。

通方面,洪涛探讨了果子沟路对于惠远城的意义[1]。潘志平较为系统地介绍了清代新疆的交通与邮传系统[2]。刘文鹏系统研究了清代疆域形成与驿传的关系[3]。

"满城"是清代独有的现象,即满族军队驻扎之城,是八旗制度在城市角度的体现。伊犁九城之惠远城、惠宁城均是满城。前人学者对于满城已有较多研究。朱永杰等详细探讨了新疆满城的分布和布局特点[4]。苏奎俊论述了惠远城、惠宁城的建置,并总结了新疆满城的特点和影响[5]。定宜庄则在论述中涉及伊犁驻防八旗的情况[6]。佟克力更详细地叙述了伊犁八旗的设置、制度、功能等情况[7]。还有学者详细介绍了伊犁地区满营和新满营的组建及作用[8]。驻防伊犁者除满洲八旗外,还有锡伯营、索伦营、厄鲁特营、察哈尔营等,它们都在伊犁河谷驻防城体系中扮演了重要角色[9]。

兵房是满城中最主要的建筑。安沛君研究了八旗驻防城营房的形制和特征,对伊犁驻防城也有所涉及[10]。赵生瑞对清代营房的研究则更为具体,包括营房的建筑材料、结构、布局等,他将清代兵房分为里坊制、三合院及环署式三类,具有一定的启发意义[11]。

城市功能也是城市史研究的重要内容。伊犁河谷驻防城营建的首要功能是军事防御,军府制是伊犁驻防城军事功能的制度表现,这方面学界已有较为详细的研究,与其相关的论述都会围绕伊犁九城。例如,赵云田梳理了清廷为巩固对伊犁的统治所采取的措施,包括修筑城池和营建卡伦军台[12]。谢志宁从伊犁将军的设立、伊犁驻防营

[1]　洪涛:《历史上新疆伊犁的果子沟路》,《西域研究》1997年第1期。

[2]　潘志平:《清代新疆的交通与邮传》,《中国边疆史地研究》1996年第2期。

[3]　刘文鹏:《清代驿传及其与疆域形成关系之研究》,中国人民大学出版社,2004年。

[4]　朱永杰、韩光辉:《清代新疆"满城"时空结构研究》,《满族研究》2010年第3期;朱永杰:《清代满城历史地理研究》,知识产权出版社,2017年。

[5]　苏奎俊:《清代新疆满营研究》,新疆大学硕士学位论文,2006年;苏奎俊:《清代新疆满城探析》,《新疆大学学报》2007年第5期。

[6]　定宜庄:《清代北部边疆八旗驻防概述》,《中国边疆史地研究》1991年第2期。

[7]　佟克力:《清代伊犁驻防八旗始末》,《西域研究》2004年第3期。

[8]　佟克力:《伊犁驻防满营与新满营始末》,《新疆大学学报》2004年第3期;贺灵:《伊犁新满营的组建及巩留旗屯》,《满族研究》1991年第3期。

[9]　鄢秋华:《清代索伦部之研究》,台湾政治大学硕士学位论文,1996年;佟克力:《清代伊犁索伦营驻防始末》,《新疆大学学报》2006年第1期;吐娜:《清代厄鲁特营的设置及作用》,《卫拉特研究》1992年第4期;巴赫:《清代新疆察哈尔营的戍守与开发》,《新疆师范大学学报(哲学社会科学版)》1990年第2期。

[10]　安沛君:《清代八旗营房研究》,大象出版社,2020年。

[11]　赵生瑞:《中国清代营房史》,中国建筑工业出版社,1999年。

[12]　赵云田:《清代新疆的军府建置》,《中国社会科学院研究生院学报》1992年第2期。

制、伊犁九城的兴建、卡伦军台制度、屯田等角度进行了详细研究[1]。管守新系统梳理了伊犁地区各级机构的构成及执掌，并介绍了各执掌驻扎城址的情况，还简要考证了伊犁九城各城的兴建年代，为我们了解城址之间的等级分布与联系奠定了基础[2]。《丝绸之路伊犁研究》中的"清代伊犁"部分详细梳理了驻扎于各城的满营、锡伯营、索伦营、察哈尔营八旗的情况，还介绍了清代伊犁兵屯、民屯的概况[3]。上述基础性的历史研究从纵向和横向两个角度提供了清代伊犁河谷驻防城的概貌。此外，还有学者研究了伊犁驻防城财政来源等问题[4]。

关于沙俄侵占伊犁驻防城的研究较多，对于研究驻防城的军事功能有重要意义[5]。到了清末，伊犁驻防城的部分功能由军事转向商业，已有较多学者关注到这个问题，并且从城市发展、人口、贸易等角度进行了论述[6]。随着研究的深入，有学者开始关注到城址功能转变的动力问题，如阚耀平梳理了新疆北部城镇历代的发展情况，总结出历代新疆城镇发展的三个影响因素，即交通、政策、生产力水平[7]。黄达远在南北疆的视野下提到了惠远城在北疆城市市场体系下的角色[8]。

综合以上，可知关于清代伊犁河谷驻防城的研究成果已经较为丰富，涉及城址的方方面面，但是，对于城址本身的形态及内部建筑等方面的研究仍相对欠缺。究其根本，上述研究均是从史料出发的历史学研究，没有从考古学角度深入。虽然已有一些考古学调查，但是主要集中于惠远老城和惠远新城，缺乏体系性。

［1］谢志宁：《清前期的伊犁设防》，《中国边疆史地研究》1993 年第 3 期。

［2］管守新：《清代新疆军府制度研究》，新疆大学出版社，2002 年。

［3］贺灵主编：《丝绸之路伊犁研究》，新疆人民出版社，2009 年。

［4］杨尘：《清代伊犁军府制财政管理体制述略》，《伊犁师范学院学报》1998 年第 3 期。

［5］毛振发：《论清代边防及晚清边防危机》，《中国边疆史地研究》1993 年第 2 期；房建昌：《近代俄苏英美驻新疆总领事馆考》，《新疆大学学报》1995 年第 2 期；李娜：《近代沙俄对中国新疆的侵略史实概述》，《昌吉学院学报》2003 年第 3 期；刘存宽：《俄国近代对新疆的地理考察》，《历史月刊》1993 年第 8 期。

［6］黄达远：《晚清新疆城镇近代化初探》，《西域研究》2005 年第 3 期；吴轶群：《清代新疆建省前后伊犁人口变迁考》，《新疆地方志》2009 年第 3 期；张建军：《论清代新疆城市的人口规模》，《中国历史地理论丛》1999 年第 4 期；风良：《清代进行丝绸与马匹交易的新疆城市》，《中国历史地理论丛》1994 年第 1 期；盛岚：《民国时期新疆城镇发展研究》，新疆大学硕士学位论文，2007 年。

［7］阚耀平：《历史时期新疆北部城镇的形成与发展》，《人文地理》2001 年第 4 期。

［8］黄达远：《隔离下的融合——清代新疆城市发展与社会变迁（1759—1911）》，四川大学博士学位论文，2006 年；黄达远：《清代中期新疆北部城市崛起的动力机制探析》，《西域研究》2006 年第 2 期。

三、考古调查与研究

目前尚无对伊犁河谷清代驻防城的考古发掘，仅有调查和勘探。调查多为普查或是文物保护前置工作的辅助调查，专题调查较少。

1958 年，黄文弼带领中国科学院新疆考古队进入伊犁，对塔勒奇城做了调查。当时该城"尚保存完好"，黄氏只记录了该城的周长，大约为 1564 米，称其"合 1.5 公里余，与《西域图志》称在伊宁北 120 里建一小塔勒奇城，城周三里之说吻合"[1]。

对伊犁河谷清代驻防城的系统调查，始于 1988 年开始的第二次全国文物普查（以下简称二普），集中体现于《中国文物地图集·新疆维吾尔自治区分册》一书中[2]。二普调查成果曾以论文形式发表于《新疆文物》[3]及新编《新疆通志》[4]中，可资参考。这些调查成果不仅包含部分伊犁驻防城概况，还包括扎库齐牛录娘娘庙、孙扎齐牛录关帝庙、依拉齐牛录关帝庙、靖远寺等寺庙建筑的情况介绍，为丰富伊犁河谷清代驻防城体系的研究提供了线索和材料。《新疆通志·文物志》对惠远老城和塔勒奇城有更为详细的记载，记录了古城的大小、保存现状和马面、瓮城等情况，提供了较为详实的数据。

2007～2011 年，新疆开展了第三次全国文物普查（以下简称三普），成果较为显著，集中体现在普查成果集成《不可移动的文物·伊犁哈萨克自治州（直属县市）卷》[5]中。三普对二普登记的遗址进行了复查，同时利用网络信息、遥感技术、地理信息和全球卫星定位等现代科技手段，进行了数据化的登记和管理。对伊犁河谷中的大部分城址，如惠远老城、惠远新城、塔勒奇城、绥定城、广仁城、拱宸城、瞻德城、惠宁城、惠远城东营盘、扎库齐牛录城、乌珠牛录城等都有调查，涉及古城的位置、保存状况、城墙长度、夯层厚度等，还有对卡伦的调查等。这些都成为本书的参考依据。相关专题内容也已结集出版，如《新疆古城遗址》[6]、《新疆维吾尔自治区长城资源

[1] 黄文弼：《新疆考古发掘报告》，文物出版社，1983 年；黄文弼：《新疆考古的发现——伊犁的调查》，《考古》1960 年第 2 期。

[2] 国家文物局：《中国文物地图集·新疆维吾尔自治区分册》，文物出版社，2012 年。

[3] 新疆维吾尔自治区文物普查办公室、伊犁地区文物普查队：《伊犁地区文物普查报告》，《新疆文物》1990 年第 2 期。

[4] 新疆维吾尔自治区地方志编纂委员会：《新疆通志·文物志》，新疆人民出版社，2007 年。

[5] 新疆维吾尔自治区文物局：《不可移动的文物·伊犁哈萨克自治州（直属县市）卷》，新疆美术摄影出版社，2015 年。

[6] 新疆维吾尔自治区文物局：《新疆古城遗址》，科学出版社，2011 年。

调查报告》[1]等。

两次文物普查工作系统地揭示了伊犁河谷清代驻防城体系的考古学面貌，具有重要意义。但两次普查也存在一些不足，如遗漏部分城址，有些记载甚至平面图的绘制不准确等，难以满足考古学系统研究的需要。

2012年，新疆维吾尔自治区文物考古研究所为配合惠远新、老古城总体保护规划项目的设计，对两座城址进行了田野调查，对城墙、城内建筑做了较为详细的描述[2]。2013年，两城被公布为第七批全国重点文物保护单位，相关保护工作也已展开。中国文化遗产研究院编制《伊犁惠远新、老古城文物保护规划（2013—2030）》，既详述了惠远古城的现状，也为将来的保护工作提供了依据。惠青睿以惠远古城为例，探讨了丝绸之路历史城镇保护的方式和实践[3]。康萍等记述了惠远老城城墙规格，并利用满文档案对古城的建置沿革进行了梳理[4]。这些成果标志着伊犁河谷驻防城的考古研究从系统调查进入个案调查勘探阶段。

综合以上，可看出对伊犁河谷驻防城的研究，初步呈现出由区域研究向单个城市、基础研究向理论探索的模式转变，为城址深入研究奠定了一定的基础。综观这些研究成果，尚存在两个方面的问题：

（1）考古材料较为单薄。之前的调查工作思路较为单一，新技术手段的使用尚不充分，使得部分调查数据不准确，线图存在误差甚至错误。此外，文献记载的个别城址仍未被发现。

（2）相关研究方法与成果存在隔阂，问题意识淡薄。历史研究过多强调文献考据和定性分析，而文献中关于城址的诸多记述并不精确，甚至有讹误。同时，考古研究中真正透物见人的成果较少。二者呈现出各自为战的状态，导致对伊犁河谷清代城址的综合研究仍显薄弱。形成这种情况，很大程度上源自研究者问题意识的淡薄，缺乏城址讨论的核心切入点。

因此，新疆伊犁河谷驻防城的研究应沿着将"强化城址形态的考古调查研究"与"凸显城址特性的深入研究"相结合的路径发展。要实现这一目标，需要以城址设制为问题核心，还需获得更为精确的微观材料，更要借鉴其他学科的理论范式。

---

［1］　新疆维吾尔自治区文物局：《新疆维吾尔自治区长城资源调查报告》，文物出版社，2014年。

［2］　新疆文物考古研究所：《新疆伊犁霍城县惠远古城考古调查报告》，《西部考古》第七辑，三秦出版社，2014年。

［3］　惠青睿：《丝绸之路历史城镇保护与发展研究——以惠远古城为例》，西安建筑科技大学硕士学位论文，2018年。

［4］　康萍、赵铁生：《清代新疆第一重镇：伊犁惠远古城探考记》，《大众考古》2017年第8期。

第二节　城市考古与城市形态、"中心地"、"新清史"

理论是解决问题的必要条件，一方面决定了问题的取向与意义，另一方面为问题的解决提供了逻辑和方向，由此决定了答案的范式及影响。前一小节所提出的问题，便是在城市考古学、城市形态学、"中心地"理论、"边疆理论"及内亚学等理论范式影响下提出的。本节拟通过对这些理论的梳理，为本书研究问题的解答提供思路框架。

一、城市考古学

城市考古学以研究古代城址为研究对象，是考古学研究的重要组成部分。同其他考古学分支一样，城市考古学是根据特定研究对象所区分出来的一个领域，因而就中国考古学来讲，城市考古学研究对象在时间跨度上可早至新石器时代，晚至清代。

中国古代城市考古的开端可追溯至 20 世纪初外国人在边疆各地所做的工作。1921年对北宋巨鹿故城，其后对安阳和城子崖城址，以及对高昌故城、交河故城、北庭故城的发掘，拉开了中国城市考古的序幕。经过百年的努力，我国的城市考古取得了十分丰硕的成果，各地不同年代的城址相继被发现、确认，个别城址通过发掘，获得了更为丰富详细的信息。

研究对象上，通过徐苹芳先生等前辈学者的不懈探索，在理论与实践中，将中国古代城市遗址分为了两类：一类是城市遗址保存在旷野，可以充分进行考古勘测和发掘工作的，一般被称为郊野型城址；另一类是城市遗址压在现代城市之下，现在的城市是从最下层城市上发展出来的古今重叠型城市，没有条件全面勘测发掘。元大都即属后者。徐苹芳先生通过对元大都的研究，摸索出一套研究古今重叠型城址的方法：把探沟、探方中的地层学方法，转移到古今重叠的古城遗址上去。在现代实测城市图上，结合考古发现、历史文献、舆图和航拍图等资料，发掘埋在地下的城市的遗痕，由近及远地复原不同时期的城市布局，探索其城市规划[1]。目前伊犁河谷清代城址中绥定城、宁远城、瞻德城、拱宸城及惠远新城均为比较典型的古今重叠型城址，尽管其重叠"层位"较少。

---

[1]　徐苹芳：《现代城市中的古代城市遗痕》，《中国城市考古学论集》，上海古籍出版社，2015 年。

对于古今重叠型城址，宿白先生也曾指出在辨认城市遗迹的过程中要关注"城市在兴建以后范围有没有变化？城市的主要布局有没有改变，主要是指城门和主要街道的位置有没有变化？还有主要衙署和宗教建筑的位置有没有变动？城垣本身有没有增补？"[1]强调要从动态的研究视角入手。这启发我们在研究伊犁驻防城的过程中，除了关注古代遗址，更要注意到遗迹现象的位置变动。徐先生、宿先生等人所探索的古今重叠型城址研究方法可以成为研究上述城址的重要手段。

郊野型城址，在工作中似乎直接按照正常田野工作方法操作即可。这类城址往往仍能在地表上看到废址、城墙、街道，甚至房屋建筑都有保留，对其开展的野外考古工作往往是调查居多，开展发掘工作的较少。综合看，对于这类城址，可以通过考古调查、勘探、测绘、发掘等手段，了解城址的范围、始建年代及历代修建过程、城墙（包括城壕）和城门的构造、城内的布局、道路、宫殿区、衙署区、市井、手工业作坊等，从而全面了解一个城址所反映的历史信息[2]。应尽量使用多种手段，所谓"上穷碧落下黄泉，动手动脚找东西"，以获取尽可能多的信息，为考古学研究提供充分、详实的资料。伊犁河谷城址中如惠远老城、广仁城、惠宁城等便是这一类型。

不论针对哪一类城址，城市考古学研究本质上还是考古学，其研究的基本对象为古代的城市遗存，其目的简单来说就是复原过去城市的历史，仍是以田野调查及发掘为基础，同时使用城市类型学、地层学等方法。因此，本书以伊犁河谷地的驻防城为研究对象，本质上仍属于传统的考古学研究。但同时也应注意到，伊犁河谷驻防城有一定特殊性，城内地层较浅，许多城址活动面与清代时基本一致。

所以，在中国城市考古学理论范式的指引下，本书对伊犁驻防城的研究，将以田野考古调查和勘探为基础，运用地层学方法判定遗址的共存和先后关系，借鉴类型学方法分析建筑及构建的式样和技术等问题，运用历史文化因素分析法判断城址遗存所对应族群及反映的文化、功能。同时，我们也将发扬中国城市考古人对于城市遗产保护的热情和追求，探讨伊犁驻防城保护存在的问题和改善的途径。

二、城市形态学

地理、人文和建筑学者从 19 世纪初开始引入"形态"概念，将城市作为有机体，

---

　　[1]　宿白：《现代城市中古代城址的初步考查》，《文物》2001 年第 1 期。
　　[2]　郑同修：《城址考古与城市考古——以山东地区考古工作为例》，《东北亚古代聚落与城市考古国际学术研讨会论文集》，科学出版社，2014 年。

分析其发展的机制。1928 年，美国人文地理学家雷利（J. B. Leighly）第一次正式使用"城市形态学"概念，一般被认为是城市形态学成为学术领域的标志。如果城市可以被认为是有机体，那么"形态"就成为表述城市物质空间要素之间、量与形之间、内在规则与外在显像之间关联逻辑的最恰当不过的概念。

目前，学术界对于"城市形态"的界定大体相近，侧重点则略有不同。有学者指出城市形态学是对于城市形式的研究，即对城市的物质肌理以及塑造其各种形式的人、社会经济和自然过程的研究。有的学者认为，城市形态学研究可以被概括为三类，形态分析研究、环境行为研究和政治经济学研究。其中形态分析研究主要是基于城市历史地图，抽象和提取城市空间形态要素，并在此基础上研究其形态特征和历史演进，是整个城市形态学研究的基础和关键。有的学者将城市形态自下而上分为五个层面：场地，指土地及自然基础；巨构，指主要道路以及由其划定的大区；内容物，指巨构内的道路及详细的地块划分；建筑及物体，指人工的设施与景观等。

对于"城市形态"这一概念，国内广为接受的是城市地理学的定义，有狭义和广义之分。狭义指城市可见的有形的外在形态，更具体来说，往往指城市在空间利用上呈现出的几何形状；广义是在狭义的基础上，从空间及时间的角度来看，指城市的一种综合的生产及文化现象，同时也是一种社会过程，也可以说是在一定地理环境的约束下，在特定的社会经济发展过程中，人类与自然因素相互影响而产生的综合结果[1]。

从定义来看，城市形态学的方法应该可以成为城市考古学的一把利器。考古学在研究城址的形制、城墙的形态、城内的道路结构和城内的建筑时，本质上来讲都是从研究相应遗存的几何形态入手。形态学与类型学均是从生物学借用来的概念，在本质上采用了相同的方法论。因此，将形态学的理论方法应用于考古学的研究中，不仅可行，而且有非常大的探索空间。

城市形态学在历史学领域已得到较多关注及应用。较早如章生道指出中国古代城市包括正方形、长方形、圆形及不规则形状等形态，提出形状的不同与地理环境有一定关系，方形多分布在华北地区，圆形及不规则形状则多见于南方。他还指出存在复式结构的城址，并专门以清人所筑满城为例进行了介绍[2]。章生道对城市形态的关注集中于城墙所围起来的样子，这也是国内历史学、考古学学者主要关心的视角，典

[1]　郑莘、林琳：《1990 年以来国内城市形态研究书评》，《城市规划》2002 年第 7 期。

[2]　章生道：《城治的形态与结构研究》，《中华帝国晚期的城市》，中华书局，2000 年，第 84～111 页。

型可见于李孝聪[1]、鲁西奇[2]、刘未[3]、成一农[4]等先生的相关个案研究。在城市形态研究这一大的框架下，城墙形态、城门、瓮城、马面、角台、城内道路和建筑等也应是研究的对象，国内已有学者在系统梳理国内发掘成果的基础上，就古城某一部分形态做过比较系统性的研究[5]。上述研究的成果丰硕，但不同程度地缺乏系统性的理论构建。在这一方面，西方学者的理论体系相对比较成熟。

西方城市形态学可分为三大学派，分别是英国的康泽恩学派、意大利的穆拉托利学派和法国的瓦塞尔学派。英国的城市形态研究学派，是在德国施吕特尔（O. Schluter）观点的基础上，由康泽恩（M. R. G. Conzen）提出并建立了研究体系。他认为应以"文化景观"的形态研究为主要对象，即对地表上可见的、实体的人工形式进行描述，并提出了形式、功能、历史发展过程三个基本要素。

康泽恩认为城市形态学的研究对象包括城镇景观（Townscape）的三个要素——城镇平面（Urban Plan）、建筑类型（Pattern of Building Forms）、土地利用（Pattern of Urban Land Use），强调城镇平面是城市形态学研究的核心对象，因而使平面分析成为这一学派的主要特点。在此基础上，他以"平面类型单元"（Plan Unit）为基本分析单位，通过对该类空间单元的属性与时空累积变化的形态比较，创立了城市史地研究中的历史形态学派。

康泽恩认为城市是在漫长的时间中逐渐积累起来的物质形态，在时间和空间两个向度上都很复杂，所以要真正理解城市形态，首先必须明确研究的尺度；其次必须将这个混乱的状态拆分成定义清晰的不同方面，并逐一加以分析。

在研究的尺度问题方面，康泽恩以"平面类型单元"作为基本分析单元，一个单元是在城市中的一个亚区域，大致在同一时期因相同的内在原因而形成，具有类似的街道网格系统、土地划分方式的同质性形态单元。通过这个概念，康泽恩发现了城市中两个非常值得去研究的亚区域：一是"城市核（Urban Core）"，是一个城市的发

[1] 李孝聪：《唐宋运河城市城址选择与城市形态的研究》，《环境变迁研究》第四辑，北京古籍出版社，1993年，第153页。

[2] 鲁西奇：《城墙内的城市——中国古代治所城市形态的再认识》，《中国社会经济史研究》2009年第2期。

[3] 刘未：《蒙元创建城市的形制与规划》，《边疆考古研究》第17辑，科学出版社，2015年。

[4] 成一农：《中国古代方志在城市形态研究中的价值》，《中国地方志》2001年第1~2期。

[5] 王肃：《我国城墙的起源与发展》，《文博》2004年第6期；徐龙国：《中国古代都城门道研究》，《考古学报》2015年第4期；韩建华：《中国古代城阙的考古学观察》，《中原文物》2005年第1期；叶万松：《中国古代马面的产生与发展》，《考古与文物》2004年第1期；贾亭立：《中国古代城墙的垛口墙形制演进轨迹》，《东南大学学报（自然科学版）》2010年第2期。

源地，保留了一个城市在萌芽阶段的功能、街道和一些建筑物（大多数是地标和公共建筑），这些元素可以说明一个城市起源、形成和发展的原动力；二是"城市边缘（Urban Fringe）"，是一个城市的最外缘与乡村交接之地，其混沌的物质状态反映了从乡村变为城市过程中各个阶段的状态，并潜伏着城市化的巨大力量。

城市历史形态学分析的另一个方法，就是"分而析之"。康泽恩将囫囵的"城市形态"分成三个相互关联的组分，道路和道路系统、地块和地块的镶嵌格局、建筑布局。康泽恩发现，一个城市中最容易改变的东西是"功能"，其次是建筑，再次是土地划分，最后是街道。在具体实践中，康泽恩强调了演进式的研究方法（Evolutionary Approach），即主张通过大量历史地图进行历史变化过程的分析。

康氏研究模式与前述中国考古学家对古今重叠型城址的研究思路具有一致性，均强调研究城市在特定时期的形态，再以此为基础理清城市形态的沿革变化，从而研究清楚这类经过层累形成的目前的城市形态。与此同时，二者都会考虑各个时期的经济与社会背景，用发展演化的视角研究在城市平面格局基础上建立的完整的不同时代的城市特征信息。

康泽恩的理论体系非常有适用性，不少学者在研究国内城址时已有使用。据康氏的观点可知，中国历史城市中的许多功能地块如坊市、墙壕等，在平面特征与地形轮廓（Morphological Frame，即"形态框架"）方面对后来的城市形态产生强有力的影响。早期的自然山丘和河道往往为后续的墙壕所利用、继承，而墙壕作为一种具有强烈线性特征的地块（Fixation Line，即"固结线"），在拆除之后也往往形成沿线形城墙分布的环形街道（Consequent Street，即"顺应固结线而形成的街道"）。

基于以上对城市形态学理论的认识和思考，本书在研究伊犁河谷清代驻防城时，将积极探索该理论体系的考古学应用：首先，注重城市形态及其组成部分的变迁，关注城墙、城门、瓮城、角台、马面等形制的分类及演变；其次，将驻防城内"分而析之"，按照"平面类型单元"进行研究；最后，重视原来考古学、历史学研究中所忽略的"城市边缘""街道"等，将其纳入研究视角，分析其形态功能特征。

三、马克斯·韦伯与施坚雅

马克斯·韦伯讨论中国古代城市时，构建了中国古代的城市理论体系，其构建的基础之一是城市共同体（Urban Community）。他认为中国古代城市没有发育出城市共同体，这是其同西方城市的巨大区别，原因有两方面：一是政治体制因素，二是社会结构导致。从政治体制来讲，中国城市的形成不是经济发展的自然结果，而是由行政中心或者军事要塞发展起来的，是出于国家政治的需要而形成的。作为军事要塞的城市，军队对其的控制非常严密。从社会结构来讲，中国城市没有建立起完整的法律体系，是靠习惯来维持社会运行，并且城市中商业发展有一定的排他性，使得城市难以自由发展[1]。马克斯·韦伯的观点对于伊犁河谷清代驻防城的研究有一定的指导意义，因为这批驻防城在兴建之初便是典型的军事性城市。

然而，马克斯·韦伯的结论是针对所有中国古代城市，这遭到了众多学者的质疑。例如施坚雅虽然在一定程度上肯定了马克斯·韦伯的观点，但对其普适性提出了质疑："韦伯的构想虽则在史实上并非总是确切无误，但在社会学上却是无瑕可指的。"[2]他根据在四川进行的人类学调查，借鉴瓦尔特·克里斯塔勒（Walter Christaller）的"中心地"概念，提出了适用于中国古代城址的"中心地"理论[3]。

在施坚雅看来，中心地指城市、城镇和其他具有中心服务职能的人口聚居的居民点。具体来讲，其为"一个以履行重要中心职能（不光是经济的，而且还有政治行政的、文化的和社会的）为特点的聚居区，它履行这样的职能，不仅是为了它自己的人口，而且也是为了一个最低限度也要包括一批邻近农村的腹地。就中华帝国晚期而言，所有行政城市都是中心地，所有有一个定期市场的市镇也是"[4]。中心地形成的结果，便是有了"核心—边缘"结构，它表现在城市体系中的各方面，"不仅大区域经济具有核心—边缘结构，它的每一层次上的区域系统均呈现和大区的核心—边缘结构类似的内部差异"[5]。

施坚雅指出了中国古代城市形成的自发性动力，并且该结论通过田野调查得到了验证。其研究结论自称适用于长江流域、珠江流域、闽江流域、华北平原等地区，但没有涉及新疆及东北等地区。从根本上来说，克里斯塔勒和施坚雅的"中心地"理论是基于商业因素，即交通、成本、资源等构建起来的，在分析商业性城址时比较有效，因此其理论对于研究清代伊犁河谷驻防城向商业化的转向时有一定的指导意义。

---

［1］［德］马克斯·韦伯（Max Weber）著，王荣芬译：《儒教与道教》，商务印书馆，1995年，第57～64页。

［2］［美］施坚雅（George William Skinner）：《导言：中华帝国的城市发展》，《中华帝国晚期的城市》，中华书局，2000年，第4页。

［3］［美］施坚雅（George William Skinner）：《中文版前言》，《中华帝国晚期的城市》，中华书局，2000年。

［4］［美］施坚雅（George William Skinner）：《十九世纪中国的地区城市化》，《中华帝国晚期的城市》，中华书局，2000年，第256页。

［5］［美］施坚雅（George William Skinner）：《中文版前言》，《中华帝国晚期的城市》，中华书局，2000年，第3页。

故而本书在分析伊犁驻防城功能时，将积极借鉴马克斯·韦伯和施坚雅的理论认识，探讨驻防城内的军事政治制度及习惯，同时也探索"核心—边缘"结构在伊犁驻防城布局中的适用性，以此丰富对伊犁驻防城的认识。

四、"边疆理论"与"新清史"

马克斯·韦伯和施坚雅的理论本质上是一种"中原中心观"，其结论主要针对长城以南的中原地区。从 20 世纪中叶开始，美国的"边疆理论"被引入中国，成为认识中国历史问题的新视角。到了 20 世纪末期，海外的"新清史"流派进一步刺激和丰富了国内边疆理论，成为清史研究中的热点。伊犁河谷清代驻防城作为清廷入主新疆后的重要筑城实践，成为检验"边疆理论"与"新清史"非常好的样本。

美国"边疆理论"的开创人物是弗雷德里克·杰克逊·特纳（Frederic Jackson Turner），他指出边疆在美国史中的重要作用。美国"边疆理论"深刻影响了欧文·拉铁摩尔、濮德培（Peter C. Perdue）等人，他们将视角放在了中国，强调中国边疆地区对中国历史的意义。

欧文·拉铁摩尔是最早将"边疆理论"应用于中国的学者，他在其论著《亚洲的枢纽》中提到："中国的新疆处于大陆的核心地区……有着亚洲大陆的支柱地位。"[1] 他认为"新疆的支柱地位，不仅是一个地理概念，还是一个地缘政治的概念"[2]，并由此进一步认为新疆就是"亚洲的枢纽"，是各大国竞相争夺的地区，是"未来世界新的中心"。同时，欧文·拉铁摩尔认为边疆地区有复杂性和不稳定性的特点，对中国历史产生了深刻影响[3]。

事实上，不论从地理位置，还是从近代以来的新疆局势来看，欧文·拉铁摩尔的看法无疑是非常有前瞻性的。仅就伊犁河谷地区来说，从 18 世纪开始，便有准噶尔部、回部、清廷、沙俄、哈萨克部等各方势力在此角逐，通过战争、贸易等活动在伊犁乃至新疆扮演了不同的角色。同时，我们也通过这段历史发现：在新疆的地缘结构中，

---

[1] Owen Lattimore. Pivot of Asia: Sinkiang and the inner Asian frontiers of China and Russia. Little, Brown and Company, 1950: 12.

[2] George E. Taylor. Review Pivot of Asia: Sinkiang and the Inner Asian Frontiers of China and Russia, by Owen Lattimore. The Far Eastern Quarterly, 1951(2): 202.

[3] ［美］拉铁摩尔著，唐晓峰译：《中国的亚洲内陆边疆》，江苏人民出版社，2014年；Peter C. Perdue. China Marches West: The Qing Conquest of Central Eurasia. Harvard University Press, 2005.

伊犁河谷处于非常重要的位置，伊犁局势事关整个新疆的大局。

欧文·拉铁摩尔的观点一定程度上催生了"新清史"。"新清史"之"新"，并非因为有新的研究对象，而是强调视角的转换，由过去以中原为中心变为以"内陆亚洲"为中心，强调历史主体的转变，由过去以汉族为主体转为以满、蒙等边疆少数民族为主体。其中支持"新清史"的证据之一便是清人对新疆的政策，他们指出满族同蒙古族的特性不一样。18世纪50年代，清军最终击败准噶尔部，平定内亚边疆，却没有像蒙古人那样继续无止境地深入"内陆亚洲"。乾隆皇帝以极具自我约束力的边境原则，拒绝了哈萨克、布鲁特内附的请求，表现出明确的"中国观"。

有学者关注到边疆城市研究在内亚史研究中的重要作用，如高贝贝认为边疆城市作为民族文化交汇地，是帝国的缩影，边疆城市具有结构简单性和传统性特点，但其仅选取了昆明、兰州、呼和浩特、乌鲁木齐和西宁五座城市，没有涉及伊犁河谷城址[1]。侯宣杰认为边疆城市相较于国内其他城市较为特殊，体现在环境、动力和功能上，具有边缘性、滞后性、民族性、开放性、复杂性、依附性等特点[2]。遗憾的是，他们都没有关注到清代新疆较大规模的筑城实践。

濮德培《中国西征：大清征服中央欧亚与蒙古帝国的最后挽歌》一书无疑是"新清史"研究清朝统一新疆的代表作品。他将清朝统一新疆看作是清与准噶尔、俄国三者之间斗争的结果，有一定偶然性。在统一的过程中，经济后勤因素起到了重要作用，而在统一之后，清廷则通过经济、文化的手段来巩固统治[3]。综观"新清史"的逻辑，他们更多地强调了清廷进驻新疆后与中亚各民族交往过程中体现的主体性，而忽略了清廷入主新疆后，中原儒法礼制观念及绿营兵发挥的举足轻重的作用，这在伊犁河谷城址兴建的过程中可以得到充分反映。

因此，本书拟通过对伊犁河谷驻防城的研究，特别是对驻防城中满城的营建、内部结构及功能演变的研究，来检验"边疆理论""新清史"等理论观念的合理性，以此为匡正中国边疆理念提供更多可靠材料和依据。

［1］［美］高贝贝（Piper Rae Gaubatz）.Beyond the Great Wall: Urban Form and Transformation on the Chinese Frontiers, Stanford Press, 1996.

［2］侯宣杰：《中国边疆城市发展史的特点与研究方法》，《青海民族研究》2011年第1期。

［3］［美］濮德培（Peter C. Perdue）著，叶品岑、蔡伟杰、林文凯译：《中国西征：大清征服中央欧亚与蒙古帝国的最后挽歌》，卫城出版社，2021年。

第三章 建置沿革

　　伊犁河谷驻防体系建置，具体可从城市建设和行政设置两个方面进行讨论：城市建设指城墙及城内建筑设施的营建与完善；行政设置指职官体系的设置及级别的相对变化，二者构成了军政城市内部研究的基本面。官员办公都在特定的衙署里，因此城内外建筑也是帝制时代森严等级体系的折射，从这方面讲，城市建设和行政设置又有着内在映射的关系。基于此认识，我们依据相关文献及舆图等资料，对伊犁河谷内驻防体系的建置做一梳理。

　　乾隆二十一年（1756），清军平定准噶尔后不久，乾隆即以定边右副将军兆惠为"驻扎伊犁等处办事大臣"[1]，统兵两千名，镇守其地，开始了对伊犁地区的军政建置。其后，在平定大小和卓叛乱后，清廷内外开始意识到"伊犁形势甲西域"[2]，"向日之边陲又成内地，则文武员弁均应依次移补，方与舆地官制俱为合宜"[3]。于是在乾隆二十五年，参赞大臣阿桂由南路带兵至伊犁，镇守开屯[4]。两年后，乾隆意识到"伊犁为新疆都会，现在驻兵屯田，自应设立将军，总管事务。昨已简用明瑞往膺其任，著授为总管伊犁等处将军"[5]，由此正式设立了"伊犁将军"。大概与此同时，修筑了塔勒奇城、绥定城和宁远城，伊犁将军即驻扎绥定城，由此开始了长达百余年的伊犁河谷驻防体系营建（图3-1）。

---

　　[1]（清）傅恒等：《平定准噶尔方略》正编卷三六，乾隆二十二年二月丙寅，《景印文渊阁四库全书》第三五八册，台湾商务印书馆，1986年，第609页。

　　[2]（清）傅恒等：《钦定皇舆西域图志》卷一，《景印文渊阁四库全书》第五〇〇册，台湾商务印书馆，1986年，第114页。

　　[3]（清）傅恒等：《平定准噶尔方略》正编卷八二，乾隆二十四年十一月甲戌，《景印文渊阁四库全书》第三五九册，台湾商务印书馆，1986年，第460页。

　　[4]（清）松筠：《伊犁驻兵书始》，《清朝经世文续编》卷六二《兵政一·兵制上》，文海出版社，1972年，第1562页。

　　[5]《清实录》第十七册《清高宗实录》卷六七三，乾隆二十七年十月乙巳条，中华书局，1986年，第519页。

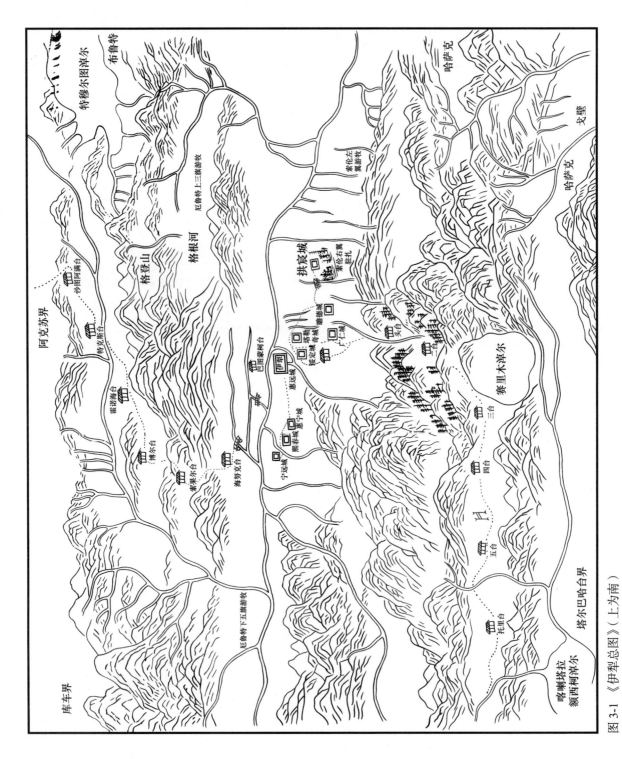

第一节　初建（乾隆二十六年至乾隆二十七年）

清廷入驻伊犁伊始，在修建塔勒奇城、绥定城和宁远城的同时，还整编了厄鲁特营，同时完善了军台体系，初步完成了伊犁河谷驻防城体系的构建。这一时期属于伊犁河谷驻防城营建的初建阶段。

在驻防体系初建之前，谷地内并无在用城址。准噶尔部"其俗皆逐水草，无城郭"[1]，仅在伊犁河两岸修筑了金顶寺、银顶寺。阿桂便根据伊犁河谷南北两岸的实际情况，对城市选址作了大体的规划，认为应在固勒扎、海努克、察汗乌苏、乌哈尔里克等处筑城屯守："查伊犁要地，河北则固勒扎，河南则海努克，其地土肥饶之处，则察汗乌苏。应于海努克筑城，以回人三百名屯田，用兵数百名驻防。西通哈萨克、布鲁特及回地诸路察汗乌苏筑城，以绿旗兵一千名屯田，并驻防伊犁河北一路。固勒扎须筑大城，凡驻扎大臣公署仓库咸在，以为总汇……又所奏建置城邑，实为边防长久，不独地当冲要，亦当相其形势物产。查固勒扎地居旷野，薪炭无资，应于乌哈尔里克、察罕乌苏、哈什岈吉斯、伯勒齐尔等木植多处，或近山产煤之地，筑城驻兵。"[2]

阿桂对伊犁形势的判断对后来伊犁河谷军事防御体系的构建产生了深远的影响。他一方面受到了准部寺庙布局影响，即意识到固勒扎和海努克为要地，同时进一步综合考虑了战略形势、屯田及物产等因素，认为察汗乌苏、乌哈尔里克、哈什岈吉斯等地也应筑城。最终，乾隆帝决定在海努克和察汗乌苏二地筑城，由屯田绿旗兵在农忙间隙完成："仍令阿桂等再行勘定，其海努克、察罕乌苏二城，俱应如所奏办理。但另派绿旗兵一千筑城，未免张大其事，且多浮费。应令屯田绿旗兵，于农隙次第兴筑，不必定以年限。"[3]由此开始了伊犁河谷驻防体系的建置。

一、塔勒奇城、绥定城和宁远城的营建

塔勒奇城是清廷在伊犁河谷最早兴建的军城，又名塔尔奇城，建于乾隆二十六年

---

[1]（清）傅恒等：《钦定皇舆西域图志》卷一二，《景印文渊阁四库全书》第五〇〇册，台湾商务印书馆，1986 年，第 300 页。

[2]《清实录》第十六册《清高宗实录》卷六二一，乾隆二十五年九月辛未条，中华书局，1986 年，第 985~986 页。

[3]《清实录》第十六册《清高宗实录》卷六二一，乾隆二十五年九月辛未条，中华书局，1986 年，第 986 页。

（1761），由"办事大臣阿桂奏建"[1]。这里便是阿桂在前一年上奏时所指应在察汗乌苏所筑之城[2]。塔勒奇应是临时用来屯兵驻军的，因此古城建筑规模较小，早期甚至没有名字："伊犁于（乾隆）二十六年创始之初，仅于塔奇（尔）奇河修盖小堡一座，并无名目，以为屯兵居住之处。"[3]其后，塔勒奇城便以塔勒奇河为名。塔勒奇河发源于塔勒奇山[4]，山内果子沟是沟通天山南北的重要通道，乾隆年间镇压准噶尔的北路大军即由此南下[5]。塔勒奇城选在了果子沟南下不远的位置，又与准部时期的核心地带金顶寺、银顶寺保持了一定的距离，可见塔勒奇城的选址与其重要的战略位置有紧密关系（图 3-2）。

　　关于塔勒奇城的规制，《伊江汇览》无载，《钦定皇舆西域图志》记载其"在伊犁北一百二十里，建小城一，周三分，有屯田。城西北为独山子、清水河，城北为大西沟、大东沟，城西为察汗乌苏，均有屯田"[6]。此处所记周长为"三分"，或为他城，抑或有误。而稍后的《总统伊犁事宜》记载其"在惠远城西北三十里，地名塔勒奇，城周一里五分，无城名，亦无门名，守备驻扎"[7]，无城高数据。直到《西陲总统事略》

---

　　[1]（清）松筠：《新疆识略》卷四《伊犁舆图》，《续修四库全书》第七三二册，上海古籍出版社，2002 年，第 645 页。

　　[2]"至察罕乌苏，地土肥沃，种地一千名绿营兵请即在察罕乌苏居住，建一小城池，以遏哈萨克布鲁特由伊犁河北来之路。"（清）阿桂：《奏伊犁屯田地方修建城池并增添屯田兵丁及回子折》，乾隆二十五年八月二十四日，中国第一历史档案馆藏，档号：03-0178-1840-037。

　　[3]（清）格琫额：《伊江汇览》，《中国地方志集成·新疆府县志辑》第九册，凤凰出版社，2012 年，第 535 页。

　　[4]关于塔勒奇山文献中多有记载，如"塔勒奇城者，以山名之也，城在山南百里"。见（清）徐松：《西域水道记》卷四《巴勒喀什淖尔所受水》，中华书局，2005 年，第 246 页；又如"在伊犁北，谷长七十里。乾隆二十八年，秩于祀典，有《岁祭塔勒奇山文》。《新疆识略》：塔勒奇山，在惠远城北九十里"。见（清）穆彰阿：《大清一统志》卷五一七《伊犁图》，《续修四库全书》第六二四册，上海古籍出版社，2002 年，第 245 页。关于"塔兰奇"来源，学界有蒙古语"村庄"、满语"庄稼汉"、突厥语"耕种者"等不同观点，对"塔勒奇"一名来源有重要参考意义，见玉努斯江·艾力：《"塔兰奇"名称研究评述》，《伊犁师范学院学报（社会科学版）》2014 年第 2 期。

　　[5]据《大清一统志》："乾隆二十年，北路大军由波罗塔拉越此山之阴进剿，岭险峻如关，谷中林木茂密，俗呼为果子沟。岭下出泉，汇为大河，径流谷中。往来者分绕水之东西，自松树头至山口，凡桥四十二座。"（清）穆彰阿：《大清一统志》卷五一七《伊犁图》，《续修四库全书》第六二四册，上海古籍出版社，2002 年，第 245 页。

　　[6]（清）傅恒等：《钦定皇舆西域图志》卷一二，《景印文渊阁四库全书》第五〇〇册，台湾商务印书馆，1986 年，第 308 页。

　　[7]（清）永保：《总统伊犁事宜》，《清代新疆稀见史料汇辑》，全国图书馆文献缩微复制中心，1990 年，第 136 页。

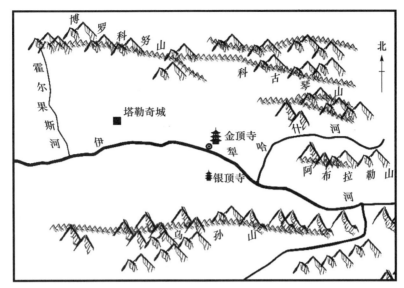

图 3-2 乾隆二十六年伊犁河谷驻防城形势分布示意图

中，方定其尺寸为"高一丈，周一里五分六厘"[1]，后《西域水道记》《新疆识略》《钦定八旗通志》等均采此说。关于设门情况，《伊犁文档汇钞》载其开三门："开东、南、西三门。"[2]

关于清代尺度，一般认为里长 576 米，1 里为 180 丈，即 360 步，合丈长 3.2 米，步长 1.6 米。又 1 里为 10 分，合 1 分为 57.6 米。另有 1 分为 10 厘，合 1 厘为 5.76 米。本书即以此作为分析清代城市建筑尺度的参考。那么，折合文献所记，塔勒奇城的高为 3.2 米，周长计 898.56 米。

塔勒奇城初建时，城内情况较为简单，以兵营房间为主："塔尔奇有游击、都司、千把衙署各一所，余皆兵房，亦有铺户。因创造之初，仅属小堡，并非城郭。故至今规模湫隘，不足以壮观瞻，且近复筑堡其旁，以为民及有眷人犯居住之。鸡犬相闻，差不寂寞也。"[3]通过格琫额的这段描述，可知该城规模较小，城内建筑亦较少，以衙署为主，人口也不多，是一个不折不扣的小城。

《钦定八旗通志》中对塔勒奇城的衙署、兵房建筑有更为详细的记载，包括房间数及建设时间："守备衙署一所，二十三间；千总衙署一所，十间；仓廒，五十四间；管

[1]（清）松筠修，（清）汪廷楷、祁韵士撰：《西陲总统事略》卷五《城池衙署》，中国书店，2010 年，第 71 页。

[2]（清）佚名：《伊犁文档汇钞》，国家图书馆编：《清代边疆史料抄稿本汇编》，线装书局，2003 年，第 143 页。

[3]（清）格琫额：《伊江汇览》，《中国地方志集成·新疆府县志辑》第九册，凤凰出版社，2012 年，第 541 页。

仓粮员住公寓，十五间；军器库十一间；城门堆房三处，各三间，俱二十七年设。"[1]

　　清廷兴建塔勒奇城，拉开了伊犁河谷城防体系营建的序幕。然而塔勒奇城仅仅是一屯兵之小城，不能满足清廷驻军屯兵、长久统御西域之需要。故其后不久，按照阿桂两年前的规划，开始修筑绥定城和宁远城[2]。

　　绥定城动土修筑始于乾隆二十七年（1762）二月二十五日，地点位于阿桂拟定的乌哈尔里克，选址综合考虑了战略位置等因素，特别是考虑到了当地木材较多的优势。绥定城的兴建筹备用了大概半年，真正修筑工作也用了近半年，共动用兵丁800名，城筑好的同时城内房间也建好了，可见营建效率之高[3]。

　　绥定城修好后规制就定了下来，城呈方形，开四门，分别是南门利渠、东门仁熙、西门义集、北门宁漠（《伊江汇览》称为"宁汉"，应为抄录之误）。《伊江汇览》记其"周围四里三分"[4]，《钦定皇舆西域图志》记其"周四里一分"[5]，而稍后的《总统伊犁事宜》记其"城周四里三分"，此时所记已不见北门，亦无城高数据[6]。直到《西陲总统

　　[1]（清）铁保等：《钦定八旗通志》卷一一八《营建志七》，嘉庆四年刊本，台湾学生书局，1968年，第7689页。

　　[2]　早在乾隆二十五年九月十二日，阿桂就曾上奏指出："又所奏建置城邑，实为边防长久，不独地当冲要，亦宜相其形势物产。查固勒扎地居旷野，薪炭无资，应于乌哈尔里克、察罕乌苏、哈什空格斯、伯勒齐尔等木植多处，或近山产煤之地筑城驻兵，仍令阿桂等再行勘定"。（清）那彦成纂：《阿文成公年谱》卷一，文海出版社，1966年，第98～99页。

　　[3]　有阿桂奏疏完整记录了兴建过程："乾隆二十七年，阿桂等奏称伊犁修理城郭，遵照军机大臣议奏，酌量树木丰茂，即在乌哈尔里克建立。今于本年二月二十五日兴工，七月初八日俱已完竣。衙署、兵房亦皆建设，奴才等挨次察看，虽系土工，俱属坚固。除将城郭、房屋、衙署式样另绘粘单恭呈御览外，塔勒奇河两边离桥之处，约计十余里，今已添派官兵砍伐树木，修造桥梁。俟完竣时，奴才等遵照从前原奏，于屯田修工二千兵丁内挑选一千二百名存住，其余八百兵丁交副将国柱，量时撤回本营。至此项在工官兵俱各出力奋勉。谨将大小官员职名及奋勉人名一并缮单恭呈御览，伏乞睿鉴。"（清）铁保等：《钦定八旗通志》卷一一八《营建志七》，嘉庆四年刊本，台湾学生书局，1968年，第7672～7674页。另有阿桂的奏疏："（乾隆二十七年八月）初十日，公奏言：臣等原议伊犁建造城垣公署，因乌哈尔里克木植颇多，即于该处度地兴工，派副将国柱领兵八百名专司版筑，上年八月先将应用器具置办齐全，于二月二十五日起工，计四门，周围四里三分，所有仓库及驻扎大臣侍卫官员公署兵丁营房共一千六百八十九间，于七月初八日告竣。"（清）那彦成纂：《阿文成公年谱》卷二，文海出版社，1966年，第180页。

　　[4]（清）格琫额：《伊江汇览》，《中国地方志集成·新疆府县志辑》第九册，凤凰出版社，2012年，第535页。

　　[5]（清）傅恒等：《钦定皇舆西域图志》卷一二，《景印文渊阁四库全书》第五〇〇册，台湾商务印书馆，1986年，第308页。

　　[6]（清）永保：《总统伊犁事宜》，《清代新疆稀见史料汇辑》，全国图书馆文献缩微复制中心，1990年，第136页。

事略》定其为"城高一丈七尺,周四里三分"[1],后《西域水道记》《新疆识略》《钦定八旗通志》均采此说。若以此为准,绥定城合周长 2476.8 米,高 5.44 米。阿桂在给皇帝上的奏折中,详细绘制了舆图,并贴条记录其建筑规制,与以上所记略有不同(图版三)。

通过舆图所绘可看出,绥定城呈方形,有四门。门外有马蹄形瓮城,北门瓮城无城门,东、西门瓮城城门南开,南门瓮城城门东开。四角有角台,上有角楼。城门和角台间各设一马面(炮台),共计 8 个。城外有一周护城河(海壕)。古城大街呈"十"字形布局,将城内分为四个部分。城内从东墙北侧引入一水渠,入城后崎岖西走,至西北部折而向南,从南墙西侧穿墙而出。

衙署沿东西向大街北侧分布,坐北朝南。居于核心的是总理大臣房,位于十字路口东北侧,沿东大街往东是一座领队大臣房。总理大臣房南面为印房、驼马处、营务官员房。西大街北侧由东往西分别是两座领队大臣房、一座公所。十字路口西南另有一公所。城内西北角为一座仓库,紧邻仓库南侧偏西有一粮饷官员房;古城西南角为一监狱,北大街北侧为关帝庙,北门瓮城设为火药库,其余均为普通兵房。

舆图中记载了绥定城城墙形态:"新城一座,周围四里三分(2476.8 米),垛口一千一百九十六堵,城身高一丈二尺(3.84 米),垛墙高六尺(1.92 米),共高一丈八尺(5.76 米)。""城楼四座,每座高一丈(3.2 米)……(北)无门,东、西、南城门三座……高一丈二尺(3.84 米),面阔一丈二尺(3.84 米)……""角楼四座,每座高一丈二尺(3.84 米),台基底面阔二丈二尺(7.04 米),进深二丈二尺(7.04 米)。""瓮城四座,每座周围二十五丈(80 米),瓮城门三座,每座门洞高一丈(3.2 米),面阔一丈(3.2 米),进深一丈一尺(3.52 米)。""炮台八座,每座面阔二丈(6.4 米),进深一丈八尺(5.76 米)。""城外海壕一道,离城三丈(9.6 米),宽二丈四尺(7.68 米),深六尺(1.92 米)。"

绥定城城内的街道布局:"城内八丈(25.6 米)宽十字大街四道,三丈(9.6 米)宽顺城街四道,四丈(12.8 米)宽大巷八道,一丈五六尺(4.8~5.12 米)至三丈五六尺(11.2~11.52 米)不等小巷四十二道。"[2]

古城建成伊始,即"以换防满洲官兵居之"[3],亦有办事大臣即阿桂驻扎此城,"乾

[1](清)松筠修,(清)汪廷楷、祁韵士撰:《西陲总统事略》卷五《城池衙署》,中国书店,2010 年,第 72 页。

[2](清)阿桂:《奏报伊犁城垣竣工折》,军机处满文录副奏折,乾隆二十七年七月九日,中国第一历史档案馆藏,档号:03-0179-1958-036。

[3](清)格琫额:《伊江汇览》,《中国地方志集成·新疆府县志辑》第九册,凤凰出版社,2012 年,第 535 页。

隆平准部时办事大臣驻此"[1]。还有管理绿营屯田官兵的官员："管理屯田总兵一员，驻于绥定城，均为专城焉。"[2]清廷设置伊犁将军后，绥定城成为清廷巩固新疆统治后的第一个军政中心。

　　与绥定城大概同时，清廷于乾隆二十七年（1762）修建了宁远城[3]。这也是阿桂初步设想的在固勒扎所筑之城，占有较为重要的地位："请将来年春季起陆续前来之七百户回子，俱令驻扎固勒札，建一大城，所有大臣衙署及仓厫房间俱修于此。"[4]《清实录》记载了宁远城的修筑经过："参赞大臣阿桂奏，伊犁城垣公署于二月二十五日起工，七月初八日告竣。回人等在固勒扎建造城垣，与乌哈尔里克城相仿。所造房屋，亦俱竣工报闻。寻钦定……固勒扎城曰安远城，门东曰景旭，南曰嘉会，西曰环瀛，北曰归极。"[5]宁远城一开始定名为安远城，但不久后便被赐名宁远城，"将军明瑞始鸠工焉，赐名宁远"[6]。

　　古城建成后，《伊江汇览》记其规制为"周围四里七分"[7]，《钦定皇舆西域图志》记其"周四里二分"[8]，而稍后的《总统伊犁事宜》记其"城周四里七分"[9]，直到《西

---

　　[1]（清）刘锦藻：《清朝续文献通考》卷三二一《舆地考十七·新疆省》，商务印书馆，1936年，第10614页。

　　[2]（清）格琫额：《伊江汇览》，《中国地方志集成·新疆府县志辑》第九册，凤凰出版社，2012年，第548页。

　　[3]"乾隆二十七年，阿桂等奏称……再回子等于古林（疑为"固勒扎"）修理城郭，广大亦如乌哈尔里克城等，伊等于去岁修理。至本年三月亦并完竣，其回子住房亦各盖完移住。观其所修，虽不如兵丁之整齐善好，然城房尚属坚固，为此一并绘图粘单恭呈御览奏人。朱批：好事，知道了。"（清）铁保等：《钦定八旗通志》卷一一八《营建志七》，嘉庆四年刊本，台湾学生书局，1968年，第7674~7675页。

　　[4]（清）阿桂：《奏伊犁屯田地方修建城池并增添屯田兵丁及回子折》，乾隆二十五年八月二十四日，中国第一历史档案馆藏，档号：03-0178-1840-037。

　　[5]《清实录》第十七册《清高宗实录》卷六六八，乾隆二十七年八月庚子条，中华书局，1986年，第469页。

　　[6]（清）刘锦藻：《清朝续文献通考》卷三二一《舆地考十七·新疆省》，商务印书馆，1936年，第10614页。

　　[7]（清）格琫额：《伊江汇览》，《中国地方志集成·新疆府县志辑》第九册，凤凰出版社，2012年，第535页。

　　[8]（清）傅恒等：《钦定皇舆西域图志》卷一二，《景印文渊阁四库全书》第五〇〇册，台湾商务印书馆，1986年，第305页。

　　[9]（清）永保：《总统伊犁事宜》，《清代新疆稀见史料汇辑》，全国图书馆文献缩微复制中心，1990年，第136页。

陲总统事略》定其为"城高一丈六尺，周四里七分"[1]，后《西域水道记》《新疆识略》《钦定八旗通志》均采此说。若以此为准，宁远城合周长 2707.2 米，城高 5.12 米。舆图详细绘制了其形制，并贴条详述其规制，与以上所记又略有不同（图版四）。

通过舆图所绘可看出，宁远城呈方形，有四门。门外有马蹄形瓮城，北门瓮城城门东开，东、西门瓮城城门南开，南门瓮城城门东、西两开。四角有角台，上有角楼。城门和角台间各设有 2 个马面（炮台），共计 16 个。城外不见护城河。古城大街呈"十"字形布局，将城内分为四个部分。

衙署集中分布于东大街北侧，坐北朝南。居于核心的是两座伯克衙署，位于十字路口东北侧，沿东大街往东是另一衙署，应为管粮仓员所居，即粮员衙署。十字路口西南角为一清真寺。城内东北角为一座仓库，面积较大，约占全城面积的二十分之一。其余则为普通回民圆顶居房。

舆图中记载其城墙规制："回城一座，周围四里七分（2707.2 米），城身高一丈二尺（3.84 米），垛墙高六尺（1.92 米），共高一丈八尺（5.76 米）。""城楼四座，每座高一丈五尺（4.8 米）；城门四座，面阔三丈五尺（11.2 米）。""瓮城四座，每座周围二十五丈五尺（81.6 米），东西北各瓮城门一座，南面瓮城门二座。""角楼四座，每座高一丈二尺（3.84 米），面阔二丈（6.4 米）"，"炮台十六座，面阔二丈（6.4 米）"[2]。以此观之，在城墙规制方面，特别是城墙高度方面，地方史志记载均不甚准确。

城内主要居住回人，"系阿奇木伯克鄂罗木杂普（布）率众回子居住"[3]。这些人应是从天山以南以东乌什、叶尔羌、和阗、哈密、吐鲁番等地迁来的，"徙南路回民六千余户来居，分九屯，设三四品伯克各一员"[4]。城内建有"阿奇木伯克衙署一所、伊什罕伯克衙署一所、粮员衙署一所"[5]。

［1］（清）松筠修，（清）汪廷楷、祁韵士撰：《西陲总统事略》卷五《城池衙署》，中国书店，2010 年，第 74 页。

［2］（清）阿桂：《奏报伊犁城垣竣工折》，军机处满文录副奏折，乾隆二十七年七月九日，中国第一历史档案馆藏，档号：03-0179-1958-036。

［3］（清）铁保等：《钦定八旗通志》卷一一八《营建志七》，嘉庆四年刊本，台湾学生书局，1968 年，第 7677 页。

［4］（清）刘锦藻：《清朝续文献通考》卷三二一《舆地考十七·新疆省》，商务印书馆，1936 年，第 10614 页。

［5］（清）松筠：《新疆识略》卷四《伊犁舆图》，《续修四库全书》第七三二册，上海古籍出版社，2002 年，第 645 页。

二、厄鲁特营的整编

乾隆二十五年（1760），清廷招抚厄鲁特及哈萨克、布鲁特，形成右翼编制："陆续招抚厄鲁特及由哈萨克、布鲁特陆续投出厄鲁特，编为右翼，除设总管、佐领、骁骑射校等官，原设领催兵丁七百名。"[1] 由此开始了伊犁地区周边游牧大营的建置。

三、东路、南路军台的设置

在兴修城池的同时，清廷为了巩固统治，在伊犁地区设置了完善的军台体系。军台处作为"管理发递公文折报"[2] 的机构，统管伊犁军台事务，在伊犁河谷驻防体系的形成中扮演了重要角色。伊犁军台可分为东路台站体系和南路台站体系，东路体系包括：沙喇布拉克台、塔勒奇阿满台、鄂博勒齐尔台、鄂勒著依图博木台、瑚素图布拉克台，南路体系则包括沙图阿满台、特克斯台、博尔台、索果尔台、海努克台、巴图蒙克台。

东路台站体系设立于乾隆二十七年（1762），起先的路线是从登努勒至伊犁（弓月道），后发现该线"雪大难行"，改从果子沟走，于是有了从精河前往伊犁的东线线路："今秋添设额林哈必尔罕路军台，自精河博罗布尔噶苏登努勒太（台）一带至伊犁安设。适今年二月精河运至籽种，以登努勒太（台）雪大难行，询问熟悉路程之厄鲁特人等，由塔勒奇达巴罕、赛里木淖尔、库森木什克等地方运送前来。查塔勒奇达巴罕比博罗布尔噶苏达巴罕山路平正，秋雪亦比登努勒太（台）较少，惟水大之时略为不便。而该处有噶尔丹策凌时旧桥数处，虽有损坏，差人修造，可以行走。所有应设军台臣咨行乌鲁木齐大臣，即改由塔勒奇至托里六处安设，得旨允行。"[3] 东路台站体系实际上成为了乌鲁木齐至伊犁通道的最主要的一部分。

南路台站体系设立于乾隆二十八年（1763），时任参赞大臣的伊勒图奏称："伊犁至沙图阿满七处新设军台。臣亲身照看兵丁、户口、牲畜过伊犁河，按次住牧，其伊

---

［1］（清）松筠：《伊犁驻兵书始》，《清朝经世文续编》卷六二《兵政一·兵制上》，文海出版社，1972 年，第 1566 页。

［2］（清）松筠：《新疆识略》卷四《伊犁舆图》，《续修四库全书》第七三二册，上海古籍出版社，2002 年，第 659 页。

［3］（清）松筠：《新疆识略》卷四《伊犁舆图》，《续修四库全书》第七三二册，上海古籍出版社，2002 年，第 660 页。

犁旧军台全行撤回。再特克斯河水势深阔，新住兵丁不谙过渡。查旧军台有威呼（独木舟）一个，善于威呼之索伦兵一人，可再添造威呼一个，留索伦兵一人，教习两月后熟习过渡，即将索伦兵二人撤回，得旨允行。"[1]南路台站体系是通往南疆的重要道路。

综合以上可看出，这一时期对伊犁驻防城的选址及设计，是由阿桂主导，并经过乾隆皇帝批准的。但是最终修筑的结果与阿桂一开始的预想略有不同，阿桂曾拟在海努克筑城，"海努克地方请建一小城，驻兵数百名，以遏哈萨克布鲁特等所通之路"[2]，也得到了皇帝的批准，但最终因宁远城所建规模较大，已满足所需，遂放弃了修筑海努克城，"寻停海努克建城议"[3]。

第二节　高潮（乾隆二十八年至乾隆三十五年）

从乾隆二十八年（1763）开始，清廷开始向伊犁河谷移驻内地满洲兵，为此营建了惠远老城及惠宁城两座满城，还有供屯田回人居住的哈什回城。这一时期，还陆续将索伦、察哈尔、厄鲁特、锡伯等营的官兵移至伊犁河谷附近，卡伦也开始大规模兴建，伊犁河谷的驻防城体系建设进入高潮。

一、惠远老城、惠宁城及哈什回城的营建

满城是在清代八旗制度下所形成的一种特有的城市类型，对于清代满城数量，目前学者持不同观点[4]。惠远、惠宁作为典型的满城，体现了清代满城的诸多特点。

---

[1]（清）松筠：《新疆识略》卷四《伊犁舆图》，《续修四库全书》第七三二册，上海古籍出版社，2002年，第661页。

[2]（清）阿桂：《奏伊犁屯田地方修建城池并增添屯田兵丁及回子折》，乾隆二十五年八月二十四日，中国第一历史档案馆馆藏，档号：03-0178-1840-037。

[3]（清）徐松：《西域水道记》卷四《巴勒喀什淖尔所受水》，中华书局，2005年，第234页。《西域图志》中所记该城似建好："（海努克）乾隆二十七年，建小堡一于其地。"这应是仅据阿桂奏疏所载，并无实地考察。（清）傅恒等：《钦定皇舆西域图志》卷一二，《景印文渊阁四库全书》第五〇〇册，台湾商务印书馆，1986年，第300页。

[4] 针对满城数量，学界有48个、34个、20个之说。马协弟：《清代满城考》，《满族研究》，1990年第1期；章生道：《城治的形态与结构研究》，《中华帝国晚期的城市》，中华书局，2000年。

（一）惠远老城

惠远老城开建于乾隆二十八年（1763），建成于乾隆二十九年，"（乾隆）二十九年，在伊犁河北修建惠远城，彼时凉庄、热河满洲官兵移驻居住，是为大城"[1]。该城兴建的背景是大量热河、庄浪、凉州的满洲兵员迁移至伊犁，绥定城已经容纳不下[2]。古城在修建前经过了较为细致的筹划，包括城市选址、房屋数量、工程预算、所需物料等[3]。营建过程中也有人员伤亡，代价不小[4]。古城建成后，于当年的六月将新建住房分配给刚到不久的携眷官兵[5]。

乾隆三十年（1765），皇帝钦定古城及四门名："伊犁将军明瑞等以伊犁河新筑满洲驻防城……奏请赐以嘉名。寻定伊犁河驻防城曰惠远，门东曰景仁，西曰说泽，南曰宣闿，北曰来安。"[6]古城建成后，由于官兵进驻，迅速发展起来，彼时谓其为"关外重镇"，"于是官兵既众，商旅云集，关外巍然一重镇矣。而满、汉、索伦、锡伯、察哈尔、额鲁特、回子兵众环绕，分布于城垣之外者，亦风云蛇鸟之奇"[7]。徐松称其为"新疆之都会也"[8]。

---

[1]（清）格琫额：《伊江汇览》，《中国地方志集成·新疆府县志辑》第九册，凤凰出版社，2012 年，第 535 页。

[2] 关于移驻满洲兵的起因，明瑞曾在奏疏中做过详细说明："军机大臣等奏，将军明瑞等将热河移驻伊犁满洲兵需用房屋钱粮，盛京锡伯及厄鲁特兵应给牲只，锡伯兵编设佐领各事宜具奏。臣等遵旨定议，乌哈尔里克旧修绥定城房屋，不敷居住。现在伊犁河修城起屋，热河满洲兵应即于此驻扎。屯田兵一千二百名，今年更换，请酌留六百名，一同修城，则十月内可竣。其热河及凉州、庄浪满洲兵，一处居住，尤便约束，应俱如所奏。惟是热河兵到期尚遥，尽可从容成造，不必催促，务令坚固。"《清实录》第十七册《清高宗实录》卷七〇七，乾隆二十九三月戊寅条，中华书局，1986 年，第 901 页。

[3]（清）明瑞：《奏估建伊犁城及将军衙门等项官署房间数目折》，乾隆二十八年二月十七日，中国第一历史档案馆馆藏，档号：03-0180-2014-017；（清）明瑞：《奏筹办建造伊犁城所需物料折》，乾隆二十八年七月十二日，中国第一历史档案馆馆藏，档号：03-0180-2044-048。

[4]（清）明瑞：《奏请抚恤伊犁修造官房落水身亡之兵丁折》，乾隆二十八年十二月十九日，中国第一历史档案馆馆藏，档号：03-0181-2066-014。

[5]（清）明瑞：《奏庄浪凉州携眷满洲兵丁安全抵达伊犁折》，乾隆二十九年五月十八日，中国第一历史档案馆馆藏，档号：03-0181-2089-040；（清）明瑞：《奏给移驻伊犁之携眷满洲官兵分配新建住房折》，乾隆二十九年六月二十九日，中国第一历史档案馆馆藏，档号：03-0181-2096-021。

[6]《清实录》第十八册《清高宗实录》卷七三一，乾隆三十年闰二月己巳，中华书局，1986 年，第 50 页。

[7]（清）七十一：《西域闻见录》卷一《新疆纪略上》，日本宽政十三年刻本，第 8 页。

[8]（清）徐松：《西域水道记》卷四《巴勒喀什淖尔所受水》，中华书局，2005 年，第 242 页。

惠远老城初建时为方形，文献中对其始建周长、高度的记载一致，周为"九里三分"，高为"一丈四尺"，典型如《新疆识略》所记："高一丈四尺，周一千六百七十四丈，共九里三分。"[1] 合周长 5356.8 米，高 4.48 米。舆图详细绘录其建筑规格及街道规制（图版一）[2]。

通过舆图所绘可看出，惠远城呈方形，有四门。门外有马蹄形瓮城，南、北门瓮城城门朝东开，东、西门瓮城城门朝南开。四角有角台，上有角楼。城门和角台间各设 3 个马面（炮台），共计 24 个。城外有一周护城河（海壕）。古城大街呈"十"字形布局，将城内分为四个部分，十字街中心有钟鼓楼。城内还有顺城街、小巷等街道。北城墙上有 4 个入城水渠涵洞，水入城后均南流，至南墙底汇合后向东、西流出。

衙署沿东西向大街北侧分布，坐北朝南。核心为将军衙署，位于东大街，其沿大街往东是 2 座领队大臣衙署，沿大街往西为公所、驼马处、粮饷处等。西大街上，从东往西依次是公所、参赞大臣衙署、领队大臣衙署 3 座、理事同知衙署等。东西大街两端靠近城门位置，各设有牢狱一所、步军章京房一所、堆房两所。东西大街上共有桥梁 6 座。

南北大街相对繁华一些，其南北两端靠近城门位置各设堆房两所。大街两侧有铺面房、协领房、佐领房、防御房、步军章京房等。在北大街北端，有关帝庙一座，系"砖瓦成造"。

城内西南角为一座仓库，其东侧设有防御房、骁骑校房、粮员房等。除上述衙署和处所外，城内遍布成排兵房，兵房呈现出区块状布局特点。

舆图记载惠远城的规制为："瓮城四座，每座周围三十二丈（102.4 米），门洞高一丈一尺（3.52 米），面阔一丈一尺（3.52 米），进深一丈二尺（3.84 米）。""角楼台四座，每座高一丈四尺（4.48 米），见方三丈（9.6 米），台上各盖房三间，砖瓦成造。""炮台二十四座，每座面阔一丈八尺（5.76 米），进深一丈五尺（4.8 米），台上各盖房一间。""城外海壕一道，离城七丈（22.4 米），宽三丈五尺（11.2 米），深八尺五寸（2.72 米）。""钟鼓楼台一座，高一丈六尺（5.12 米），面阔六丈六尺（21.12 米），进深四丈六尺（14.72 米）。四面楼洞各宽一丈一尺（3.52 米），高一丈二尺五寸（4米）。台上盖楼房三间，砖瓦成造。"

[1]（清）松筠：《新疆识略》卷四《伊犁舆图》，《续修四库全书》第七三二册，上海古籍出版社，2002 年，第 641 页。

[2]《惠远城图》，军机处满文录副奏折，乾隆三十一年正月，中国第一历史档案馆藏，档号：03-0182-2177-034。

古城的内部街道结构总体呈"十"字形："城内东西、南北大街，各宽一十六丈（51.2 米）；东西顺城街，各宽五丈（16 米）；北顺城街，宽三丈（9.6 米）；南顺城街，宽六丈（19.2 米）；南北大巷四道，各宽三丈（9.6 米）；东西小巷二十三道，宽二丈（6.4 米）至三丈（9.6 米）不等。"[1]

惠远城内建筑主要为官兵衙署，包括伊犁将军衙署、参赞大臣衙署、领队大臣衙署等。详细情况在《钦定八旗通志》《新疆识略》中有统计，具体如下：将军衙署一所，有八十间房；参赞大臣衙署一所，有六十间房；各营领队大臣衙署四所，每所有四十间房；惠宁城领队大臣公署一所；绿营总兵公署一所；营务、印房、粮饷、驼马、功过处公署五所；满营档房一所；八旗协领衙署八所，各有二十三间房；佐领衙署四十所，各十六间房；防御衙署四十所，各十二间房；骁骑校衙署四十所，各八间房；各佐领磨房四十所；八旗官马圈八所；理事同知衙署一所；抚民同知衙署一所；仓员衙署一所；巡检衙署一所；兵房九千一百八十四间，内马兵各二间，步兵各一间。乾隆三十一年（1766），惠远城内设立清书学八所，八旗每旗各一所，各有四间房。乾隆三十四年设立义学一处，另设立满汉翻译蒙古学舍，有九间房；炮场一处；火药局一处。之后又陆续建盖绸缎银库五座，共四十间房；仓厫六十九座，共三百五十间房；军器库一所，四十二间。城内建筑基本修建完善[2]。

（二）惠宁城

乾隆三十年（1765），明瑞开始筹划修建惠宁城。建设该城的目的是收纳西安满洲兵："三十年，西安满洲官兵移驻而来，爰建惠宁城以居之。"[3]古城的修建断断续续进行了好几年。乾隆三十四年朝廷曾专门下谕旨，指出城墙虽已建好，但城内房屋尚未

---

[1]《惠远城图》，军机处满文录副奏折，乾隆三十一年正月，中国第一历史档案馆藏，档号：03-0182-2177-034。

[2]（清）松筠：《新疆识略》卷四《伊犁舆图》，《续修四库全书》第七三二册，上海古籍出版社，2002 年，第 642 页；（清）铁保等：《钦定八旗通志》卷一一八《营建志七》，嘉庆四年刊本，台湾学生书局，1968 年，第 7678～7679 页。

[3]（清）格琫额：《伊江汇览》，《中国地方志集成·新疆府县志辑》第九册，凤凰出版社，2012 年，第 535 页。（清）明瑞：《奏请于伊犁巴彦岱地方修城以供西安移驻满洲兵居住折》，乾隆三十一年正月三日，中国第一历史档案馆藏，档号：03-0182-2176-034。

兴建，应抓紧着手[1]。接到谕旨后，伊犁将军加快了古城的建设[2]。直到乾隆三十五年，伊犁将军才奏明古城房舍已经修好，可以安排官兵入住[3]。

惠宁城初建时为方形，文献中对其始建周长、高度的记载一致，周为"六里三分"，高为"一丈四尺"，典型如《新疆识略》所记："高一丈四尺，周六里三分。"[4]合高4.48米，周长3628.8米。古城有四个门，分别是"东昌汇，西兆丰，南遵轨，北承枢"[5]。舆图详细绘录其建筑规格及街道规制（图版二）[6]。

通过舆图所绘可看出，惠宁城呈方形，有四门。门外有马蹄形瓮城。南、北门瓮城城门朝东开，东、西门瓮城城门朝南开。四角有角台，上有角楼。城门和角台间各设有2个马面（炮台），共计16个。城外有一周护城河（海壕）。古城大街呈"十"字

---

[1]　有上谕明确对营建时间等提出要求："于东南巴彦岱地方建城，拟移驻西安兵二千名，现惟建完城墙，房屋尚未建。其建房物料，已造出门窗收存……现建房所需物料业经备办，门窗俱已打造完毕，应即迁兵驻防。房子建后不住人，日久尚且损坏，门窗岂不徒然损坏耶？如此，用料将枉费也……将此着寄谕阿桂，今洪郭尔鄂博东南巴彦岱地方所建城内造房物料，诚泰在彼既皆造竣，现交付彼处绿旗兵，自今而始如何建成，其仓储粮谷自今冬至来年收新粮时，发给西安移驻新官兵足与不足，着详细核算。倘自今始房可建妥，且保粮足，即将西安兵于今岁秋末立冬时，迁往伊犁安置则甚善。着将房屋，自今始即行建造，秋季务必竣工。"，《寄谕署伊犁将军永贵将巴彦岱新城房屋即行开建秋季竣工》，乾隆朝满文寄信档，乾隆三十四年三月十六日，中国第一历史档案馆藏，档号：03-133-1-008。

[2]　"伊犁将军永贵咨称，伊犁巴燕岱城内建筑官兵房舍，应需打造荷页、扣吊、铁器，共需熟铁二千五百斤，伊犁无从购觅，应于乌鲁木齐铁斤内照数拨运……所有伊犁调取熟铁二千五百斤，足敷炼净拨运，自可无庸增兵徒滋糜费。奴才等已饬令如数炼净、包裹妥协，分作四起交台，于五月二十四日起，间日一起运送伊犁查收。"，据《奏为查明乌鲁木齐铁厂炼获盈余铁斤数目并妥协办送伊犁建筑兵房所需铁器事》，朱批奏折，乾隆三十四年六月初一日，中国第一历史档案馆藏，档号：04-01-01-0278-032。

[3]　"据伊勒图等奏，将由西安派往伊犁驻防二千满洲官兵之住房及堆拨铺舍共五千二百余间，于上年五月于屯田兵丁内拣派出二百名兴工，至本年七月均已修理完竣等语。"（清）铁保等：《钦定八旗通志》卷一一八《营建志七》，嘉庆四年刊本，台湾学生书局，1968年，第7676页。

[4]　（清）松筠：《新疆识略》卷四《伊犁舆图》，《续修四库全书》第七三二册，上海古籍出版社，2002年，第643页。

[5]　（清）松筠：《新疆识略》卷四《伊犁舆图》，《续修四库全书》第七三二册，上海古籍出版社，2002年，第643页。

[6]　（清）伊勒图：《奏将建造伊犁惠宁城奋勉效力绿营官兵交兵部议叙奖赏并绘制城图呈览折》，军机处满文录副奏折，乾隆三十五年八月十三日，中国第一历史档案馆藏，档号：03-0184-2384-032。

形布局，将城内分为四个部分，十字大街中心有 4 座牌楼。城内还有顺城街、小巷等街道。北城墙上有 3 个入城水渠涵洞，水入城后均南流，从南墙出水涵洞流出。古城东半部有大片水泉占地，建筑相对较少。

衙署集中于古城十字街道交汇处，西北角为领队大臣衙署，东北角为公馆，东南角为公所，西南角为兵丁生息铺。东西大街和南北大街均有铺面房，其中东大街有"铺面房三十五间"，西大街有"铺面房三十间"，北大街有"铺面房七十七间"，南大街有"铺面房一百间"。在北大街北端，有关帝庙一座。

古城西北角有一座仓库，共有房间 105 间。其东侧设有骁骑校房、粮员房等。除上述房屋外，城内遍布成排兵房。

舆图所记惠宁城的规制："新筑惠宁城周围六里三分（3628.8 米），垛墙一千九百五十六堵，城身高一丈六尺（5.12 米），垛墙高五尺五寸（1.76 米），共高二丈一尺五寸（6.88 米）。""城门楼台四座，每座顶厚二丈七尺（8.64 米），底厚三丈一尺（9.92 米），顶宽四丈七尺（15.04 米），底宽五丈一尺（16.32 米），高一丈八尺（5.76 米），城门楼四座。""瓮城四座，顶厚八尺（2.56 米），底厚一丈二尺（3.84 米），高一丈四尺（4.48 米）。""角楼台四处，每处顶子见方二丈五尺（8 米），底子见方三丈（9.6 米），角楼四座。""炮台一十六座，每座顶厚一丈二尺（3.84 米），底厚一丈二尺（3.84 米），顶宽一丈三尺（4.16 米），底宽一丈八尺（5.76 米），炮台房一十八间。"[1]

《伊犁文档汇钞》也记载了惠宁城规制："原设惠宁城，周围四面，广袤六里三分（3628.8 米）。城基一丈四尺（4.48 米），收顶一丈（3.2 米），身高一丈四尺（4.48 米），垛口四尺五寸（1.44 米），女墙高二尺（0.64 米），城门四座：东曰昌汇；南曰遵轨；西曰兆丰；北曰承枢。于嘉庆十年经将军松筠奏明展筑西城一百九十五丈（624 米），隔出东城八十丈（256 米），周围四面宽七里（4032 米），南北添设城门二座：西北门曰绥城门，西南曰协阜门。"[2]所记城墙规制与舆图略有不同。

（三）哈什回城

除上述两座满城外，移驻伊犁回人还于乾隆二十九年（1764）修筑了哈什回城。

[1]（清）伊勒图：《奏将建造伊犁惠宁城奋勉效力绿营官兵交兵部议叙奖赏并绘制城图呈览折》，军机处满文录副奏折，乾隆三十五年八月十三日，中国第一历史档案馆藏，档号：03-0184-2384-032。

[2]（清）佚名：《伊犁文档汇钞》，《清代边疆史料抄稿本汇编》，线装书局，2003 年，第 40～41 页。

该城位于哈什河与伊犁河交汇处，彼时该地亦被称为巴尔托辉。明瑞的初步设想是在该地筑一小城，与固勒扎大城互成掎角之势："前臣等将迁来伊犁回人三千二十户，交阿奇木公茂萨，派往各处屯田。惟令于巴尔托辉，筑一小城，仍以伊犁河北固勒扎城为总汇。因回人安插甫定，又事版筑，是以姑缓筹画。"但回人筑城热情较高，自愿兴修一大城："今据茂萨呈称，详询回人，俱称巴尔托辉地方，泉甘土肥，情愿出力筑一大城，移往驻扎。"[1]该事件原委亦可见于明瑞所上奏折[2]。明瑞综合考虑后，认为这样可解决满洲八旗的耕地和水源问题，便欣然同意："臣等详勘形势，如回人所种之地稍迁迤西，可空出摩垓图、阿里玛图两处水泉，为满洲兵屯田之用。且伊犁、哈什二水之间，筑一大城，驻扎回众，声势愈觉联络，于回人生计，亦甚有益。"便允许他们于当年农忙间隙造房，来年再筑城池："于今年屯田之暇，先造住房，明年筑城。"[3]建城详细情况亦可见于明瑞奏疏[4]。

第二年开春，也即乾隆三十年（1765）二月，该城修筑完毕，皇帝钦赐名曰"怀顺"："伊犁将军明瑞等以……及哈什回人新筑城工告竣，奏请赐以嘉名。寻定……哈什回城曰怀顺。"[5]该城周长约五里许，城内驻扎有从伊犁河南岸、固勒扎、巴尔托辉、呼伦贝尔等来回户共计二千一百二十户[6]。又据《西域闻见录》，可知哈什回城周围多野畜，将军常围猎于此："又东百八十里有山，曰哈什，回环数百里，其上多银多野牲。将军围场在其中，有城焉曰哈什回子之城。"[7]该城可见于《钦定皇舆西域图志》所绘舆图（图 3-3）。

---

[1]《清实录》第十七册《清高宗实录》卷七〇九，乾隆二十九年四月庚子条，中华书局，1986年，第919页。

[2]（清）明瑞：《奏将迁移伊犁屯田之回子安置于固勒扎巴尔托辉等处折》，乾隆二十九年三月二十七日，中国第一历史档案馆藏，档号：03-0181-2080-040。

[3]《清实录》第十七册《清高宗实录》卷七〇九，乾隆二十九年四月庚子条，中华书局，1986年，第919页。

[4]（清）明瑞：《奏伊犁巴尔托辉地方发现煤矿及屯田回子盖房情形折》，乾隆二十九年七月十八日，中国第一历史档案馆藏，档号：03-0181-2100-015。

[5]《清实录》第十八册《清高宗实录》卷七三一，乾隆三十年闰二月己巳，中华书局，1986年，第50页。

[6]《清实录》第十七册《清高宗实录》卷七〇九，乾隆二十九年四月庚子条，中华书局，1986年，第919页。

[7]（清）七十一：《西域闻见录》卷一《新疆纪略上》，日本宽政十三年刻本，第8页。

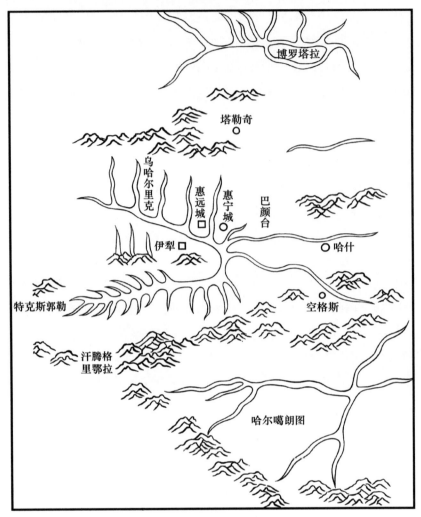

图 3-3　《天山北路图二》伊犁东路局部（上为北）

据原图清绘，略有改动，原图见于《钦定皇舆西域图志》第 4 册，早稻田大学藏刻本，第 25 页

二、伊犁四营移驻河谷周边

　　清廷在平定准噶尔部后，为巩固对伊犁的统治，一方面兴建城池进驻满洲兵，另一方面从内地抽调索伦、察哈尔、厄鲁特、锡伯等部族兵员进驻，兴修水利，屯田游牧，伊犁河谷周边日渐形成"东北则有察哈尔，西北则有索伦，西南则有锡伯，自西南至东南则有厄鲁特。四营环处，各有分地"[1]的布局，对伊犁河谷驻防城形成拱卫之势（图 3-4）。

─────────

[1]（清）松筠：《新疆识略》卷——《边卫》，《续修四库全书》第七三二册，上海古籍出版社，2002 年，第 747 页。

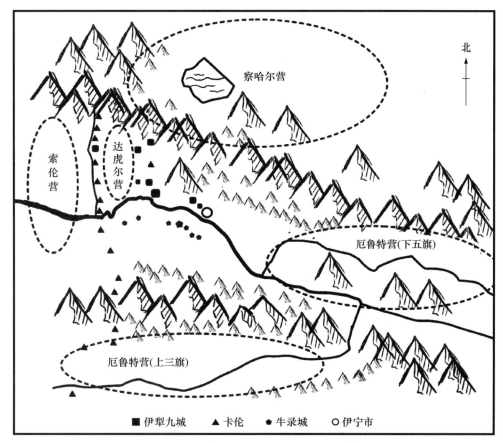

图 3-4 清代伊犁军事驻防体系分布示意图

（一）索伦营

索伦营是乾隆二十九年（1764）黑龙江鄂温克族、达斡尔族移驻而设。起初索伦营仅设六旗，乾隆三十二年增设二旗：左翼四旗为索伦，即鄂温克族，在霍尔果斯河以西的萨玛尔、奎屯、博罗呼吉尔、齐齐罕等地游牧，又称西四旗；右翼四旗为达斡尔族，在霍尔果斯河东部的霍尔果斯等地游牧耕种，又称东四旗，即"左翼四旗为索伦，在奎屯、萨玛尔地方游牧；右翼四旗为达虎尔，在霍尔果斯河一带建盖房屋居住"[1]。其后索伦营日渐形成完善的建置，以领队大臣为首脑，下辖总管、副总管等职[2]。

［1］（清）松筠：《新疆识略》卷一一《边卫》，《续修四库全书》第七三二册，上海古籍出版社，2002 年，第 669 页。

［2］"领队大臣一员……总管一员，副总管一员，佐领八员，骁骑校八员，世袭云骑尉一员……空蓝翎九员，委笔帖式二员，前锋校四名，前锋三十六名，领催三十二名，披甲九百六十八名，养育兵二百名。"（清）松筠：《新疆识略》卷一一《边卫》，《续修四库全书》第七三二册，上海古籍出版社，2002 年，第 669 页。

（二）察哈尔营

　　察哈尔营是乾隆二十九年（1764）由张家口外移驻而设，其后制度日渐完善，形成以领队大臣为首的左右两翼[1]，后又增添厄鲁特营之闲散官兵[2]。察哈尔营主要驻牧于果子沟、赛里木湖周围："察哈尔营八旗游牧，在惠远城东北果子沟，即塔尔奇大山之阴，环绕赛里木淖尔、博罗塔拉之地。"[3]"左右两翼在波罗塔拉、哈布塔海、赛里木淖尔一带地方游牧。"[4]察哈尔营以游牧为主，故无筑城活动。

（三）厄鲁特营

　　清廷自乾隆二十五年（1760）设置厄鲁特右翼后，又于乾隆二十九年从热河移驻达什达瓦厄鲁特，编为左翼："自热河携眷移驻达什达瓦厄鲁特官兵五百员名，编为左翼，除设总管、佐领、骁骑校等官，原设领催兵丁五百名。"[5]乾隆三十年设领队大臣一员专管左翼。乾隆三十三年列左翼为上三旗，右翼为下五旗[6]。乾隆三十七年，将土尔扈特内沙毕纳尔归入下五旗："投诚土尔扈特内安插伊犁之沙毕纳尔人等共八百六十七名，归入下五旗厄鲁特，添设副总管佐领骁骑校等官管束。"[7]由此上三旗

---

　　[1]"领队大臣一员。左翼：总管一员，副总管一员，佐领八员……骁骑校八员，空蓝翎三员……委笔帖式二员……领催三十二名，披甲八百六十八名。右翼：总管一员，副总管一员，佐领八员，骁骑校八员，世袭云骑尉二员……空蓝翎三员……委笔帖式一员，领催三十二名，兵八百六十八名。"（清）松筠：《新疆识略》卷一一《边卫》，《续修四库全书》第七三二册，上海古籍出版社，2002年，第670~671页。

　　[2]"于乾隆三十八、四十四、五十五等年奏明，由厄鲁特之营闲散内三次拨入察哈尔营四百二十户以上。"（清）松筠：《伊犁驻兵书始》，《清朝经世文续编》卷六二《兵政一·兵制上》，文海出版社，1972年，第1565页。

　　[3]（清）松筠修，（清）汪廷楷、祁韵士撰：《西陲总统事略》卷五《城池衙署》，中国书店，2010年，第71页。

　　[4]（清）松筠：《新疆识略》卷一一《边卫》，《续修四库全书》第七三二册，上海古籍出版社，2002年，第670页。

　　[5]（清）松筠：《伊犁驻兵书始》，《清朝经世文续编》卷六二《兵政一·兵制上》，文海出版社，1972年，第1565页。

　　[6]"将军阿桂奏明左翼列为上三旗，右翼列为下五旗，各总管一员，副总管一员，每旗佐领一员，骁骑校一员，管辖自二十九年移驻热河厄鲁特。"（清）松筠：《伊犁驻兵书始》，《清朝经世文续编》卷六二《兵政一·兵制上》，文海出版社，1972年，第1566页。

　　[7]（清）松筠：《伊犁驻兵书始》，《清朝经世文续编》卷六二《兵政一·兵制上》，文海出版社，1972年，第1566页。

与下五旗形成严密编制[1]。

厄鲁特营上三旗在特克斯、察林塔玛哈一带驻牧："上三旗在特克斯、察林塔玛哈一带地方游牧，种地自食。"[2]"上三旗在伊犁河西南，与哈萨克、布鲁特连界。"[3]下五旗在霍诺海、峑吉斯一带驻牧："下五旗霍诺海、峑吉斯一带地作种地自食，并分司官马牛羊驼只牧厂，随时操演矛杆鸟枪闲习骑射。"[4]"下五旗游牧，南界穆速尔达巴罕，东界纳喇特达巴罕，北界回屯。"[5]厄鲁特营亦以游牧为业，无筑城活动。

（四）锡伯营

乾隆二十九年（1764），清廷从盛京抽调部分锡伯官兵奔赴伊犁，于次年抵达。早在正式进驻之前，伊犁将军明瑞已经拟定了对锡伯营的管理制度[6]，在其到达伊犁后，根据实际情况将其划编为6个牛录，"亦设为一昂吉，下编六牛录，其中四牛录各为领催、披甲一百六十七人，二牛录各为领催、披甲一百六十六人"[7]。锡伯营正式进驻伊

---

[1] 上三旗编制为："总管一员、副总管一员、佐领六员、骁骑校六员、委蓝翎侍卫三员，此缺在兵数内，食二两。领催二十四名，食一两五钱，披甲三名，食一两，披甲四百七十三名，食五钱，披甲六百六十四名，领催披甲兵一千一百六十四名，内有笔帖式一员，又世袭云骑尉三员，头等台吉一员，四等台甲三员"；下三期编制为："总管一员、副总管一员、佐领十员、骁骑校十员、委蓝翎侍卫三员，此缺，兵数内，食二两，领催四十名，食一两，披甲五百名，食五钱，披甲一千零七十七名，领催披甲共一千六百一十七名，又世袭云骑尉二员，现存拜唐阿二名。"（清）松筠：《伊犁驻兵书始》，《清朝经世文续编》卷六二《兵政一·兵制上》，文海出版社，1972年，第1566~1577页。

[2] （清）松筠：《伊犁驻兵书始》，《清朝经世文续编》卷六二《兵政一·兵制上》，文海出版社，1972年，第1567页。

[3] （清）松筠修，（清）汪廷楷、祁韵士撰：《西陲总统事略》卷五《城池衙署》，中国书店，2010年，第71页。

[4] （清）松筠：《伊犁驻兵书始》，《清朝经世文续编》卷六二《兵政一·兵制上》，文海出版社，1972年，第1567页。

[5] （清）松筠修，（清）汪廷楷、祁韵士撰：《西陲总统事略》卷五《城池衙署》，中国书店，2010年，第71页。

[6] "又盛京锡伯兵及厄鲁特兵，应同索伦、察哈尔一体游牧。锡伯兵若需房屋，亦令自行修造。又官给孳生羊只……将来厄鲁特、锡伯兵，照例每兵给羊二十五只，约计需四万余只。请将上年停止解送喀尔喀四部落之羊一万八千只，交成衮扎布再办一万二千只，于兵丁等至乌里雅苏台时，交给带往，仍于哈萨克贸易内，酌买一万只，留伊犁备用。其锡伯兵，应照索伦、察哈尔、厄鲁特之例，立昂吉、编佐领，约计千名作一昂吉。六佐领，领催、披甲、分派各佐领下……所有昂吉、佐领，应给关防图记。请令明瑞等拟定字样，行文该部铸给。从之。"《清实录》第十七册《清高宗实录》卷七〇七，乾隆二十九年三月戊寅条，中华书局，1986年，第901~902页。

[7] 中国第一历史档案馆编译：《锡伯族档案史料》（上册），辽宁民族出版社，1989年，第313页。

犁河南岸后，又增加 2 个牛录，共计 8 个牛录："曾以近二百户为一牛录，每爱曼各设六牛录。今生齿日繁，一切差使等项又烦冗，如仍旧责成六牛录官员管理，实属不足……锡伯、索伦、察哈尔等三爱曼，亦请同厄鲁特爱曼，增编两牛录，俱为八牛录，以为八旗。"[1]

锡伯营 8 个牛录沿绰豁尔渠各自建了城堡，史家称之为"锡伯营城堡"或"牛录城"，所谓"因地自行搭盖窝棚"[2]。这些堡子大多已无存，仅从文献可知其一二，如头、三牛录为"面积周围十五里，高一丈五尺"[3]。随后在嘉庆年间，部分牛录迁移了位置，时人描述 8 个锡伯营城堡的布局："锡伯营在伊犁河南岸，八旗八堡，屯耕而食，其地宽十数里至三四十里，东西长二百余里。"[4]

到了道光、光绪年间，部分锡伯营城堡位置又被迁移，直至光绪三十四年（1908）才形成了最终的格局："锡伯营大渠，由伊犁大河引水，经恰布恰地方分支（西流十里），经海努克台，北入锡伯营境，经二牛录，流二十里经八牛录，流二十里经七牛录，流二十里经六牛录，流三十里经五牛录，流五十里经四牛录，流十里经头、三牛录，分饮八处牛录屯工，无余流。"[5]这 8 个牛录，自西向东依次是现在的乌珠牛录、依拉齐牛录、堆齐牛录、孙扎齐牛录、宁古齐牛录、纳达齐牛录、扎库齐牛录和寨牛录。

第三节　完善（乾隆三十六年至同治二年）

惠远老城、惠宁城的建成，标志着清廷已经完成了伊犁河谷城址体系基本框架的布局，之后的任务，便是进一步填充。伊犁河谷驻防城体系的完善包括满城的扩建及建置的完善、绿营城的增建以及卡伦基本布局的完成（图 3-5）。

---

[1]　中国第一历史档案馆编译：《锡伯族档案史料》（上册），辽宁民族出版社，1989 年，第 324~325 页。又有："设领队大臣一员专管。总管一员，副总管一员，佐领八员，骁骑校八员，委蓝翎侍卫四员，由领催披甲内挑补轮住，卡伦委笔帖式二员，领催三十二名，兵九百六十八名。以上锡伯营官兵现在伊犁河南驻牧，屯种自食，随时操演鸟枪骑射"，据（清）松筠：《伊犁驻兵书始》，《清朝经世文续编》卷六二《兵政一·兵制上》，文海出版社，1972 年，第 1564 页。

[2]　中国第一历史档案馆编译：《锡伯族档案史料》（上册），辽宁民族出版社，1989 年，第 324 页。

[3]　《河南设治局所辖境内兵要地志调查书》，察布查尔锡伯自治县地方志编纂委员会编：《察布查尔锡伯自治县县志》，新疆人民出版社，2007 年，第 672 页。

[4]　（清）松筠修，（清）汪廷楷、祁韵士撰：《西陲总统事略》卷五《城池衙署》，中国书店，2010 年，第 71 页。

[5]　《伊犁府乡土志·地理类·川流》，马大正、黄国政等编：《新疆乡土志稿》，新疆人民出版社，2010 年，第 185 页。

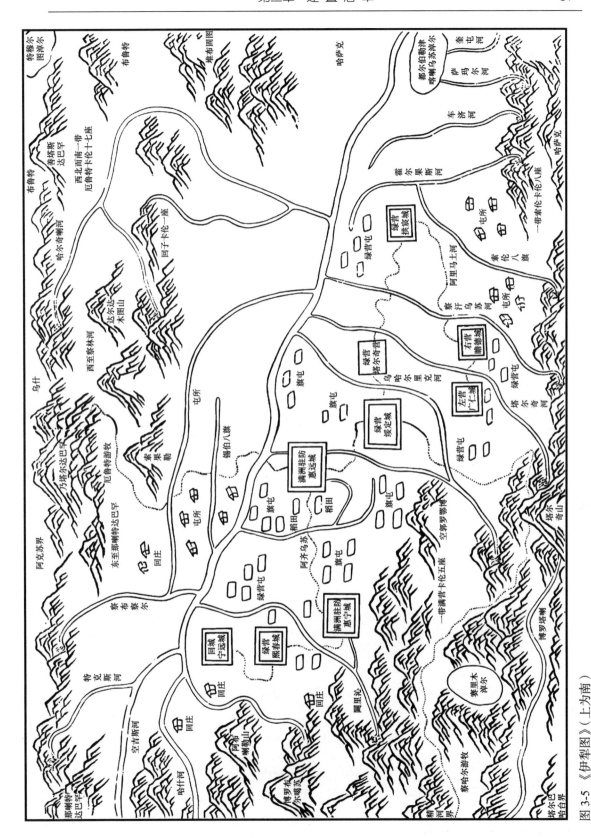

图 3-5 《伊犁图》（上为南）

据原图清绘，略有改动，原图见于《西陲总统事略》卷二《南北两路全境图说》，中国书店，2010 年，第 23 页

一、满城的扩建及建置的完善

惠远老城、惠宁城两座满城在建成之后，迅速发展起来。因为人口的快速增加以及城内环境的变化，两座古城都进行了扩建。同时，城内的行政设置进一步调整，兵员进一步增加，古城建置进一步完善。

（一）惠远城的扩建及完善

惠远城建好后，城内的官兵衙署不断进行维修[1]。由于城内人口的急剧增加，伊犁将军在乾隆五十八年（1793）对古城进行了扩建："将军保宁以创建惠远城已三十余载，户口繁多，原立房间不敷居住。奏明于城东展筑二百四十丈（768 米），共一里三分三厘有零（766.08 米）。"[2] 扩建后的古城"新旧城共十里六分三厘有零（6122.88米）"[3]，即扩建后城墙总长度为 6122.88 米。《总统伊犁事宜》记惠远城周为"共十里六分"[4]，应为扩建后的数据。

其后惠远老城内建筑不断增设。据《钦定八旗通志》《新疆识略》载，乾隆四十五年（1780）城内设立制造军器局一处，共二十间房。乾隆五十二年，移火药局于城外，共房三十二间。乾隆五十三年，在东门外设立教场一处，大厅二所，房十间；左右翼前锋操演小厅二所，各三间；八旗马兵操演小厅八所，各三间房。乾隆五十五年，添设鸟枪步甲操演小厅一所，共三间。乾隆五十七年，设俄罗斯学 · 所。嘉庆七年（1802）设敬业官学一所。城内还设有宝伊钱局一所、军器库一所、火药局一所、养济院一所，城外有西门外贸易厅一所、北关汛守备公署一所[5]。兵房数总计 10700 间，可

[1]（清）伊勒图：《奏伊犁满洲官兵之衙署房屋自行维修不必动用官银折》，乾隆四十三年三月二十四日，中国第一历史档案馆，档号：03-0188-2738-035。

[2]（清）松筠：《新疆识略》卷四《伊犁舆图》，《续修四库全书》第七三二册，上海古籍出版社，2002 年，第 641 页。

[3]（清）松筠：《新疆识略》卷四《伊犁舆图》，《续修四库全书》第七三二册，上海古籍出版社，2002 年，第 641 页。

[4]（清）永保：《总统伊犁事宜》，《清代新疆稀见史料汇辑》，全国图书馆文献缩微复制中心，1990 年，第 136 页。

[5]（清）松筠：《新疆识略》卷四《伊犁舆图》，《续修四库全书》第七三二册，上海古籍出版社，2002 年，第 642 页；（清）铁保等：《钦定八旗通志》卷一一八《营建志七》，嘉庆四年刊本，台湾学生书局，1968 年，第 7678～7679 页。

见规模之大[1]。

在城内建筑不断兴筑的同时，古城的官制也不断完善。古城内部驻扎伊犁将军、参赞大臣、领队大臣等都是掌管一方的大员："伊犁将军一员，参赞大臣一员，锡伯、索伦、察哈尔、厄鲁特四员，各有领队大臣一员。其管理回务领队大臣一员，系乾隆三十八年，将军舒（赫德）奏请暂管，悉于惠远城驻扎。"[2]此外还有掌管具体事务如印房、粮饷、驼马、营务、功过等的官员[3]。除此之外，各部门都设立笔帖式这样的下级官员，他们也是职官系统的重要组成部分[4]。随着城内事务日渐繁多，城内开始设有掌管民事的官员，如同知、领事等[5]。之后，惠远城内事务名目事项愈加繁多，又增设

---

[1] "由凉州、庄浪携眷移驻满洲兵丁城垣房屋一万七百余间，俱已修理完竣。"（清）铁保等：《钦定八旗通志》卷一一八《营建志七》，嘉庆四年刊本，台湾学生书局，1968年，第7675页。

[2] （清）格琫额：《伊江汇览》，《中国地方志集成·新疆府县志辑》第九册，凤凰出版社，2012年，第548页。

[3] "将军所驻之城，有印房、粮饷、驼马、营务、功过五处，皆额设司官，分司其事。印房、粮饷各设司官二员，驼马则司官一员，悉由京派出，三年而代。而营务、功过皆无额设司官，酌派侍卫章京暨满营协领及效力废员综理之。"（清）格琫额：《伊江汇览》，《中国地方志集成·新疆府县志辑》第九册，凤凰出版社，2012年，第548页。

[4] "凡各营领队大臣并印房等处办事，俱有额设之笔帖式，其正缺者系一年一换，或入京归部，或就地拔用，其委署者，由旗兵挑选拔职。四营领队大臣，各设委署笔帖式二员，在于本营兵内拣补，如本营无人可补，即于本满营兵内挑拣。至印房综司庶务，事属殷繁，额设正署笔帖式各二员，粮饷、驼马则正署各一员，营务则止委署笔帖式二员。"（清）格琫额：《伊江汇览》，《中国地方志集成·新疆府县志辑》第九册，凤凰出版社，2012年，第548页。

[5] "军机大臣等议覆伊犁将军阿桂等奏称，伊犁地方辽阔，陆续添派驻防满洲、锡伯、索伦、察哈尔、厄鲁特携眷官兵，及屯田回民，将及二万户，屯田修城之绿营兵，效力赎罪及发遣人犯，亦有数千名。惠远、绥定二城商民渐多，此皆由各处凑集，良善者少。所有讼狱案牍，弹压地方等事，惟同知一员经理。而监狱亦系该同知管辖，未免过烦，恐有顾此失彼之患。查乌鲁木齐等处，俱已设立巡检，伊犁请照例于惠远城添设巡检一员，兼理典史事，管理监狱。绥定城添设巡检一员，兼理仓大使事，弹压商民，该巡检除管理监狱仓务外，如遇地方有不法情事，即行查拿，解送同知衙门审拟定罪，其应给钤记，拟定惠远城巡检图记、绥定城巡检图记字样，行文咨部铸给。伊犁乃新定边疆，事务殷繁，所有添设巡检二员，请由陕甘二省相当官员内，拣选贤能者拨往，俟三年期满时，出具考语，照苗疆俸满之例升用。均应如所请。从之。"《清实录》第十八册《清高宗实录》卷七九一，乾隆三十二年闰七月丁未条，中华书局，1986年，第704页。另有："惠远城管理仓库，额设同知或通判一员……兼管伊犁抚民理事同知一员，系三十一年奏准添设，驻扎惠远城，管理旗民交涉案件。其所属巡检二员，系三十三年奏准添设，一驻惠远城，专管监狱、巡捕、窃盗，一驻绥定城，专巡捕、窃盗兼管屯所仓粮。嗣于三十七年奏准绥定城巡检改驻惠宁城……"（清）格琫额：《伊江汇览》，《中国地方志集成·新疆府县志辑》第九册，凤凰出版社，2012年，第548～549页。

抚民同知一员[1]。

（二）惠宁城的扩建及完善

惠宁城建好后，便安排职官等事宜，并且钦定了城名[2]，乾隆三十五年（1770）开始，西安满洲兵进驻，城内设置了较为严密的军事组织体系："乾隆三十五年起，三十六年止，调西安满洲蒙古官兵携眷移驻惠宁城，设领队大臣一员专管。协领四员、佐领十六员、防御十六员、骁骑校十六员、内空蓝翎四员。世袭恩骑尉三员、委笔帖式二员、催总十六名、领催六十四名、前锋一百六十名、内委金顶蓝翎前声校十六名、小旗十六名，由佐领选委前锋翼长一员以为前锋统辖，又由佐领防御内选委前锋章京四员，每员专管两旗前锋。马甲一千四百五十六名、内八旗共委前锋四十名、炮手十六名、匠役四十八名、养育兵六十四名。"[3]乾隆三十七年，绥定城巡检移驻惠宁城[4]。

嘉庆十年（1805），由于城内人口的不断增加，加上城东墙因出水破坏严重，故古城向西展筑。展筑过程在文献中有较为详细的记载："东垣内外屡出水泉，城垣兵

---

　　[1] "抚民同知一员。先是乾隆三十一年将军明瑞奏言：前经军机大臣咨，开伊犁将军衙署，应照各省驻防将军设立左右司印房等因前来。但查伊犁携眷满洲、锡伯、索伦、察哈尔、厄鲁特等营兼有绿营屯田兵，又有种地回子，且商民来往，事务纷纭。仅照内地设立左、右司印房，断难办理。请设理事同知一员，于公务大有裨益。旋奉部议准，设理事同知　员，由京各部员内满洲、蒙古主事小京官保列头等之笔帖式补放，三年期满，照苗疆例升用。嗣于四十五年将军伊勒图奏言：伊犁自乾隆三十一年设理事同知一员，今数十年来兵民户口以及各营刑名案件较前倍增，同知一人管理，实难周到。请将现有之理事同知一员改为抚民同知，管理地方一切事务。再添设理事同知一员，办理各营刑名案件，得旨，允行。凡伊犁九城税赋、牲畜、煤窑、房租、地租、钱局、厂工，及商民、绿营命盗案件，或由本处主事职衔升补，或由废员主事职衔粮员升补。"（清）松筠：《新疆识略》卷五《官制兵额》，《续修四库全书》第七三二册，上海古籍出版社，2002 年，第 666 页。

　　[2] "军机大臣等议覆伊犁办事尚书永贵奏，巴颜岱城领队大臣、协领、佐领、仓官等，请给关防图记，官兵俸饷，移咨陕甘总督解送。领队大臣添设档房委署笔帖式二员。明岁驻兵到时，协领等应赏戴花翎。其余各员，应分别赏戴花翎蓝翎，以及应戴金顶者，拟定奏请。五品以下官员，奏请补放。四品以上各员，送京引见补放。协领、佐领、防御等出缺，由八旗拣选。骁骑校缺，按翼拣选，委前锋校、旗长、前锋缺，各按本翼拣选。领催等缺，由本佐领下挑补。其马甲亦准在本翼人内挑补，均应如所奏。其所请巴颜岱城名，恭候钦定，从之。寻钦定城名，曰惠宁。"《清实录》第十九册《清高宗实录》卷八四〇，乾隆三十四八月甲子条，中华书局，1986 年，第 228 页。

　　[3] （清）松筠：《伊犁驻兵书始》，《清朝经世文续编》卷六二《兵政一·兵制上》，文海出版社，1972 年，第 1564 页。

　　[4] "铸给伊犁绥定城巡检移驻惠宁城图记，从伊犁将军舒赫德请也。"《清实录》第二〇册《清高宗实录》卷九一六，乾隆三十七年九月辛丑条，中华书局，1986 年，第 280 页。

房多有倾圮。嘉庆十年，将军松筠奏明向西移筑，将南、东、北三面水泉碱滩潮湿之地隔出旧有倾圮城墙四百六十丈（1472米），全行拆去。南北两面旧有坚固城墙各一百八十七丈（598.4米）及南北城门仍旧黏修如故。东面接筑三百丈（960米），又拆平旧城西面墙三百丈（960米），南北接旧有坚固城墙，向西各接筑一百九十五丈（624米），新筑西面三百丈（960米），通共新筑九百九十丈（3168米）。统计原留南北两段旧有城墙通长一千三百六十四丈（4364.8米），并于南北偏西添建城门二，钦颁城名西北曰绥成，西南曰协阜。"[1] 从文献来看，惠宁城扩建的整个过程是拆东补西。

二、绿营城、回城的扩建

除对满营进行扩建外，随着绿营兵及家眷的大量进驻，绿营城也需进一步修缮扩容。首先是对绥定城、塔勒奇城进行扩建，城内建置也进一步完善。之后，又同时修筑了拱宸城、广仁城、瞻德城以及熙春城。绿营城在数量及布局上进一步扩大。

绥定城在建好后一直处于持续发展的状态。乾隆四十三年（1778），清廷将屯田绿营兵改为携眷移驻[2]，同时将绿营分为左、中、右三营。"中营驻绥定。游击一员，守备一员，千总二员，把总四员，经制外委六员，额设外委六员，马、步兵各三百名。"[3] 随后在乾隆四十五年，绥定城又添设了巡检，这应是绿营官兵驻扎绥定城的必然结果："添设伊犁抚民同知一员，霍尔果斯、绥定城巡检二员。"[4]

道光年间，绥定城得到了进一步发展。洪亮吉《伊犁纪事诗》里记载："会芳园在绥定城总兵署后，极幽爽。"[5] 并有诗："戟门东去水潺湲，山色周遭柳作垣。日昃马行

［1］（清）松筠：《新疆识略》卷四《伊犁舆图》，《续修四库全书》第七三二册，上海古籍出版社，2002年，第643页。

［2］"乾隆二十五年起，陆续调拨绿营兵三千名驻守伊犁屯田，按期更换。四十三年，将军伊勒图奏明转屯田兵改为携眷移驻，额缺三千名，以一千八百名种地、一千二百名当差，随时操演。设屯镇总兵管辖，总兵一员专理屯田及兵丁操防等事。"（清）松筠：《伊犁驻兵书始》，《清朝经世文续编》卷六二《兵政一·兵制上》，文海出版社，1972年，第1567页。

［3］（清）松筠：《伊犁驻兵书始》，《清朝经世文续编》卷六二《兵政一·兵制上》，文海出版社，1972年，第1567页。

［4］《清实录》第二二册《清高宗实录》卷一一一五，乾隆四十五九月己亥条，中华书局，1986年，第904页。

［5］（清）洪亮吉：《洪亮吉集》更生斋诗卷一《伊犁纪事诗四十二首》，中华书局，2001年，第1215页。

三十里，纳凉须驻会芳园。"[1]道光二十二年（1842），林则徐被贬伊犁途中夜宿绥定城，也写道："其地有园亭之胜，匾曰'绥园'，又曰'会芳园'。"[2]可见此时绥定城之繁华。

随着绿营兵的不断进驻，绥定城内修筑了仓库、衙署、兵丁营房等建筑设施，共计1689间房，详细情况在《钦定八旗通志》中有载："总兵衙署一所，六十一间；游击衙署一所，三十八间；守备衙署一所，二十三间；兵房一千二百间；仓厫四十间；城门堆房六处，各三间；教场一处，房五间。俱乾隆二十七年设。"[3]在乾隆四十四年、四十七年、四十八年又陆续设置千总衙署等："千总衙署二所，各十间；把总衙署四所，各十间；经制外委住房六所，各四间；额外外委住房六所，各三间；管仓粮员衙署一所，二十六间；巡检衙署一所，十八间；公寓一所，十五间；仓厫二十间；军器库十间。"[4]乾隆五十四年（1789），绥定城内修筑了什字口堆房和更楼："什字口堆房三间，更楼二间。"[5]这期间，在乾隆四十四年对古城进行了修缮，之后中营官兵进驻城内："除绥定城只须修补外……应如所请，绥定城兵房修竣后，令总兵带驻中营官兵……从之。"[6]

绥定城于乾隆三十年（1765）设立巡检一职，巡检在城内的治安管理中扮演着重要角色。巡检权力较大，专管刑名等事务，兼管粮仓事务。其后绥定巡检又改驻惠宁城："一驻惠远城，专管监狱、巡捕、窃盗；一驻绥定城，专巡捕、窃盗兼管屯所仓粮，嗣于三十七年奏准绥定城巡检改驻惠宁城，其绥定城仓改交屯镇委员管理。"[7]到了乾隆四十五年，伊勒图上奏称"伊犁十数年来，兵民商贾，较前数倍，兼以移驻绿营兵丁，其随带子弟，俱归民籍，户口益多"[8]，故于绥定城、拱宸城再次添设巡检

[1]（清）洪亮吉：《洪亮吉集》更生斋诗卷一《伊犁纪事诗四十二首》，中华书局，2001年，第1215页。

[2]（清）林则徐《林则徐全集》第九册《日记》，海峡文艺出版社，2002年，第4690页。

[3]（清）铁保等：《钦定八旗通志》卷一一八《营建志七》，嘉庆四年刊本，台湾学生书局，1968年，第7684~7685页。

[4]（清）铁保等：《钦定八旗通志》卷一一八《营建志七》，嘉庆四年刊本，台湾学生书局，1968年，第7685页。

[5]（清）铁保等：《钦定八旗通志》卷一一八《营建志七》，嘉庆四年刊本，台湾学生书局，1968年，第7685~7686页。

[6]《清实录》第二二册《清高宗实录》卷一〇七五，乾隆四十四年正月下己亥条，中华书局，1986年，第424页。

[7]（清）格琫额：《伊江汇览》，《中国地方志集成·新疆府县志辑》第九册，凤凰出版社，2012年，第549页。

[8]《清实录》第二二册《清高宗实录》卷一一一五，乾隆四十五年九月己亥条，中华书局，1986年，第902页。

一职[1]。

　　塔勒奇城内建置不断完善，随着兵员数量增多，城墙进一步扩建。该城的最高长官把总应驻扎于守备衙署内，下级衙署也得以营建。据《钦定八旗通志》载，到了乾隆四十五年（1780），城内建有衙署、仓廒、军器库等："把总衙署一所，十间；经制外委住房二所，各四间；额外外委住房二所，各三间；仓廒十间；教场房三间；兵房四百间；俱四十五年设。"[2]与《新疆识略》所记一致。另据《西陲总统事略》《西域水道记》《新疆识略》等记载，嘉庆七年（1802），塔勒奇城内兵丁将城向北扩建了四十丈，合128米，"于城北面兵丁自行展筑四十丈，添盖房间，用资栖止，屯镇守备驻扎"[3]。嘉庆二十一年，向东扩建了三十丈，合96米："东面展筑三十丈，共三里八分。"[4]

　　与城内建筑相对应的是城内驻兵情况，该城为绿营兵驻地，"塔尔奇营驻塔尔奇城，霍尔果斯营参将兼辖，守备一员，千总一员，把总一员，经制外委二员，额设外委二员，马、步兵各一百名"[5]。乾隆四十四年（1779），又增添了绿营兵，并在城内增设了房屋。

　　与两座绿营城一样，回城宁远城也一直在扩建中。乾隆三十二年（1767），在宁远城南十五里位置兴建了仓廒，并在几年后进一步扩建："三十二年，在城南十五里修仓廒一百间。三十八年，添仓二十间，俱为回子交粮收贮之所。"[6]《新疆识略》《西陲总统事略》所载仓廒，应为另一处仓库："仓廒一所，与粮员衙署俱在伊犁河北岸，距宁远城八里。"[7]城内设有"管仓同知一员"[8]，由陕甘总督委派，专门管理粮仓事宜。宁远城东北方向半里之外还有碑亭一座，里面有两座碑，上有碑文"恭勒高宗纯皇帝圣

　　[1]《清实录》第二二册《清高宗实录》卷一一一五，乾隆四十五年九月己亥条，中华书局，1986年，第904页。

　　[2]（清）铁保等：《钦定八旗通志》卷一一八《营建志七》，嘉庆四年刊本，台湾学生书局，1968年，第7689页。与《新疆识略》所记相符："守备衙署一所、千把外委衙署六所、粮员衙署一所、仓廒一所、军器库一所。"（清）松筠：《新疆识略》卷四《伊犁舆图》，《续修四库全书》第七三二册，上海古籍出版社，2002年，第645页。

　　[3]（清）松筠修，（清）汪廷楷、祁韵士撰：《西陲总统事略》卷五《城池衙署》，中国书店，2010年，第73～74页。

　　[4]（清）徐松：《西域水道记》卷四《巴勒喀什淖尔所受水》，中华书局，2005年，第246页。

　　[5]（清）松筠：《伊犁驻兵书始》，《清朝经世文续编》卷六二《兵政一·兵制上》，文海出版社，1972年，第1568页。

　　[6]（清）铁保等：《钦定八旗通志》卷一一八《营建志七》，嘉庆四年刊本，台湾学生书局，1968年，第7677页。

　　[7]（清）松筠：《新疆识略》卷四《伊犁舆图》，《续修四库全书》第七三二册，上海古籍出版社，2002年，第645页。

　　[8]（清）格琫额：《伊江汇览》，《中国地方志集成·新疆府县志辑》第九册，凤凰出版社，2012年，第548页。

制平定准噶尔勒铭伊犁碑文一通，又圣制平定准噶尔后勒铭伊犁碑文一通"[1]（图 3-6）。

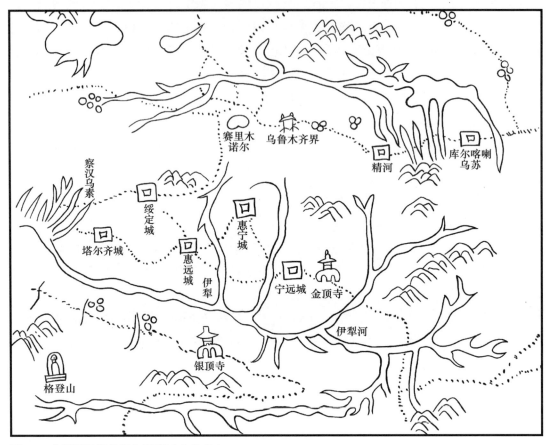

图 3-6 《新疆地舆总图》局部（上为北）

据原图清绘，略有改动，原图见于《新疆地舆总图》，台北图书馆藏，第 16 页

<h2 style="text-align:center">三、拱宸城、广仁城、瞻德城、熙春城、
阿奇乌苏堡的兴建</h2>

乾隆四十三年（1778），伊犁将军伊勒图奏请将换防绿营官兵改为携眷移驻[2]。他还筹划兴建拱宸城、广仁城、瞻德城和熙春城四城，同时对绥定城、塔勒奇城进行修补，以收纳这些携眷绿营兵。修筑城池的主要力量，是伊勒图奏请从甘肃、宁夏等地

［1］（清）松筠：《新疆识略》卷四《伊犁舆图》，《续修四库全书》第七三二册，上海古籍出版社，2002 年，第 645 页。

［2］（清）伊勒图：《奏请将伊犁等处换防绿营官兵改为携眷移驻折》，乾隆四十三年四月初四日，中国第一历史档案馆，档号：03-0189-2739-036。

方调来的绿营兵[1]。

伊勒图对四城的选址和驻兵编制做了精心安排，有较为详细的规划："军机大臣等议覆伊犁将军伊勒图奏称，伊犁屯田绿营官兵三千，现经改驻眷兵，需建城池兵房。除绥定城只须修补外，余屯请于塔尔奇沟口外之乌可尔博尔苏克、东察罕乌苏、霍尔果斯、巴颜岱等处分别建筑。应如所请，绥定城兵房修竣后，令总兵带驻中营官兵。乌可尔博尔苏克建城，驻左营官兵。东察罕乌苏建城，驻右营官兵。霍尔果斯建城，专设一营，分驻参将一。巴颜岱建堡，专设一营，分驻都司一。并于塔尔奇堡内添房，分驻守备一。从之。"[2]从后面的情况来看，伊犁河谷驻防城的选址和驻军都按照伊勒图的规划所实施。

乾隆四十五年（1780），上述各城建好后，伊勒图于十一月十八日上奏请赏，同时介绍了修城的过程和成果："伊犁携眷绿营官兵从前奴才曾经奏请于屯田村舍近处修城几处，令其分住。当即由内地调取绿营兵一千名，令其修理，于去岁已将初次所移一千五百名官兵衙署房屋修理完竣。今岁复将二次移住一千五百名官兵衙署房屋及应修城郭等项派员修理。今查所修城郭衙房除塔尔奇等城添修四百六十余间房屋外，新修霍尔果斯、东察汉乌苏、乌克尔博尔苏克、巴燕岱四处城内共修房五千二百余间，俱各完竣，尚皆整齐。"[3]到了当年年底，伊勒图又安排调来筑城的绿营官兵撤回本地[4]，并修筑同知衙署房屋等事宜[5]。

结合以上所载，拱宸城、瞻德城、广仁城、熙春城四城同时于乾隆四十四年开建，乾隆四十五年建成。《西域水道记》《西陲识略》所记正确。而《西陲总统事略》所载

　　［1］（清）伊勒图：《奏为酌调兵丁筑建城堡兵房俾改驻眷兵栖止得所事》，乾隆四十三年七月十六日，中国第一历史档案馆，档号：04-01-20-0005-011；（清）伊勒图：《奏甘肃调来修城绿营兵抵达伊犁折》，乾隆四十四年，档号03-0188-2784-013。

　　［2］《清实录》第二二册《清高宗实录》卷一〇七五，乾隆四十四年正月下己亥条，中华书局，1986年，第424～425页；（清）伊勒图：《奏为酌定伊犁改驻眷兵官兵应需城房指地建筑事事宜》，乾隆四十三年十二月初四日，中国第一历史档案馆，档号：04-01-20-0005-012；伊勒图：《奏派员修建绿营官兵所住房屋等情片》，乾隆四十四年五月二十六日，中国第一历史档案馆，档号：03-0188-2793-034。

　　［3］（清）铁保等：《钦定八旗通志》卷一一八《营建志七》，嘉庆四年刊本，台湾学生书局，1968年，第7682～7684页；（清）伊勒图：《奏请给霍尔果斯巴彦岱等处新建城门赐名折》，乾隆四十五年八月初七日，中国第一历史档案馆，档号：03-0189-2843-025。

　　［4］（清）伊勒图：《奏报伊犁绿营官兵修筑房屋后撤回折》，乾隆四十五年十二月十七日，中国第一历史档案馆，档号：03-0189-2863-022。

　　［5］（清）伊勒图：《奏修建伊犁同知等衙署房屋片》，乾隆四十五年十二月十七日，中国第一历史档案馆，档号：03-0189-2863-023。

乾隆四十二年、《钦定八旗通志》所记乾隆四十六年，均应有误。

关于修城的费用，伊勒图并未动用官库的经费："除将新修式样绘图进呈外，查从前乌鲁木齐等处修理城房，俱系动用官项。今伊犁所修几处城郭，奴才等鼓励城工官员兵丁等，一切令其通融办理，俱未动用官项。凡从前城房修理完时，俱蒙皇上施恩，将奋勉官员交部议叙，兵丁等俱各赏给一月盐菜银两，今此几城在工官员兵丁奋勉效力，未及二载，俱各完竣。应否照前办理之处天恩出自皇上。奏入，奉旨官员着加恩，交部议叙，兵丁各赏一月盐菜银两，其在工效力之废员一并交部议叙。"[1]一同上奏的还有四城的"式样图"。

拱宸城、瞻德城、广仁城、熙春城四城均为方形，城内为十字大街结构。其中拱宸城规模稍大，"城高一丈七尺，周三里七分"[2]，合城高 5.44 米，周长 2131.2 米。广仁城及瞻德城稍小，"城高一丈三尺，周三里六分"[3]，合城高 4.16 米，周长 2073.6 米。熙春城最小，"城高一丈，周二里二分"[4]，合城高 3.2 米，周长 1267.2 米。具体的形制布局上，每个城的情况又有所不同。

（一）拱宸城

通过舆图所绘可看出，拱宸城呈方形，有四门（图版五）。门外有马蹄形瓮城，北门瓮城无城门，东、西门瓮城城门南开，南门瓮城城门东开。文献仅记三门名称，分别是东门寅晖、西门遵乐、南门绥定，北门应在修筑关帝庙前后停用。古城四角有角楼，角台没有绘制。城门和角台间不见马面（炮台）。城外不见护城河。古城大街呈"十"字形布局，将城内分为四个部分。

衙署分布于北大街两侧，坐北朝南。居于核心的是北大街西侧的参将衙署，共三十二间房，位于十字路口西北侧。北大街东侧为巡检衙署一所，位于十字路口东北侧。东大街北侧另有守备衙署一所，共二十三间房。守备衙署对面，大街南侧为库房，共十间房。古城西北角为一座仓库，有仓房二十间。古城西南角有马棚，共十五间房，其东侧有草场。北大街北部设关帝庙一座。城内其他区域除有千总衙署两所（城南、

[1]（清）铁保等：《钦定八旗通志》卷一一八《营建志七》，嘉庆四年刊本，台湾学生书局，1968 年，第 7682～7684 页。

[2]（清）松筠：《新疆识略》卷四《伊犁舆图》，《续修四库全书》第七三二册，上海古籍出版社，2002 年，第 644 页。

[3]（清）松筠：《新疆识略》卷四《伊犁舆图》，《续修四库全书》第七三二册，上海古籍出版社，2002 年，第 644 页。

[4]（清）松筠：《新疆识略》卷四《伊犁舆图》，《续修四库全书》第七三二册，上海古籍出版社，2002 年，第 645 页。

城北各一）、把总衙署四所（城东北、东南、西南、西北各一）、经制外委房六所（东北、西北各二，东南、西南各一）等外，均为营房。

舆图记载拱宸城规制："城周围三里七分（2131.2 米），计六百六十八丈（2137.6 米）。城墙高一丈三尺（4.16 米），底厚一丈四尺（4.48 米），顶厚八尺五寸（2.72 米）。垛墙高五尺（1.6 米），拦马墙高一尺六寸（0.512 米）。瓮城墙周围长二十七丈（86.4 米），底厚一丈一尺（3.52 米），顶厚六尺（1.92 米），高一丈二尺（3.84 米）。垛墙高四尺（1.28 米），城门入深三丈四尺（10.88 米）。瓮城门入深一丈五尺一寸（4.832 米）。城门楼四座，每座高一丈六尺五寸（5.28 米），宽二丈一尺（6.72 米）。前后连廊深一丈七尺（5.44 米）。楼台高一丈三尺（4.16 米），底厚三丈四尺（10.88 米），宽五丈五尺（17.6 米）。角楼四座，每座高一丈三尺九寸（4.448 米），宽一丈二尺（3.84 米），入深一丈（3.2 米），台底见方三丈一尺（9.92 米），顶见方二丈八尺（8.96 米），高一丈三尺（4.16 米）。炮台八座，每座底宽一丈六尺（5.12 米），顶宽一丈二尺（3.84 米），底厚二丈二尺（7.04 米），顶厚二丈（6.4 米）。"[1]

拱宸城内部衙署兵房情况在《钦定八旗通志》中有载，与舆图所记大体一致："参将衙署一所，有三十二间房；守备衙署一所，有二十三间房；千总衙署二所，各十间房；把总衙署四所，各十间房；经制、额外外委住房六所，各四间房；军器库十间房；公寓十六间；仓厫二十间；教场三间；兵房一千四百间，另有堆房，俱乾隆四十五年设。另有巡检衙署一所十三间，乾隆四十七年增设。"[2]与舆图所记"所盖房间及关帝庙、仓库、公馆、马棚堆房共一千六百四十五间"契合。

城内职官体系日渐完善，古城建好后，由"屯镇参将驻扎"[3]，城内驻有霍尔果斯营一体官兵："霍尔果斯营驻拱宸城。参将一员，守备一员，千总二员，把总四员，经制外委六员，额设外委六员，马、步兵各三百五十名。"[4]与舆图所载一致[5]。后又添

[1]《为呈览伊犁新建霍尔果斯城图事图》，军机处满文录副奏折，乾隆四十五年十一月十八日，中国第一历史档案馆藏，档号：03-0189-2862-031。

[2]（清）铁保等：《钦定八旗通志》卷一一八《营建志七》，嘉庆四年刊本，台湾学生书局，1968 年，第 7687～7688 页。

[3]（清）松筠：《新疆识略》卷四《伊犁舆图》，《续修四库全书》第七三二册，上海古籍出版社，2002 年，第 644 页。

[4]（清）松筠：《伊犁驻兵书始》，《清朝经世文续编》卷六二《兵政一·兵制上》，文海出版社，1972 年，第 1568 页。

[5] 舆图记载："此城内参将一员、守备一员、千总二员、把总四员、经制外委六名、兵七百名。"《为呈览伊犁新建霍尔果斯城图事图》，军机处满文录副奏折，乾隆四十五年十一月十八日，中国第一历史档案馆藏，档号：03-0189-2862-031。

设巡检："添设伊犁抚民同知一员，霍尔果斯、绥定城巡检二员。"[1]

（二）广仁城

通过舆图所绘可看出，广仁城呈方形，有四门（图 3-7）。门外有马蹄形瓮城，北门

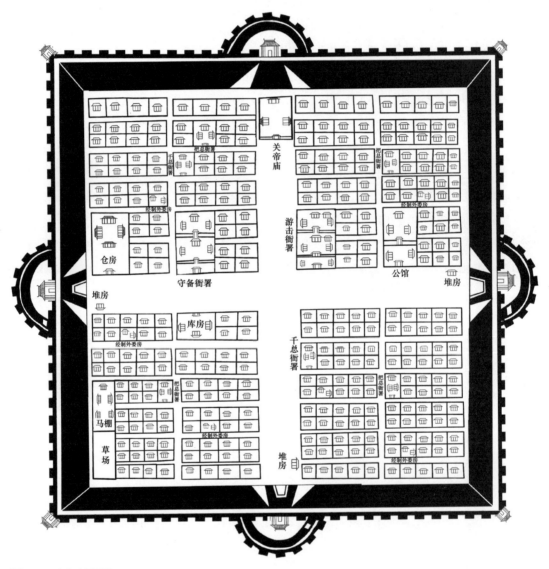

图 3-7　广仁城舆图

据《乌可尔博尔素克城图》清绘，原图见于《呈览伊犁乌可尔博尔素克城图事图》，军机处满文录副奏折，乾隆四十五年十一月十八日，中国第一历史档案馆藏，档号：03-0189-2862-032

---

[1]《清实录》第二二册《清高宗实录》卷——一五，乾隆四十五九月已亥条，中华书局，1986年，第 904 页。

瓮城城门不开，东、西门瓮城城门南开，南门瓮城城门东开。文献仅记三门名称，分别是东门朗辉、西门迎灏、南门溥惠，北门应在修筑关帝庙前后停用。古城四角有角楼，角台没有绘制。城门和角台间不见马面（炮台）。城外不见护城河。古城大街呈"十"字形布局，将城内分为四个部分。

衙署集中于东西大街北侧，坐北朝南。核心的是位于十字路口东北侧的游击衙署，共三十二间房。东大街北侧有公馆，共十七间房。西大街北侧有守备衙署，共二十三间房。守备衙署对面、西大街南侧有库房，共十间房。西大街西端北侧有仓库，共二十间房。古城西南角有马棚，共十五间房，其南侧有草场。北大街北端设关帝庙一座。城内其他区域除有千总衙署两所（城南、城北各一）、把总衙署四所（城东北、东南、西南、西北各一）、经制外委房六所（东北、西北各一、东南、西南各二）等外，均为营房。

舆图详细记录其建筑规格："城周围三里六分零（2073.6米），计六百四十九丈（2076.8米）。城墙高一丈三尺（4.16米），底厚一丈四尺（4.48米），顶厚八尺五寸（2.72米）。垛墙高五尺（1.6米），拦马墙高一尺六寸（0.512米）。瓮城墙周围长二十七丈（86.4米），底厚一丈一尺（3.52米），顶厚六尺（1.92米），高一丈二尺（3.84米）。垛墙高四尺（1.28米），城门入深三丈四尺（10.88米）。瓮城门入深一丈五尺一寸（4.832米）。城门楼四座，每座高一丈六尺五寸（5.28米），宽二丈一尺（6.72米）。前后连廊深一丈七尺（5.44米）。楼台高一丈三尺（4.16米），底厚三丈四尺（10.88米），宽五丈五尺（17.6米）。角楼四座，每座高一丈三尺九寸（4.448米），宽一丈二尺（3.84米），入深一丈（3.2米），台底见方三丈一尺（9.92米），顶见方二丈八尺（8.96米），高一丈三尺（4.16米）。炮台八座，每座底宽一丈六尺（5.12米），顶宽一丈二尺（3.84米），底厚二丈二尺（7.04米），顶厚二丈（6.4米）。"[1]

古城内部设有游击衙署一所，三十二间房；守备衙署一所，有二十三间房；千总衙署二所，各十间房；把总衙署四所，各十间房；经制、额外外委住房六所，各四间房；军器库十间房；公寓十七间房；仓廒二十间房；教场三间房；另有堆房，俱四十五年设。什字堆房三间房，五十四年增设[2]。与舆图所记"所盖房间及关帝庙、仓库、公馆、马棚、堆房共一千四百四十五间"契合。

广仁城内职官体系日渐完善，古城建好后，城内驻有绿营左营一体官兵："左营驻广仁城。游击一员，守备一员，千总二员，把总四员，经制外委六员，额设外委六员，

［1］《呈览伊犁乌可尔博尔素克城图事图》，军机处满文录副奏折，乾隆四十五年十一月十八日，中国第一历史档案馆藏，档号：03-0189-2862-032。

［2］（清）铁保等：《钦定八旗通志》卷一一八《营建志七》，嘉庆四年刊本，台湾学生书局，1968年，第7686页。

马、步兵各三百名。"[1]与舆图所记一致[2]。

(三) 瞻德城

瞻德城，所在地原名为察汗乌苏（蒙语，意为"白水"或"清水"）。通过舆图所绘可看出，瞻德城呈方形，有四门（图3-8）。门外有马蹄形瓮城，北门瓮城无城门，东、西门瓮城城门南开，南门瓮城东开。文献仅记三门名称，分别是东门升瀛、西门履平、南门延景，北门应在修筑关帝庙前后停用。古城四角有角楼，角台没有绘制。城门和角台间不见马面（炮台）。城外不见护城河。古城大街为"十"字形布局，将城内分为四部分。

衙署集中于东西大街北侧，坐北朝南。居于核心的是十字路口东北侧的都司衙署，共二十五间房。东大街北侧有公馆，共十七间房。西大街北侧有守备衙署，共二十三间房。守备衙署对面、西大街南侧有库房，共十间房。西大街西端北侧有仓库，共二十间房。古城西南角有马棚，共十五间房，其南侧有草场。北大街北部设关帝庙一座。城内其他区域除有千总衙署两所（城南、城北各一）、把总衙署四所（城东北、东南、西南、西北各一）、经制外委房六所（东南、西北各一，东北、西南各二）等外，均为营房。

对于瞻德城的规格，舆图中有详细记载："城周围三里六分零（2073.6米），计六百四十九丈（2076.8米）。城墙高一丈三尺（4.16米），底厚一丈四尺（4.48米），顶厚八尺五寸（2.72米）。垛墙高五尺（1.6米），拦马墙高一尺六寸（0.512米）。瓮城墙周围长二十七丈（86.4米），底厚一丈一尺（3.52米），顶厚六尺（1.92米），高一丈二尺（3.84米）。垛墙高四尺（1.28米），城门入深三丈四尺（10.88米）。瓮城门入深一丈五尺一寸（4.832米）。城门楼四座，每座高一丈六尺五寸（5.28米），宽二丈一尺（6.72米）。前后连廊深一丈七尺（5.44米）。楼台高一丈三尺（4.16米），底厚三丈四尺（10.88米），宽五丈五尺（17.6米）。角楼四座，每座高一丈三尺九寸（4.448米），宽一丈二尺（3.84米），入深一丈（3.2米），台底见方三丈一尺（9.92米），顶见方二丈八尺（8.96米），高一丈三尺（4.16米）。炮台八座，每座底宽一丈六尺（5.12米），顶宽一丈二尺（3.84米），底厚二丈二尺（7.04米），顶厚二丈（6.4米）。"[3]

［1］（清）松筠：《伊犁驻兵书始》，《清朝经世文续编》卷六二《兵政一·兵制上》，文海出版社，1972年，第1567~1568页。

［2］舆图记载："此城内游击一员、守备一员、千总二员、把总四员、经制外委六员、额外外委六名、兵六百名。"《为呈览伊犁新建东察汗乌素城图事》，军机处满文录副奏折，乾隆四十五年十一月十八日，中国第一历史档案馆藏，档号：03-0189-2862-034。

［3］《为呈览伊犁新建东察汗乌素城图事》，军机处满文录副奏折，乾隆四十五年十一月十八日，中国第一历史档案馆藏，档号：03-0189-2862-034。

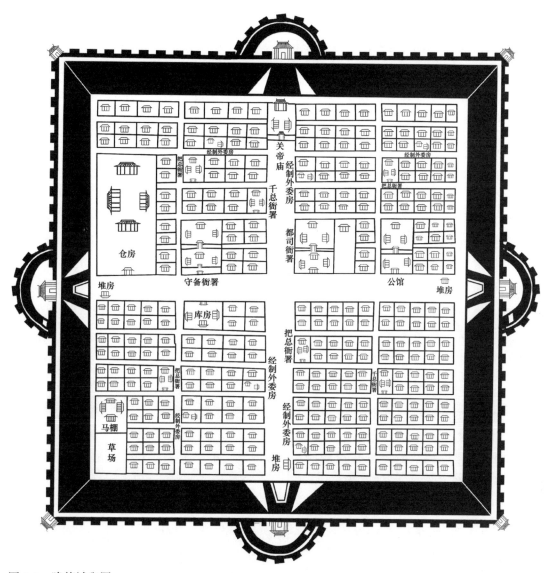

图 3-8　瞻德城舆图

据《东察汗乌素城图》清绘，原图见于《为呈览伊犁新建东察汗乌素城图事》，军机处满文录副奏折，乾隆四十五年十一月十八日，中国第一历史档案馆藏，档号：03-0189-2862-034

瞻德城建成后，内部设都司衙署一所，有二十五间房。其他衙署的设置和规格与广仁城一致：守备衙署一所，有二十三间房；千总衙署二所，各十间房；把总衙署四所，各十间房；经制、额外外委住房六所，各四间房；军器库十间房；公寓十六间；仓厫二十间；教场三间；另有堆房，俱四十五年设。什字堆房三间，五十四年增设[1]。

---

[1]（清）铁保等：《钦定八旗通志》卷一一八《营建志七》，嘉庆四年刊本，台湾学生书局，1968 年，第 7686～7687 页。

与舆图所记契合[1]。

城内职官体系日渐完善，古城建好后，城内驻有绿营右营一体官兵："右营驻瞻德城。都司一员，守备一员，千总二员，把总四员，经制外委六员，额设外委六员，马、步兵各三百名。"[2]与舆图所记"此城内都司一员、守备一员、千总二员、把总四员、经制外委六员、额外外委六名、兵六百名"[3]一致。

（四）熙春城

通过舆图所绘可看出，熙春城呈方形，有四门（图 3-9）。门外有马蹄形瓮城，北门瓮城无城门，东、西门瓮城城门南开，南门瓮城城门东开。文献仅记三门名称，分别是东门觐恩、西门凝爽、南门归极，北门应在修筑关帝庙前后停用。东、西、南门处均有堆房。古城四角有角楼，角台没有绘制。城门和角台间不见马面（炮台）。城外不见护城河。古城大街为"十"字形布局，将城内分为四个部分。

衙署集中于东西大街北侧，坐北朝南。居于核心的是十字路口东北侧的都司衙署，共二十五间房。都司衙署对面、大街南侧有库房，共五间房。西大街北侧有公馆，共十七间房。西大街西端北侧有仓库，紧邻公馆，共有十五间房。仓库对面、大街西南侧有马棚，马棚南侧有草场。北大街北部设关帝庙一座。城内其他区域除有千总衙署一所（东大街北侧）、把总衙署二所（南大街两侧各一）、经制外委房三所（西北、东南、西南各一）等外，均为营房。

舆图中详细记载熙春城建设规制："城周围二里一分零（1267.2 米），计四百丈（1280 米）。城墙高一丈（3.2 米），底厚一丈（3.2 米），顶厚六尺五寸（2.08 米）。垛墙高四尺五寸（1.44 米），拦马墙高一尺二寸（0.384 米），瓮城墙周围长一十一丈三尺（36.16 米），底厚六尺（1.92 米），顶厚三尺（0.96 米），高九尺五寸（3.04 米）。垛墙高四尺（1.28 米）。城门入深三丈一尺（9.92 米）。瓮城门入深六尺（1.92 米）。城门楼四座，每座高一丈三尺八寸（4.416 米），宽一丈六寸（5.12 米）。前后连廊深九尺（2.88 米），楼台高一丈（3.2 米），底厚二丈一尺（6.72 米）。角楼四座，每座高一丈一尺五寸（3.68 米），宽六尺（1.92 米），入深六尺（1.92 米），台底见方二丈四尺（7.68

[1] 舆图具体记其："所盖房间及关帝庙、仓库、公馆、马棚堆房共一千四百四十五间。"《为呈览伊犁新建东察汗乌素城图事》，军机处满文录副奏折，乾隆四十五年十一月十八日，中国第一历史档案馆藏，档号：03-0189-2862-034。

[2]（清）松筠：《伊犁驻兵书始》，《清朝经世文续编》卷六二《兵政一·兵制上》，文海出版社，1972 年，第 1568 页。

[3]《为呈览伊犁新建东察汗乌素城图事》，军机处满文录副奏折，乾隆四十五年十一月十八日，中国第一历史档案馆藏，档号：03-0189-2862-034。

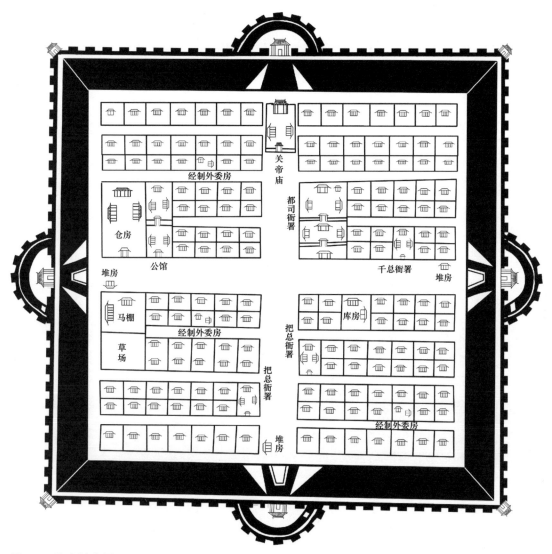

图 3-9　熙春城舆图

据《巴燕岱城图》清绘，原图见于《为呈览伊犁新建巴燕岱城图事》，军机处满文录副奏折，乾隆四十五年十一月十八日，中国第一历史档案馆藏，档号：03-0189-2862-033

米），顶见方一丈八尺（5.76 米）。"[1]

　　古城建成后在城内设都司衙署一所，有二十五间房；千总衙署一所，有十间房；把总衙署二所，经制外委、额外外委住房各三所；本营仓厫一所，共十五间房；城门堆房三处，各三间房；教场，有房三间。随后在乾隆五十四年（1789）增设什字堆房，有三间房。另有军器库一所。与舆图中所记"所盖房间及关帝庙、仓库、公馆、马棚、

　　[1]《为呈览伊犁新建巴燕岱城图事》，军机处满文录副奏折，乾隆四十五年十一月十八日，中国第一历史档案馆藏，档号：03-0189-2862-033。

堆房共七百四十四间"契合。

城内职官体系日渐完善，古城建好后，城内驻有绿营之巴彦岱营一体官兵："巴彦岱营驻熙春城。都司一员，千总一员，把总二员，经制外委三员，额设外委三员，马、步兵各一百五十名。"[1]与舆图所记一致[2]。

（五）阿奇乌苏堡

嘉庆二十年（1815），伊犁将军松筠兴建了阿奇乌苏堡，该处原本是屯田之地，"黄草湖水流十里，经阿奇乌苏堡南。阿奇乌苏者，惠远城旗屯公田也"[3]。后该堡因乏水接济，不便耕种，遂遭废弃。道光二十四年（1844），伊犁将军布彦泰又力主于此垦辟开渠，引入哈什河水："查惠远城东六十余里之阿齐乌苏，有废地一区……其所以废弃之故，系因当时未开水利，仅恃巴燕岱灌田之水，暂行分溉，其势自难为继。今欲重行垦复，必将该地迤东各屯原用之水，逐段开渠，引而西下，递相转输。其极东须引哈什河水，方可用之不竭。"[4]

阿奇乌苏堡周长为一千一百二十四丈，合3596.8米。城内主要居住八旗壮丁，并无兵营衙署之类建筑，可见其仅为一简单的屯城："嘉庆二十年，松公筠所建筑。堡墙周千一百二十四丈，共三里一分有奇。堡中庐舍百所，移八旗壮丁居之，每夫授田百亩，仿古井田制也。堡南距河十里。"[5]咸丰六年（1856）阿奇乌苏遭受水灾、冰雹灾，见诸史籍："伊犁阿奇乌苏被水、被雹地亩额赋有差。"[6]该堡可见于《西域水道记》中所绘《喀喇塔拉额西柯淖尔所受水图》（图3-10）。

---

[1]（清）松筠：《伊犁驻兵书始》，《清朝经世文续编》卷六二《兵政一·兵制上》，文海出版社，1972年，第1568页。

[2]舆图具体记其："此城内都司二员，千总一员，把总二员，经制外委三员，额外外委三名，兵三百名。"据《为呈览伊犁新建东察汗乌素城图事》，军机处满文录副奏折，乾隆四十五年十一月十八日，中国第一历史档案馆藏，档号：03-0189-2862-034。

[3]（清）徐松：《西域水道记》卷四《巴勒喀什淖尔所受水》，中华书局，2005年，第239页。

[4]《清史列传》，中华书局，1987年，第4231页。

[5]（清）徐松：《西域水道记》卷四《巴勒喀什淖尔所受水》，中华书局，2005年，第239页。

[6]《清实录》第四三册《清文宗实录》卷二一五，咸丰六年十二月己亥条，中华书局，1986年，第379页。

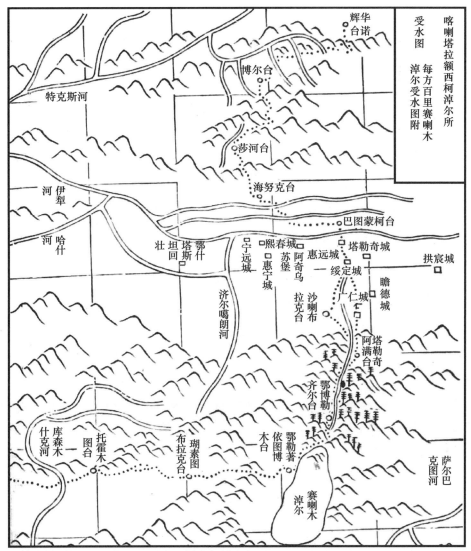

图 3-10 《喀喇塔拉额西柯淖尔所受水图》局部（上为南）

据原图清绘，略有改动，原图见于《西域水道记》卷四《巴勒喀什淖尔所受水》，早稻田大学藏修订本，第 58 页

四、卡伦布局基本完成

卡伦是清廷在边疆要隘设立的管理或者防御哨所，满语写为"karun"，汉语亦作"喀伦""卡路""喀龙"，为"台"或"站"的满语音译，一般以有小型围墙的城址形态存在。清廷在平定准噶尔部叛乱的同时，即开始在新疆兴建卡伦。乾隆十八年（1753），清廷在筹备进军西域的过程中，便开始"选将备、具驼马、简军实、勘水

草、储粮饷、修城垣"[1]，将修筑城池作为基础性的准备工作之一，而卡伦的作用尤为突出："哈密已驻重兵，而防所全恃卡伦。"[2]到了乾隆二十三年七月，定边将军兆惠于格根喀尔奇喇、特穆尔图淖尔等处安设卡伦，并晓示布鲁特各部："伊犁有大兵驻防，若尔等游牧狭隘，惟抒诚恳请恭候大皇帝天恩指赏，不可私行迁徙。"[3]到了次年十月，参赞大臣舒赫德建议，在阿克苏至库车一带，分两队安设卡伦，"一队在赛里木拜等处之阿勒坦和硕要路安设卡伦；一队在阿克苏之穆素尔要路安设卡伦，守护台站，照看往来行走之人"[4]。

清廷平定准噶尔部后，基于"北路重地，咸分兵设防，山川隘口，悉置卡伦台站"[5]的策略，开始在新疆广设卡伦，伊犁地区更是重中之重。何秋涛所谓："至若新疆等处，开齐布克申之制，尤为周密。盖我国家威灵远振，版图日见式廓，则规制日觉精详。"[6]

伊犁地区的卡伦，按性质可分为常设、移设、添撤三种：常设卡伦为"历年不移而设有定地者"[7]，即驻防时间、地点均固定的卡伦；移设卡伦为"住卡官兵，有时在此处安设，有时移向彼处，或春秋两季递移，或春冬两季递移，或春夏秋三季递移者"[8]，即驻防时间周期相对固定，但地点不固定的卡伦；添撤卡伦为"其地虽有卡伦，而有时安设，过时则撤者"[9]，即驻防地点固定，同时有一定时间周期的卡伦。卡伦有所谓"开齐"与"布克申"之说："故设卡置官，派兵巡守，两卡伦递筹巡查之路，名曰开齐，小卡伦分置瞭望之处，名曰布克申，而统名之则曰卡伦。"[10]"开齐"作为一种

[1] 赵尔巽等：《清史稿》卷一三七《志一百十二·兵八·边防》，中华书局，1976 年，第 4081 页。

[2] 赵尔巽等：《清史稿》卷一三七《志一百十二·兵八·边防》，中华书局，1976 年，第 4081 页。

[3]（清）傅恒：《平定准噶尔方略》正编卷五八，乾隆二十三年七月壬辰，《景印文渊阁四库全书》第三五九册，台湾商务印书馆，1986 年，第 85 页。

[4]（清）傅恒：《平定准噶尔方略》正编卷八〇，乾隆二十四年十月壬辰，《景印文渊阁四库全书》第三五九册，台湾商务印书馆，1986 年，第 422 页。

[5] 赵尔巽等：《清史稿》卷一三七《志一百十二·兵八·边防》，中华书局，1976 年，第 4081 页。

[6] 何秋涛：《朔方备乘》卷一〇《考四》，《续修四库全书》第七四一册，上海古籍出版社，2002 年，第 115 页。

[7]（清）松筠：《新疆识略》卷一一《边卫》，《续修四库全书》第七三二册，上海古籍出版社，2002 年，第 747 页。

[8]（清）松筠：《新疆识略》卷一一《边卫》，《续修四库全书》第七三二册，上海古籍出版社，2002 年，第 747 页。

[9]（清）松筠：《新疆识略》卷一一《边卫》，《续修四库全书》第七三二册，上海古籍出版社，2002 年，第 747 页。

[10]（清）松筠：《新疆识略》卷一一《边卫》，《续修四库全书》第七三二册，上海古籍出版社，2002 年，第 747 页。

制度，也被归为卡伦之列。从广义上来讲，卡伦作为一种基层的军事制度，是以卡伦城这一物质形态为基础，配备有固定的兵员，在驻守的地点及时间上有特定制度的军事性基础单元。因此文献中所谓"卡伦"，其内涵比较丰富，既可以指物质形态的卡伦，也可以指军事建制的卡伦，一般是二者的内涵均包括在内。

乾隆年间清廷在确定以伊犁为核心的军府制度后，便开始在伊犁河谷及周边大规模系统地营建卡伦，并且围绕卡伦设立了较为完备的军事政治制度，是为卡伦营建的第一阶段。乾隆年间卡伦在辖区上有特定的制度，每个卡伦在建制上均隶属于某个辖区。"乾隆四十二年（1777），将军伊勒图奏令各领队大臣分管卡伦。"[1] 由此伊犁卡伦可分为惠宁城领队大臣所辖、锡伯营领队大臣所辖、索伦营领队大臣所辖、察哈尔营领队大臣所辖、厄鲁特营领队大臣所辖、伊犁营务处专辖6处。

惠宁城领队大臣所辖卡伦共8座，分别为"常设卡伦三座，有二座系由京派侍卫管理，移设卡伦二座，按移设卡伦，随时易地，虽地名有二处，实止一卡伦也，故此处总数只计二座，后仿此添撤卡伦三座"。常设卡伦为塔勒奇卡伦、干珠罕卡伦、固勒札渡口卡伦。移设卡伦为库库鄂啰木卡伦、鄂博勒齐尔北达巴罕卡伦、博罗布尔噶苏卡伦、辟里沁卡伦。添撤卡伦为沙喇布拉克卡伦、库库哈玛尔卡伦、毕齐克图卡伦。

锡伯营领队大臣所辖卡伦共11座，分别为"常设卡伦四座，移设卡伦五座，添撤卡伦二座"。常设卡伦为固尔班扎海卡伦、安达拉卡伦、春稽卡伦、大桥卡伦。移设卡伦因随时易地，实际有12座，分别为沙巴尔托海卡伦、托里卡伦、玛哈沁布拉克卡伦、额木讷察罕乌苏卡伦、辉图察罕乌苏卡伦、塔木哈卡伦、察罕托海卡伦、托赖图卡伦、额哩音莫多卡伦、头勒克卡伦、察林河口卡伦、塔木哈色沁卡伦。添撤卡伦为乌里雅苏图卡伦、沙喇托罗海卡伦。

索伦营领队大臣所辖卡伦共10座，分别为"常设卡伦六座，均系由京派侍卫管理，添撤卡伦四座"。常设卡伦为霍尔果斯卡伦、齐齐罕卡伦、奎屯卡伦、博罗呼济尔卡伦、崆郭罗鄂伦卡伦、辉发卡伦。添撤卡伦为旧霍尔果斯安达拉卡伦、齐齐罕安达拉卡伦、河岸卡伦、奎屯色沁卡伦。

察哈尔营领队大臣所辖卡伦共21座，分别为"常设卡伦九座，有五座由京派侍卫管理，添撤卡伦十二座"。常设卡伦为乌兰布喇卡伦、达尔达木图卡伦、札克鄂博卡伦、哈布塔海卡伦、乌柯克卡伦、沁达兰卡伦、索达巴罕卡伦、冲库克卡伦、库库托木卡伦。添撤卡伦为干珠罕布拉克安达拉卡伦、绰伦古尔卡伦、音德尔图卡伦、喀喇乌珠尔卡伦、阿尔齐图哈玛尔卡伦、木鲁卡伦、沙喇布鲁克卡伦、察奇尔图呢盖卡伦、

[1]（清）松筠：《新疆识略》卷一一《边卫》，《续修四库全书》第七三二册，上海古籍出版社，2002年，第747页。

察罕乌苏卡伦、雅玛图卡伦、鄂托克赛哩安达拉卡伦、硕博图卡伦。

厄鲁特营领队大臣所辖卡伦共 32 座，分别为："常设卡伦四座，移设卡伦四座，添撤卡伦二十四座"。常设卡伦为特克斯色沁卡伦、敦达哈布哈克卡伦、伊克哈布哈克卡伦、察察卡伦。移设卡伦为特穆尔哩克卡伦、鄂博图渡口卡伦、乌努古特卡伦、昌曼卡伦。添撤卡伦为特穆尔哩克渡口卡伦、雅巴尔布拉克卡伦、鄂博图卡伦、额尔格图卡伦、札拉图卡伦、哈尔干图卡伦、齐齐罕图卡伦、库图勒卡伦、格根卡伦、鄂尔果珠勒卡伦、哈尔奇喇卡伦、沙喇雅斯卡伦、那林哈勒噶卡伦、巴噶塔木哈卡伦、察林河渡口卡伦、察林河察罕鄂博卡伦、格根西哩克卡伦、铜厂外卡伦、那喇特卡伦、博尔柯阿满卡伦、绰罗图卡伦、博托木卡伦、拜布喇克卡伦、埃尔巴特卡伦。

伊犁营务处所辖卡伦共 2 座，分别为："常设卡伦一座，添撤卡伦一座"。常设卡伦为伊犁河口卡伦。添撤卡伦为达尔达木图卡伦。伊犁营务处即指惠远城营务处。

由以上可知，伊犁地区卡伦在第一阶段共计 84 座。伊犁将军对于上述卡伦的名称、职能及戍守制度，都有较为详细的规定。

第四节　战乱（同治三年至光绪七年）

从同治三年（1864）开始，伊犁河谷城址先后经历了回变、沙俄侵占的战争浩劫，城址遭到了不同程度的破坏，驻防城格局也发生了改变，深刻地影响了伊犁河谷的城市格局。

一、回变军占领（同治三年至同治九年）

同治三年（1864）三月，伊犁开始爆发回变，三道河 200 多回人攻陷了塔勒奇城，文献记他们"扭锁开城，蜂拥而入，轰然火药，将库存军械抢去，杀毙兵丁多名"[1]。这次行动最终以失败告终，但伊犁河谷城防体系由此开始历经战乱的破坏。

同年六月，更大规模的回变在全疆爆发。伊犁河谷地区的回变先从宁远城开始并成功，该城也由此成为了伊犁地区回变军的根据地。当库车、奇台、乌鲁木齐、吉木萨尔等地的回变军发动军事行动后，宁远城礼拜寺内回民聚集准备起事。尽管伊犁将军进行了招抚，但他们还是在阿奇木伯克阿不都鲁苏勒的领导下起事并占领了宁远城。清军曾试图增援，但最后以失败告终，"参赞荣某、领队额某同援宁远，复败于告车

---

[1]（清）奕訢等：《钦定平定陕甘新疆回匪方略》卷四四，中国书店，1985 年，第 10 页。

台，阵亡二千有奇"[1]。失陷后的宁远城，成为了回变军的大本营，"辛巳，领队佗某战死，贼窜宁远"[2]。

回变军以宁远城为大本营，首先占领了熙春城，此后该城便一直由回变军控制。之后回变军与清军围绕惠宁城展开了激烈的争夺，"（同治三年）十月戊寅，惠宁回乱，惠远继之，旗丁根老八博徒也，纠痞党千余斩关出，乘势剽掠，所在蜂起应之，悉赴惠宁，缠回汉回联为一气"[3]。到了同治四年（1865），"查巴燕岱城，于失陷后赴大城报信者仅逃脱三人，其余在城官兵人等全被残害。惟大城尚有由土尔根防堵及库尔喀喇乌苏出征旋回之巴城官兵，不过百员名，核计该城额数不及十成之一"[4]，"任御前侍卫、副都统衔巴燕岱领队大臣、世袭骑都尉又一云骑尉穆克登额，前在领队大臣任内于同治四年，贼攻巴燕岱城带兵接仗，力竭阵亡，阖家殉难"[5]，惠宁城沦陷。之后惠远城孤立无援，也被回变军占领。

在接下来的战斗中，惠远城作为最高等级城市，成为回变军与清军争夺的焦点，其得失也成为了双方胜败的决定因素。早在惠宁城回变军率先起事后，惠远城的旗丁根老八积极响应："（同治三年）十月戊寅，惠宁回乱，惠远继之，旗丁根老八博徒也，纠痞党千余斩关出，乘势剽掠，所在蜂起应之，悉赴惠宁，缠回汉回联为一气。"[6]随后，惠远城北关回民起事攻城："伊犁北关回匪数千，登时起事，攻扑城垣，接仗失利。其巴燕岱各城，纷纷变乱，道途梗塞，该处存兵无多，势成坐困，请速派大员带兵救援等语。"[7]虽然其后暂时解决了危机，但是惠远城仍处于紧张的态势中。同治四年（1865）四月，惠远北关遭攻击，"伊犁贼来攻惠远，尽焚北关祠屋"[8]。五月，形势急转直下："攻绥定，急。领队塔某、游击沈某驰援杀贼数百。闰五月己卯，西六城兵合惠远，大兵进剿惠宁，复败于地窝堡，亡三千余人。塔某死之，是时伊塔一隅已成鼎沸。"[9]到了同治五年（1866），回变军使用炸药攻破惠远城城墙，惠远城失陷：

[1]（清）魏光焘：《戡定新疆记》卷一《武功记一》，华文书局，1969年，第24页。

[2]（清）魏光焘：《戡定新疆记》卷一《武功记一》，华文书局，1969年，第23页。

[3]（清）魏光焘：《戡定新疆记》卷一《武功记一》，华文书局，1969年，第23页。

[4]《奏为巴燕岱城失陷所剩官兵均令归入惠远城旗档次第补缺事》，朱批奏折（附片），同治四年十一月二十四日，中国第一历史档案馆藏，档号：04-01-01-0885-045。

[5]《奏为代奏文麟具呈伊父巴燕岱领队大臣穆克登额阵亡请恤伊犁将军入奏漏未声叙事》，奏折，同治五年八月二十四日，中国第一历史档案馆藏，档号：03-4624-170。

[6]（清）魏光焘：《戡定新疆记》卷一《武功记一》，华文书局，1969年，第23页。

[7]《清实录》第四七册《清穆宗实录》卷一二四，同治三年十二月戊寅条，中华书局，1986年，第719页。

[8]（清）魏光焘：《戡定新疆记》卷一《武功记一》，华文书局，1969年，第28页。

[9]（清）魏光焘：《戡定新疆记》卷一《武功记一》，华文书局，1969年，第28页。

"（同治）五年春正月壬午，伊犁贼陷惠远城，明绪阖门殉，兵民死者数万。"[1]二月戊午，绥定城亦被回变者所占领："是日，伊犁绥定、广仁、瞻德、塔尔奇四城相继降于贼。"[2]拱宸城坚持了一段时间后，亦被回变者所占领："惟拱宸坚守。四月，粮尽而陷，兵民被屠，自是伊犁辖境无一寸干净土矣。"[3]拱宸城被占领标志着回变军在伊犁地区的胜利，伊犁九城最终由回变军建立的苏丹政权所控制。

回变军随后以宁远城为中心建立政权，客观上提高了宁远城在伊犁九城中的地位，为后来宁远城的强势崛起埋下了伏笔。苏丹政权建立后，内部矛盾纷争频繁，统治极为不稳固，最终被入侵的沙俄政权抢夺了胜利果实。

二、沙俄侵占（同治十年至光绪七年）

同治十年（1871），伊犁九城沦陷于沙俄之手后，宁远城得到俄人重点兴建，其他八城或者发展停滞，或者被毁弃："将大城、巴彦岱、霍尔果斯三城房屋俱平毁，清水河、塔尔奇、绥定三城俱付汉回居住，芦草沟、城盘子俱弃置，而专于大城东南九十余里之金顶寺及固尔札两处拆各城材木，营盖市廛，横亘几二十里，用费以数百万计。不知者疑其不营西北，转营东南，为失计。"[4]所谓："当占据之时，尽徙遗民于宁远，而列城皆墟矣，地数千里被割。"[5]左宗棠亦曾说："伊犁大城人烟甚少，俄兵及商户均萃居东面惠宁、熙春、宁远三城，而金顶寺烟户尤多。"[6]由此宁远城逐渐成为伊犁地区的中心城市。

在伊犁回归时，中俄条约规定宁远县为俄国领事及侨商的住所："光绪七年，中俄改订条约，准俄人通商伊犁。其领事官及侨商住宁远县城南门外。"[7]然此规定也多有争议："俄人在伊犁置产，准照旧管业，彼自踞伊犁九城内，孰非其有，兴修创造，莫敢谁何？若如第四款所议，伊犁岂复有驻足之所？且或于形势要区，彼皆豫为占据，

[1]（清）魏光焘：《戡定新疆记》卷一《武功记一》，华文书局，1969年，第31页。

[2]（清）魏光焘：《戡定新疆记》卷一《武功记一》，华文书局，1969年，第32页。

[3]（清）魏光焘：《戡定新疆记》卷一《武功记一》，华文书局，1969年，第32页。

[4]（清）李云麟：《论伊犁》，《清朝经世文续编》卷七五《兵政十四》，文海出版社，1972年，第1924页。

[5]（清）刘锦藻：《清朝续文献通考》卷三二一《舆地考十七·新疆省》，商务印书馆，1936年，第10615页。

[6]（清）左宗棠：《复陈新疆情形折》，《左宗棠全集》奏稿七，岳麓书社，2014年，第170页。

[7]（清）刘锦藻：《清朝续文献通考》卷三二一《舆地考十七·新疆省》，商务印书馆，1936年，第10615页。

诡托置产，将驱而去之耶？抑忍而受之耶？驱而去之，是谓背约，忍而受之，是谓养痈，此自困之道也。"[1]

与宁远城相近的惠宁城也遭到破坏。沙俄重点经营宁远城，取惠宁等城木材以营建宁远城，左宗棠上奏指出俄人真实目的："将大城（惠远城）西北三城毁其庐舍，迤东清水河（瞻德城）、塔尔奇（塔勒奇城）、绥定三城居以汉回，芦草沟（广仁）、城盘子（熙春）等处均弃而不守，惟取各城堡木料于金顶寺，营造市廛几二十里。察俄人用心，盖欲踞伊犁为外府。"[2]沙俄侵占了伊犁，熙春城当然无法幸免，只不过同宁远城一样，熙春城也得到沙俄重点发展，"俄兵及商户均萃居东面惠宁、熙春、宁远三城，而金顶寺烟户尤多"[3]，由此熙春城也得到了一定的发展。

同时，惠远城遭到了破坏，日渐废弃，"伊犁大城，人烟甚少"[4]，"今该国将大城、巴彦岱、霍尔果斯三城房屋俱平毁"[5]。到了清廷收回伊犁时，城内已然残损严重："伊犁九城，将军、参赞旧驻惠远城，城西南当伊犁河流之冲。承平时，每年筑坝防护。十余年来，西、南两面城垣均已被水冲坏，城内仓库、官厅、兵房荡然无存。"[6]于是清廷开始营建惠远新城，惠远老城由此废弃。

其他绿营城址也遭到打击，尽管沙俄将"清水河、塔尔奇、绥定三城俱付汉回居住"[7]，"绥定一城，近杂置陕回，距伊犁三十里"[8]，古城还是遭到了极大的破坏："绥定、塔勒奇、瞻德三城，现在回民居住，房舍虽有存者，城楼、女墙均已损坏，城垣亦多坍塌之处。"[9]左宗棠也曾指出："俄人自占据伊犁，于西面旧有拱宸、瞻德、广仁、塔勒奇四城，均弃而弗守，倾圮殆尽。"[10]因此从沙俄手中收复上述城址之后，对其进行了修缮，这是后话。

[1]（清）魏光焘：《戡定新疆记》卷六《归地篇》，华文书局，1969年，第202页。

[2]（清）魏光焘：《戡定新疆记》卷六《归地篇》，华文书局，1969年，第93页。

[3]（清）左宗棠：《复陈新疆情形折》，《左宗棠全集》奏稿七，岳麓书社，2014年，第170页。

[4]（清）左宗棠：《复陈新疆情形折》，《左宗棠全集》奏稿七，岳麓书社，2014年，第170页。

[5]（清）李云麟：《论伊犁》，《清朝经世文续编》卷七五《兵政十四》，文海出版社，1972年，第1924页。

[6]（清）王彦威等编：《清季外交史料》卷二六《伊犁将军金顺奏接收伊犁并分界事宜折》，湖南师范大学出版社，2015年，第516页。

[7]（清）李云麟：《论伊犁》，《清朝经世文续编》卷七五《兵政十四》，文海出版社，1972年，第1924页。

[8]（清）左宗棠：《复陈新疆情形折》，《左宗棠全集》奏稿七，岳麓书社，2014年，第170页。

[9]（清）王彦威等编：《清季外交史料》卷二六《伊犁将军金顺奏接收伊犁并分界事宜折》，湖南师范大学出版社，2015年，第516页。

[10]（清）左宗棠：《复陈新疆情形折》，《左宗棠全集》奏稿七，岳麓书社，2014年，第170页。

第五节　重建（光绪八年至宣统三年）

光绪八年（1882），清廷收复伊犁。甘肃新疆巡抚拟定了伊犁修复事宜，其中"城署""卡伦"为重要组成部分："伊犁为新疆重地，经画宜周，现在整顿营伍，修理水渠，兴办屯务，联络保甲，推广义学，修建城署，修整卡伦，清理交涉，或次第推行，或同时并举，认真办理，总期裨益边疆。"[1]

一、伊犁九城的择要修复

清廷收复伊犁河谷之后，伊犁将军金顺开始试图修复损毁古城："巴彦岱、霍尔果斯两城，均系同治年间被贼攻陷，城垣坍塌尤甚。以上三城，亟宜另筑……官厅、兵房为栖止之所必有，坛庙、仓库尤建置之所当先，非仅复旧规而事严密，实所以资完固而重边防。"[2]另外还通过提供田亩农具以吸引流民回各城居住："（光绪）九年正月二十八日。革职留任伊犁将军金顺、革职留任伊犁参赞大臣升泰奏言：伊犁应办各事，详酌缓急，择要兴修……其汉回、缠头各项人民未赴俄境、愿为中国民者，暂于广仁、绥定、瞻德、熙春、巴彦岱、固勒札各城乡地方安插，并拨给牛具、籽种、地亩，饬令试垦，以期安居乐业。"[3]

这时，惠远老城已经损毁严重，遭到彻底废弃，绥定城临时成为伊犁将军衙署驻地。鉴于绥定城亦被破坏得较为严重，伊犁将军对其进行了修筑："伊犁应办各事，详酌缓急，择要兴修，现将绥定、瞻德两城修筑，渐次完竣。"[4]这次修筑是同瞻德城一起的，花费巨大："所办事宜，如修筑绥定、瞻德、惠远三处城工，已用银

---

[1]《清实录》第五五册《清德宗实录》卷二八五，光绪十六年五月丁丑，中华书局，1986年，第794页。

[2]（清）王彦威等编：《清季外交史料》卷二六《伊犁将军金顺奏接收伊犁并分界事宜折》，湖南师范大学出版社，2015年，第516页。

[3]（清）奕䜣等：《钦定平定陕甘新疆回匪方略》卷三一六，中国书店，1985年，第1页。

[4]（清）奕䜣等：《钦定平定陕甘新疆回匪方略》卷三一六，中国书店，1985年，第1页。

二十二万三千二百余两。"[1]后又因经费问题，绥定城没有被完整修复[2]。

除绥定城外，鉴于拱宸城重要战略的地位，其修筑也提上了议程，"霍尔果斯一城，形势扼要，尤所难缓"[3]。"巴彦岱、霍尔果斯两城，均系同治年间被贼攻陷，城垣坍塌尤甚。以上三城，亟宜另筑。"[4]同时，广仁城、熙春城的修葺也提上了议程："熙春、广仁两城，现在汉民居住，城垣、楼橹坍塌不堪。以上五城，虽无庸另筑，亦应大加修补。"[5]瞻德城是同绥定城一起修筑的："绥定、塔勒奇、瞻德三城，现在回民居住，房舍虽有存者，城楼、女墙均已损坏，城垣亦多坍塌之处。"[6]修缮后的瞻德城，形制无变化，城内有兵营、射击场、教堂等各类建筑，此外也有较多空地（图3-11）。

到了清末，惠宁城的修复方案由于经费原因遭到放弃："查惠宁城，即巴彦岱承平年驻领队大臣，自逆回变乱失陷，迄今三十余年，城垣悉已倾圮，邑无居人。若令都司驻扎，必须重加修理，工程浩大，筹款不易。且该处所防者辟里沁沟之路，而辟里沁沟口距惠宁城尚四十余里，实系难于兼顾，其铁厂沟一带，距惠远城七十余里，原设分防守备驻扎，惠远城关内外欲令兼防，尤属鞭长莫及，察度形势，亟须另行择地驻扎，以资控制。"[7]德·费德罗夫也因此没有绘制惠宁城的城图。

到了清末，塔勒奇城也已然"成废址，居民仅数家"[8]。然而，德·费德罗夫绘制了该城城图，并且详细绘制了周边河流地势，可见该城战略位置重要（图3-12）。

［1］（清）奕䜣等：《钦定平定陕甘新疆回匪方略》卷三一六，中国书店，1985年，第21页。

［2］《伊犁将军金顺等奏为遵旨分别停修惠宁等城各工并惠远新城工需用银仍请饬部核发折》，光绪九年十二月初十日，中国第一历史档案馆藏，档号：04-01-37-0128-038。

［3］（清）奕䜣等：《钦定平定陕甘新疆回匪方略》卷三一六，中国书店，1985年，第1页。

［4］（清）王彦威等编：《清季外交史料》卷二六《伊犁将军金顺奏接收伊犁并分界事宜折》，湖南师范大学出版社，2015年，第516页。

［5］（清）王彦威等编：《清季外交史料》卷二六《伊犁将军金顺奏接收伊犁并分界事宜折》，湖南师范大学出版社，2015年，第516页。

［6］（清）王彦威等编：《清季外交史料》卷二六《伊犁将军金顺奏接收伊犁并分界事宜折》，湖南师范大学出版社，2015年，第516页。

［7］《奏为惠远城马队等旗改移驻地片》，附片，光绪二十四年九月二十八日，中国第一历史档案馆藏，档号：04-01-01-1025-063。

［8］（清）王澍枬等：《新疆图志》卷八十《道路二》，上海古籍出版社，2015年，第1533页。

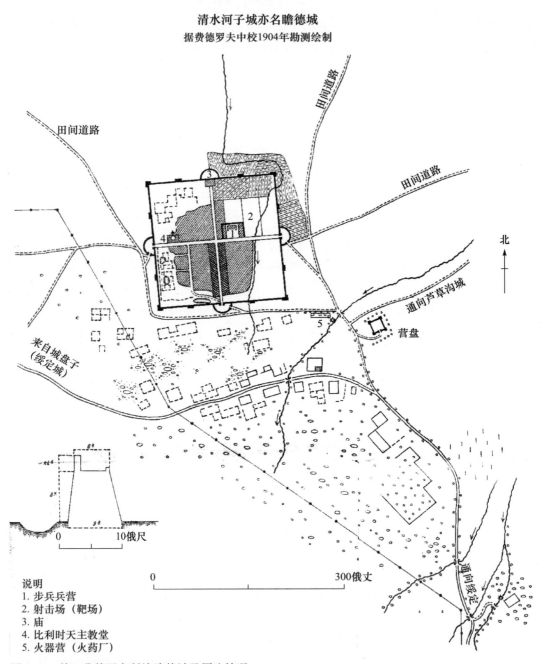

清水河子城亦名瞻德城
据费德罗夫中校1904年勘测绘制

图 3-11　德·费德罗夫所绘瞻德城及周边情况

采自Опыт Военно-статистицеского Описания Илийского Края, Ташкент Типография Штаба Туркесганского Военного Округа, 1903，略有改动

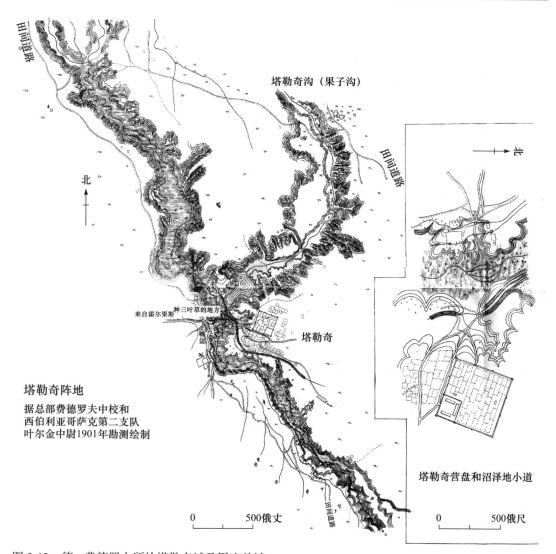

图 3-12 德·费德罗夫所绘塔勒奇城及周边关城

采自 Опыт Военно-статистицеского Описания Илийского Края, Ташкент Типография Штаба Туркесганского Военного Округа, 1903，略有改动

二、惠远新城的修筑

惠远新城始修于光绪八年（1882）。惠远新城修筑的直接原因是惠远老城残破不堪，急需另筑城池："伊犁九城，将军、参赞旧驻惠远城，城西南当伊犁河流之冲，承平时，每年筑坝防护。十余年来，西南两面城垣均已被水冲坏，城内仓库、官厅、兵

房荡然无存……以上三城亟宜另筑。"[1]惠远新城的选址、规划、筹款、营建事宜，均是由伊犁将军金顺操持的。

金顺对惠远新城的选址，首先肯定吸取了老城的教训，选在了"高敞处"，同时也受到了传统风水理论的影响，所选之地具有地利之势，"水抱山环，气脉颇觉团聚，于此建修，甚得地利"[2]。形制规划方面，仿照"旧日惠远城城制"，"仍照九里三分（5356.8米）之制，周围一千六百七十四丈（5356.8米），城高连垛口二丈三尺（7.36米），底宽三丈（9.6米），顶宽一丈八尺方（5.76米），足以御外侮而资控制"[3]。金顺同时向皇帝上呈了惠远新城的形势舆图[4]。

惠远新城正式开工日期定为光绪八年（1882）八月二十四日。但到了第二年才"仅将基址削平，坚筑周围墙根"[5]，可见工程进度之慢。惠远新城的修筑可谓是一波三折，困难重重，体现在人员动荡、内外交困等各方面，其中最大的困难就是筑城经费的筹集。

金顺指出修筑惠远新城过程中所处理问题之复杂，以及惠远新城修筑的意义，并提出仍需大量的经费支援："满营官兵应俟筑起惠远新城，方能筹补足额。伊犁镇所属绿营，仅收辑流亡男女千数百口，尚未挑补成营。此项兵民亦令其试垦荒地，俾佐军储。军台、塘站尚未兴修，仅择要先设马拨。以上建置各事，需款繁多。加以接收伊犁，暨各大臣逐段分界，所有应带员弁、川费、薪水、马干等项，并俄使往还饷廪，所费尤属不赀。惟查前次领到部款，已经用竣，其指拨各省经费，解到者仅及一半，杯水车薪，实难兼顾。惟有恳恩饬部仍照上次议准成案，再由部库垫拨银三十五万两，并于各省关指拨银三十五万两，作为续拨。善后经费仍俟一年后由臣等察看情形，再行奏明办理。奏入。"[6]

在修筑惠远新城时，经费十分紧张，善后各项事宜都需用大量的资金，而各省的拨款又有很多没有到位。金顺屡次上奏谈论拨款事宜："据善后局委员游春泽等详称，

［1］（清）王彦威等编：《清季外交史料》卷二六《伊犁将军金顺奏接收伊犁并分界事宜折》，湖南师范大学出版社，2015年，第516页。

［2］（清）金顺：《奏为改建惠远新城并开工日期事》，光绪八年十一月十九日，中国第一历史档案馆藏，档号：04-01-37-0128-016。

［3］（清）金顺：《奏为改建惠远新城并开工日期事》，光绪八年十一月十九日，中国第一历史档案馆藏，档号：04-01-37-0128-016。

［4］（清）金顺：《呈改建惠远新城形势舆图》，光绪八年十一月十九日，中国第一历史档案馆藏，档号：03-7154-015。

［5］（清）奕䜣等：《钦定平定陕甘新疆回匪方略》卷三一六，中国书店，1985年，第1页。

［6］（清）奕䜣等：《钦定平定陕甘新疆回匪方略》卷三一六，中国书店，1985年，第2～3页。

上年部库拨银三十五万两，业已领解清款。各省关指拨之款，仅湖南、广东、两淮、江海关解清，江苏、福建、江西、浙江、湖北、粤海关，尚欠解银十四万二千五百两。统计收到前项拨款五十五万七千五百两。所办事宜，如修筑绥定、瞻德、惠远三处城工，已用银二十二万三千二百余两。收集绿营兵丁……赏恤安插，共用银七万五千三百余两。锡伯、索伦、额鲁特等营，安卡伦台站四十五处，修造房屋棚厂，及官弁口分盐菜银两，已用银一万九千三百余两。修理桥道、阿齐乌苏大渠，建修格登山碑亭、伊犁河渡船，收检惠远旧城、巴燕岱、底窝铺、霍尔果斯等处骸骷，造白骨塔等项，已用银二万一千三百余两。自举办接收及办理界务，由各大臣自行支销者，已用银十万两。俄使往还饩廪，已用银二千一百余两。先后择要设立满、汉义学，绥定、瞻德、广仁、固勒札设立保甲局，绥定设立善后总局、中俄局、回务处、采访忠义局，各局公费及员弁薪水等项，已支过银二万一千二百余两。办理各项工程员弁勇夫食粮，自上年五月起，至本年六月底止，共享银十四万一千一百余两。总计以上用过各款，已六十万三千五百余两。除前次收到善后经费，尽行支销无存外，尚息借商号银四万六千余两。其未经举办、刻需兴工者，约计工程需款尚巨。"[1]

事实上，修筑惠远新城的开支非常庞大，据金顺奏称，光修筑惠远新城城墙及附属结构就需银二十二万两，其他城池的修筑开支也非常庞大："如惠远新城周围九里三分，现仅城墙不日筑竣，余若瓮城、垛口、城楼、角楼、炮楼，约需银二十二万两。霍尔果斯之拱宸城，为西北门户；芦草沟之广仁城，与塔勒奇达坂果子沟毗连，为后路咽喉。该两城最关紧要，亟应修建，约需银十六万两。"[2]

通过金顺的奏折，还可以得知城内衙署、兵营、寺庙等建筑的修筑费用，零零散散加起来数额竟高达一百九十五万七千九百两之巨："又惠远新城满、绿、索伦各营兵房，统计八千六百九所，每所约需银一百两，共需银八十六万九百两。伊犁九城坛庙、衙署、公所，见志载籍者计四百三十余处，先就五城中紧要者计之，亦有二百二十二处，其坛庙工程较大者，如万寿宫、先师孔子庙、关帝庙、文昌宫、城隍庙，每处约需银二万两，计十万两。其次如龙神等庙共七处，每处约需银一万两，计七万两。又次如社稷坛、先农坛，每处约需银三千两，计六千两。衙署工程较大者，如将军、参赞衙署二所，约需银三万两。领队、总兵衙署五所，约需银五万两。余如理事抚民同知衙署两所，每所约需银七千两，计一万四千两。协领、佐领、防御、参将、游击、都司、守备衙署九十七所，每所约需银四千两，计三十八万八千两。其

　　[1]（清）奕䜣等：《钦定平定陕甘新疆回匪方略》卷三一六，中国书店，1985年，第21～23页。

　　[2]（清）奕䜣等：《钦定平定陕甘新疆回匪方略》卷三一六，中国书店，1985年，第23页。

余仓员、粮员、千总、把总、巡检衙署，领队、总兵公署，教场、仓厂、档房、营务处、印房、粮饷处、驼马处、功过处等公署四十八所，每所约需银二千两，计九万六千两。外委衙署、军器库、火药局、军器局五十九所，每所约需银五百两，计二万九千五百两。统计需银二百五万四千四百两。扣除前项各省关欠解经费外，尚实需银一百九十五万七千九百两。臣等复核，估计用款数目，委系实在情形，恳恩俯念伊犁善后紧要，饬部将应用经费银一百九十五万七千九百两，如数速拨，以济要需。奏入。"[1]金顺在修建城池的同时，也开始筹划入驻官兵："伊犁将军金顺奏，惠远城衙署公所，请添设办事人员，下部议。"[2]

尽管金顺不断奏请催促经费，但由于清末清廷陷入内外交困的局面，经费迟迟难以到账，所以，在金顺建好城墙垛口后，惠远新城的营建便停工了。直到光绪十六年（1890），朝廷划拨的善后银两到达新疆后，才得以开工继续营建。而这期间，伊犁将军暂时寄驻于绥定城。

终于到光绪十八年（1892）九月十八日，惠远新城的营建才算正式竣工。但此时城内仍有一半的地方是空地，新满营的衙署、兵房也并未建起，衙署官房也尽可能地缩减了规模，"房间则减多为少，间架则改大为小"[3]。伊犁将军长庚直到第二年的八月二十六日，才率领文武满汉弁兵，从绥定城迁移进驻惠远新城[4]。该城的形制及城内的布局，与惠远老城基本一致（图3-13）。

谢彬在《新疆游记》中对惠远新城也有较详细的记载，可从中窥得清末惠远新城之盛况："十里，惠远新城北关。道树整齐参天，过于陕甘官柳。入北门，住天福居。是日行八十六里。傍晚，偕烈夫乘马车访镇守使杨飞霞。杨曾留学日本。谈吐尚有新知识。旋晤参谋长牛正中、中校参谋林汰非，皆青年军人。"[5]他还参观了衙署的后花园，风景极为多姿秀丽："五月十一日，住惠远城。上午，牛正中、林汰非与警察处长（即清理事同知改设）常国英、少校参谋彭泽霖、军需官陈忠诚，先后来会。正午，杨太虚招饮。三时席散，杨君邀游镇署后花园。杨榆合抱，芍药匝地，丁香花残枝三五，

---

[1]（清）奕䜣等：《钦定平定陕甘新疆回匪方略》卷三一六，中国书店，1985年，第23～26页。

[2]《清实录》第五四册《清德宗实录》卷一七〇，光绪九年九月辛丑条，中华书局，1986年，第380页。

[3]（清）金顺：《奏为遵旨分别停修惠宁等城各工并惠远新城工需用银仍请饬部核发事》，光绪九年十二月初十日，中国第一历史档案馆，04-01-37-0128-038。

[4]（清）长庚：《奏报率领官兵迁移惠远新城日期事》，光绪十九年十二月二十一日，中国第一历史档案馆藏，档号：04-01-03-0065-008。

[5]谢晓钟：《新疆游记》，中国国际广播出版公司，2016年，第133～134页。

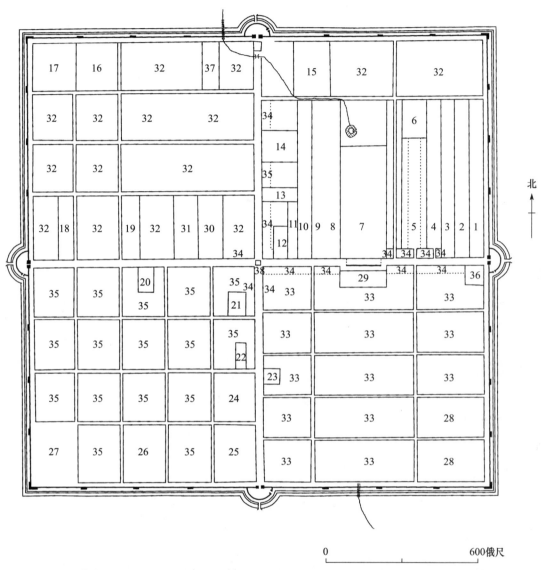

图 3-13 德·费德罗夫所绘惠远新城布局图

据原图清绘,原图见于Опыт Военно-статистицеского Описания Илийского Края, Ташкент Типография Штаба Туркесганского Военного Округа, 1903

1. 万寿宫　2. 关帝庙　3. 新满人四旗翼长衙门　4. 回务处　5. 绿营步兵住处　6. 绿营总管衙门　7. 伊犁将军衙署　8. 印房　9. 粮饷处　10. 火药局　11. 驼马处　12. 兑钱铺　13. 电报局　14. 察哈尔领队大臣衙门　15. 第二新满人四旗翼长衙门　16. 军械处　17. 火药库　18. 理事同知衙署　19. 厄鲁特领队大臣衙门　20. 军械厂　21. 索伦领队大臣衙门　22. 旧满人四旗翼长衙门　23. 第二旧满人四旗翼长衙门　24. 县台衙门　25. 旧满人集合操练地　26. 将军卫队住处　27. 教场　28. 面包铺　29. 营务处　30. 锡伯领队大臣衙门　31. 副都统衙门　32. 新满人住宅区　33. 旧满人住宅区　34. 集市(纯汉人商店铺)　35. 人数较少的混合住宅区　36. 警署　37. 城隍庙　38. 城中心鼓楼(下面可穿行)

果花瓣积地盈寸，亭榭荷池，蔬圃萄架，布置有序。树梢乌鸦，群噪晚风，雌雄野鸽，拍拍齐飞，景致清幽，最宜避暑。"[1]

　　谢彬也描述了城内的一些建筑，如学校、衙署等，详细介绍了建筑的建置沿革及规模："归经镇署附设学校，入视。讲舍颇大，有学生百八九十人，满生五之二，哈生四之一，汉生五之一，蒙生十余，缠生无有，以强迫之反响也。校舍右偏有败瓦颓垣数十间，即清伊犁将军署陆军督练公所及讲武堂所在。辛亥改革，毁于将军志锐被戮之后，其殆无意识之举动欤。返寓，偕常警长督查印花，商民尚知贴用。城周七里有奇，为清光绪八年所移筑，称惠远新城（旧城亦在伊犁河北岸，距此尚十五里余，建自乾隆年间，嗣为河水所浸，渐就颓圮），商务皆在东大街、北大街及东关。城内多京津商人，城外则缠商群居。曩在清时，伊犁将军驻此，理事同知，与各领队、协领、佐领衙门，新旧满营随驻，全城房屋半为衙署，益以伊犁将军缺优全国（次为四川将军），不赚不贪，一年百万，幕游上客，恒数十百人。文酒风流，盛极一时，有'小北京'之目。而会芳园、天福居两酒楼，遂相继而起，规模宏敞，几胜吾湘曲园、大吉祥、泰豫诸处……"[2]由此可以看出惠远新城在民国年间仍气派犹在。惠远新城的会芳园，据陈澄之所述，是"闻名中亚的专办平津菜肴的酒家，待我去到，会芳园早已人去楼空"[3]。

三、卡伦城的增修

　　清光绪七年（1881），《中俄伊犁条约》签订后，清廷割霍尔果斯河以西领土给俄国。重新勘界后，伊犁将军金顺在边界设立 18 处卡伦："应设卡伦，已于现分中段地界，自纳林哈勒哈至沁达兰，计一千三百余里，新设卡伦十八处，一律拨兵守护。"[4]同时，在其他地区也增修了部分卡伦："锡伯、索伦、额鲁特等营安卡伦、台站四十五处，修造房屋棚厂，及官弁口分盐菜银两，已用银一万九千三百余两。"[5]这是伊犁卡伦营建的第二个阶段。

　　《伊犁府乡土志》记金顺拟新设卡伦 30 处："经前将军金忠介公奏请，新设延边

　　［1］　谢晓钟：《新疆游记》，中国国际广播出版公司，2016 年，第 134 页。

　　［2］　谢晓钟：《新疆游记》，中国国际广播出版公司，2016 年，第 134 页。

　　［3］　陈澄之：《伊犁烟云录》，中华建国出版社，1948 年，第 11 页。

　　［4］　（清）奕䜣等：《钦定平定陕甘新疆回匪方略》卷三一六，中国书店，1985 年，第 1 页。

　　［5］　（清）奕䜣等：《钦定平定陕甘新疆回匪方略》卷三一六，中国书店，1985 年，第 22 页。

卡伦三十处。"[1] 但事实上设置了 18 处："额鲁特营设卡伦七处：那林哈勒噶卡，南至阿东格尔驿；那林噶勒卡，距那林哈噶勒卡五十三里；胡素木图卡，距那林噶勒卡五十二里；布胡图卡，距胡素木图卡四十六里；特克斯各塔尔干卡，距布胡图四十八里；莫合托罗海卡，距特克斯各塔尔干卡五十里；阿尔班苏木卡，距莫合托罗海卡五十三里。锡伯、额鲁特两营合设卡伦一处：阿里干谷卡，距阿尔班苏木卡五十三里。锡伯营设卡伦四处：塔奇勒哈卡，距阿里干谷卡三十里；干查罕莫敦卡，距塔奇勒哈卡四十里；三棵树卡，距干查罕莫敦卡六十里；头湖卡，距三棵树卡六十里。索伦营设卡伦六处：河源卡，距头湖卡五十里；登元卡，距河源卡五十里；察罕鄂博卡，距登元卡五十里；尼堪卡，距察罕鄂博卡三十里；红山咀卡，距尼堪卡三十里；哈尔素胡尔卡，距红山咀卡七十里。"[2]

《新疆图志》中对新修卡伦的名称及时空分布也有记载："（绥定县西）二十里尼堪卡伦（在河之东岸，驻稽查委员一、镇标哨弁一，西岸属俄，有俄卡）。由尼堪卡伦北行，三十里红山嘴卡，七十里哈尔素胡尔卡。由尼堪卡伦南行，三十里察罕鄂博卡，五十里登元卡，五十里河源卡，五十里头湖卡，六十里三棵树卡，六十里干查罕莫伦卡，四十里塔奇勒哈卡，三十里阿里干谷卡，五十三里阿尔苏木卡，五十三里合莫托罗海卡，五十里特孔斯各塔尔什卡，四十八里布胡图卡，四十六里胡索木图卡，五十二里那林噶勒卡，五十三里那林哈勒噶卡，是为伊犁西南之境沿边卡伦路径。"[3]

随着惠远新城及其他城池的修复和使用，加之有新的卡伦营建，伊犁地区军事驻防体系又基本搭建了起来。新的驻防体系仍以伊犁九城为核心，周围呈拱卫之势，但统辖面积比乾隆时候少了很多，这也体现在金顺所绘舆图与前朝舆图的对比上（图 3-14）。

除上述官方主导下的修城外，索伦营官兵自己还营建了索伦古城，并居住于内。清朝灭亡后，该城逐渐废弃，索伦官兵也弃甲务农。到了 1920 年前后，城内军民百姓迁出，另择地建农舍家园，散居四处，索伦城也逐渐废弃[4]。德·费德罗夫曾测量并绘制了该城城图（图 3-15）。

[1]（清）许国桢：《伊犁府乡土志》，《新疆乡土志稿》，新疆人民出版社，2010 年，第 187 页。

[2]（清）许国桢：《伊犁府乡土志》，《新疆乡土志稿》，新疆人民出版社，2010 年，第 188～189 页。

[3]（清）王樹枬等：《新疆图志》卷八十《道路二》，上海古籍出版社，2015 年，第 1533 页。

[4]《霍城县志》编纂委员会：《霍城县志》，新疆人民出版社，1998 年，第 568 页。

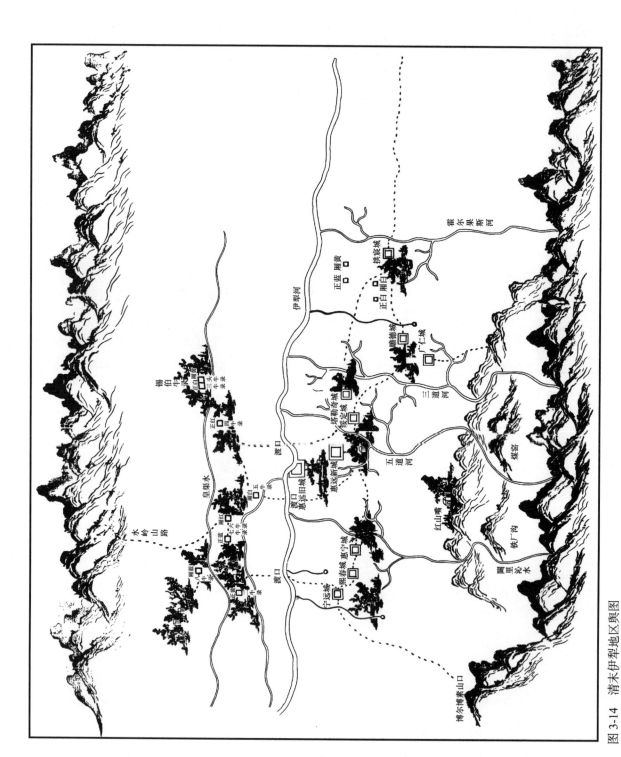

图 3-14　清末伊犁地区舆图

据金顺《改建惠远新城形势舆图》清绘，原图见于《呈改建惠远新城形势舆图》，光绪八年十一月十九日，中国第一历史档案馆藏，档号：03-7154-015

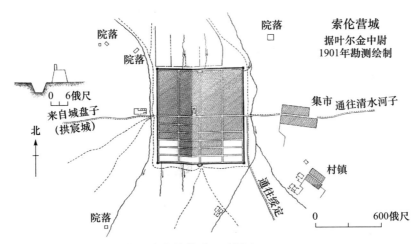

图 3-15 德·费德罗夫所绘索伦营城址及周边

采自Опыт Военно-статистического Описания Илийского Края, Ташкент Типография

Штаба Туркесганского Военного Округа, 1903，略有改动

四、建置的调整

光绪十年（1884），新疆建省，首任甘肃新疆巡抚刘锦棠指出："其余各城形势，以绥定为扼要，距广仁六十里，瞻德四十里，塔勒奇十里，惟距拱宸即霍尔果斯九十里，为最远。拟升伊犁厅为府，裁抚民同知，设知府一员，治绥定城。设附府知县一员，为绥定县，以广仁、瞻德、拱宸、塔勒奇四城隶之。"[1]对伊犁的行政设置做出了筹划。

光绪十三年（1887），绥定被设为伊犁府治，同时也是县治所，"于绥定设府县治，设伊犁府通判，分防拱宸，移巡检于广仁"[2]，城市人口逐渐增加，商业得到发展（图 3-16）。绥定县下辖广仁、瞻德、拱宸、塔勒奇等城。其中，拱宸城的地位日渐重要。一开始，拱宸城归伊犁府通判管辖，后又设霍尔果斯分防厅，民国时设霍尔果斯县："县西九十里，为霍尔果斯，即拱辰（宸）城，清伊犁府之分防厅，无辖地。民国三年杨督军激于国防，乃划拨绥定辖地，与索伦营地，设霍尔果斯县。"[3]

[1]（清）刘锦棠、李续宾：《刘锦棠奏稿·李续宾奏疏》卷一二《拟设伊塔道府等官折》，岳麓书社，2013 年，第 406 页。

[2]（清）刘锦藻：《清朝续文献通考》卷三二一《舆地考十七·新疆省》，商务印书馆，1936年，第 10614 页。

[3] 谢晓钟：《新疆游记》，中国国际广播出版公司，2016 年，第 133 页。

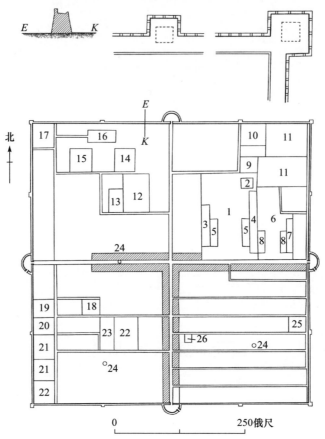

图 3-16　德·费德罗夫所绘绥定城平面图及细部（阴影部分表示商铺）

据原图清绘，原图见于 Опыт Военно-статистиceского Описания Илийского Края, Ташкент: Типография Штаба Туркесганского Военного Округа, 1903

1. 镇台住处　2. 银库　3. 镇台马厩　4. 射箭场　5. 镇台卫队住处　6. 镇台副手院落　7. 镇台副手马厩　8. 镇台副手卫队住处　9. 武器库　10. 粮库　11. 三座庙　12. 伊犁知府住处　13. 典史署　14. 步兵绿营统领住处　15. 火药库　16. 步兵住所　17. 步兵住所　18. 第二步兵绿营统领住处　19. 县官副手住处　20. 牢房　21. 庙　22. 绥定县官府　23. 县官粮仓　24. 三口井　25. 金将军庙　26. 天主教堂

在绥定设府设县的同时，宁远也设县，下辖惠宁、熙春等城："东三城曰宁远，曰惠宁，曰熙春。以宁远为扼要，旧制回屯居此，设一粮员。此时商贾辐辏，俄领事亦驻于此。距惠宁三十里，熙春十里。拟设宁远县知县一员，治宁远城，隶伊犁府，而以惠宁、熙春两城隶之。"[1] 光绪七年（1881），宁远城设抚民同知一职。收复伊犁后，伊犁将军通过供给牛具种粒等措施，吸引汉回百姓去包括宁远城在内的各城居住，以

[1]（清）刘锦棠、李续宾：《刘锦棠奏稿·李续宾奏疏》卷一二《拟设伊塔道府等官折》，岳麓书社，2013 年，第 406 页。

恢复民生："其汉回、缠头各项人民未赴俄境、愿为中国民者，暂于广仁、绥定、瞻德、熙春、巴彦岱、固勒札各城乡地方安插，并拨给牛具籽种地亩，饬令试垦，以期安居乐业。"[1] 此时宁远亦成为新设伊塔道的治所，伊犁九城的中心由惠远城移向宁远城。

民国时期，谢彬曾到访广仁、瞻德等城，记录了当时城内情况："二十里，芦草沟，即广仁城，为伊犁九城之一，城多崩塌，内驻巡官，外驻防卡，有绥定牲税及统税分局，与国民学校。城厢店铺民居约二百余家，住营盘。"[2] "西行二十里至瞻德城，即清水河，亦伊犁九城之一，民居百余家，有汛卡。"[3] "城盘子，即熙春城，城内居民二三十家，与惠宁均伊犁九城之一。"[4]

第六节 小 结

伊犁驻防城营建是一个逐渐完善的过程，古城的设立是逐一进行的，且持续了较长时间。首先修建的是塔勒奇城（乾隆二十六年，1761）、绥定城（乾隆二十七年，1762）和宁远城（乾隆二十七年，1762），由阿桂设计和主导。之后修建了惠远老城（乾隆二十九年，1764）、惠宁城（乾隆三十一年，1766），由明瑞主持。最后修建了熙春城、广仁城、瞻德城和拱宸城（乾隆四十五年，1780），由伊勒图设计和实施。

伊犁驻防城体系是以"伊犁九城"为核心的，形成了"伊犁凡九城，驻防满洲八旗官兵分驻惠远、惠宁两城，惠远居西，惠宁居东，相距十七余里，皆在伊犁河北岸。宁远城驻扎回子，在惠宁城东南，其余六城分驻绿营官兵。在惠远城西北者五，曰绥定、曰广仁、曰瞻德、曰拱宸、曰塔尔奇。惟熙春一城在惠宁城东南，此外有锡伯、有索伦达虎尔、有察哈尔、有厄鲁特凡四营，环伊犁之境，分驻游牧"[5] 的格局。后来在光绪八年（1882）修筑了惠远新城，惠远老城日渐废弃，最终形成了如今的格局。

根据古城的营建过程及建置沿革（表 3-1），本书将伊犁河谷地区城址的营建过程分为五个阶段，分别是初建、营建高潮、完善、历经战乱及重建。每一个阶段都在伊犁河谷城市体系的形成过程中扮演了非常重要的作用，在不同程度上塑造了河谷的城防体系。

---

[1]（清）奕䜣等：《钦定平定陕甘新疆回匪方略》卷三一六，中国书店，1985年，第1页。

[2] 谢晓钟：《新疆游记》，中国国际广播出版公司，2016年，第133页。

[3] 谢晓钟：《新疆游记》，中国国际广播出版公司，2016年，第133页。

[4] 谢晓钟：《新疆游记》，中国国际广播出版公司，2016年，第137页。

[5]（清）松筠修，（清）汪廷楷、祁韵士撰：《西陲总统事略》卷五《城池衙署》，中国书店，2010年，第71页。

表 3-1 伊犁河谷驻防城建置沿革表

日期		事件
乾隆二十六年		建成塔勒奇城
乾隆二十七年		塔勒奇城建守备衙署、千总衙署、仓廒、管仓粮员住公寓、军器库、城门堆房
	二月二十五日	开始营建绥定城
	三月	建成宁远城
	七月初八日	建成绥定城
		绥定城建总兵衙署、游击衙署、守备衙署、仓廒、城门堆房、教场等
乾隆二十八年		开建惠远老城
乾隆二十九年		建成惠远老城 开建怀顺城
乾隆三十年		建成怀顺城 开建惠宁城
乾隆三十一年		设惠远老城清书学八所
乾隆三十二年		建宁远城南仓廒一百间
乾隆三十四年		设惠远老城义学、满汉翻译蒙古学舍
乾隆三十五年		建成惠宁城
乾隆三十八年		建宁远城仓廒二十间
乾隆四十四年		修补绥定城 绥定城建千总衙署、把总衙署、经制外委住房、额外外委住房
乾隆四十五年		建成拱宸城 建成瞻德城 建成广仁城 建成熙春城 惠远老城设制造军器局 塔勒奇城建把总衙署、经制外委住房、额外外委住房、仓廒、教场房、兵房
乾隆四十七年		拱宸城建巡检衙署
乾隆五十一年	五月二十三日	伊犁地震数日，城垣仓库兵房，多有倒塌
乾隆五十二年		移惠远老城火药局于城外
乾隆五十三年		设惠远老城东门外教场、大厅、左右翼前锋操演小厅、八旗马兵操演小厅
乾隆五十四年		建绥定、广仁城、瞻德城、熙春城什字堆房
乾隆五十五年		惠远老城建鸟枪步甲操演小厅一所
乾隆五十七年		设惠远老城俄罗斯学
乾隆五十八年		惠远老城东扩
嘉庆七年		设惠远老城敬业官学 塔勒奇城北扩
嘉庆十一年		塔勒奇城东扩 惠宁城西扩

续表

日期		事件
嘉庆二十年		建成阿奇乌苏堡
同治三年		惠远老城被陷
光绪八年		开建惠远新城
光绪九年		建成沿边卡伦
光绪十八年	九月十八日	建成惠远新城

随着古城的不断营建，古城官制也日渐完善。《清史稿》对此进行了梳理："二十七年，设将军，节制南北两路，以参赞大臣副之（初设二员，寻裁一）。二十九年，设锡伯营、索伦、察哈尔领队大臣各一。三十年，设额鲁特领队大臣。三十四年，设惠宁城领队大臣。筑河北九城（曰惠远，将军、参赞大臣、各营领队大臣驻。总兵先驻绥定，寻移驻。理事同知、抚民同知、巡司各一。改巴颜岱曰惠宁，领队大臣驻，粮员、巡司各一。改乌哈尔里克曰绥定，总兵驻，粮员、巡司各一。改乌克尔博罗素克曰广仁，屯镇左营游击驻。改察罕乌苏曰瞻德，都司、守备驻。改霍尔果斯曰拱宸，参将驻，巡司一。改哈拉布拉克曰熙春，屯镇都司驻，曰塔勒奇，屯镇守备驻。改固勒扎曰宁远，以居回民。设阿奇木伯克、伊什罕伯克各一。粮员一）。同治五年陷回。后又为俄占。光绪初，全疆底定。八年，收回伊犁。十四年，以绥定城置府（将军，副都统，参赞大臣，领队大臣，索伦、额鲁特、察哈尔、锡伯各领队大臣，及满洲八旗军标副将，理事同知，同驻惠远城。参将、霍尔果斯通判驻拱宸城。游击驻广仁城。守备驻瞻德城。都司驻熙春城）。"[1]可见伊犁九城官军制度曲折的发展历程。

虽然伊犁河谷在清廷入驻之前有个别早年城址，但在准部时均已废弃，故而清代大规模城址在伊犁河谷出现相当于"平地起城"，并没有重叠现象。此外，城址的制度也是移植了清廷非常成熟的八旗制度、绿营兵制度。这使得清廷迅速地稳定住了其在伊犁的统治，并且通过进一步的筑城移民巩固了其势力。

---

[1]　赵尔巽等：《清史稿》卷七六《志五十一·地理二十三》，中华书局，1976年，第2380～2381页。

第四章 考古调查

通过梳理文献史料,我们对伊犁河谷驻防体系的形成与发展有了较为清晰的认识。接下来,从城市考古学的研究范式来开展研究的话,首先要将文献中所记的各驻防城"落地",寻找历史上各城的现代遗迹。考古材料一般来自考古发掘与考古调查,目前,伊犁河谷清代驻防城还没有进行过系统考古发掘,所以只能依托于考古调查资料。这方面的工作前人已经有一定的基础。黄文弼早年曾对个别城址做过调查,二普、三普时当地文保部门针对驻防城做了较为系统的调查,近年也有一些专题性调查成果发布,这些均是本书研究所依据的重要材料。

近年我们对伊犁九城、卡伦、牛录城等做了更为系统的调查,加上对惠远新、老城做过勘探,获取了更为详细的田野资料。在进行田野调查与勘探时,还充分利用了谷歌地球和锁眼卫星等影像资料,取得了较为可喜的收获。

2016 年 9 月,中国人民大学魏坚教授带领作者等人,组织考察团对惠远新、老城进行了系统调查,摸清楚了古城的残存长度、扩建情况、城内遗存布局等基本情况,并组织了大规模的测绘,为下一步工作打下了基础(图版一四,1~3;图版一六,3)。2017 年 3 月,我们又赴惠远老城,对其进行了航拍等工作(图版一五,1)。

2017 年 6 月至 7 月,为配合惠远新、老古城遗址城墙加固工程,中国人民大学考古文博系、陕西知行考古勘探有限公司在惠远新、老古城遗址范围内进行了考古勘探。此次考古勘探总面积 37000 平方米,重点勘探面积约 7000 平方米,主要对惠远老城北墙外侧、将军衙署、北门及瓮城、初建东墙及魁星阁,新城西门、南门和将军衙署大堂基址等主要遗迹单位进行了考古勘探和测绘。勘探中发现的遗迹单位均为清代中晚期。本次勘探摸清了惠远新、老古城的整体布局,对惠远老城城墙、护城河、将军衙署、魁星阁等主要遗迹单位的形制和结构有了更清晰的认识,并对惠远老城进行了航拍和三维建模,为今后工作的开展提供了更详实丰富的资料。同时对惠远新城西门、南门以及将军衙署大堂的位置和形制有了更准确的认识,确认了惠远新城南门的瓮城和马道、西门马道的位置(图版一五,2)。

2017 年 8 月,魏坚教授又指导作者先后对绥定城、塔勒奇城、瞻德城、广仁城、拱宸城、惠宁城、熙春城、宁远城、扎库齐牛录城和纳旦木卡伦进行了实地调查,获取了城墙构筑、古城形制及内部布局等关键信息,完成了对伊犁河谷城址体系的系统调查，为论文提供了详实的第一手资料（图版一六，4～5）。

2018 年 8 月，我们又进入伊犁，调查了相关的卡伦、冶炼遗址，发现数处新的遗址（图版一六，6）。2023 年 7 月，我们调查了惠远新老古城的保护与维修现状。

本章即是对上述调查内容的详细介绍。

第一节　伊犁九城的调查及勘探

伊犁九城均位于现新疆维吾尔自治区伊犁哈萨克自治州境内，地处伊犁河的北岸，分属伊宁市及霍城县，位置都很明确。基于此，我们对伊犁九城进行了多次实地调查，下文按照始建年代先后依次介绍。

一、塔勒奇城

塔勒奇城位于霍城县三道河乡塔勒奇村内，西临果子沟河。1958 年黄文弼曾率团对其进行考察，称该城"城墙遗址尚保存完好。城周 1564 米，合 1.5 公里余"[1]，并且认为这"与《西域图志》称在伊宁北 120 里建一小塔勒奇城，城周三里之说吻合"[2]。

据二普调查资料，塔勒奇城呈长方形，南墙破损较严重，其他三墙大体完整。古城南北长 358 米，东西宽 322 米，城墙周长约 1360 米。城墙高 3 米，宽 3 米。古城四角有角楼，东墙、北墙外各存一个马面。东门保存情况较好，有过廊，门宽约 4.4 米。城外有护城河，南护城河较为明显。古城西南角尚存边长约 4 米，高 1 米的台基，台基上有较多碎砖，城内现为农田[3]。《霍城县志》中对该城现状也有描述，但内容较简略，无实测数据。

三普调查时，塔勒奇城内遗迹已被开垦耕地完全破坏，仅见部分墙体及南面护城河。北城墙残存一段，长 300 米；南墙残存一段，长 307 米。测得夯层厚约 7～10 厘米。古城西南角有一土台[4]。

我们借助天地图卫星影像，对塔勒奇城址做了进一步实地调查。古城保存情况较

---

[1] 黄文弼：《新疆考古发掘报告》，文物出版社，1983 年，第 15 页。

[2] 黄文弼：《新疆考古发掘报告》，文物出版社，1983 年，第 15 页。

[3] 《新疆通志·文物志》编纂委员会：《新疆通志·文物志》，新疆人民出版社，2007 年，第 211 页；国家文物局：《中国文物地图集·新疆维吾尔自治区分册》，文物出版社，2012 年，第 617 页。

[4] 新疆维吾尔自治区文物局：《不可移动的文物·伊犁哈萨克自治州（直属县市）卷（3）》，新疆美术摄影出版社，2015 年，第 21 页。

差，南墙已无存，西墙南段城墙已被辟为水渠，西墙北段残高 3.5 米，厚 3 米。西北角台尚存，但损毁严重，现存规格为南北长 5.6 米，东西宽 2.7 米，分别从西墙、北墙外凸出 1.2 米、1.5 米（图版一〇，1）。南墙外护城河遗迹宽约 10 米。古城夯层厚约 11 厘米。

图 4-1　塔勒奇城锁眼卫星影像（1965 年 10 月 1 日）

©U. S. Geological Survey, EROS Data Center, Sioux Falls, SD, USA

借助锁眼卫星影像可知西墙与今公路交汇处（即西墙南约三分之一处）应为原来西门位置，东墙与其正对的位置（即东墙南约三分之一处）可发现东门的痕迹，门外没有发现瓮城。东墙北侧有较为明显的护城河遗址。北墙有两个马面设施，间距约为 110 米，东侧马面距东北角为 110 米，西侧马面距西北角 102 米。西墙外侧中部有一长方形遗址，南北长约 50 米，东西宽约 40 米，南侧有门，可能为养马场之类的，现已不存（图 4-1）。

结合锁眼卫星影像及古城现状，可复原古城的形制及位置。古城大体呈长方形，方向为北偏西约 9.2°。古城中心地理坐标为北纬 44° 2′ 42.91″，东经 80° 48′ 33.78″。四角的地理坐标依次为：西北角北纬 44° 2′ 47.67″，东经 80° 48′ 24.99″；东北角北纬 44° 2′ 49.94″，东经 80° 48′ 38.43″；东南角北纬 44° 2′ 38.26″，东经 80° 48′ 41.23″；西南角北纬 44° 2′ 35.95″，东经 80° 48′ 27.61″。古城扩建前中心地理坐标为北纬 44° 2′ 40.32″，东经 80° 48′ 31.48″。西墙长 224 米，北墙长 206 米，东墙长 225 米，南墙长 212 米，周长计 867 米，面积约 47008 平方米。古城扩建后东墙长 362 米，南墙长 310 米，西墙长 366 米，北墙长 307 米，合计 1345 米，与二普调查之 1360 米相近。受时代条件所限，黄文弼所测之 1564 米误差较大。古城扩建后面积为 114207 平方米，海拔 613 米。

二、绥 定 城

绥定城位于新疆维吾尔自治区伊犁哈萨克自治州霍城县县城内，东临萨尔布拉克河。二普调查时，城址基本轮廓尚存，平面为方形，边长约 600 米，高 4.5 米，宽 5.5

米[1]。到三普时，仅存长 33 米、宽 3.85 米、高 3 米的东、北墙体部分[2]。此处所谓东北墙应是古城北墙西段一部分。

我们结合卫星影像对古城进行了进一步调查（图版一五，3；图版一六，2）。古城保存情况非常差，仅残存北墙西段一小部分，另残存有马面，均位于朝阳北路与柳树巷子东路路口东南侧的大院内（图版九，4）。残存马面的地理坐标为北纬 44° 3′ 14.80″，东经 80° 52′ 21.51″。残存北墙墙体厚约 3.5 米，残高约 4.5 米。残存马面现向城外凸出约 5.6 米，面宽约 6 米，残高约 4 米。

古城墙体为分段夯筑而成，夯层厚 8～12 厘米。墙体 4 米以下的夯层间夹杂有芦苇、榆树枝等，夹层间厚度为 18～25 厘米。古城有补筑的痕迹。

在锁眼卫星影像上，我们还可看到早年古城北墙仍存，城门位于墙体中央，另有角台、马面、瓮城等设施。东墙、南墙、西墙仅断续残存，不见城门等附属建筑。北墙北门位于城墙中央，形制高大，无道路穿门而过，此处应仅设楼台，南北大街从其东侧穿墙而出。城门楼台外侧有圆形瓮城，直径约 38 米，墙体长 76 米。北墙共有两个马面，东北角、西北角各有角台。西北角台距西侧马面距离为 133 米，西侧马面距城门为 129 米，城门距东侧马面为 128 米，东侧马面距东北角台距离为 134 米。古城内为"十"字形大街（图 4-2）。

图 4-2 绥定城锁眼卫星影像（1965 年 10 月 1 日）
©U. S. Geological Survey, EROS Data Center, Sioux Falls, SD, USA

[1] 国家文物局：《中国文物地图集·新疆维吾尔自治区分册》，文物出版社，2012 年，第 617 页。

[2] 新疆维吾尔自治区文物局：《不可移动的文物·伊犁哈萨克自治州（直属县市）卷（3）》，新疆美术摄影出版社，2015 年，第 23 页。

结合锁眼卫星影像及古城现状，可复原古城的位置及形制。古城大体呈正方形，北偏西约 2.3°。古城中心地理坐标为北纬 44° 3′ 5.00″，东经 80° 52′ 29.27″。四角的地理坐标依次为：西北角北纬 44° 3′ 14.27″，东经 80° 52′ 15.41″；东北角北纬 44° 3′ 15.23″，东经 80° 52′ 42.72″；东南角北纬 44° 2′ 56.22″，东经 80° 52′ 43.25″；西南角北纬 44° 2′ 55.33″，东经 80° 52′ 15.96″。古城东墙长 586 米，南墙长 607 米，西墙长 585 米，北墙长 612 米，合计 2390 米，面积为 355222 平方米，海拔 640 米。

三、宁 远 城

宁远城位于伊宁市市中心，南临伊犁河，早在二普、三普时便已无存，我们调查时也只见宁远城归极门（北门）遗址保护碑（图版一六，1）。结合锁眼卫星影像及街道现状，可复原古城的形制及位置。古城大体呈方形，北偏西 1.2°。古城中心地理坐标为北纬 43° 54′ 42.84″，东经 81° 19′ 16.30″。四角的地理坐标依次为：西北角北纬 43° 54′ 53.76″，东经 81° 18′ 57.43″；东北角北纬 43° 54′ 55.19″，东经 81° 19′ 33.02″；东南角北纬 43° 54′ 31.41″，东经 81° 19′ 32.03″；西南角北纬 43° 54′ 31.07″，东经 81° 18′ 58.15″。古城东墙长 736 米，南墙长 755 米，西墙长 700 米，北墙长 795 米，合计 2986 米，面积约为 555394 平方米，海拔 643 米。古城有四个门，门外有圆形瓮城。城内为十字街结构（图 4-3）。

图 4-3　宁远城锁眼卫星影像（1965 年 10 月 1 日）

四、惠远老城

惠远老城位于霍城县惠远镇南约5.5千米的老城村南侧，地处伊犁河北岸的河谷阶地上。二普、三普时对惠远老城进行过较为详细的调查工作，反映在《中国文物地图集》与《不可移动的文物·伊犁哈萨克自治州（直属县市）卷（3）》中。2012年新疆维吾尔自治区文物考古研究所也对其进行了调查。2016年10月，我们对惠远老城进行了更为详细的调查和测绘。2017年8月，对其重点部位进行了勘探，基于考古调查的认识，勘探工作主要集中在了北墙及北墙护城河、北门及瓮城、初建东门及瓮城、将军衙署遗址等重点遗址。现按照城址设施分述如下。

（一）墙体

惠远老城由于受到伊犁河的冲刷，南墙、西墙均已无存。城垣仅存北墙（图版六，4）与东墙的部分（图版六，5），二普调查时测得北墙残长840米，东墙残长860米，城墙高4～5米，顶宽3～5米[1]。三普调查所得城墙数据与二普一致[2]。后经我们调查测得北墙残长1340米，东墙残长850米（图版六，1），墙体受到雨水的冲刷，保存状况很差。

北墙很多地方已坍塌，局部位置已被改造成水渠，现存北墙的最西端被村民作为房屋的后墙利用。通过锁眼卫星影像可以看出，古城在1965年时东墙和北墙残留的部分保存尚为完整（图4-4）。北墙现仅残存七段，残高约3～4.5米，顶厚约3.5～3.7米，底厚约4.5米。城墙为分段夹夯而成，城墙东侧夯层厚约7～10厘米（图版七，1），西侧夯层厚约9～12厘米。版筑一次的长度约2.7米。从北墙东侧的断面推断，古城应从城墙里外两侧做过补筑。我们在位于古城内西北角的村民家里发现一个夯锤，石质，半球形，直径23厘米，高12厘米，内有一孔，孔径4厘米，孔深3厘米（图版七，2）。

经考古勘探（图版一三，1），北墙外侧根基现保留夯土距城墙基础约3.5米，为城墙外边基槽长度；内侧根基现保留夯土距城墙基础约1.8米，为城墙内边基槽长度（图4-5）。

---

[1] 国家文物局：《中国文物地图集·新疆维吾尔自治区分册》，文物出版社，2012年，第617页。

[2] 新疆维吾尔自治区文物局：《不可移动的文物·伊犁哈萨克自治州（直属县市）卷（3）》，新疆美术摄影出版社，2015年，第28页。

图 4-4　惠远老城锁眼卫星影像（1965 年 10 月 1 日）

©U. S. Geological Survey, EROS Data Center, Sioux Falls, SD, USA

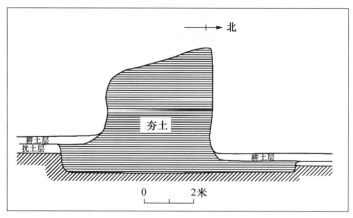

图 4-5　惠远老城北城墙夯土及基础

　　据文献记载，惠远老城曾经向东扩建，始建时的东墙应留存有痕迹，我们通过锁眼卫星影像可观察到一条南北向的深黑色印记，部分位置似乎有土垄。其北端正对东墙的一个马面，城内现存的地表夯土台基也紧靠该印记，我们推断该夯土台基为古城始建东门基址，北侧马面应为始建角台改建而成。该印记现已被城内耕地所破坏，无法观测到了。基于以上事实及判断，我们对该夯土台基南北两侧进行勘探。

　　夯土台基北侧勘探到六层堆积：第①层为踩踏路，距地表 0～0.15 米，土质较硬，呈灰褐色，含有炭灰渣等，为现代农业生产路；第②层为扰土层，距地表 0～0.7 米，土质松散，呈深黄褐色，含有植物根系等，为后期水渠扰动土；第③层为耕土层，距地表 0～0.3 米，土质松散，呈灰褐色，含有植物根系草木灰、炭灰颗粒、砖瓦碎块等；第④层为堆积层，距地表 0.3～0.8 米，土质松散，呈黑褐色，含有植物根、较多砖瓦碎块、炭灰颗粒等；第⑤层为夯土层，距地表 0.4～0.9 米，土质较硬，呈浅黄色，含有零星炭灰；第⑥层为生土，0.9 米以下为黄褐色砂土层（生土），土质松软，较纯净。其中第⑤层夯土层应就是古城始建东墙墙基，该夯土基址夯土坚硬，距地表 0.8～1.1 米，残长约 40 米，宽约 6.5 米，厚约 0.5～0.6 米（图 4-6）。

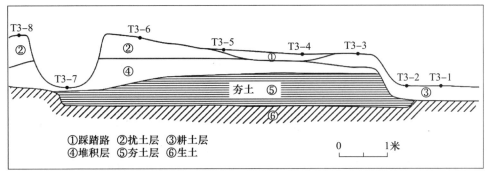

图 4-6 惠远老城始建东墙北段夯土堆积剖面示意图

夯土台基南侧勘探到了五层堆积：第②层为扰土层，距地表 0～0.7 米，土质松散，呈深黄褐色，含有植物根系等，为后期水渠扰动土；第③层为耕土层，距地表 0～0.3 米，土质松散，呈灰褐色，含有植物根系草木灰、炭灰颗粒、砖瓦碎块等；第④层为堆积层，距地表 0.3～0.8 米，土质松散，呈黑褐色，含有植物根茎、较多砖瓦碎块、炭灰颗粒等；第⑤层为夯土层，距地表 0.4～0.9 米，土质较硬，呈浅黄色，含有零星炭灰；第⑥层为生土，距地表 0.9 米以下，为黄褐色砂土层（生土），土质松软，较纯净。第⑤层夯土层应就是古城始建东墙墙基，墙基宽约 6.8 米，地表下 0.5～0.9 米见夯土，夯土较硬（图 4-7）。

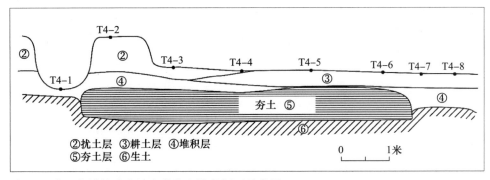

图 4-7 惠远老城始建东墙南段夯土堆积剖面示意图

（二）城门

古城东门、北门尚存，南门、西门同南墙、西墙一样，已被伊犁河冲毁。东门保存情况尚好，现残留宽约 58 米的豁口，瓮城残留两段。北门破坏较为严重，现已难以识别。

通过锁眼卫星影像我们可以看到，北门和东门在 20 世纪 60 年代保存仍较好。北城门在影像里表现为一小白点（北纬 43° 56′ 36.01″，东经 80° 55′ 15.89″），两侧似有前后凸出墙体，为门廊（图 4-8），东城门在影像里表现为一小黑点（北纬 43° 56′ 13.67″，东经 80° 56′ 2.31″），两侧亦似有前后凸出墙体，应为门道（图 4-9）。

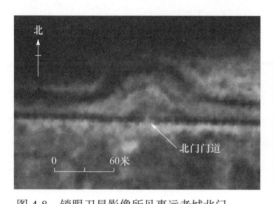
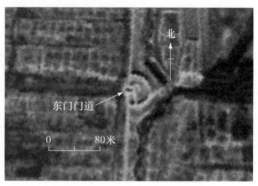

图 4-8　锁眼卫星影像所见惠远老城北门
（1965 年 10 月 1 日）
©U. S. Geological Survey, EROS Data Center, Sioux Falls, SD, USA

图 4-9　锁眼卫星影像所见惠远老城东门
（1965 年 10 月 1 日）
©U. S. Geological Survey, EROS Data Center, Sioux Falls, SD, USA

基于以上发现，我们对北门进行了勘探（图版一三，2）。北门已无痕迹，门外瓮城尚存夯土基址，但破坏较为严重，仅部分可见。城门内有夯土基址，我们对其进行了勘探，共发现四层堆积：第①层为耕土层，距地表 0～0.3 米，土质松散，呈灰褐色，含有植物根系、炭灰渣、砖渣等；第②层为堆积层，距地表 0.3～0.9 米，土质松散，呈深红褐色，含有零星炭灰、砖瓦碎块、白灰渣等（图版一三，5）；第③层为夯土层，距地表 0.9～1.4 米，土质坚硬，呈黑褐色，有层次，含有草木灰、炭灰颗粒等（图版一三，6）；第④层为生土层，距地表 1.4 米，以下为黄褐色砂土层（生土），土质松软，较纯净。第③层夯土基址初步判断为关帝庙建筑基址。该基址东西长 23 米，南北宽 22 米，地表下 0.9 米见夯土，夯土厚 0.3～0.4 米，底部距地表 1.4 米（图 4-10、图 4-11）。

此外，我们对位于城内的夯土台基（图版六，2），即始建东门（北纬 43° 56′ 14.23″，东经 80° 55′ 44.86″）进行了调查和勘探。三普调查记其："城中部偏东有一土台基，是当时的钟鼓楼的残留部分，台基高 3.7 米，南北 13 米，东西 5 米。"[1]

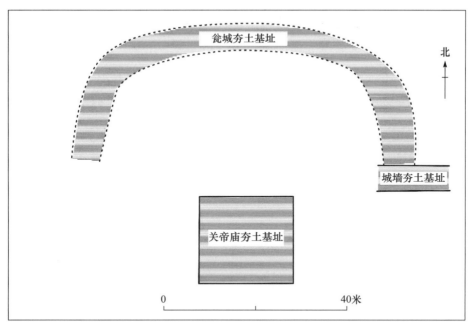

图 4-10　惠远老城北门勘探平面示意图

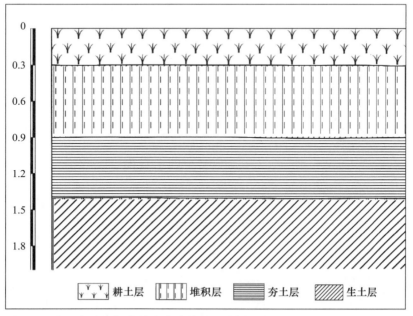

图 4-11　惠远老城北门内关帝庙建筑基址地层示意图

　　[1]　新疆维吾尔自治区文物局：《不可移动的文物·伊犁哈萨克自治州（直属县市）卷（3）》，新疆美术摄影出版社，2015 年，第 29 页。

在我们调查时该基址的规模更小，东西宽 5.8 米，南北长 5.4 米，残高 3.3 米，南北长度缩小近一半。该台基的夯层厚 8～10 厘米。

我们在夯土台基的南部勘探到东门基址，距地表约 0.3～0.6 米，东西长约 36 米，土质较硬，为黄褐色及黑灰色花土，含有少量炭灰渣及砖渣，应是城门楼台基址。夯土台基亦应为城门楼台一部分。夯土台基东约 15 米发现瓮城基址，地表下 0.4 米见夯土，厚 0.5 米，宽约 5 米，土质较硬，为黄褐色及黑灰色花土，含有少量炭灰渣及砖渣。又在夯土台基南侧 4.3 米勘探到东西向踩踏路面，距地表 0.4 米，通向东门外。踩踏路面厚 0.1～0.15 米，土质坚硬，呈灰黑色（图版一三，4）。

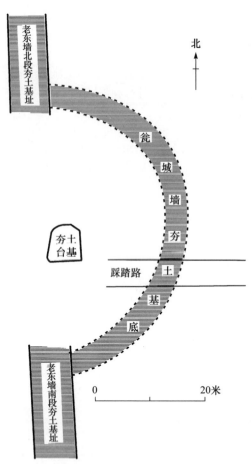

图 4-12　惠远老城始建东门勘探平面示意图

（三）瓮城

古城东门瓮城仍有断续残存（图版六，3），据实地调查可初步判断瓮城为圆形。北门瓮城已不存。从锁眼卫星影像可知，东门、北门均为圆形瓮城：东门瓮城直径约为 50 米，圆形墙体周长为 104 米；北门瓮城直径约为 50 米，圆形墙体周长为 104 米。勘探结果与上述数据基本吻合。

我们对始建东门的外侧进行了勘探，在夯土台基东约 15 米的位置发现瓮城基址，位于地表下 0.4 米，夯基厚 0.5 米，宽约 5 米。夯土土质较硬，为黄褐色及黑灰色花土，含有少量炭灰渣及砖渣（图 4-12）。

（四）马面

据三普调查，"东、北城墙皆有马面，其中东墙北段内墙中还存有一个马面，马面长 5.4 米，宽 5 米"[1]。《中国文物地图集》则记北墙有 4 处马面。

我们调查发现，北墙现存马面 3 处。根据锁眼卫星影像，可知早年时北门以东共 6 个马面，从西往东可依次编号为 Ma1～

[1]　新疆维吾尔自治区文物局：《不可移动的文物·伊犁哈萨克自治州（直属县市）卷（3）》，新疆美术摄影出版社，2015 年，第 28 页。

Ma6，坐标依次为：Ma1 北纬 43°56′35.88″，东经 80°55′25.34″；Ma2 北纬 43°56′35.58″，东经 80°55′31.34″；Ma3 北纬 43°56′35.44″，东经 80°55′38.38″；Ma4 北纬 43°56′35.27″，东经 80°55′45.67″；Ma5 北纬 43°56′35.13″，东经 80°55′51.58″；Ma6 北纬 43°56′35.11″，东经 80°55′57.43″。现在保存下来的即是 Ma2、Ma3（图版六，6）和 Ma4。北门至 Ma1 的距离为 212 米，Ma1 至 Ma2 的距离为 133 米，Ma2 至 Ma3 为 156 米，Ma3 至 Ma4 为 162 米，Ma4 至 Ma5 为 133 米，Ma5 至 Ma6 为 128 米，Ma6 至东北角台为 132 米。

东墙现存马面 4 个，根据锁眼卫星影像，可知 1965 年时东墙残存 5 个马面，由北往南可依次编号为 Ma7～Ma11，坐标依次为：Ma7 北纬 43°56′29.48″，东经 80°56′3.21″；Ma8 北纬 43°56′24.19″，东经 80°56′3.00″；Ma9 北纬 43°56′19.03″，东经 80°56′2.80″；Ma10 北纬 43°56′8.08″，东经 80°56′2.20″；Ma11 北纬 43°56′2.87″，东经 80°56′1.97″。除 Ma11 之外，其他都留存了下来。东北角台至 Ma7 的距离为 177 米，Ma7 至 Ma8 为 163 米，Ma8 至 Ma9 为 159 米，M9 至东门为 167 米，东门至 Ma10 为 170 米，Ma10 至 Ma11 为 164 米。

现场测得 Ma3 马面规格为进深约 3.8 米，面宽约 5.8 米，高约 4.5 米。Ma4 马面进深 5 米，面宽 8.4 米，高约 4.5 米，规格大体与三普调查所获东墙马面数据相近。

（五）护城河

东墙外尚存有护城河遗迹，三普调查时记其为"宽 30 米，长 860 米"[1]，与东墙的长度相同。现东墙北侧护城河已被开辟为鱼塘，南侧下陷，部分成为道路，与伊犁河槽相连。北墙垣外侧原有城壕，现已被填埋为耕地。

我们对北墙外护城河进行了勘探，确定了护城河位置、宽度及深度。护城河南边距古城现保留北墙约 21 米，护城河宽约 7.5 米，底部距地表 1.2～3.5 米，土质松软（图 4-13）。勘探发现河内有六层堆积：第①层为耕土层，距地表 0～0.3 米，厚 0.3 米，呈灰褐色，土质松散，含有植物根系、炭灰渣、少量砖渣等；第②层为扰土层，距地表 0.3～1.3 米，厚 0.3～1.0 米，土质松散，呈深灰褐色，含有植物根系、炭灰颗粒等；第③层为堆积层，距地表 1.3～1.8 米，厚 0.3～0.6 米，土质松软，呈灰褐色，含有木屑、草木灰、砖瓦碎块等；第④层为淤积层，距地表 1.8～2.2 米，厚 0.2～0.4 米，土质松散，呈浅灰色，含细砂、淤积土、少量炭灰颗粒等；第⑤层为早期淤积层，距地表 2.2～3.5 米，土质松软，呈黄褐色，含有零星炭灰、淤积土等。第⑥层为生土，

---

[1] 新疆维吾尔自治区文物局：《不可移动的文物·伊犁哈萨克自治州（直属县市）卷（3）》，新疆美术摄影出版社，2015 年，第 28 页。

在地表 3.5 米以下，为浅褐色生土，土质稍硬，较纯净（图 4-14）。

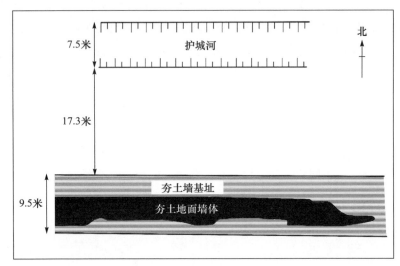

图 4-13　惠远老城北墙护城河位置示意图

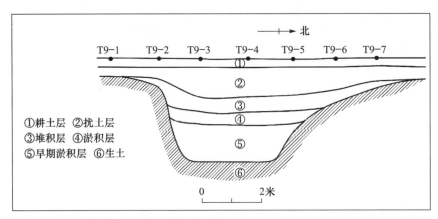

图 4-14　惠远老城北墙护城河剖面示意图

（六）钟鼓楼

之前的调查研究，一直将城内现存夯土台基认为是钟鼓楼遗存[1]。然而实际上钟鼓楼处已被冲毁，其西侧现为断崖。在此处发现有生活垃圾、砖瓦等，采集有一块布纹瓦。通过锁眼卫星影像可以看到，古城钟鼓楼在 1965 年时仍有留存，大体呈白色，应是夯土台基构造。影像上面 4 个黑点应是钟鼓楼台基门洞柱子残留下来后，因太阳照射而形成的影子。钟鼓楼向东、南、西、北四个方向有明显的道路痕迹（图 4-15）。该

[1]　新疆维吾尔自治区文物局：《不可移动的文物·伊犁哈萨克自治州（直属县市）卷（3）》，新疆美术摄影出版社，2015 年，第 29 页。

夯土台基的坐标为北纬 43° 56′ 14.82″，东经 80° 55′ 14.88″。

图 4-15　锁眼卫星影像所见惠远老城钟鼓楼（1965 年 10 月 1 日）

©U. S. Geological Survey, EROS Data Center, Sioux Falls, SD, USA

（七）城内道路布局

虽然城内布局现在已经看不出来了，但借助锁眼卫星影像可以大体看出其早年的布局形态。古城内部有"十"字形大街，街道较宽，在影像中呈现为黑色，大街交汇处即是呈现为白色的钟鼓楼夯土台基。主干道之外，还可以看到有纵横交错的小街道，将城内分成一个个规整的区块。区块东西的宽度一般在 200 多米，南北的长度不等，长者可达 250 米，窄者仅为 50 米（图 4-16）。

图 4-16　锁眼卫星影像所见城内道路布局（1965 年 10 月 1 日）

©U. S. Geological Survey, EROS Data Center, Sioux Falls, SD, USA

（八）将军衙署

衙署原址地处钟鼓楼东侧大街，霍城县文物局曾在钟鼓楼东侧发现柱础、建筑构件（瓦当等）、青花瓷片等。现已为耕地，可见有一条土垄，略高于其他耕地。我们在此处采集有铜钱、青花瓷片、酱釉陶片、方砖、布纹瓦等（图版七，3、4）。对此处进行勘探（图版一三，3），发现有2处夯土墙基址，分别为东夯土墙与西夯土墙（图4-17）。

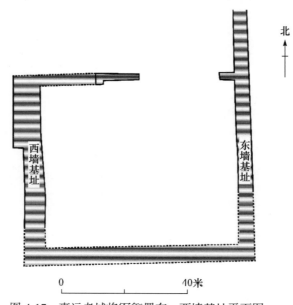

图 4-17　惠远老城将军衙署东、西墙基址平面图

东夯土墙墙基堆积共发现四层：第①层为耕土层，距地表0～0.3米，土质松散，呈灰褐色，含有植物根系、炭灰渣、砖渣等；第②层为堆积层，距地表0.3～0.5米，土质松散，呈深灰褐色，含有零星炭灰、砖瓦碎块、白灰渣等；第③层为夯土层，距地表0.5～1.1米，土质坚硬，呈黑褐色，有层次，含有草木灰、炭灰颗粒等；第④层为生土层，距地表1.1米以下，为黄褐色砂土（生土）层，土质松软，较纯净（图4-18）。

东夯土墙基址南端距现水渠约5米，北端通向玉米地，由于田地里有水，无法勘探。根据现场状况初步探出将军衙署东墙基址南北长约80米，宽约5.1米，距地表0.4～0.5米处见夯土，厚0.5～0.6米，夯土较硬，含有炭灰颗粒（图4-19）。

西夯土墙地层堆积共有四层：第①层为耕土层，距地表0～0.3米，土质松散，呈灰褐色，含有植物根系、炭灰渣、砖渣等；第②层为堆积层，距地表0.3～0.5米，土质松散，呈深灰褐色，含有零星炭灰、砖瓦碎块、白灰渣等；第③层为夯土层，距地

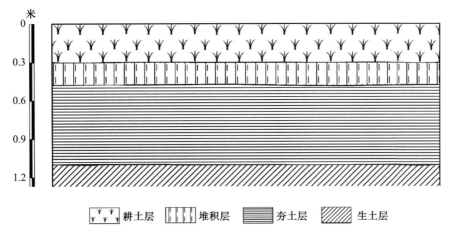

图 4-18　惠远老城将军衙署东墙夯土地层示意图

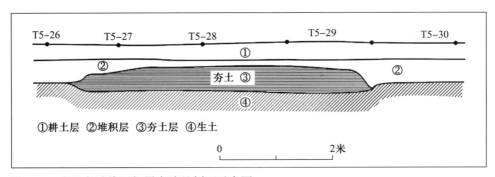

①耕土层 ②堆积层 ③夯土层 ④生土

图 4-19　惠远老城将军衙署东墙基剖面示意图

表 0.5～1 米，土质坚硬，呈黑褐色，有层次，含有草木灰、炭灰颗粒等；第④层为生土层，距地表 1 米以下，为黄褐色砂土（生土）层，土质松软，较纯净（图 4-20）。

西夯土墙基址南北长约 45 米，宽 6～8.5 米。距地表 0.5～0.8 米处见夯土，厚 0.3～0.5 米，土质坚硬，呈浅灰褐色，含有零星炭灰（图 4-21）。

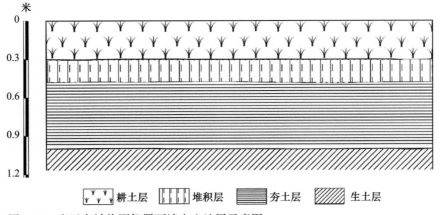

图 4-20　惠远老城将军衙署西墙夯土地层示意图

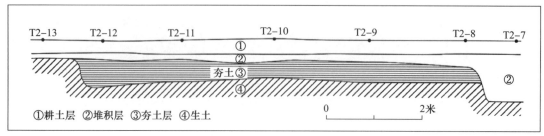

図 4-21　惠远老城将军衙署西墙基剖面示意图

（九）城外建筑

在锁眼卫星影像上，可以看到 1965 年时东墙外有一个长方形的土围墙，规格大约是东西长 770 米，南北宽 645 米。其内部东南侧有一小长方形院落，东西宽 200 米，南北长 250 米，内有较多房屋。土围墙内西侧，靠近护城河的地方，有两排长条形小方格建筑，宽约 40 米，长在 40～100 米不等。初步判断此土围墙可能为养马场。土围墙南侧，即出东门后的右前方，有房屋建筑遗存（图 4-22）。

通过锁眼卫星影像，可以在北墙外侧看到有通向北门外的道路及两侧密集的建筑。北门外主街道出北门瓮城后向北约 430 米后，转向西北，最后可通往绥定城和惠远新城，除主街道外，还有一条曲线形街道贯穿南北，与主街相交，南抵北墙的一个豁口，与城内街道接通，向北则至惠远新城东门外。街道两侧的建筑群非常密集，有较多的长方形院落，院落一侧为联排房屋，另一侧为空地，有可能为客栈驿馆（图 4-23）。

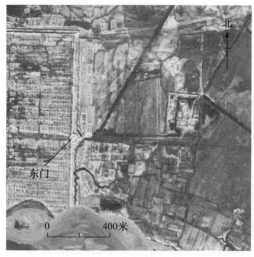

图 4-22　锁眼卫星影像所见惠远老城东门外建筑群（1965 年 10 月 1 日）

图 4-23　锁眼卫星影像所见惠远老城北门外建筑群（1965 年 10 月 1 日）

（十）古城规制

古城东北角地理坐标为北纬 43°56′34.94″，东经 80°56′3.05″，根据调查情况及卫星影像，可判断古城其他三个角的地理坐标应为：东南角北纬 43°55′52.40″，东经 80°56′1.31″；西南角北纬 43°55′53.66″，东经 80°54′41.41″；西北角北纬 43°56′36.59″，东经 80°54′45.87″。据此可判断古城始建时东、西墙长 1327 米，南、北墙长 1351 米，周长为 5356 米，面积为 1792777 平方米，始建时中心地理坐标为北纬 43°56′14.40″，东经 80°55′14.82″。扩建后古城中心地理坐标东移至北纬 43°56′14.67″，东经 80°55′24.31″。扩建后北墙长 1730 米，东墙长 1314 米，南墙长 1784 米，西墙长 1327 米，周长为 6155 米，面积为 2310201 平方米，海拔 573 米，方向为北偏东 4°。

五、惠 宁 城

惠宁城位于伊宁市巴彦岱镇。古城地处伊犁河低阶地河漫滩上，东临匹里青河，西临苏勒阿尔马提河，人民渠穿城而过。二普调查时没有对其进行登记。三普调查时古城城墙已然破坏较严重："该城现仅残存有四段夯土城墙。残墙总长 2000 余米，最长的北城墙约 1500 米，西城墙 800 余米，南城墙断断续续约 130 米，东城墙大部分遭到破坏；城墙最高处约 5 米，最低约 1.5 米，顶部最宽处达 4 米，最窄处有 2.5 米；城墙为黄土夯筑，夯层厚约 10 厘米，土质纯净。现存面积达 120 万平方米。"[1]

我们对惠宁城做了进一步调查（图版一五，4），发现古城保存情况较之前更差，现在仅北墙和西墙保存情况较好。北墙残高 4.5 米，顶宽约 2 米（图版九，1）。西北角台尚存，规模较大（图版九，2）。北城墙夯层厚约 9 厘米（图版九，3）。

北城墙有一段内侧有现代坑，可见城墙构筑方式。城墙底部开挖梯形基槽，深度约为 0.8 米，之后在基槽顶部内外各内收 0.8 米的位置开始砌筑城墙。

在西北门的位置发现向城内凸出 2.3 米的结构，应为门道的两侧。据文物部门同志讲，门外早年有瓮城，现已无存。通过锁眼卫星影像，可知古城共设有 6 个门，门外有圆形瓮城。其中西门（北纬 43°58′42.10″，东经 81°13′57.01″）、西北门（北纬 43°58′53.50″，东经 81°14′16.74″）和西南门（北纬 43°58′25.12″，东经 81°14′0.41″）可清晰地看到门道及楼台痕迹，门外圆形瓮城也非常清晰。西门和西南

---

[1] 新疆维吾尔自治区文物局：《不可移动的文物·伊犁哈萨克自治州（直属县市）卷（1）》，新疆美术摄影出版社，2015 年，第 7 页。

门瓮城直径约为 66 米，半圆形城墙长约 102 米。西北门瓮城的直径约为 60 米，半圆形城墙长约 102 米。古城四角有角台。

通过锁眼卫星影像，可知四周城墙均有马面。北墙马面保存较多，共计 5 个：最东侧的坐标为北纬 43°58′41.83″，东经 81°15′4.46″，距东北角台 128 米；往西 172 米可见另一马面，与内侧东墙北端非常接近，坐标为北纬 43°58′43.70″，东经 81°14′56.75″；再往西于北墙中部偏西位置可见另一马面，南侧似有南北城墙痕迹，坐标为北纬 43°58′49.63″，东经 81°14′31.94″；再往西 133 米处可见另一马面，坐标为北纬 43°58′51.28″，东经 81°14′25.84″；最西处可见另一马面，坐标为北纬 43°58′54.96″，东经 81°14′10.52″，距西北角台和西北门的距离均为 133 米。西墙可见一个马面，距西北角台 150 米，坐标为北纬 43°58′51.39″，东经 81°14′1.66″。南墙可见一个马面，位于西南角台与西南门之间，距西南门 128 米。东墙可见一个马面，距东北角台 162 米，坐标为北纬 43°58′35.00″，东经 81°15′7.54″（图 4-24）。

图 4-24　惠宁城锁眼卫星影像（1965 年 10 月 1 日）
©U. S. Geological Survey, EROS Data Center, Sioux Falls, SD, USA

古城内有 2 处夯土台基，均位于东西干道之上，距西门的距离分别为 268 米和 590 米（坐标分别为北纬 43°58′39.35″，东经 81°14′8.43″；北纬 43°58′35.69″，东经 81°14′22.10″）。东侧的夯土台基可清晰看到中间有门道，南北两侧有城墙痕迹，不过比夯土台基东偏了约 70 米。

结合锁眼卫星影像及古城现状，可知古城大体呈长方形，方向为北偏东 20°。古城东边有两道平行城墙，相距 322 米。若以东侧即外侧城墙为古城的东墙，则古城四角的地理坐标依次为：西北角北纬 43°58′56.54″，东经 81°14′4.43″；东北角北纬 43°58′40.47″，东经 81°15′10.53″；东南角北纬 43°58′12.61″，东经 81°14′53.45″；西南角北纬 43°58′27.66″，东经 81°13′49.24″。古城扩建前西墙长 945 米，北墙长

900 米，东墙长 943 米，南墙长 880 米，周长为 3668 米，面积为 835798 平方米。古城中心地理坐标为北纬 43°58′30.66″，东经 81°14′42.74″。古城扩建后西墙长 953 米，北墙长 1222 米，东墙长 941 米，南墙长 1178 米，周长为 4294 米，面积为 1132408 平方米。扩建后中心地理坐标为北纬 43°58′35.25″，东经 81°14′21.95″。

六、熙　春　城

熙春城位于巴彦岱镇，西临皮里青河，现已无存。二普、三普都没有对其进行登记。该城地处汉宾乡，取"汉宾"之名是因此地为汉族士兵耕耘过的地方。利用锁眼卫星影像，可知早年古城有 4 个门，门址均较为清晰，东门外圆形瓮城较为明显，瓮城直径约为 33 米，圆形墙体长约 54 米。古城有 4 个角台，没有马面痕迹。城内为十字街结构，南北大街较为清晰，现为汉宾乡政府往东 150 米处的南北道路（图 4-25）。

结合锁眼卫星影像及街道现状，可复原古城的形制及位置。古城大体呈正方形，北偏西 6.8°。古城中心地理坐标为北纬 43°56′44.16″，东经 81°17′5.67″。四角的地理坐标依次为：西北角北纬 43°56′49.30″，东经 81°16′56.82″；东北角北纬 43°56′50.60″，东经 81°17′12.11″；东南角北纬 43°56′39.78″，东经 81°17′13.57″；西南角北纬 43°56′38.61″，东经 81°16′58.59″。古城东墙长 335 米，南墙长 336 米，西墙长 332 米，北墙长 343 米，合计 1346 米，面积约 112949 平方米，海拔 646 米。

图 4-25　熙春城锁眼卫星影像（1965 年 10 月 1 日）

©U. S. Geological Survey, EROS Data Center, Sioux Falls, SD, USA

七、广　仁　城

广仁城位于霍城县芦草沟镇境内，东临果子沟河。二普调查时仅记录了北墙："现仅存北墙残迹约百米长一段。"[1] 三普调查时古城保存情况稍好："仅存北墙、南墙和西墙。经实测，北墙残长 17 米，南墙长 156 米，西墙长 70 米。城墙为夯筑，墙高 2～4

---

[1]　国家文物局：《中国文物地图集·新疆维吾尔自治区分册》，文物出版社，2012 年，第 618 页。

米，宽 3～5.3 米。南墙外存马面 1 个。南墙外护壕尚存。城内建筑已不存。"[1]

我们对古城进行了进一步调查（图版一四，4）。古城保存情况较之前更差，仅残存北门瓮城一段，残高约 3.8 米，墙体顶宽 2.3 米，夯层厚约 7 厘米，残存瓮城的地理坐标为北纬 44°13′59.46″，东经 80°50′50.01″。通过锁眼卫星影像，可看到早年古城城墙仍有保存，东西干道比较明显，南门外似有瓮城痕迹（图 4-26）。

图 4-26　广仁城锁眼卫星影像（1965 年 10 月 1 日）

©U. S. Geological Survey, EROS Data Center, Sioux Falls, SD, USA

结合锁眼卫星影像及古城现状，可复原古城的形制及位置。古城大体呈正方形，方向为北偏西约 4.1°，古城中心地理坐标为北纬 44°13′50.82″，东经 80°50′49.49″。四角的地理坐标依次为：西北角北纬 44°13′58.35″，东经 80°50′37.56″；东北角北纬 44°13′59.29″，东经 80°50′59.59″；东南角北纬 44°13′45.84″，东经 80°51′0.43″；西南角北纬 44°13′43.44″，东经 80°50′39.17″。古城东墙长 479 米，南墙长 474 米，西墙长 464 米，北墙长 488 米，合计 1905 米，面积约为 226588 平方米，海拔 793 米。

八、瞻 德 城

瞻德城位于霍城县清水河镇境内，东临头道河。二普调查时对其做了登记："平面呈长方形，东西长 508 米，南北宽 450 米。城墙为夯土筑成，现高 3.5 米，顶宽 5 米，北城门尚存，城门东西各有一马面。角残存楼台基，长 13 米，宽 11 米。"[2]可以看出当时古城北半部分保存尚好。三普调查时也做过较为详细的调查，记其："遗迹尚存，为方形，夯筑，东西 508 米，南北 450 米，现存东、西墙的北段和北墙的全部。城墙顶宽 5 米，残高 3.5 米，有角楼、马面遗迹，其中东、西墙北段各有马面一个，北墙东

［1］　新疆维吾尔自治区文物局：《不可移动的文物·伊犁哈萨克自治州（直属县市）卷（3）》，新疆美术摄影出版社，2015 年，第 31 页。

［2］　国家文物局：《中国文物地图集·新疆维吾尔自治区分册》，文物出版社，2012 年，第 617～618 页。

段有马面两个，马面距角楼 118 米，角楼台基长 13 米，宽 11 米。"[1] 与二普调查所测数据基本一致。

我们对古城做了进一步调查。古城保存情况较之前更差，南墙已无存，西墙有残留，北墙和东墙情况稍好。北墙护城河遗迹尚存，城墙以护城河起高 5 米，顶宽 2.3 米。东墙北部基本完整，残高 5 米，顶宽 4.5 米，底宽 6 米（图版九，6）。古城墙体为分段夯筑，夯筑长度不一，约为 1.5～2.5 米。北墙夯层厚 10～12 厘米，内部夹杂有石块。东城门位置墙体夯层厚 7～12 厘米，坍塌的城门土砖厚 20 厘米。北门瓮城的夯层厚 12～15 厘米。

古城瓮城、角台、马面均有残存。北门瓮城仅剩西边弧形墙，东门瓮城仅剩东南形墙。东北角角台南北宽 12 米，向墙体东伸出约 5.5 米。东墙马面宽 7.3 米，向墙体东伸出约 5 米。根据锁眼卫星影像，可知古城有 4 个门，北门不开。四门均有圆形瓮城，规格相同，直径约为 35 米，圆形墙体长约 85 米。古城四角均设角台，共有 8 个马面，马面位于角台与城门之间，马面距角台的距离约为 110 米，距城门的距离亦为 110 米。城内十字街道较为明显，尤以南北大街最为清晰宽阔。

结合锁眼卫星影像及古城现状，可复原古城的形制及位置。古城大体呈正方形，北偏东约 2.5°。古城中心地理坐标为北纬 44°11′22.19″，东经 80°45′36.74″。四角的地理坐标依次为：西北角北纬 44°11′30.19″，东经 80°45′25.88″；东北角北纬 44°11′29.62″，东经 80°45′47.45″；东南角北纬 44°11′14.22″，东经 80°45′46.62″；西南角北纬 44°11′14.73″，东经 80°45′24.96″。古城东墙长 475 米，南墙长 482 米，西墙长 478 米，北墙长 478 米，合计 1913 米，面积为 229255 平方米，海拔 713 米（图 4-27）。

图 4-27　瞻德城锁眼卫星影像（1965 年 10 月 1 日）

©U. S. Geological Survey, EROS Data Center, Sioux Falls, SD, USA

九、拱　宸　城

拱宸城位于霍尔果斯市，西临霍尔果斯河。二普调查时记其："城址平面为正方

[1]　新疆维吾尔自治区文物局：《不可移动的文物·伊犁哈萨克自治州（直属县市）卷（3）》，新疆美术摄影出版社，2015 年，第 35 页。

形，边长 500 米，现高 5 米，顶宽 3.5 米。现仅存残段。"[1]三普调查时古城已仅存西墙，记其："今仅存西墙，城内一条马路将西墙辟为北段和南段两部分，北段位于六十二团场供销公司仓库院内，长 153 米，墙为夯土筑，墙残高 1.5～5 米，宽 1～5 米。南段位于六十二团场中学西侧，长 150 米，墙残高 2～3 米，宽 1～3 米。"[2]

我们对古城做了进一步调查（图版一四，6）。古城保存情况较差，西墙残存情况较好（图版九，5），西北角台和西南角台尚有保存。西墙南段残高约 3.6 米，顶宽约 1.2 米。在西南角台位置尚可见南墙，残长约 1.9 米。城墙为分段夯筑而成，夯层厚约 10～25 厘米。城墙外侧 1 米厚为后来加筑而成，加筑部分的夯层厚约 11 厘米，夯层间夹有芦苇、树枝等。在西墙北段内部有斜坡踏道，外侧亦有加筑痕迹。

通过锁眼卫星影像图，可知早年古城四周城墙均有保存，城门损毁严重，仅可在南门外发现瓮城残迹，规格无法测得。古城有 4 个角台，没有马面。城内为十字街结构，东西干道尤为清晰，南北街较小。北门没有发现贯通南北的道路，应不开。

图 4-28　拱宸城锁眼卫星影像（1965 年 10 月 1 日）

©U. S. Geological Survey, EROS Data Center, Sioux Falls, SD, USA

结合锁眼卫星影像及古城现状，可复原古城的形制及位置。古城大体呈正方形，正北方向。古城中心地理坐标为北纬 44°9′56.04″，东经 80°27′18.23″。四角的地理坐标依次为：西北角北纬 44°10′3.65″，东经 80°27′6.98″；东北角北纬 44°10′3.86″，东经 80°27′29.73″；东南角北纬 44°9′47.77″，东经 80°27′29.78″；西南角北纬 44°9′48.34″，东经 80°27′7.18″。古城东墙长 496 米，南墙长 501 米，西墙长 472 米，北墙长 506 米，面积约 238832 平方米，周长合计 1975 米，海拔 697 米（图 4-28）。

十、惠 远 新 城

惠远新城位于惠远镇新城村内，地处伊犁河低阶地河漫滩上，地势较惠远老城高。古城西为萨尔布拉克河，东侧为汤姆察布拉克河（下游汇入萨尔布拉克河）。二普、三

[1]　国家文物局：《中国文物地图集·新疆维吾尔自治区分册》，文物出版社，2012 年，第 618 页。

[2]　新疆维吾尔自治区文物局：《不可移动的文物·伊犁哈萨克自治州（直属县市）卷（3）》，新疆美术摄影出版社，2015 年，第 33 页。

普时曾对惠远新城进行过较为详细的调查工作，反映在《中国文物地图集》《不可移动的文物·伊犁哈萨克自治州（直属县市）卷》中。2016年10月，笔者对惠远新城进行了更为详细的调查，2017年8月对其重点部位进行了勘探。城墙北墙、西墙保存较好，东墙、南墙均有坍塌，当地居民取土对其造成一定程度破坏。基于考古调查的认识，勘探工作主要集中在西门、南门及将军衙署等重点遗址。现按照城址设施分述如下。

（一）墙体

惠远新城城墙保存情况稍好。二普调查时，测其边长约为1300米，城墙基本完好，夯筑，高5.5米[1]。三普调查时测其东墙、西墙长1194米，北墙、南墙长1298米，周长4984米，墙高5米，宽6.5米[2]。我们调查时测得城墙残高约2.5～4.7米，宽约2.3～3.2米，较三普时损毁更为严重。城垣均为分段夹夯而成。东墙、南墙均有坍塌，同时当地居民取土破坏造成部分缺口。通过锁眼卫星影像，可以看到早年古城城墙仍保存完好（图4-29）。

图4-29　惠远新城锁眼卫星影像（1965年10月1日）

©U. S. Geological Survey, EROS Data Center, Sioux Falls, SD, USA

（二）城门

惠远新城共4个城门，城门、楼台保存情况较好，城楼已不存。通过锁眼卫星影像可清楚看出古城城门道直通向城外，因此4个城门均开通。目前，古城东门和北门楼台和城楼均得到修复，恢复了往日的规模。我们对没有修复的西门和南门进行了勘探。

勘探结果表明，西门、南门两侧有马道。西门北马道保存完好，南马道地表已无存，地下存在部分夯土基础。夯土基础在地表下0.2米，厚0.8米，基础宽4.5米，由于后期遭破坏长度不详，夯土土质坚硬。南门西马道保存完好，东马道地下存在少部分夯土基础，夯土基础见于地表下0.3米，厚0.6米，东马道宽4.4米，由于破坏长度不详，夯土土质坚硬。

---

[1] 国家文物局：《中国文物地图集·新疆维吾尔自治区分册》，文物出版社，2012年，第617页。

[2] 新疆维吾尔自治区文物局：《不可移动的文物·伊犁哈萨克自治州（直属县市）卷（3）》，新疆美术摄影出版社，2015年，第25页。

（三）瓮城

惠远新城瓮城保存情况较差，仅存一点连接城墙的部分。根据锁眼卫星影像，可见早年瓮城都在，均为圆形，墙体规格相同，均为长约140米，直径约60米。

由于西门、南门没有修复，瓮城地基应仍存在，我们对这两处城门的瓮城进行了勘探。对西门瓮城的勘探结果表明瓮城北侧、南侧墙基仍存，西侧墙基已被破坏殆尽。其中瓮城北墙基础位于西门外北边住户院落内，距地表0.4米处，夯土厚0.5米，土质坚硬，内含有零星炭灰颗粒。北墙基南边由于建筑物破坏，已无法找寻。瓮城南墙基础有少量保留，位于地表下0.3米处，夯土厚0.4米，宽5.2米，夯土土质稍硬（图4-30）。

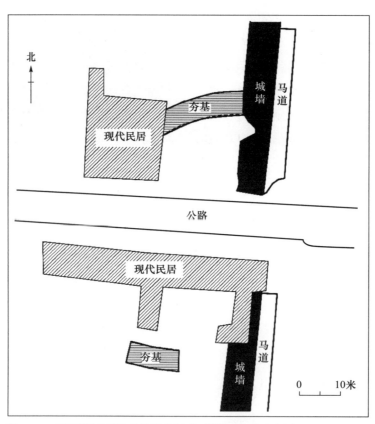

图4-30 惠远新城西门现状及瓮城基础勘探平面示意图

对南门的勘探结果表明，位于南门西侧住户房屋西有少部分瓮城西墙墙基存在，其夯土基础明显，位于地表下0.2米处，厚约0.7米，土质坚硬，含有零星炭灰颗粒。瓮城南墙西段基础位于住户院落南端，夯土墙基位于地表下0.2米处，宽约5.5米，厚0.5米，土质较硬，内含有少量炭灰颗粒。瓮城南墙东段基础，由于后期破坏已无法找寻。南门东边有部分瓮城墙基存在，夯土基础宽 5.5 米，夯土明显，土质坚硬（图 4-31）。

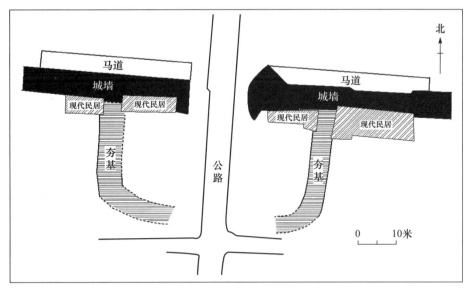

图 4-31　惠远新城南门瓮城基础勘探平面示意图

（四）马面、角台

惠远新城现存马面共 24 个，每座城墙上等距分布有 6 个。马面之间的距离一般为 150 米左右，靠近城门附近的马面与瓮城的距离稍近，为 130 米左右，马面宽约 3～4 米。角台保存情况稍好（图版八，1）。

（五）护城河

惠远新城城墙外围开挖有护城河，河口宽约 14 米，底宽约 10 米，深约 2～3 米，护城河内侧距城垣之间的夹道宽约 18 米。现仅西面、北面的护城河遗迹较为清晰。

（六）城内布局

惠远新城被"十"字形街道分成四个部分，南北街分别通向古城南、北门，街宽 6～9 米。东西街分别通向古城东、西门，宽 7～10 米。就锁眼卫星影像观测到的情况来看，古城大部分地区的小街道并不完善，似乎仅有东南部分被街道明显地分成区块状，在这点上惠远新城远逊于惠远老城。

（七）城内建筑

城内主要建筑有伊犁将军衙署、惠远钟鼓楼、惠远衙署、惠远文庙等。伊犁将军衙署现存部分占地面积 16000 平方米，建筑面积 3098 平方米，坐北朝南，中轴线上依次为将军衙署大门（图版八，3）、二堂、将军亭，两侧还有东西营房、客房、书房、金库、武备库等。惠远钟鼓楼位于惠远镇十字街中心，占地面积 1248 平方米，建筑面积 484 平方米，为四层三檐歇山顶的木结构建筑（图版八，2）。惠远衙署占地面积 3348 平方米，建筑面积 510 平方米，坐北朝南，由山门、东西厢房、正房等建筑组成。惠远文庙占地面积 2606 平方米，建筑面积 530 平方米，现存大成门、东西配殿、大成殿及耳房等建筑。

伊犁将军衙署大堂现已不存，其地基位于将军衙署中部，东陈列室和西陈列室北端，被掩埋保存于地下（图版八，4），我们对其进行了勘探测绘（图版八，5）。由于房基表面砖瓦较多（图版八，6），部分区域未能勘探透彻。房基分东、西两部分，两个房基东西两端通向铺地砖下部，无法勘探，故整体宽度无法确定。将军衙署大堂基址地层共三层：第①层为耕土层，距地表 0～0.2 米，厚 0.2 米，土质松散，呈浅灰色，含有植物根系；第②层为扰土层，距地表 0.2～0.8 米，厚 0.2～0.6 米，土质松散，呈浅黄色，含有少量碎砖瓦、沙土，部分区域②层分布有大量砖石块，探铲难以通过；第③层为生土（砂土）层，呈黄褐色，硬度适中，土质较纯净。

东房基由西向东穿过现后堂正路，通过东陈列室北路，进入东部砖铺面下部。西墙基础西北角向西凸出呈"凸"字形，长约 5 米，宽约 1.3～4.5 米；南墙基础向南拐 2 米，向东通向东陈列室下部；北墙基础由西向东穿过后堂正路长约 15 米，向北拐 1 米，继续向东约 12 米，拐向北约 11 米，折向西约 9 米后拐向南约 2.3 米，继续向西约 5.5 米后拐向北约 3.3 米，再拐向西约 1.5 米，后继续向北呈条状基础，宽约 1.7 米。东厢房南部仍有夯土基础，东部通向铺地砖下部。勘探结果显示东房基础东西长约 32 米，南北宽约 29 米未完。房基地表下 0.2 米处见夯土，夯土厚 0.6 米。房基东部大部分区域位于地表下 0.2～0.4 米，有大量砖基础存在，厚度无法确定。东房基中间有生土区域，长 7.2 米，宽 3.3～4.3 米（图 4-32）。

西房基南、西陈列室东有南北向踩踏路，宽约 2 米，厚 0.2 米，土质坚硬。西房基东边由此向北约 3.7 米，后呈阶梯状拐向西约 5 米，向北约 3.4 米，继续向北延长约 8 米，拐向东约 3 米，继续向北约 3 米，由此向西拐穿过西陈列室北路，长约 8 米，继续向北约 2.7 米，折回向东穿过西陈列室北路，长 10.0 米，延向北 3.8 米，拐向西 1.7 米，后延向北约 3 米，和西厢房基础相连；北边基础由西厢房东南角处延向西约 3.6 米，再向南约 4.3 米，再向西约 6.6 米后拐向南约 2.3 米，延向西通向铺地砖下部。西房基南北总体长约 28 米，现探出东西宽约 16 米。西房基地表下 0.2 米见夯土，厚 0.4～0.6 米，土质坚硬。房基西南部地表下 0.2～0.4 米存在大量的砖基础，厚度无法确定。西房基中间有一小部分生土区域，南北长 3.4 米，东西宽 1.6 米。

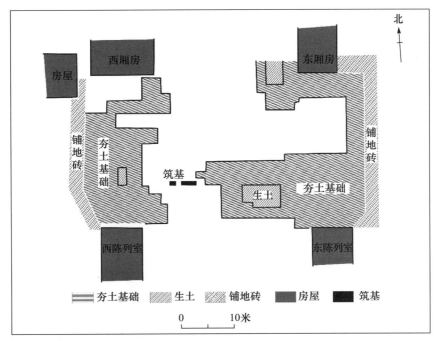

图 4-32 惠远新城将军衙署大堂勘探平面示意图

位于东房基和西房基之间有约 12 米宽的生土区域，但在这之间有 2 处筑基，分别为 0.7 米 ×1 米和 0.7 米 ×2.7 米。筑基地表下 0.2 米见夯土，厚 0.4 米，土质坚硬。

（八）古城规制

结合实地调查与谷歌地球、锁眼卫星影像，可测得古城东墙长 1295 米，南墙长 1310 米，西墙长 1295 米，北墙长 1310 米，合计 5210 米，面积为 1696450 平方米，海拔 594 米，方向为北偏东 5°。

第二节 牛录城堡的调查

锡伯营城堡经历了近两百年的发展变化，内涵较为丰富，遗址现象也比较多样。但就我们调查来说，主要关注的是城墙及城内建筑，二者构成了城堡最主要的物质空间实体，故而是调研的核心对象。此外，街道承载了城堡的内部空间流动，根据城市形态学理论，街道的布局和功能是最不容易改变的，具有很强的传承性，故而也是本研究调查与研究的重要方面。我们在调查时，所依据的是考古学基本方法论，同时借鉴谷歌地球和锁眼卫星等卫星影像，使得调查数据更为精确和科学。下面依次按照由西至东的顺序介绍本次调查成果，即乌珠牛录、依拉齐牛录、堆齐牛录、孙扎齐牛录、宁古齐牛录、纳达齐牛录、扎库齐牛录和寨牛录。

一、乌珠牛录城堡

乌珠牛录（头牛录）城堡位于察布查尔锡伯自治县爱新舍里镇乌珠牛录村，东侧紧邻依拉村，北临南干渠。20世纪40年代时，文献记该城堡："废清乾隆年筑，周四公里有奇，高一丈五尺强（疑为'墙'），半倒塌，门无。"[1]另有民国时期文献记载其年代规模："乾隆二十九年筑城，面积周围十五里，高一丈五尺。"[2]

古城破坏较严重，三普调查时仅存部分北墙。据调查报告，古城建筑均处于村民院内，北墙被一条小河隔为两部分。城墙为夯筑，残高0.5～3.1米，宽1～5米。其中，东段残长60米，西段残长360米[3]。城内中央有关帝庙一座，损毁较为严重，仅剩大殿木头构架。大殿南北长10米，东西宽9.6米，建筑面积96平方米[4]。我们现场调查所测与之基本一致（图版一〇，3）。

通过天地图、锁眼卫星影像，可知早年古城城墙保存完好，古城近似倒三角形，中心地理坐标为北纬43°48′2.63″，东经80°47′48.33″。西北角坐标为北纬43°48′19.69″，东经80°46′59.44″；东北角坐标为北纬43°48′24.84″，东经80°48′26.82″；最南点的坐标为北纬43°47′40.46″，东经80°47′54.54″。城墙形状不规则，很少有直线走向。古城开东、西城门，没有发现马面、角台、护城河等。古城周长共计5876米，面积为2266967平方米，海拔601米（图4-33）。

二、依拉齐牛录城堡

依拉齐牛录（三牛录）城堡位于察布查尔锡伯自治县爱新舍里镇依拉齐牛录村。因其西侧紧邻乌珠牛录村，且依拉村也被围在乌珠牛录城里，故二者实为同一城址。城内中央位置有依拉齐牛录关帝庙一座，坐南向北。原址由照壁、山门、配殿、忠义

---

[1]　佚名：《河南县志·属地》，《察布查尔锡伯自治县县志》，新疆人民出版社，2007年，第679页。

[2]　佚名：《河南设治局所辖境内兵要地志调查书》，《察布查尔锡伯自治县县志》，新疆人民出版社，2007年，第672页。

[3]　新疆维吾尔自治区文物局：《不可移动的文物·伊犁哈萨克自治州（直属县市）卷（1）》，新疆美术摄影出版社，2015年，第535页。

[4]　新疆维吾尔自治区文物局：《不可移动的文物·伊犁哈萨克自治州（直属县市）卷（1）》，新疆美术摄影出版社，2015年，第785页。

楼、大殿等组成，布局在南北向的中轴线上。现仅存大殿，为砖木结构，平面呈长方形，南北长 14.85 米，东西宽 10.5 米，面积约为 156 平方米[1]（图 4-33）。

图 4-33　乌珠牛录、依拉齐牛录锁眼卫星影像（1965 年 10 月 1 日）
©U. S. Geological Survey, EROS Data Center, Sioux Falls, SD, USA

三、堆齐牛录城堡

堆齐牛录（四牛录）城堡位于察布查尔锡伯自治县堆齐牛录乡堆齐牛录村。20 世纪 40 年代时，文献记该城堡："嘉庆年筑，周二公里有奇，高一丈五尺。稍破坏，门三。"[2]另有民国时期文献记载其规模："有城墙，周围六里，高一丈五尺。"[3]

古城现存情况较差，城墙已基本无存。根据谷歌地球、锁眼卫星影像，可知早年古城墙体尚存，近似五边形，五个角的坐标分别为：西北角 43°50′17.68″，东经 80°50′56.91″；西南角北纬 43°49′53.66″，东经 80°50′57.88″；东南角北纬 43°49′54.90″，东经 80°51′36.54″；东北角北纬 43°50′12.27″，东经 80°51′35.96″；北角北纬 43°50′17.46″，东经 80°51′17.85″。中心点地理坐标为北纬 43°50′4.68″，东经 80°51′16.45″。古城有南、北两个城门，没有发现角台、马面，城内有南北向干

---

[1]　国家文物局：《中国文物地图集·新疆维吾尔自治区分册》，文物出版社，2012 年，第 616 页。

[2]　佚名：《河南县志·属地》，《察布查尔锡伯自治县县志》，新疆人民出版社，2007 年，第 679 页。

[3]　佚名：《河南设治局所辖境内兵要地志调查书》，《察布查尔锡伯自治县县志》，新疆人民出版社，2007 年，第 673 页。

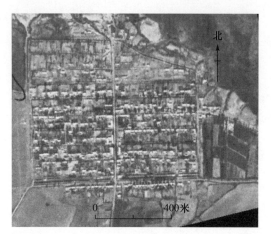

图 4-34　堆齐牛录锁眼卫星影像（1965 年 10 月 1 日）

©U. S. Geological Survey, EROS Data Center, Sioux Falls, SD, USA

道。北墙长 481 米，东北墙长 427 米，东墙长 542 米，南墙长 873 米，西墙长 754 米，周长 3077 米，面积为 595738 平方米，海拔 570 米（图 4-34）。

四、孙扎齐牛录城堡

孙扎齐牛录（五牛录）城堡位于察布查尔锡伯自治县孙扎齐牛录乡孙扎齐牛录村，南临南干渠。20 世纪 40 年代时，文献记该城堡："光绪末年筑，周三公里，高一丈五尺，颇为完好，门四。"[1] 另有民国文献记载其："有城墙，周围六里，高一丈五尺。"[2]

城堡保存情况稍好，北城墙得到了修缮。根据锁眼卫星影像，古城为长方形城址，方向为北偏西 6.2°，有南、北 2 个城门，无瓮城、角台、马面等设施。古城中心点地理坐标为北纬 43°49′58.09″，东经 81°4′5.62″。四角的坐标为：西北角北纬 43°50′8.82″，东经 81°3′45.08″；东北角北纬 43°50′12.00″，东经 81°4′23.62″；东南角北纬 43°49′48.76″，东经 81°4′26.22″；西南角北纬 43°49′45.33″，东经 81°3′48.51″。古城南、北墙长 856 米，东、西墙长 722 米，周长为 3156 米，面积约 617895 平方米，海拔 596 米（图 4-35）。

古城内现存清代建筑有靖远寺、关帝庙和娘娘庙，均位于城北中央部分。靖远寺，俗称"喇嘛苏木"，原占地面积约为 3.53 万平方米，建筑面积为 2811 平方米。该寺坐北朝南，中轴线上自南向北依次为天王殿、如来佛大殿、三世佛大殿、东西配殿。其中

图 4-35　孙扎齐牛录锁眼卫星影像（1965 年 10 月 1 日）

©U. S. Geological Survey, EROS Data Center, Sioux Falls, SD, USA

[1]　佚名：《河南县志·属地》，《察布查尔锡伯自治县县志》，新疆人民出版社，2007 年，第 680 页。

[2]　佚名：《河南设治局所辖境内兵要地志调查书》，《察布查尔锡伯自治县县志》，新疆人民出版社，2007 年，第 673 页。

三世佛大殿为寺院的主体建筑，高约 10 米，双层双檐，顶铺彩色玻璃瓦，飞檐斗拱，雕梁画栋[1]。

关帝庙位于靖远寺西侧约 20 米。坐北朝南，原由照壁、山门、钟楼、鼓楼、东配殿、西配殿、大殿组成。现仅存大殿，殿顶为勾连搭式，庙内的檐柱、雀替、栋梁上面绘人物、飞禽走兽、山水花卉等，大殿内亦绘有壁画[2]。

娘娘庙位于关帝庙西约 20 米，坐北朝南，建筑面积为 190 平方米。顶为勾连搭式。庙内的檐柱、雀替、栋梁上面绘有人物、飞禽走兽、山水花卉等，大殿内亦绘有壁画。娘娘庙破坏较为严重[3]。

五、宁古齐牛录城堡

宁古齐牛录（六牛录）城堡位于察布查尔锡伯自治县宁古齐牛录村，南临南干渠。20 世纪 40 年代时，文献记该城堡："嘉庆年筑，周三公里，高一丈五尺，尚属完好，门三。"[4]另有民国文献记载其："有城，周围六里，高一丈五尺。"[5]

现城墙已基本无存。根据锁眼卫星影像可判断早年古城城墙尚存，城堡为不规则形，近似四边形，中心点地理坐标为北纬 43°50′21.80″，东经 81°8′49.90″。古城周长约为 3555 米，面积约为 819748 平方米，海拔 600 米。古城北墙无门，东西两侧各一道门，南墙两道门。没有发现瓮城、角台、马面等设施。古城内人口多集中于南侧，北侧有大片空地（图 4-36）。

图 4-36　宁古齐牛录锁眼卫星影像（1965 年 10 月 1 日）

©U. S. Geological Survey, EROS Data Center, Sioux Falls, SD, USA

［1］　新疆维吾尔自治区文物局：《不可移动的文物·伊犁哈萨克自治州（直属县市）卷（1）》，新疆美术摄影出版社，2015 年，第 789 页。

［2］　新疆维吾尔自治区文物局：《不可移动的文物·伊犁哈萨克自治州（直属县市）卷（1）》，新疆美术摄影出版社，2015 年，第 793 页。

［3］　新疆维吾尔自治区文物局：《不可移动的文物·伊犁哈萨克自治州（直属县市）卷（1）》，新疆美术摄影出版社，2015 年，第 791 页。

［4］　佚名：《河南县志·属地》，《察布查尔锡伯自治县县志》，新疆人民出版社，2007 年，第 680 页。

［5］　佚名：《河南设治局所辖境内兵要地志调查书》，《察布查尔锡伯自治县县志》，新疆人民出版社，2007 年，第 674 页。

六、纳达齐牛录城堡

　　纳达齐牛录（七牛录）城堡位于察布查尔锡伯自治县纳达齐牛录乡纳达齐牛录村。20 世纪 40 年代时，文献记该城堡："光绪末年筑，周二公里有奇，高一丈五尺，完好而整齐，门四。"[1]另有民国文献记载其："有城，周围六里，城高一丈五尺。"[2]

　　城堡城墙保存情况较差，基本无存。根据锁眼卫星影像可知，早年古城城墙保存较好，古城近似长方形，方向为北偏东 2°。古城四角可见角台，坐标分别为：西北角北纬 43° 49′ 55.23″，东经 81° 10′ 36.63″；东北角北纬 43° 49′ 54.45″，东经 81° 11′ 4.80″；东南角北纬 43° 49′ 32.86″，东经 81° 11′ 3.66″；西南角北纬 43° 49′ 34.48″，东经 81° 10′ 35.32″。古城中心点地理坐标为北纬 43° 49′ 43.84″，东经 81° 10′ 50.18″。古城东墙长 666 米，南墙长 634 米，西墙长 640 米，北墙长 628 米，周长为 2568 米，面积为 413006 平方米，海拔 614 米（图 4-37）。

图 4-37　纳达齐牛录锁眼卫星影像（1965 年 10 月 1 日）

©U. S. Geological Survey, EROS Data Center, Sioux Falls, SD, USA

　　城堡内北侧有关帝庙，庙内另有娘娘庙和图公祠。关帝庙始建于清光绪三十三年（1907）。大殿坐北朝南，长 10.4 米，宽 9.4 米，为廊檐式建筑。庙内壁画丰富，表现的均是中原传统经典故事。娘娘庙长 10 米，宽 8.4 米。图公祠长 16 米，宽 10 米，为土木结构建筑，坐北朝南，雕梁画栋[3]。

七、扎库齐牛录城堡

　　扎库齐牛录（八牛录）城堡现址位于察布查尔锡伯自治县扎库齐牛录乡扎库齐牛

　　[1]　佚名：《河南县志·属地》，《察布查尔锡伯自治县县志》，新疆人民出版社，2007 年，第 680 页。

　　[2]　佚名：《河南设治局所辖境内兵要地志调查书》，《察布查尔锡伯自治县县志》，新疆人民出版社，2007 年，第 674 页。

　　[3]　新疆维吾尔自治区文物局：《不可移动的文物·伊犁哈萨克自治州（直属县市）卷（1）》，新疆美术摄影出版社，2015 年，第 796 页。

录村，北临南干渠。20 世纪 40 年代时，文献记该城堡："嘉庆年筑，周二公里有奇，高一丈五尺，尚属完好，门四。"[1] 另有民国文献记载其："有城墙高一丈五尺，周围六里，系某年所筑。"[2]

据三普调查资料，初建时，村周围修建有高大夯土城墙，东西南北各辟砖砌大门，呈正方形城堡形状，面积约 1 平方千米。今仅存北墙、东墙和西墙，均位于村民院内。北墙基本完整，但村内一条马路将其隔为西段和东段两部分。东墙长 50 米，夯筑，残高 3 米，残宽 0.5 米。西墙残长 15 米，残高 4 米，残宽 3 米[3]。

我们对该城做了进一步调查（图版一五，5）。调查时古城北墙、南墙保存情况较好，北墙墙体截面呈梯形，残高 3.5 米，顶宽 2.5 米，墙基底宽 5.5 米（图版一○，4）。南墙墙基残宽 3.5～4 米，顶部残宽 1 米。墙体均为夯筑而成，夯层厚约 18 厘米，夯土中夹杂白色三合土颗粒。

结合锁眼卫星影像及保存现状，可复原古城的形制及位置。古城大体呈长方形，正北方向。古城四角的地理坐标依次为：西北角北纬 43°48′26.36″，东经 81°14′36.14″；东北角北纬 43°48′25.04″，东经 81°15′18.50″；东南角北纬 43°48′5.87″，东经 81°15′17.98″；西南角北纬 43°48′7.67″，东经 81°14′36.51″。古城中心点地理坐标为北纬 43°48′16.60″，东经 81°14′57.12″。古城东墙长 591 米，南墙长 928 米，西墙长 575 米，北墙长 947 米，合计 3041 米，面积为 537215 平方米。古城有 4 个门，城内为十字街结构，东西干道位置略偏北。古城南门外似有城关遗址，呈梯形，北墙长约 346 米，东墙长 327 米，南墙长 478 米，西墙长 307 米，面积约 128114 平方米（图 4-38）。

城内北部中央原有关帝庙和娘娘庙，关帝庙现已无存。娘娘庙建于清道光

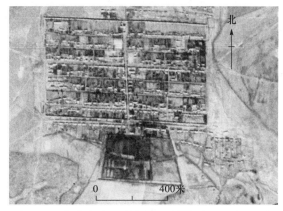

图 4-38　扎库齐牛录锁眼卫星影像（1965 年 10 月 1 日）

©U. S. Geological Survey, EROS Data Center, Sioux Falls, SD, USA

[1]　佚名：《河南县志·属地》，《察布查尔锡伯自治县县志》，新疆人民出版社，2007 年，第 680 页。

[2]　佚名：《河南设治局所辖境内兵要地志调查书》，《察布查尔锡伯自治县县志》，新疆人民出版社，2007 年，第 674 页。

[3]　新疆维吾尔自治区文物局：《不可移动的文物·伊犁哈萨克自治州（直属县市）卷（1）》，新疆美术摄影出版社，2015 年，第 532 页。

二十六年（1846），坐北朝南，悬山顶，建筑面积为100平方米[1]。

八、寨牛录城堡

　　寨牛录（二牛录）城堡位于察布查尔锡伯自治县扎库齐牛录乡寨牛录村。古城保存情况较差，基本无存。20世纪40年代时，文献记该城堡："乾隆年筑，周二公里，高一丈四尺，倒塌不堪，门四。"[2]另有民国文献记载其："有城墙高一丈五尺，周围六里，系某年所筑。"[3]

　　根据锁眼卫星影像，可知早年古城墙体尚清楚，呈不规则方形，近似梯形，其中西墙、东墙尚存，中间有门，西墙向南侧延伸出去，北墙南墙断续残存，偏东处设门。古城四角的坐标为：西北角北纬43°48′3.55″，东经81°17′35.02″；东北角北纬：43°48′4.39″，东经81°17′58.10″；东南角北纬43°47′52.81″，东经81°17′57.95″；西南角北纬43°47′51.08″，东经81°17′30.30″。古城中心点地理坐标为北纬43°47′58.16″，东经81°17′47.07″。城内有"十"字形大街。古城北墙长约512米，东墙长约336米，南墙长约617米，西墙长约375米，周长约1840米，面积约196002平方米。古城方向为北偏东3°。

　　20世纪60年代，城内居址多沿北墙、南墙分布，古城中部似有另一道东西向沿城墙分布居址。这三道东西向居址都向东延伸到墙外。各道居址之间为空地，似为院落或者耕地。古城北侧也似有多个院落，西侧有壕沟一道，可起到护城河的作用（图4-39）。

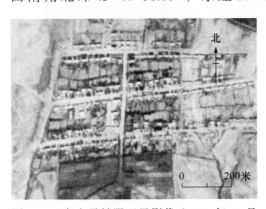

图4-39　寨牛录锁眼卫星影像（1965年10月1日）

©U. S. Geological Survey, EROS Data Center, Sioux Falls, SD, USA

---

[1]　新疆维吾尔自治区文物局：《不可移动的文物·伊犁哈萨克自治州（直属县市）卷（1）》，新疆美术摄影出版社，2015年，第787页。

[2]　佚名：《河南县志·属地》，《察布查尔锡伯自治县县志》，新疆人民出版社，2007年，第680页。

[3]　佚名：《河南设治局所辖境内兵要地志调查书》，《察布查尔锡伯自治县县志》，新疆人民出版社，2007年，第674页。

第三节　卡伦、营盘、军台、炮台的调查

一、哈尔索胡尔卡伦

哈尔索胡尔卡伦位于霍城县莫乎尔牧场格干牧业村，地理坐标为北纬44°27′28.7″，东经80°21′38.7″，海拔1460米。该卡伦地处别珍套山南麓的山前坡地上，向西500米为霍尔果斯河，南、北分别为大、小塔尔沟，地势险要，视野开阔。该卡伦可见于《伊犁府乡土志》与《新疆图志》之《舆图》中，称为"哈尔索胡尔卡"，为清代光绪朝勘界之后所建。卡伦现已无存，原址上有现代建筑和果园。

在1965年的锁眼卫星影像中可见该卡伦轮廓。卡伦近似方形，北墙保存尚好，四角台亦清晰可见，似开南门。二普调查时对该卡伦做了更详细的测量，彼时仍存夯土墙垣。东、西墙长28米，南、北墙长27.4米，周长计110.8米，面积为767.2平方米。墙高约2.7米，宽约0.8~1.5米。四角可见角台，角台长约3米，宽约2.8米[1]。三普复查时，该卡伦已然不存[2]。

二、契格尔干卡伦

契格尔干卡伦位于霍城县莫乎尔牧场格干牧业村，地理坐标为北纬44°22′46.53″，东经80°26′8.43″，海拔970米。该卡伦地处别珍套山南麓的山前坡地上。卡伦西约4.2千米为霍尔果斯河，东约3.7千米有开干沟，附近有喀尔乌依沟。该卡伦不见于《伊犁府乡土志》与《新疆图志》中，应为清乾隆年间所修。卡伦现已无存。

二普调查时，该卡伦尚存夯土墙垣（图4-40）。卡伦近似方形，南北长约25米，东西宽约23米，周长计96米，面积约575平方米。墙高3米，厚1.5

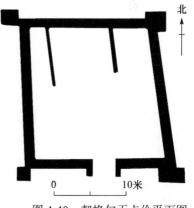

图4-40　契格尔干卡伦平面图

---

[1]　国家文物局：《中国文物地图集·新疆维吾尔自治区分册》，文物出版社，2012年，第618页。

[2]　新疆维吾尔自治区文物局：《不可移动的文物·伊犁哈萨克自治州（直属县市）卷（3）》，新疆美术摄影出版社，2015年，第51页。

米，开南门，门宽 3 米。自北墙向城内存两段南北向墙垣，用途不明。四角有角台，尺寸不统一[1]。三普复查时，该卡伦已然不存[2]。我们推测北墙两墙垣应为房屋墙基。

三、富尔干卡伦

富尔干卡伦，亦称红山嘴卡伦，位于霍城县莫乎尔牧场开干村。卡伦中心点地理坐标为北纬 44° 17′ 22.42″，东经 80° 24′ 28.87″，海拔 967 米。卡伦地处别珍套山南麓，西距霍尔果斯河约 600 余米。该卡伦可见于《伊犁府乡土志》与《新疆图志》之《舆图》中，称为"红山咀卡"或"红山嘴卡"，为清光绪朝勘界之后所建。卡伦城墙遗址尚存，处于一片果园中，墙体内外杂草丛生。

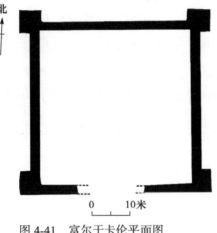

北

图 4-41　富尔干卡伦平面图

0　10米

二普时对该卡伦进行了调查，记其"平面呈方形，墙垣夯土构造，边长 24 米，现高 3 米，宽 1.5 米，门朝南开，已局部坍塌"[3]。三普调查时，所测数据有所不同，记其"南北长 35 米，东西宽 33 米，最高处 2.2 米，墙厚约 1.2～1.5 米，门朝南开"，并记其保存情况较差，东墙、南墙残损严重[4]。

我们借助卫星影像，实测其东、西墙长 45 米，南、北墙长 40 米，方向为北偏西 15°，周长为 170 米，城内面积约为 1800 平方米（图 4-41）。

四、沙 彦 卡 伦

沙彦卡伦位于霍城县莫乎尔牧场开干村。卡伦中心点地理坐标为北纬 44° 14′ 30.62″，东经 80° 24′ 45.04″，海拔 861 米。该卡伦东临霍尔果斯河，东面紧靠边防公

[1]　国家文物局：《中国文物地图集·新疆维吾尔自治区分册》，文物出版社，2012 年，第 618 页。

[2]　新疆维吾尔自治区文物局：《不可移动的文物·伊犁哈萨克自治州（直属县市）卷（3）》，新疆美术摄影出版社，2015 年，第 53 页。

[3]　国家文物局：《中国文物地图集·新疆维吾尔自治区分册》，文物出版社，2012 年，第 618 页。

[4]　新疆维吾尔自治区文物局：《不可移动的文物·伊犁哈萨克自治州（直属县市）卷（3）》，新疆美术摄影出版社，2015 年，第 56 页。

路和平路。该卡伦可见于《伊犁府乡土志》与《新疆图志》之《舆图》中，称为"尼堪卡伦"，为清光绪朝勘界之后所建。卡伦保存情况较好。

　　二普、三普均对其进行了调查。二普调查时记录该卡伦东西长 35.3 米，南北宽 33 米。墙体高 3.6 米，顶宽 3 米，门朝南，宽 3.2 米[1]。三普调查时，东墙只剩长 6～7 米的残段，东北角台和东南角台已经坍塌，仅存西北角台和西南角台。北城墙内侧有 5 个半穹形的洞，东城墙内侧有 1 个半穹形的洞，内可蹲一人，应是后期人为扰动。测该卡伦东西墙长 35.3 米，南北墙长 35.3 米，墙体高 3～3.5 米，顶宽 0.8 米，城门宽 3 米[2]。城内杂草丛生，可见房屋遗迹（图版一一，1）。

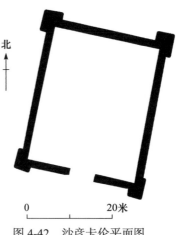

北

0　　　　　　20米

图 4-42　沙彦卡伦平面图

　　我们借助卫星影像，实测卡伦南、北墙长 29 米，东、西墙长 32 米，周长为 122 米，占地面积约为 928 平方米，方向为北偏东 10°（图 4-42）。

五、察罕额博卡伦

　　察罕额博卡伦位于霍城县莫乎尔牧场牧业村。卡伦中心点地理坐标为北纬 44°3′1.82″，东经 80°27′38.67″，海拔 610 米。卡伦西濒霍尔果斯河，向东 300 米处是霍都公路。该卡伦可见于《伊犁府乡土志》与《新疆图志》之《舆图》中，称为"察罕鄂博卡"，为清光绪朝勘界之后所建。卡伦现今保存情况稍好，墙垣可见。卡伦东北约 340 米处有一瞭望台。

　　二普记该卡伦南北长 58.3 米，东西宽 51 米，城墙高 2.4 米，顶宽 2 米。门朝南开，有角楼；测得瞭望台台基长 5 米，宽 2 米，高 3.5 米[3]。三普记其南北长 60 米，东西宽 52 米，墙高 2.4 米，厚 3 米；测得瞭望台高 3.2 米，台上房屋残高 1.1 米，总高

　　[1]　国家文物局：《中国文物地图集·新疆维吾尔自治区分册》，文物出版社，2012 年，第 618 页。

　　[2]　新疆维吾尔自治区文物局：《不可移动的文物·伊犁哈萨克自治州（直属县市）卷（3）》，新疆美术摄影出版社，2015 年，第 48 页。

　　[3]　国家文物局：《中国文物地图集·新疆维吾尔自治区分册》，文物出版社，2012 年，第 618 页。

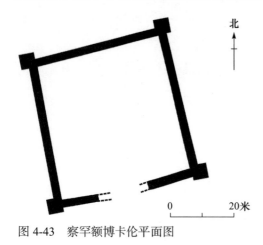

图 4-43　察罕额博卡伦平面图

4.3 米，土台长 5 米，宽 4.2 米[1]。

我们借助卫星影像，实测其南、北墙长 42 米，东、西墙长 47 米，周长为 178 米，面积为 1974 平方米，方向为北偏西 9°。卡伦墙高 2.5 米，厚 3.1 米，门南开，四角有角台（图 4-43）。瞭望台应为卡伦附属建筑，黄土夯筑，分为土台和台上土屋两部分，土屋现存无几，规格与三普所测基本一致（图版一一，2）。

六、登 元 卡 伦

登元卡伦位于霍城县莫乎尔牧场牧业村，卡伦中心点地理坐标为北纬 43°57′24.66″，东经 80°29′5.22″，海拔 574 米。卡伦西濒霍尔果斯河，西靠国防公路。该卡伦可见于《伊犁府乡土志》与《新疆图志》之《舆图》中，称为“登元卡”，为清光绪朝勘界之后所建。保存情况较差，内有一高 15 米的铁哨楼（图版一一，3）。

二普、三普均对其进行了调查。二普记其东西长 37 米，南北宽 42 米，墙高 2.5 米，顶宽 3 米，四角有角楼[2]。三普记其东西长 35 米，南北长 37 米，门朝南开，墙宽 3.5 米，高 2～3 米[3]。

我们借助卫星影像，实测其南、北墙长 28 米，东、西墙长 32 米，周长为 120 米，占地面积为 896 平方米，方向为北偏西 35°。卡伦门朝南开，门宽约 3.5 米。墙体厚 3.3 米，高 2.5 米，四角有角台（图 4-44）。

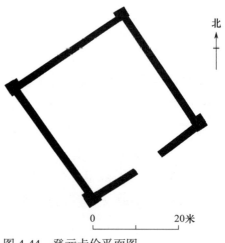

图 4-44　登元卡伦平面图

[1]　新疆维吾尔自治区文物局：《不可移动的文物·伊犁哈萨克自治州（直属县市）卷（3）》，新疆美术摄影出版社，2015 年，第 46 页。

[2]　国家文物局：《中国文物地图集·新疆维吾尔自治区分册》，文物出版社，2012 年，第 618 页。

[3]　新疆维吾尔自治区文物局：《不可移动的文物·伊犁哈萨克自治州（直属县市）卷（3）》，新疆美术摄影出版社，2015 年，第 50 页。

七、河源卡伦

河源卡伦，又称三道河子卡伦，位于霍城县三道河乡沙门子村，中心点地理坐标为北纬 43° 51′ 13″，东经 80° 31′ 42″，海拔 549 米。卡伦西临霍尔果斯河，南约 2 千余米为伊犁河。该卡伦可见于《伊犁府乡土志》与《新疆图志》之《舆图》中，称为"河源卡"，为清光绪朝勘界之后所建。

二普、三普均对该卡伦做了调查。二普记其边长为 20 米，墙高 2.5 米，宽约 1.8 米[1]。三普记其南北长 28 米，东西宽 25 米，最高处为 3.2 米，墙厚约 1.5 米，门朝南开[2]。

我们借助卫星影像，实测其东、西墙长 28 米，南、北墙长 25 米，周长计 106 米，面积为 700 平方米，方向为北偏东 3°，门朝南开。四面墙体损毁严重，仅东北墙角保存相对较好，余仅见低缓的墙垣，没有发现角台遗迹（图 4-45）。

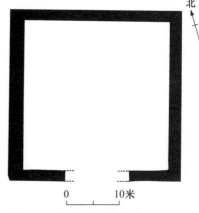

北

0   10米

图 4-45 河源卡伦平面图

八、头 湖 卡 伦

头湖卡伦位于察布查尔锡伯自治县斐新哈莎镇梧桐毛村，中心点地理坐标为北纬 43° 47′ 43.11″，东经 80° 34′ 34.88″，海拔 569 米。卡伦北距伊犁河南岸约 2 千米，处于宽阔的河谷阶地平原上，西约 1 千米为中哈边界线。该卡伦可见于《伊犁府乡土志》与《新疆图志》之《舆图》中，称为"头湖卡"，为清光绪朝勘界之后所建。卡伦东墙保存相对较好（图版一一，5），余三墙均坍塌。损毁的主要原因为自然风雨侵蚀以及人类生产生活活动（曾被作为羊圈使用）。

二普、三普均对该卡伦做了调查。二普记其南北长约 26.2 米，东西宽约 24.6 米，高约 2.6 米；门朝南开，宽约 4 米，四角有角台[3]。三普记其南北长 26.2 米，东西宽 25

[1] 国家文物局：《中国文物地图集·新疆维吾尔自治区分册》，文物出版社，2012 年，第 618 页。

[2] 新疆维吾尔自治区文物局：《不可移动的文物·伊犁哈萨克自治州（直属县市）卷（3）》，新疆美术摄影出版社，2015 年，第 58 页。

[3] 国家文物局：《中国文物地图集·新疆维吾尔自治区分册》，文物出版社，2012 年，第 612 页。

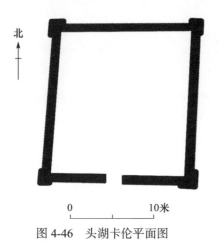

北

0　　　　　　10米

图 4-46　头湖卡伦平面图

米，墙厚 1.7 米，墙最高达 2.6 米；门朝南开，门道残宽 4.5 米[1]。

我们借助卫星影像，实测该卡伦东、西墙长 23 米，南、北墙长 17 米，周长为 80 米，面积约 391 平方米，方向为北偏东 2.4°，四角有角台（图 4-46）。

九、梧桐孜卡伦

梧桐孜卡伦又称三棵树卡伦位于察布查尔锡伯自治县斐新哈莎镇霍东孜村。卡伦中心点地理坐标为北纬 43°44′8.75″，东经 80°39′36.9″，海拔 797 米，地处伊犁河谷南岸开阔的阶地平原上。该卡伦可见于《伊犁府乡土志》与《新疆图志》之《舆图》中，称为"三棵树卡"，为清光绪朝勘界之后所建。卡伦坐北朝南，南、北、东三面墙体保存相对较好，西墙北段坍塌严重。

二普、三普均对该卡伦做了调查。二普记其边长为 30 米，墙体高约 3 米，厚 2 米。墙体上有箭楼。卡伦内有住房、粮库、马厩、储草棚等遗址[2]。三普的调查更为详细，记其东西长 28.5 米，南北宽 28 米。门坍塌，残宽 3.8 米。墙体上窄下宽，厚 1.5 米，上面女墙厚 0.5 米，墙体最高处高 3.6 米。北墙上有瞭望孔。四周有角台，西北角台保存最好，角台边长约 2 米[3]。

我们借助卫星影像，实测该卡伦平面近似正方形，边长为 25 米，周长为 100 米，城内占地面积为 625 平方米，方向为北偏西 10°，四角有角台（图 4-47）。

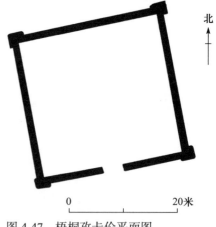

北

0　　　　　　20米

图 4-47　梧桐孜卡伦平面图

[1]　新疆维吾尔自治区文物局：《不可移动的文物·伊犁哈萨克自治州（直属县市）卷（1）》，新疆美术摄影出版社，2015 年，第 517 页。

[2]　国家文物局：《中国文物地图集·新疆维吾尔自治区分册》，文物出版社，2012 年，第 612 页。

[3]　新疆维吾尔自治区文物局：《不可移动的文物·伊犁哈萨克自治州（直属县市）卷（1）》，新疆美术摄影出版社，2015 年，第 519 页。

十、纳旦木卡伦

纳旦木卡伦位于察布查尔锡伯自治县斐新哈莎镇霍东孜村，中心点地理坐标为北纬 43°41′31.08″，东经 80°40′56.13″，海拔 744 米。卡伦地处伊犁河谷南岸宽阔的阶地平原上，其西约 4 千米为中哈边界线。该卡伦可见于《伊犁府乡土志》与《新疆图志》之《舆图》中，称为"干查罕莫敦卡"或"干查罕莫伦卡"，为清光绪朝勘界之后所建。

二普、三普对该卡伦进行了实地调查。二普记其南北长 45 米，东西宽 37 米。墙体高 2.8 米，宽 2 米。门朝南开，宽约 4.3 米。卡伦北约 50 米处有 4 个马槽台，呈圆形，直径 1.5 米，高 0.7 米[1]。三普记其南北墙长 34.4 米，东西墙长 45.3 米。墙体上窄下宽，厚约 2 米，最高处高 2.5 米[2]。

我们对该卡伦进行了实地调查，并结合卫星影像进行了实测（图版一四，5）。该卡伦坐北朝南，整体保存较好。墙体上窄下宽，残高约 3 米，厚约 2 米。古城仅有一南门，门坍塌，宽约 3.5 米（图版一二，3）。四周有角台，古城西北角台北侧宽 4.7 米，西侧宽 4.5 米；西南角台南侧宽 4 米，西侧宽 5 米；东南角台东侧、南侧均宽 4.7 米（图版一二，2）。卡伦为夯筑而成，夯层厚约 7～8 厘米，土质坚硬，夯层间夹杂石子、草木（图版一二，4）。据现场判断，墙体为先修筑中间部分，后修筑两侧。卡伦内部遍布杂草，不见遗迹（图版一二，1）。

卡伦平面为长方形，东、西墙长 36.5 米，南、北墙长 30 米，周长为 133 米，占地面积约 1095 平方米，方向为北偏东 4.6°，海拔 744 米，四角有角台（图 4-48）。

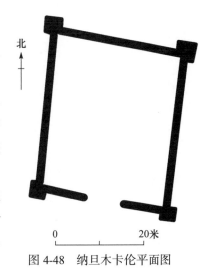

北

0　　　　　　20米

图 4-48　纳旦木卡伦平面图

---

［1］　国家文物局：《中国文物地图集·新疆维吾尔自治区分册》，文物出版社，2012 年，第612 页。

［2］　新疆维吾尔自治区文物局：《不可移动的文物·伊犁哈萨克自治州（直属县市）卷（1）》，新疆美术摄影出版社，2015 年，第 531 页。

十一、阿布散特尔卡伦

阿布散特尔卡伦位于察布查尔锡伯自治县斐新哈莎镇多兰图村。卡伦中心点地理坐标为北纬 43° 35′ 13.56″，东经 80° 43′ 59.26″，海拔 1105 米。卡伦地处霍诺海沟西侧约 5 千米的倾斜平原上，西距中哈边界线约 4 千米。卡伦西侧有一条自然冲沟。

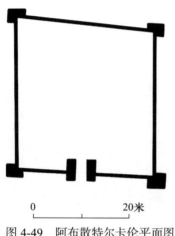

北

0   20米

图 4-49 阿布散特尔卡伦平面图

二普、三普对该卡伦进行了实地调查。二普记其南北长 34.4 米，东西宽 31 米。门向南开，宽 3.1 米，门两侧有廊，长 4.4 米。墙体宽 0.8～1.2 米，高 4.2 米[1]。三普记其南北长 34.4 米，东西宽 31.6 米。门朝南，宽约 2.9 米，门两侧有廊，长 4.3 米。墙体上窄下宽，厚 0.6～1.3 米，墙体最高处高约 4 米。四角有角楼，边长 2～3 米[2]。

我们借助卫星影像，实测该卡伦东、西墙长 30 米，南、北墙长 27 米，周长为 114 米，占地面积约为 810 平方米，方向接近正北，门朝南开。卡伦墙体为夯筑，夯土中夹杂石子和杂草（图 4-49）。

十二、多兰图卡伦

多兰图卡伦位于察布查尔锡伯自治县斐新哈莎镇多兰图村。卡伦中心点地理坐标为北纬 43° 32′ 48.95″，东经 80° 46′ 53.26″，海拔 1243 米。卡伦地处霍诺海沟西侧倾斜平原，其南为霍诺海山口。卡伦保存情况较好。

二普、三普对该卡伦进行了实地调查。二普记其南北长 31.5 米，东西宽 27 米。门朝南开，宽 3.7 米。四角设角台，顶部边长 2.2 米。墙体残高 2.7 米，厚 2.4 米[3]。

［1］ 国家文物局：《中国文物地图集·新疆维吾尔自治区分册》，文物出版社，2012 年，第 612 页。

［2］ 新疆维吾尔自治区文物局：《不可移动的文物·伊犁哈萨克自治州（直属县市）卷（1）》，新疆美术摄影出版社，2015 年，第 524 页。

［3］ 国家文物局：《中国文物地图集·新疆维吾尔自治区分册》，文物出版社，2012 年，第 612 页。

三普记其南北长 31.5 米，东西宽 27 米。门朝南开，宽约 3.5 米。四角设角楼，边长 2.2~2.8 米。墙体厚 1.3 米，高约 2.7 米[1]。

我们借助卫星影像，实测该卡伦东、西墙长 26 米，南、北墙长 27 米，周长 106 米，城内占地面积约为 702 平方米，方向为北偏东 28°（图 4-50）。

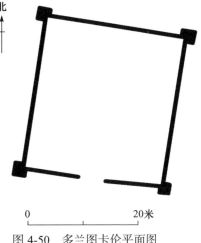

北

0　　　　　　20米

图 4-50　多兰图卡伦平面图

十三、吐库尔浑卡伦

吐库尔浑卡伦位于察布查尔锡伯自治县斐新哈莎镇多兰图村。卡伦中心点地理坐标为北纬 43° 28′ 44.19″，东经 80° 45′ 13.54″，海拔 1507 米。该卡伦位于洪纳海沟西侧山区，东距洪纳海河约 1 千米。

二普、三普对该卡伦进行了实地调查。二普记其东西长 36 米，南北宽 34.5 米。门朝南开，宽 4 米。墙体厚 0.4 米，高 1.7 米[2]。三普记其南北长 36.4 米，东西宽 33.8 米。门残宽约 3 米。墙体残损更甚，最高处高 1 米多，墙底部最宽处宽 1.5 米[3]。

我们借助卫星影像，实测该卡伦东墙长 35 米，南墙长 31 米，西墙长 30 米，北墙长 32 米，周长为 128 米，城内占地面积约为 994 平方米，方向为北偏东 16°。城内结构清晰，南门进去后东西两侧为房屋。卡伦西侧整体布满房屋，东北部分为空地（图 4-51）。

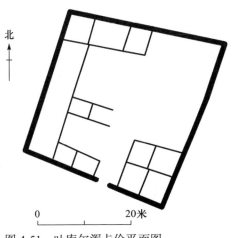

北

0　　　　　　20米

图 4-51　吐库尔浑卡伦平面图

[1] 新疆维吾尔自治区文物局：《不可移动的文物·伊犁哈萨克自治州（直属县市）卷（1）》，新疆美术摄影出版社，2015 年，第 521 页。

[2] 国家文物局：《中国文物地图集·新疆维吾尔自治区分册》，文物出版社，2012 年，第 612 页。

[3] 新疆维吾尔自治区文物局：《不可移动的文物·伊犁哈萨克自治州（直属县市）卷（1）》，新疆美术摄影出版社，2015 年，第 526 页。

十四、洪纳海卡伦

洪纳海卡伦位于察布查尔锡伯自治县斐新哈莎镇多兰图村。卡伦中心点地理坐标为

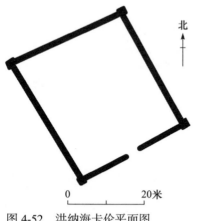

图 4-52　洪纳海卡伦平面图

北纬 43° 27′ 53.45″，东经 80° 45′ 56.9″，海拔 1420 米。卡伦地处霍诺海沟内西岸台地上。

三普对其进行了调查，记其南北长 35 米，东西宽 30.4 米。门朝南开，宽 4.2 米。墙体夯层厚约 20 厘米，夯层之间夹杂碎草。墙厚 1.2 米，上有女墙，墙体保存最高处高 3.6 米[1]。

我们借助卫星影像，实测该卡伦平面呈方形，东、西墙长 35 米，南、北墙长 30 米，周长为 130 米，占地面积约为 1050 平方米，方向为北偏西 20°（图 4-52）。

十五、哈 桑 卡 伦

哈桑卡伦位于昭苏县吐格勒勤布拉克村，扼守哈桑河沟口南侧。卡伦中心点地理坐标为北纬 43° 6′ 36.83″，东经 80° 46′ 49.86″，海拔 1977 米。该卡伦可见于《新疆图志》之《舆图》，应为乾隆年所建。该卡伦由我们首次发现，并予以确认。

卡伦平面呈方形，边长约为 44 米，周长为 176 米，面积约为 1936 平方米，方向为北偏西 15°。门朝南开，四角可见角台。卡伦内部被土墙分为"田"字形结构（图版一一，6）。东墙外侧有一方形土围墙，围墙北墙长 28 米，东墙长 24 米，南墙、西墙长 27 米，方向为北偏西 10°，应为马厩一类建筑（图 4-53）。

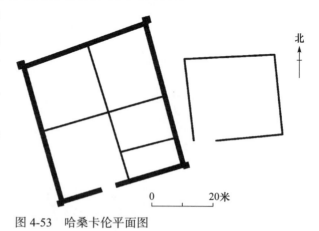

图 4-53　哈桑卡伦平面图

---

[1]　新疆维吾尔自治区文物局：《不可移动的文物·伊犁哈萨克自治州（直属县市）卷（1）》，新疆美术摄影出版社，2015 年，第 528 页。

十六、格登山卡伦

格登山卡伦位于昭苏县格登庄北的格登沟，地处萨尔套山深处。卡伦中心点地理坐标北纬43°0′16.18″，东经80°29′44.65″，海拔2041米。该卡伦由我们首次发现，并予以确认。

卡伦平面呈方形，夯土建筑，残存墙垣，南北宽53米，东西长58米，周长为222米，面积约为3074平方米，方向为北偏东4°（图4-54）。卡伦墙体厚6.4米，残墙最高处高约1米。门朝南开，门道残宽4.5米。卡伦四角凸出，为角台残迹。城内较均匀地分布8个区块，应为房址、马厩之类建筑（图版一二，5）。

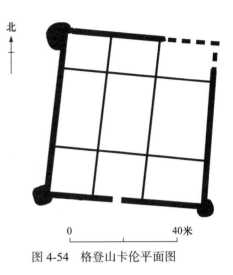

图4-54 格登山卡伦平面图

十七、苏里季尔卡伦

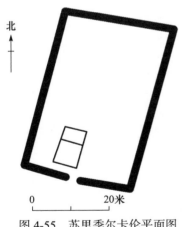

图4-55 苏里季尔卡伦平面图

苏里季尔卡伦位于昭苏县夏特柯尔克孜族乡阔斯托别村，紧邻特克斯河。该卡伦由我们首次发现，并予以确认。

卡伦中心点地理坐标为北纬42°52′3.23″，东经80°30′57.29″，海拔1695米。该卡伦保存情况较好，呈长方形，方向为北偏东14°，南北长约42米，东西宽约28米，周长计140米，占地面积为1176平方米。城内可见房屋院落遗迹（图4-55）。

十八、纳林哈勒噶卡伦

纳林哈勒噶卡伦位于胡松图喀尔逊蒙古族乡喀拉克米尔村，地处纳林果勒河东岸的河谷阶地上。卡伦中心点地理坐标北纬42°40′31.98″，东经80°11′8.81″，海拔1974米。该卡伦由我们首次发现，并予以确认。

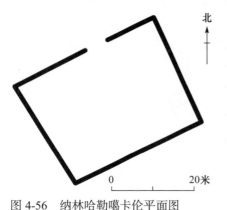

卡伦平面呈方形，仅存残垣，北墙长 74 米，东墙长 56 米，南墙长 67 米，西墙长 53 米，周长计 250 米，面积为 3850 平方米。卡伦方向为北偏西 35°，开北门（图 4-56）。该卡伦可见于《新疆识略》《新疆图志》等之《舆图》中，应为清乾隆年间所建。

图 4-56　纳林哈勒噶卡伦平面图

十九、惠远新城营盘

营盘是用来驻兵与训练的场所，还可以起到一定的防御作用，功能与卡伦相似。目前已知的营盘均是围绕惠远新城和绥定城兴建的，下文分别予以介绍。围绕在惠远新城的不同方向分别有营盘遗址，共有 5 个，其中最西的一个已不存，锁眼卫星影像中也已不见，其余的可以方向命名。

惠远新城东营盘　位于霍城县惠远镇央布拉克村西北，在惠远新城东北 700 米处，西临汤姆察布拉克河。三普对其进行了调查，彼时仅存部分东墙、南墙，其中南墙残存 105 米，东墙残存 245 米（图版一〇，5）。墙体最高处高约 2.5 米，底宽 2 米，顶宽 0.8 米。城墙东南角尚有角楼遗址一处[1]。

根据锁眼卫星影像可知，早年东营盘遗址尚存（图 4-57）。为三连城结构，由自西向东依次变小的三个长方形小城构成。最西边是大城，平面呈不规则五边形，西北角地理坐标为北纬 44° 0′ 7.33″，东经 80° 55′ 24.78″，中心点地理坐标为北纬 44° 0′ 0.74″，东经 80° 55′ 33.89″。西墙长 315 米，南墙长 404 米，东墙长 272 米，东北墙长 90 米，北墙长 345 米，周长计 1426 米，面积为 129147 平方米。再往东是中城，西南角地

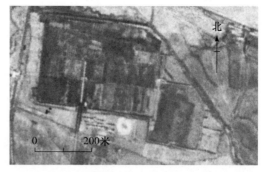

图 4-57　惠远新城东营盘锁眼卫星影像（1965 年 10 月 1 日）

©U. S. Geological Survey, EROS Data Center, Sioux Falls, SD, USA

---

[1]　新疆维吾尔自治区文物局：《不可移动的文物·伊犁哈萨克自治州（直属县市）卷（3）》，新疆美术摄影出版社，2015 年，第 39 页。

理坐标为北纬 43°59′52.75″，东经 80°55′41.15″，西墙北段为借用西城东墙的 130

米，南段从西城东南角往西 15 米处起建，长 85 米，南墙长 178 米，东墙长 160 米，东北墙长 89 米，北墙长 122 米，周长计 764 米，面积为 36824 平方米。东城规模最小，为长方形，其西南角地理坐标为北纬 43°59′51.22″，东经 80°55′52.11″，西墙借用了中城南段，长 82 米，南墙长 67 米，东墙长 80 米，北墙长 68 米，周长计 297 米，面积为 5724 平方米。该营盘外围总周长为 2042 米，总占地面积为 171695 平方米（图 4-58）。

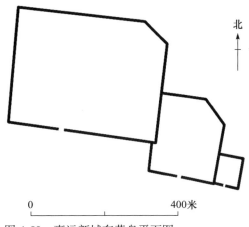

图 4-58 惠远新城东营盘平面图

该营盘遗址没有发现马面遗址，可见角台和城门。三城的城门均位于南墙，其中西城城门位于城墙中部偏西，中城、东城则均位于城墙中部。在西城西墙外侧南北两端的贴墙处均可见一小长方形建筑，规格约为 40 米 ×55 米，此类建筑还可见于西城东墙外侧和中城东墙外侧。其功能可能类似于关城，用于存放武器等。城内无明显建筑设施遗存。

惠远新城南营盘 位于惠远新城东南 940 米处，西临汤姆察布拉克河，现已无存。根据锁眼卫星影像可知，早年该营盘墙体保存尚好（图 4-59）。营盘为长方形，四角的坐标依次为：西北角北纬 43°58′51.21″，东经 80°55′17.44″；东北角北纬 43°58′51.04″，东经 80°55′21.64″；西南角北纬 43°58′47.50″，东经 80°55′17.06″；东南角北纬 43°58′47.47″，东经 80°55′21.13″。中心点地理坐标为北纬 43°58′48.96″，东经 80°55′19.09″。东、西墙长 109 米，南、北墙长 86 米，周长计 390 米，面积为 10096 平方米，方向为北偏东约 4°。

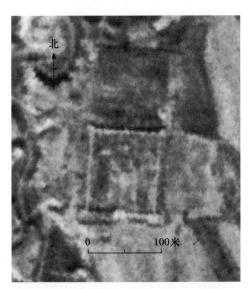

图 4-59 惠远新城南营盘锁眼卫星影像
（1965 年 10 月 1 日）

©U. S. Geological Survey, EROS Data Center, Sioux Falls, SD, USA

该营盘开南门，门道宽约 3.2 米，门道两侧有夯土堆，各向城内外延伸约 4 米。该营盘还有四个角台，北墙中央有马面，规制无法测量。通过影像，可看到该营盘北侧似乎与一个方形城体相接，隐约可见墙体，考虑到营盘北墙的角台与马面，北侧不应再有城体，故该小城存疑（图4-60）。

惠远新城西营盘　位于惠远新城西南600米处，西临萨尔布拉克河，现已无存。通过锁眼卫星影像可知，早年该营盘墙体保存尚好（图4-61）。

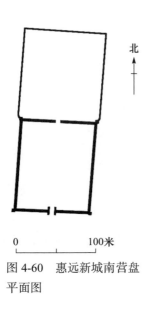

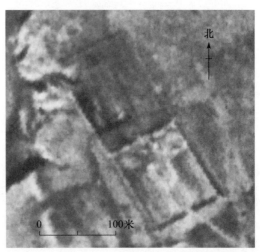

图4-61　惠远新城西营盘锁眼卫星影像（1965年10月1日）

©U. S. Geological Survey, EROS Data Center, Sioux Falls, SD, USA

图4-60　惠远新城南营盘平面图

该营盘由两个南北相连的长方形城体组成，其中北城西北角坐标为北纬43°59′0.15″，东经80°53′30.09″；东北角坐标为北纬43°59′1.41″，东经80°53′33.97″。南城东南角坐标为北纬43°58′54.46″，东经80°53′39.55″；西南角坐标为北纬43°58′52.93″，东经80°53′35.88″，中心点地理坐标为北纬43°58′56.89″，东经80°53′34.97″。北城东、西墙长137米，北墙长103米，南墙长97米，周长计474米，面积为13886平方米。南城东、西墙长117米，南墙长92米，北墙即为北城南墙，长97米，周长计423米，面积为10626平方米。该营盘外围总周长为703米，面积为24512平方米，方向为北偏西30°。两个城体均开南门，北城南门是两城联系的通道。南城可见角台，城内中央应有建筑基址（图4-62）。

惠远新城北营盘　位于惠远新城西北角以西700

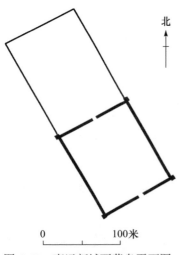

图4-62　惠远新城西营盘平面图

米处，西临萨尔布拉克河，现已无存。根据锁眼卫星影像可知，早年西营盘墙体保存稍好（图 4-63）。

　　该营盘由两个东西相连的长方形城体组成，其中西城西北角坐标为北纬 43°59′54.59″，东经 80°53′12.93″，西南角坐标为北纬 43°59′51.06″，东经 80°53′13.45″。东城东北角坐标为北纬 43°59′55.26″，东经 80°53′23.38″；东南角坐标为北纬 43°59′51.40″，东经 80°53′23.74″。西城东、西墙长 110 米，南、北墙长 97 米，周长计 414 米，面积为 10670 平方米。东城稍大，南、北墙长 134 米，东墙长 127 米，西墙即西城东墙，长 110 米，周长计 505 米，面积为 15776 平方米。该营盘外围总周长为 699 米，面积为 26446 平方米，方向为北偏西 8°。两城均开南门，两城之间没有城门互通。营盘西城可见角台，城内中央应有建筑基址（图 4-64）。

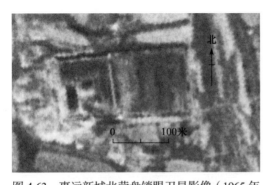

图 4-63　惠远新城北营盘锁眼卫星影像（1965 年 10 月 1 日）

©U. S. Geological Survey, EROS Data Center, Sioux Falls, SD, USA

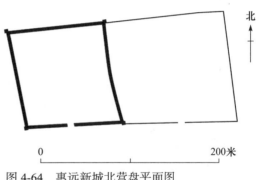

图 4-64　惠远新城北营盘平面图

二十、绥定城营盘

　　长远洞营盘　位于绥定城正北 1600 米处，东临萨尔布拉克河。该营盘遗址保存情况较好，城墙保存完整，近似平行四边形。中心点的地理坐标为北纬 44°4′9.30″，东经 80°52′8.38″。东、西墙长 100 米，南、北墙长 80 米，周长计 360 米，面积为 8000 平方米，方向以东墙计约为北偏西 18°（图 4-65）。城门结构保存较好，城门两侧有墩台，分别向城内外凸出约 2 米，城门道残宽约 6.4 米。营盘有 4 个角台，角台

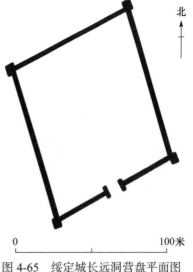

图 4-65　绥定城长远洞营盘平面图

面宽约 6.4 米（图版一〇，6）。城内西北角似有长方形建筑基址。

绥定城东营盘　位于绥定城东北角正东 867 米，现已无存。根据锁眼卫星影像可知该营盘在 20 世纪 60 年代仍存，墙体保存情况尚可（图 4-66）。营盘近似正方形，四角坐标依次为：东北角北纬 44° 3′ 18.92″，东经 80° 53′ 24.06″；东南角北纬 44° 3′ 17.28″，东经 80° 53′ 26.69″；西南角北纬 44° 3′ 14.93″，东经 80° 53′ 24.04″；西北角北纬 44° 3′ 16.71″，东经 80° 53′ 21.40″。中心点地理坐标为北纬 44° 3′ 16.76″，东经 80° 53′ 23.95″，海拔 648 米。该营盘东墙长 80 米，南墙长 94 米，西墙长 83 米，北墙长 90 米，周长计 347 米，面积为 7415 平方米，方向为北偏西 49°。营盘城门位于南墙正中，门道两侧有夯土台基。该营盘有 4 个角台（图 4-67）。

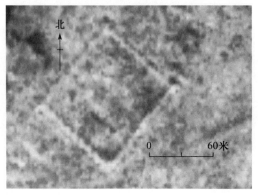

图 4-66　绥定城东营盘锁眼卫星影像（1965 年 10 月 1 日）
©U. S. Geological Survey, EROS Data Center, Sioux Falls, SD, USA

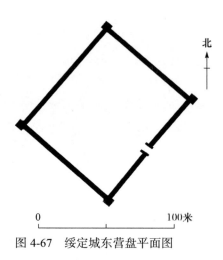

图 4-67　绥定城东营盘平面图

二十一、瞻德城东营盘

瞻德城东营盘位于瞻德城东约 1080 米，东临头道河，现已无存。根据锁眼卫星影像可知，该营盘在 20 世纪 60 年代仍存，墙体保存情况尚可（图 4-68）。

该营盘近似正方形，四角坐标依次为：东北角北纬 44° 11′ 36.22″，东经 80° 46′ 39.74″；东南角北纬 44° 11′ 33.74″，东经 80° 46′ 39.26″；西南角北纬 44° 11′ 33.82″，东经 80° 46′ 35.01″；西北角北纬 44° 11′ 36.54″，经 80° 46′ 35.89″。中心点地理坐标为北纬 44° 11′ 35.07″，东经 80° 46′ 37.53″，海拔 723 米。营盘近似正方形，方向为北偏东 8°，边长约 85 米，周长计 340 米，面积约为 7225 平方米。该营盘开东、西、北三门，四角有角台（图 4-69）。

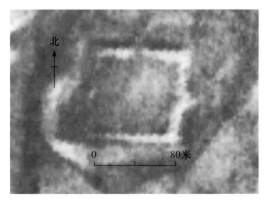

图 4-68　瞻德城东营盘锁眼卫星影像（1965 年
10 月 1 日）

©U. S. Geological Survey, EROS Data Center, Sioux
Falls, SD, USA

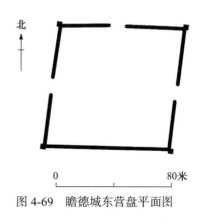

图 4-69　瞻德城东营盘平面图

二十二、沙图阿满军台

沙图阿满军台位于夏特河的北沟口处。这里河流汇集，水草丰美，是昭苏县夏特柯尔克孜族乡的冬、夏草场，也是重要的交通据点。军台地理坐标为北纬 42° 39′ 21.23″，东经 80° 34′ 59.50″，海拔 2095 米。

我们对其进行了实地调查（图版一五，6）。军台现存遗址由房屋和院落组成。院落长 39.5 米，宽 27.6 米，开东门，墙宽 1.6 米，残高约 1.2 米（图版一二，6）。院落周长为 134.2 米，面积为 1090 平方米。房屋外缘长 25.8 米，宽 13.25 米，高约 4 米，墙宽 1.5 米。房屋内缘宽 7.18 米，残长 20.58 米，内部高 3.10 米，房顶梁柱周长为 1 米。军台南侧 350 米处有一寺庙敖包遗址。

二十三、乔老克炮台

乔老克炮台位于霍城县西南霍尔果斯河东岸边的二级阶地上。地理坐标为北纬 43° 54′ 27.40″，东经 80° 30′ 29.90″，海拔 556 米。三普曾对其进行调查，记其残高 3.4 米，南北长 4.8 米，东西宽 3.8 米，外周长为 17.2 米，面积约 18 平方米[1]（图版一一，4）。

---

[1]　新疆维吾尔自治区文物局：《不可移动的文物·伊犁哈萨克自治州（直属县市）卷（3）》，新疆美术摄影出版社，2015 年，第 37 页。

第四节　其他清代城址的调查

一、火烧庄子古城

火烧庄子古城位于塔勒奇城西南侧约 270 多米处，西侧紧邻果子沟河。现城墙遗迹仍存，三普时首次对其做了调查，记载其："周长约 707 米，呈不规则的六边形；墙基高约 3 米，底宽 17 米，顶宽 5 米；西墙中部有一门道遗迹，宽约 6 米；城墙外侧有护城壕，但不清晰。调查中采集到一些绛色陶片和青花瓷片。"并推断该城年代上限到元，下限至清[1]。

我们结合卫星影像对其进行了现场调查，纠正了三普调查中的一些错误结论。该城中心坐标为北纬 44° 2′ 26.20″，东经 80° 48′ 15.01″。平面为五边形，东北和西南墙各有一个门。其中西南墙长 209 米（图版一〇，2），西北墙长 117 米，东北墙长 178 米，东南墙长 190 米，南墙长 123 米，周长计 817 米，面积约为 44308 平方米，海拔 611 米，方向为北偏西 20°（图 4-70）。

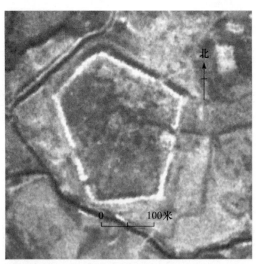

图 4-70　火烧庄子古城锁眼卫星影像（1965 年 10 月 1 日）

©U. S. Geological Survey, EROS Data Center, Sioux Falls, SD, USA

---

[1]　新疆维吾尔自治区文物局：《不可移动的文物·伊犁哈萨克自治州（直属县市）卷（3）》，新疆美术摄影出版社，2015 年，第 14 页。

　　火烧庄子古城非常靠近塔勒奇河，其功能应该与用水有关。进一步讲，2 个城门一个朝向塔勒奇河，一个正对塔勒奇城，因此在功能上可能成为联系塔勒奇城与塔勒奇河的重要媒介，极有可能是利用塔勒奇河水的水源或者水能，来提供或辅助生产塔勒奇城所需的物品、资源或者能量。当然，也许其仅仅是一个营盘遗址。上述两种推测需要更多的材料来验证。

二、哈什怀顺城

　　哈什怀顺城位于伊宁县喀什乡赛皮尔村（维语"城墙"之意）北，南临伊犁河。经实地调查，地面已无城墙痕迹。但在拍摄于 1965 年的锁眼卫星影像中，仍可见该城完整轮廓。到 20 世纪 80 年代，尚存断壁残垣。在 2010 年 4 月所拍摄的卫星影像中，仍可见到北墙、东墙、西墙的城墙遗痕，古城开南门，但不见瓮城、角台、马面、护城河等。

　　结合锁眼卫星影像及古城现状，可复原该城的地理坐标及形制。古城大体呈正方形，东墙、西墙略有弧度。古城方向为北偏东约 6.5°。古城中心地理坐标为北纬 43°39′23.20″，东经 81°53′23.04″。四角的地理坐标依次为：西北角北纬 43°39′32.01″，东经 81°53′14.39″；东北角北纬 43°39′30.28″，东经 81°53′34.56″；东南角北纬 43°39′16.20″，东经 81°53′33.05″；西南角北纬 43°39′16.16″，东经 81°53′12.27″。古城东墙长 435 米，南墙长 466 米，西墙长 492 米，北墙长 455 米，合计 1848 米，面积为 212403 平方米，海拔为 726 米（图 4-71）。

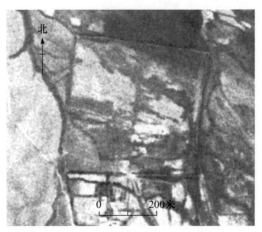

图 4-71　哈什怀顺城锁眼卫星影像（1965 年 10 月 1 日）

©U. S. Geological Survey, EROS Data Center, Sioux Falls, SD, USA

三、索伦营城

索伦营城位于霍城县内，北距上海—霍尔果斯公路（G312 国道）约 1100 米，精霍铁路穿城而过。该城城墙现已无存，但在拍摄于 1965 年的锁眼卫星影像中，仍可看到其完整轮廓。

古城近似长方形，开东、西、南三门，南门外设马蹄形瓮城。北墙正中靠内侧有长方形土台。城内有十字大街。通过卫星图隐约可见城内有联排式建筑。

古城古城方向为北偏西约 13°。中心坐标为北纬 44° 9′ 55.80″，东经 80° 37′ 15.27″。四角的地理坐标依次为：西北角北纬 44° 10′ 4.67″，东经 80° 36′ 56.68″；东北角北纬 44° 10′ 8.60″，东经 80° 37′ 26.23″；东南角北纬 44° 9′ 46.61″，东经 80° 37′ 32.60″；西南角北纬 44° 9′ 44.27″，东经 80° 37′ 2.82″。古城东墙长约 693 米，南墙长约 661 米，西墙长约 643 米，北墙长约 672 米，周长计 2669 米，面积为 447434 平方米，海拔 680 米（图 4-72）。

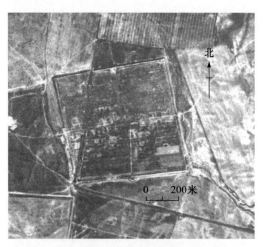

图 4-72　索伦营城锁眼卫星影像（1965 年 10 月 1 日）

©U. S. Geological Survey, EROS Data Center, Sioux Falls, SD, USA

第五节　小　结

就目前的调查来看，伊犁河谷清代城址类遗存主要包括伊犁九城、牛录城、卡伦以及营盘，构成了本书研究的主要内容。城址保存情况不一，但每一类城址都可通过地面调查和卫星影像判断出形制。部分古城的墙体有所保存，墙体上的城门、马面、角台也都存在，为研究各部分功能提供了可能性（表4-1）。"碧落黄泉"研究方法的不断开拓，进一步丰富了相关研究的可能性。

对惠远老城、惠远新城的勘探有重要意义。通过调查我们只能看到地面遗迹的情况，而勘探则深入到地下，获得的信息更全面。此外，由于地面遗迹受人为及自然因素扰动比较大，调查数据有时不能反映遗址原貌，而地下遗存由于掩埋被保护起来，通过勘探获得的数据更准确，基本为遗存的原始情况。这些在惠远老城和惠远新城中反映了出来。在本书之后的研究中，将以勘探数据为主，调查数据为辅。

卫星影像成为考古调查的重要组成部分，尤其是早年的锁眼卫星影像，是我们调查研究过程中的一把利器。在实地调查过程中，部分城址破坏比较严重，仅通过地面调查无法确定城址的布局情况，锁眼卫星影像则保存了城址在20世纪60年代时候的情况，彼时古城基本保存完整。在调查中，我们将经过校正的锁眼卫星影像叠加到现在的卫星地图上，可以轻易判断出古城的形制，解决了一些基本问题，甚至还纠正了前人一些错误认识。

表 4-1　伊犁河谷清代

遗址名称	周长（米）	面积（平方米）	中心经度（东经）	中心纬度（北纬）	形状	角度（以西墙）	是否古今重叠	始建年代	遗址内现存地面古建筑
惠远老城（扩建前）	5356	1792777	80° 55′ 14.82″	43° 56′ 14.40″	正方形	北偏东 4°	否	乾隆二十九年（1764）	原东门楼台
惠远老城（扩建后）	6155	2310201	80° 55′ 24.31″	43° 56′ 14.67″	长方形	北偏东 4°	否	乾隆二十九年（1764）	原东门楼台
惠远新城	5210	1696450	80° 54′ 21.51″	43° 59′ 32.83″	正方形	北偏东 5°	是	光绪八年（1882）	将军衙署、钟鼓楼、衙署、文庙
惠宁城（扩建前）	3668	835798	81° 14′ 42.74″	43° 58′ 30.66″	正方形	北偏东 20°	否	乾隆三十年（1765）	旧瓮城台基
惠宁城（扩建后）	4296	1132408	81° 14′ 21.95″	43° 58′ 35.25″	长方形	北偏东 20°	否	乾隆三十年（1765）	旧瓮城台基
绥定城	2390	355222	80° 52′ 29.27″	44° 3′ 5.00″	正方形	北偏西 2.3°	是	乾隆二十七年（1762）	无
瞻德城	1913	229255	80° 45′ 36.74″	44° 11′ 22.19″	正方形	北偏东 2.5°	是	乾隆四十五年（1780）	无
广仁城	1905	226588	80° 50′ 49.49″	44° 13′ 50.82″	正方形	北偏西 4.1°	否	乾隆四十五年（1780）	无
拱宸城	1975	238832	80° 27′ 18.23″	44° 9′ 56.04″	正方形	正北	是	乾隆四十五年（1780）	无
熙春城	1346	112949	81° 17′ 5.67″	43° 56′ 44.16″	正方形	北偏西 6.8°	是	乾隆四十五年（1780）	无
塔勒奇城（扩建前）	869	47008	80° 48′ 31.48″	44° 2′ 40.32″	正方形	北偏西 9.2°	否	乾隆二十六年（1761）	无
塔勒奇城（扩建后）	1345	114207	80° 48′ 33.78″	44° 2′ 42.91″	正方形	北偏西 9.2°	否	乾隆二十六年（1761）	无
宁远城	2986	555394	81° 19′ 16.30″	43° 54′ 42.84″	正方形	北偏西 1.2°	是	乾隆二十七年（1762）	清真寺
火烧庄子古城	817	44308	80° 48′ 15.01″	44° 2′ 26.20″	五边形	北偏西 20°	否	不详	无
哈什怀顺城	1848	212403	81° 53′ 23.04″	43° 39′ 23.20″	长方形	北偏东 6.5°	否	乾隆二十九年（1764）	无
索伦营城	2669	447434	80° 37′ 15.27″	44° 9′ 55.80″	长方形	北偏西 13°	否	光绪年间	无

及相关军事遗迹统计表

址内主干道路	现存墙体	城门	瓮城	马面	角台	护城河	遗址外现存古建筑	遗址内遗物	周边环境	别称
"十"字形大街	北墙	四门	马蹄形	有	有	有	北关、东关	夯锤、砖瓦、陶片、瓷片、铜构件、铜钱等	南临伊犁河	
"十"字形大街	北墙、东墙	四门	马蹄形	有	有	有	北关、东关	夯锤、砖瓦、陶片、瓷片、铜构件、铜钱等	南临伊犁河	
"十"字形大街	四墙皆存	四门	马蹄形	有	有	有	东营盘、南营盘、西营盘、北营盘	无	西临萨尔布拉克河，东临汤姆察布拉克河	
"十"字形大街	四墙皆存	四门	马蹄形	有	有	有	无	无	东临匹里青河，西临苏勒阿尔马提河	
"卅"字形大街	四墙皆存	六门	马蹄形	有	有	有	无	无	东临匹里青河，西临苏勒阿尔马提河	
"十"字形大街	北墙	四门	马蹄形	有	有	有	水定陕西大寺、萨玛尔清真寺、长远洞营盘	无	东临萨尔布拉克河	
"十"字形大街	东、西、北墙	四门	马蹄形	有	有	有	无	无	东临头道河	
"十"字形大街	北门瓮城	四门	马蹄形	有	有	有	无	无	东临果子沟河	
"十"字形大街	西墙、北墙	四门	马蹄形	有	有	有	无	无	西临霍尔果斯河	
"十"字形大街	无	四门	马蹄形	无	有	有	无	无	西临匹里青河	
"一"字形大街	东、西、北墙	东、西门	无	有	有	有	无	无	西临果子沟河	
"一"字形大街	东、西、北墙	东、西门	无	有	有	有	无	无	西临果子沟河	
"十"字形大街	无	四门	有	有	有	无	陕西大寺、民居	无	南临伊犁河	
不详	墙体皆存	东北、西南门	无	无	无	有	无	绛色陶片、青花瓷片	西紧邻果子沟河	
不详	无	南门	无	无	无	无	无	无	南临南干渠，北临伊犁河	
"十"字形大街	不存	东、西、南门	有	无	有	无	无	无	伊犁河谷阶地	

遗址名称	周长（米）	面积（平方米）	中心经度（东经）	中心纬度（北纬）	形状	角度（以西墙）	是否古今重叠	始建年代	遗址内现存地面古建筑
乌珠牛录城堡	5876	2266967	80°47′48.33″	43°48′2.63″	不规则形	无	是	乾隆二十九年（1764）	关帝庙
堆齐牛录城	3077	595738	80°51′16.45″	43°50′4.68″	五边形	北偏西2°	是	嘉庆年间	无
孙扎齐牛录城	3156	617895	81°4′5.62″	43°49′58.09″	长方形	北偏西6.2°	是	光绪年间	靖远寺、关帝庙、娘娘庙
宁古齐牛录城	3555	819748	81°8′49.90″	43°50′21.80″	不规则形	无	是	嘉庆年间	无
纳达齐牛录城	2568	413006	81°10′50.18″	43°49′43.84″	长方形	北偏东2°	是	光绪年间	关帝庙、图公祠、娘娘庙
扎库齐牛录城	3041	537215	81°14′57.12″	43°48′16.60″	长方形	正北	是	嘉庆年间	娘娘庙、关帝庙
寨牛录城	1840	196002	81°17′47.07″	43°47′58.16″	不规则方形	北偏东3°	是	乾隆年间	无
哈尔索胡尔卡伦	110.8	767	80°21′38.7″	44°27′28.7″	正方形	不详	是	光绪八年（1882）	无
契格尔干卡伦	96	575	80°26′8.43″	44°22′46.53″	正方形	正北	否	光绪八年（1882）	无
富尔干卡伦	170	1800	80°24′28.87″	44°17′22.42″	长方形	北偏西15°	否	光绪八年（1882）	无
沙彦卡伦	122	928	80°24′45.04″	44°14′30.62″	正方形	北偏东10°	否	光绪八年（1882）	无
察罕额博卡伦	178	1974	80°27′38.67″	44°3′1.82″	长方形	北偏西9°	否	光绪八年（1882）	无
登元卡伦	120	896	80°29′5.22″	43°57′24.66″	正方形	北偏西35°	否	光绪八年（1882）	无
河源卡伦	106	700	80°31′42″	43°51′13″	正方形	北偏东3°	否	光绪八年（1882）	无
头湖卡伦	80	391	80°34′34.88″	43°47′43.11″	长方形	北偏东2.4°	否	光绪八年（1882）	无
梧桐孜卡伦	100	625	80°39′36.9″	43°44′8.75″	正方形	北偏西10°	否	光绪八年（1882）	住房、粮库、马厩、储草栅
纳旦木卡伦	133	1095	80°40′56.13″	43°41′31.08″	长方形	北偏东4.6°	否	光绪八年（1882）	无
阿布散特尔卡伦	114	810	80°43′59.26″	43°35′13.56″	正方形	正北	否	光绪八年（1882）	无
多兰图卡伦	106	702	80°46′53.26″	43°32′48.95″	正方形	北偏东28°	否	光绪八年（1882）	无

续表

址内主干道路	现存墙体	城门	瓮城	马面	角台	护城河	遗址外现存古建筑	遗址内遗物	周边环境	别称
"一"字形大街	北墙	东、西门	无	无	无	无	无	无	北临南干渠	
"十"字形大街	无	南、北门	无	无	无	无	无	无	南临南干渠,北临伊犁河	
"十"字形大街	北墙	四门	无	无	无	无	无	无	南临南干渠,北临伊犁河	
"丁"字形大街	无	四门	无	无	无	无	无	无	南临南干渠,北临伊犁河	
"十"字形大街	无	四门	无	无	有	有	无	无	南临南干渠,北临伊犁河	
"十"字形大街	北墙、南墙	四门	无	无	无	无	南关	无	北临南干渠	
"十"字形大街	无	四门	无	无	无	无	无	无	北临南干渠	
不详	无	南门	无	无	有	无	无	无	西临霍尔果斯河	
不详	无	南门	无	无	有	无	无	无	喀尔乌依沟内	
不详	四墙皆存	南门	无	无	有	无	无	无	西临霍尔果斯河	红山嘴卡伦
不详	四墙结存	南门	无	无	有	无	房址	无	西临霍尔果斯河	尼堪卡伦
不详	四墙皆存	南门	无	无	有	无	东340米有瞭望台	无	西临霍尔果斯河	
不详	四墙皆存	南门	无	无	有	无	无	绿油瓷片	西临霍尔果斯河	
不详	四墙皆存	南门	无	无	无	无	无	无	西临霍尔果斯河	三道河子卡伦
不详	四墙皆存	南门	无	无	有	无	无	无	北临伊犁河	
不详	四墙皆存	南门	无	无	有	无	无	无	伊犁河谷阶地	三棵树卡伦
不详	四墙皆存	南门	无	无	无	无	无	无	伊犁河谷阶地	
不详	四墙皆存	南门	无	无	有	无	无	无	伊犁河谷阶地	
不详	四墙皆存	南门	无	无	有	无	无	无	伊犁河谷阶地	

续表

遗址名称	周长（米）	面积（平方米）	中心经度（东经）	中心纬度（北纬）	形状	角度（以西墙）	是否古今重叠	始建年代	遗址内现存地面古建筑
吐库尔浑卡伦	128	994	80° 45′ 13.54″	43° 28′ 44.19″	不规则方形	北偏东 16°	否	乾隆年间	房址
洪纳海卡伦	130	1050	80° 45′ 56.9″	43° 27′ 53.45″	正方形	北偏西 20°	否	不详	无
哈桑卡伦	176	1936	80° 46′ 49.86″	43° 6′ 36.83″	正方形	北偏西 10°	否	乾隆年间	田字形布局
格登山卡伦	222	3074	80° 29′ 44.65″	43° 0′ 16.18″	正方形	北偏东 4°	否	乾隆年间	城内分成 8 个部分
苏里季尔卡伦	140	1176	80° 30′ 57.29″	42° 52′ 3.23″	长方形	北偏东 14°	否	乾隆年间	房屋院落遗址
纳林哈勒噶卡伦	250	3850	80° 11′ 8.81″	42° 40′ 31.98″	不规则方形	北偏西 35°	否	乾隆年间	无
惠远新城东营盘	2042	171695	80° 55′ 33.89″	44° 0′ 0.74″	三连城	北偏东 4°	否	光绪年间	无
惠远新城南营盘	390	10096	80° 55′ 19.09″	43° 58′ 48.96″	长方形	北偏东 4°	否	光绪年间	无
惠远新城西营盘	703	24512	80° 53′ 34.97″	43° 58′ 56.89″	二连城	北偏西 30°	否	光绪年间	中央可见建筑基址
惠远新城北营盘	699	26446	80° 53′ 17.03″	43° 59′ 53.11″	二连城	北偏西 8°	否	光绪年间	中央可见建筑基址
长远洞营盘	360	8000	80° 52′ 8.38″	44° 4′ 9.30″	平行四边形	北偏西 18°	否	乾隆年间	西北角可见建筑基址
绥定城东营盘	347	7415	80° 53′ 23.95″	44° 3′ 16.76″	正方形	北偏西 49°	否	乾隆年间	无
瞻德城东营盘	340	7225	80° 46′ 37.53″	44° 11′ 35.07″	正方形	北偏东 8°	否	乾隆年间	无
沙图阿满军台	134.2	1090	80° 34′ 59.50″	42° 39′ 21.23″	长方形	无	是	乾隆年间	房址
乔老克炮台	17.2	18	80° 30′ 29.90″	43° 54′ 27.40″	长方形	无	否	光绪年间	无

续表

址内主干道路	现存墙体	城门	瓮城	马面	角台	护城河	遗址外现存古建筑	遗址内遗物	周边环境	别称
不详	四墙皆存	南门	无	无	无	无	无	无	伊犁河谷阶地	
不详	四墙皆存	南门	无	无	有	无	无	无	霍诺海沟内西岸台地上	
不详	四墙皆存	南门	无	无	有	无	东侧有马厩	无	东临哈桑河沟口	
不详	四墙皆存	南门	无	无	有	无	无	无	格登沟内	
不详	四墙皆存	南门	无	无	无	无	无	无	南临特克斯河	
不详	四墙皆存	南门	无	无	无	无	无	无	西临纳林果勒河	
不详	东墙、南墙	南门	无	无	有	无	无	无	西临汤姆察布拉克河	
不详	不存	南门	无	有	有	无	北侧有墙体	无	西临汤姆察布拉克河	
不详	不存	南门	无	无	有	无	无	无	西临萨尔布拉克河	
不详	不存	南门	无	无	有	无	无	无	西临萨尔布拉克河	
不详	四墙皆存	南门	无	无	有	无	无	无	东临萨尔布拉克河	
不详	不存	南门	无	无	无	无	无	无	西临萨尔布拉克河	
不详	不存	东、西、北门	无	无	有	无	无	无	东临头道河	
无	院墙	东门	无	无	无	无	南侧350米有寺庙敖包	无	东临夏特河	
无	无	无	无	无	无	无	无	无	西临霍尔果斯河	

第五章 形 制 规 划

城址的形制与内部结构是城市考古的重要研究对象，是认识城址的基础。形制主要指城址城墙围垣所构成的形态，以及城门、瓮城、角台、马面等设施的组成形态，即城市形态学所谓的"城市形状"（Urban Form）。内部结构指城址内部街道的布局模式及建筑的分布情况，即"城市型式"（Pattern of Building Forms）。从这两个角度切入，可以有效地探索古城的规划及功能等更为深入的问题。本章即在前面研究的基础上探讨城址的形制，即伊犁河谷清代驻防城的形态。

在讨论城市形制时，首先直面的问题就是城廓的形态，这种形态是由城墙走向所决定的。城墙在中国古代城市构筑理念中非常重要，以至于"城"既可以代表城墙，也可以代表城市。中国帝制时代的城市人口基本集中在由城墙围起来的空间中，没有城墙的城市在某种意义上不能算是"城"，更应该是"市"。古代中国的废弃城市遗址目前的主要留存形态为"断壁残垣"，即城墙遗址。这使得考古学家在研究城市考古时，基本研究的都是带城墙的城址，首先关注的也是城墙及其形态[1]。

第一节 伊犁九城的方形形制及城墙形态

一、正方形城池的建设及扩建

伊犁九城在初始建设时，除惠方城形制为纵长方形外，其余均为正方形，其后部分城址沿某一方向进行扩建，变成长方形。古城均设有城门、瓮城及角台，部分有马面。同时，每个城址的具体情况又有所不同。

（一）方形城池的建设

清廷在伊犁地区最早兴建的城池是塔勒奇城，建于乾隆二十六年（1761）。该城建

---

[1] 有学者认为不应以"城墙内的城市"概括中国古代城市的形态特征。鲁西奇、马剑：《城墙内的城市？——中国古代治所城市形态的再认识》，《中国社会经济史研究》2009 年第 2 期，第 7～15 页。

成伊始是正方形。目前测得古城的规制为东墙长 362 米，南墙长 310 米，西墙长 366 米，北墙长 307 米，合计 1345 米。根据文献记载，古城曾向北扩建四十丈（合 128 米），向东扩建三十丈（合 96 米），则其初始规制为南北长约 234 米，东西宽约 214 米，总长约 896 米。文献中记其初建时的周长一里五分六厘（合 898.56 米），二者基本一致。综上可知，塔勒奇城初建时的规制为周长 280 丈（合 898.56 米），边长 70 丈（合 224 米）的正方形（图 5-1）。

绥定城经实地调查，结合早年卫星影像，可知东墙长 586 米，南墙长 607 米，西墙长 585 米，北墙长 612 米，合计 2390 米。文献记其周长为四里三分（合 2476.8 米），二者基本一致。可知绥定城初建时的规制为周长 774 丈（合 2476.8 米），边长 193.5 丈（合 619.2 米）的正方形（图 5-2）。

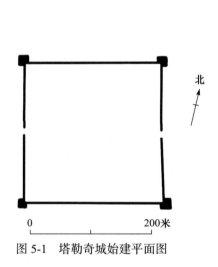

图 5-1　塔勒奇城始建平面图

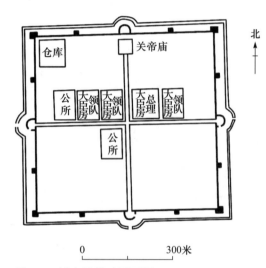

图 5-2　绥定城始建平面图

宁远城经实地调查，可推知东墙长 736 米，南墙长 755 米，西墙长 700 米，北墙长 795 米，合计 2986 米。文献记其周长为四里七分（合 2707.2 米），二者比较接近。可知宁远城初建时的规制为周长 846 丈（合 2707.2 米），边长 211.5 丈（合 676.8 米）的正方形（图 5-3）。

经实地调查可知，惠远老城北墙残长 1340 米，东墙残长 850 米，其中东北角距东门距离约 658 米（约合 206 丈），东北角

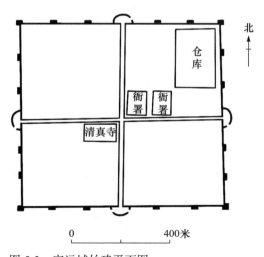

图 5-3　宁远城始建平面图

距北门的距离约 1057 米（合 330 丈）。文献记其初建时周长为一千六百七十四丈，共九里三分（合 5356.8 米），则边长为 418.5 丈（合 1339.2 米），与所测东墙北半部分（658 米，合 206 丈）大体相合，北墙亦符合。可知惠远老城初建时的规制为周长 1674 丈（合 5356.8 米），边长 418.5 丈（合 1339.2 米）的正方形（图 5-4）。

经实地调查可知，惠远新城东墙长 1295 米，南墙长 1310 米，西墙长 1295 米，北墙长 1310 米，合计 5210 米。文献记其周长为九里三分（合 5356.8 米），二者比较接近。可知惠远新城初建时的规制为周长 1674 丈（合 5356.8 米）、边长 418.5 丈（合 1339.2 米）的正方形，沿用了惠远老城初建时的规制（图 5-5）。

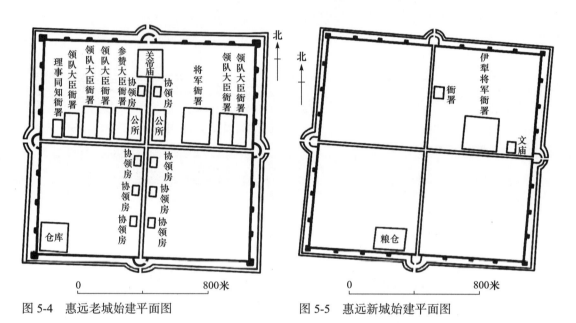

图 5-4　惠远老城始建平面图　　　　　　图 5-5　惠远新城始建平面图

惠宁城经实地调查，若以东侧的内城墙为古城东墙，则东墙长 940 米，南墙长 1182 米，西墙长 953 米，北墙长 1232 米，合计 4307 米。文献记其初建时的周长为六里三分（3628.8 米），后又向西扩建，变成一千三百六十四丈（合 4364.8 米），与现在实测大体相近。可知惠宁城初建时的规制为周长 1134 丈（合 3628.8 米），东、西墙长近 960 米（合 300 丈），则南、北墙应长 854.4 米（合 267 丈），古城形制为纵长方形（图 5-6）。

熙春城经实地调查，可推知东墙长 335 米，南墙长 336 米，西墙长 332 米，北墙长 343 米，合计 1346 米。文献记其周长为周二里二分（合 1267.2 米），二者比较接近。可知熙春城初建时的规制为周长 396 丈（合 1267.2 米），边长 99 丈（合 316.8 米）的正方形（图 5-7）。

广仁城和瞻德城的规模比较接近。经实地调查可知，广仁城东墙长 479 米，南墙

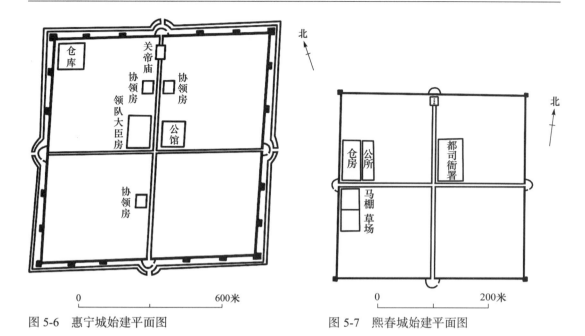

图 5-6　惠宁城始建平面图　　　　　　　图 5-7　熙春城始建平面图

长 474 米，西墙长 464 米，北墙长 488 米，合计 1905 米；瞻德城东墙长 475 米，南墙长 482 米，西墙长 478 米，北墙长 478 米，合计 1913 米。文献记二者周长为三里六分（合 2073.6 米），均与实测比较接近。可知广仁城、瞻德城初建时的规制为周长 648 丈（合 2073.6 米），边长 162 丈（合 518.4 米）的正方形（图 5-8、图 5-9）。

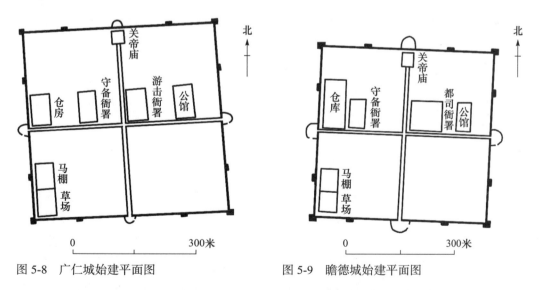

图 5-8　广仁城始建平面图　　　　　　　图 5-9　瞻德城始建平面图

　　经实地调查可知，拱宸城东墙长 496 米，南墙长 501 米，西墙长 472 米，北墙长 506 米，周长合计 1975 米。文献记其周长为三里七分（合 2131.2 米），二者比较接近。可知拱宸城初建时的规制为周长 666 丈（合 2131.2 米），边长 166.5 丈（合 532.8 米）

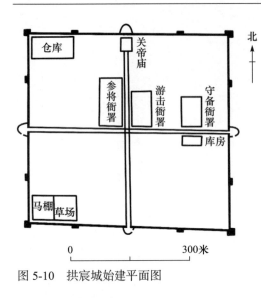

图 5-10　拱宸城始建平面图

的正方形（图 5-10）。

由此可知，伊犁九城在始建时均为方形，其中 8 个为正方形，在形制上是非常统一的，并且城墙边长是按照以丈为单位的 10 的倍数来设计的，反映出了一定的规划意识，表明中原造城传统在西域地区得到了更为严格的执行。西域地区汉唐以来的造城传统和中原略有不同，圆形城址占了相当一部分，中原王朝进入西域后修筑的城池也多是不规则形或者长方形。进入清代，伊犁九城整体以正方形面貌出现，犹如插入西域腹地的“定海神针”一般，宣示着清帝国对西域的改造和控制。可以说，伊犁九城是清帝国控制新疆后实行大一统控制的必然和象征。

伊犁九城初建时的规模，几乎每个城址都是不同的，城址的规模大体可以分为三等：第一等是惠远老城、惠宁城，边长在 300 丈及以上；第二等是绥定城、宁远城、广仁城、瞻德城、拱宸城，边长在 150～210 丈；第三等级是熙春城、塔勒奇城，边长在 100 丈及以下。第一等驻扎满营官军；第二等驻扎绿营较大编制官军，如左营、右营、中营、霍尔果斯营等，宁远城则收纳回民；第三等驻扎绿营较小编制。后来修建的惠远新城仍处于第一等级。城址在形态上的梯度划分与其驻兵族属和功能产生了关联。

伊犁九城在规划时基本采取以丈为单位的 10 的倍数来设计城墙长度。不过从实际建造情况来看，和理论上相应的丈数相比仍有误差，并且规模越大，越难控制丈数，误差也就越大。如果放在当时的建造水平背景下，并且考虑到墙体实际长度在城市功能中并非重要因素，这种误差是在可接受范围以内的。

（二）城池扩建为长方形

伊犁九城在建好之后，基本按照始建的形制沿用了下来，这与实地调查情况符合。其中惠远老城、塔勒奇城和惠宁城先后从正方形扩建为长方形，规模也进一步扩大。

惠远老城在乾隆二十九年（1764）建好之后，不断有人口向城内移驻，原来的规模已经无法容纳，于是便向东扩建：“将军保宁以创建惠远城已三十余载，户口繁多，原立房间不敷居住。奏明于城东展筑二百四十丈，共一里三分三厘有零。”[1] 扩建后的

---

[1]（清）松筠：《新疆识略》卷四《伊犁舆图》，《续修四库全书》第七三二册，上海古籍出版社，2002 年，第 641 页。

古城"统计新旧城共十里六分三厘有零"[1]，由正方形变为长方形。展筑后全城的几何中心向东偏移了约六十丈（合 192 米），更接近伊犁将军衙署的位置了（图 5-11）。

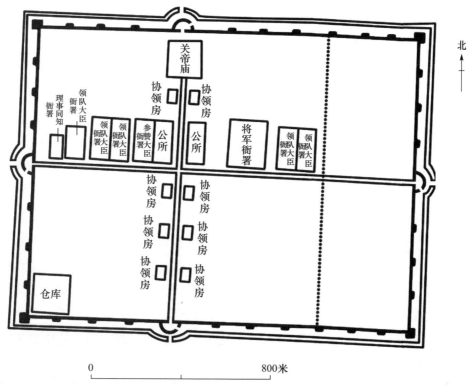

图 5-11　惠远老城扩建后平面图

扩建古城时，原来的东墙被拆除，留下了城墙基址，即在古城内夯土台基南北两侧勘探到的厚 0.5～0.9 米的夯土层。该夯土层呈南北走向，距现东墙距离为 388 米，约合 120 丈，与文献中所记相符。新筑的东墙、北墙现在仍有保存，在实际调查中，没有发现与旧有北城墙在夯层、土质、外在形态方面存在明显差异，可见新筑城墙的用土来源和夯筑技术与旧有城墙相同，极有可能是就地取土，顺便开挖护城河。扩建前的东门基址残留部分即是城内现存夯土台基，东北角台则稍加改造成为了马面。

塔勒奇城初建时规模非常小，嘉庆七年（1802）向北扩建了四十丈，合 128 米。嘉庆二十一年（1816），向东扩建了三十丈，合 96 米。其初建时是 70 丈 ×70 丈，扩建后变为 100 丈 ×110 丈，边长总计为 420 丈（合 1344 米），与现今实测所得 1345 米

[1]（清）松筠：《新疆识略》卷四《伊犁舆图》，《续修四库全书》第七三二册，上海古籍出版社，2002 年，第 641 页。

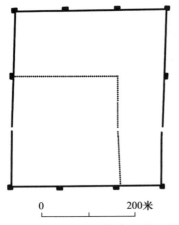

图 5-12　塔勒奇城扩建后平面图

基本吻合。徐松《西域水道记》中所记扩建后城址"共三里八分"[1]（合 2188.8 米）似应有误（图 5-12）。

根据早年调查东门的情况，并且通过锁眼卫星影像观测，塔勒奇城东门应位于距古城东南角约 110 米（约合 35 丈）的位置，刚好是初建古城边长规格 70 丈的一半。结合文献中古城东扩、北扩的记载，可知塔勒奇城的东门情况与惠远老城一样，即向东平移了。古城的西门应为西墙与现在马路的交汇处，大概位于西墙以南三分之一处。

惠宁城扩建的原因与惠远老城和塔勒奇城稍有不同，扩建方式也更为复杂。其扩建的主要原因除人口逐渐增多外，还因为东半部分地下水丰富，房屋受到损毁，"伊犁惠宁城驻防满洲官兵年久生齿日繁，原筑城垣地基窄小，旧有房间不敷栖止，请照乾隆五十八年展筑惠远城城垣之例，动用该城自行公设布铺、当铺结存利银捐修，酌派绿营差兵兴筑办理……惟该城东面城垣内外屡出水泉荡漾，以致东面城内地多碱滩，渐成泥淖，房间时修时倒，难以栖止，常年补筑城墙，仍复间假倾圮"[2]。舆图中古城东侧兵营之间分布较多泉眼，且存在大片空白，可反映出此情况。以上两点现实原因使得惠宁城的扩建过程较前两城稍微复杂一些。

惠宁城的扩建计划和实现过程是"拆东补西"，"将东南北面水泉碱滩潮湿之地隔出，旧有倾圮城墙四百六十丈，尽兴拆平；南面北面旧有坚固城墙各一百八十七丈及南北两城门，仍旧粘修如故；东面接连新筑城墙三百丈，又拆平旧城西面城墙三百丈；南北接连旧有坚固城墙向西各接筑城墙一百九十五丈，新筑西面城墙三百丈，通共新筑城墙九百九十丈，统计原留南北两段旧有城墙通长一千三百六十四丈"[3]。即通过在古城东侧内部距东墙约 83 丈（合 265.6 米）位置另修一道墙，将古城东侧隔了出去。古城南、北 83 丈和原来东墙的 300 丈（合 960 米），共计约 466 丈（合 1491.2 米）的城墙，被"全行拆去"[4]。在实践中，可能仅仅拆除了包砖或者墙上附属建筑，故夯

[1]（清）徐松：《西域水道记》卷四《巴勒喀什淖尔所受水》，中华书局，2005 年，第 246 页。

[2]《奏为展筑惠宁城垣移建教饬工竣查明取据册结咨部备案事》，朱批奏折，嘉庆十二年十二月十七日，中国第一历史档案馆藏，档号：04-01-37-0058-030。

[3]《奏为展筑惠宁城垣移建教饬工竣查明取据册结咨部备案事》，朱批奏折，嘉庆十二年十二月十七日，中国第一历史档案馆藏，档号：04-01-37-0058-030。

[4] 松筠：《新疆识略》卷四《伊犁舆图》，《续修四库全书》第七三二册，上海古籍出版社，2002 年，第 643 页。

土墙址现在仍可以看到。进而，拆除原来的西墙，在古城西侧沿南、北墙另增筑 195
丈（624 米），之后新建了西墙。并且在新筑的南、北墙上各新增一座城门，新筑西墙
中部也修建了城门。原来的西墙似乎也没有完全拆除，通过锁眼卫星影像可以看出其
在 20 世纪 60 年代仍有残存，其中部西侧 70 米的夯土台基应是原西门台基所残留的基
址（图 5-13）。

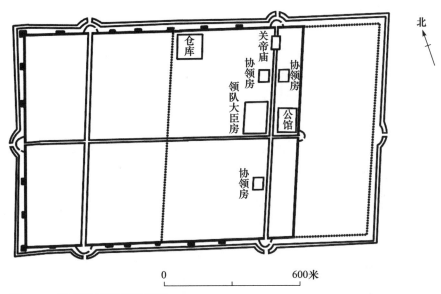

图 5-13　惠宁城扩建后平面图

通过以上分析，我们知道惠宁城现存的东侧两道城墙，靠东一道为古城始建东墙，
靠西即内侧一道为嘉庆十年（1805）增筑，两道城墙均保留下来。两城墙之间部分应
弃置不用。随着新西墙的修筑，惠宁城整体向西偏移，不但形制发生变化，连中心位
置都发生偏移。同时，原来的西门也顺着东西干道向西偏移，这与惠远城、塔勒奇城
东门的情况类似。此外，在古城新筑南、北墙中间位置又新筑了西南门、西北门，这
又是与上两城不同的地方，这是因为古城整体几何中心位置有了偏移，原来的南、北
门及南北干道已经严重偏居于一侧，所谓"因旧有南北两城门，系属通衢关厢铺面，
未便改移。惟两门俱已偏东，形势有碍，因于南北偏西添建城门两座，并新移建东西
城门两座"[1]。

惠远老城、惠宁城、塔勒奇城三城扩建的主要原因是人口的增多，这是由古城
"所以盛民"的根本属性决定的。中国古代的传统是先筑城，后"盛民"，即先做好规

---

[1]《奏为展筑惠宁城垣移建教饬工竣查明取据册结咨部备案事》，朱批奏折，嘉庆十二年十二
月十七日，中国第一历史档案馆藏，档号：04-01-37-0058-030。

划，修好城，随后进驻人口，伊犁九城因袭了这个传统。这一方面使得城市的形制非常统一，呈正方形，可以按照十倍甚而百倍丈数进行城址建设，最重要的是，让城市得以选择某一区间范围内的尺寸，以符合帝制时代森严的等级规范。另一方面，提前规划好的围垣使得城市应对变化的能力有所不足。古城既限定了人们居住的空间形态，也限制了人们居住的空间扩展性。从这方面来讲，随着古城的不断发展，古城的拆除、扩建及改造是必然的。惠远老城在建好后使用不到三十年便开始扩建（乾隆二十九年兴建，乾隆五十八年扩建），这是因为惠远老城吸纳人口的速度远远超出了建设时的设想，乾隆四十五年（1780）孙筹所奏"伊犁自乾隆三十一年设理事同知一员，今数十年来兵民户口以及各营刑名案件较前倍增"[1]，便是例证之一。

惠远老城作为第一个扩建的城池，有许多重要意义。在"普天之下，莫非王土"的帝制时代，城池的命运与中央王朝有紧密的联系，从古城的规划、动工到完工的各环节，都要向皇帝请示，最后的城名、门名到牌楼名都要皇帝来钦定，伊犁九城亦是如此。所以，在惠远城、惠宁城需要扩建时，首先由伊犁将军上奏请示，并详细说明扩建的原因及规划等，它们也是典型的马克斯·韦伯所谓的中国"理想城市"。塔勒奇城情况略有不同，是"兵丁自行展筑"，并没有向中央朝廷请示。一方面作为地区首府的惠远老城已经有了先例，另一方面作为伊犁九城中最小的一座城池，开始甚至没有名字，其作用与地位较低，不用上报也就在情理之中了。

尽管城址得到扩建，由正方形扩为长方形，但古城在规制上仍维持了统一。比如惠远老城在东扩时，东扩的距离是 388 米，约合 120 丈。我们实地调查时测量北墙始建角台间的距离约为 133 米，约合 41 丈，所以城墙新建部分的长度是按照增加 3 个马面来设计的。新建东墙城门、瓮城、角台、马面仍维持了始建东墙的规格。

从锁眼卫星影像上看，扩建部分的布局同始建城内的布局基本相同，呈矩形的块状结构。所以可以形象地说，惠远老城是朝东拉长了。惠宁城新筑城墙则在文献中有明确记载是完全沿用了老城规制，城市扩建同惠远城类似，像是东边往回缩了，西边又拉长了。塔勒奇城也是如此，新建东门与始建东门是相对的，扩建的距离也是刚够建 1 个马面。这些都暗示了伊犁九城在初建和扩建时，于形制上做了有意识的规划。

二、城墙的形态、构建及附属建筑

由伊犁九城城墙走向所决定的城址形态既然有一定的规格，那么城墙本身的规制

---

[1] 松筠：《新疆识略》卷五《官制兵额》,《续修四库全书》第七三二册，上海古籍出版社，2002 年，第 666 页。

是否也有规律可循？城墙本身的规制体现在城墙的形态及构筑方式上，形态包括城墙的高度、厚度、附属建筑等，构筑方式包括夯筑的方式、夯层的厚度等。目前，伊犁九城的城墙均已遭到不同程度的破坏，与始建时的形态有所差异，不过我们仍可通过考古调查得到较为详细的城墙建筑信息，再结合文献材料的记载，探索城墙建筑规制。

（一）城墙的形态

城墙的主要功能是防御，因此必须在高度和厚度上达到一定的规模。在实地调查中发现，伊犁九城中保存较好的城墙横剖面均呈梯形，且坡度较大，坡角接近80°。这与莫理循所拍摄的照片（图5-14）和德·费德罗夫的测绘结果基本一致。

图5-14　莫理循所摄绥定城北墙及城内景致（1910年5月19日）

城墙的高度和厚度在理论上应该呈正相关关系，事实也是如此。同时，城址的面积越大，等级越高，城墙在高度、厚度等方面的数值也应该越大。对于城墙的高度和厚度，除惠远老城与塔勒奇城外，各城的舆图中均有较为详细的记载。文献所载伊犁九城城墙的高度由城墙高和垛墙高组成，其中最高的是惠宁城，"城身高一丈六尺（5.12米），垛墙高五尺五寸（1.76米），共高二丈一尺五寸（6.88米）"[1]。其次是绥定城、宁远城、拱宸城、广仁城和瞻德城，均通高5.76米，其中绥定城与宁远城均为"城身高一丈二尺（3.84米），垛墙高六尺（1.92米），共高一丈八尺（5.76米）"[2]；其余三城为"城墙高一丈三尺（4.16米），底厚一丈四尺（4.48米），顶厚八尺五寸（2.72

[1]《奏将建造伊犁惠宁城奋勉效力绿营官兵交兵部议叙奖赏并绘制城图呈览折》，军机处满文录副奏折，乾隆三十五年八月十三日，中国第一历史档案馆藏，档号：03-0184-2384-032。

[2]《奏报伊犁城垣竣工折》，军机处满文录副奏折，乾隆二十七年七月九日，中国第一历史档案馆藏，档号：03-0179-1958-036。

米）。垛墙高五尺（1.6米），拦马墙高一尺六寸（0.512米）"[1]。最低的是熙春城，通高4.64米，其中"城墙高一丈（3.2米），底厚一丈（3.2米），顶厚六尺五寸（2.08米），垛墙高四尺五寸（1.44米），拦马墙高一尺二寸（0.384米）"[2]。

　　垛墙，即垛口墙，是城墙顶面靠外边缘的呈齿形的矮墙，构成了城墙防御的重要设施。伊犁九城的垛墙形状均为连续的矩形齿状矮墙，由三部分组成：底部连续的矮墙，可被称为"垛下墙"；上部不连续的垛墙；垛墙之间的垛口。三者构成一个整体。总体来看，垛墙的高度在1.44米、1.6米和1.76米不等，此处的高度指的是垛下墙和垛墙的总和。经实测，惠远新城的垛墙总高度是1.7米（图5-15）。城墙顶面靠内边缘一般会设置拦马墙，即女墙，作用是保护城墙之上的兵员马匹，防止其掉下去。部分城址的拦马墙高度见于记载，其中拱宸城、广仁城和瞻德城的高0.512米，熙春城的高0.384米，可见各城拦马墙高度也有一定差异，但整体较矮。垛墙和拦马墙是城墙的一部分，各城址之间在二者高度上的差异反映了城址在等级上的差异。

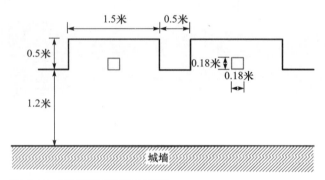

图 5-15　惠远新城垛墙立面图

　　这种在城墙高度和厚度上显示出的等级性，是与城址规模的等级性相对应的，即城墙最高的是惠远老城、惠远新城、惠宁城，其次是绥定城、宁远城、广仁城、瞻德城、拱宸城，最低的是熙春城、塔勒奇城。城墙高度及厚度较大，一方面可以加强对古城的防御，另一方面则使得古城在景观上更显示出其威势。相反，稍小规模的城墙在防御及观感上威慑的功能就较小。因此，这种在城墙高度及厚度上的等级性根本上

　　[1]　拱宸城可见于《为呈览伊犁新建霍尔果斯城图事图》，军机处满文录副奏折，乾隆四十五年十一月十八日，中国第一历史档案馆藏，档号：03-0189-2862-031；广仁城可见于《呈览伊犁乌可尔博尔素克城图事图》，军机处满文录副奏折，乾隆四十五年十一月十八日，中国第一历史档案馆藏，档号：03-0189-2862-032；瞻德城可见于《为呈览伊犁新建东察汗乌素城图事》，军机处满文录副奏折，乾隆四十五年十一月十八日，中国第一历史档案馆藏，档号：03-0189-2862-034。

　　[2]《为呈览伊犁新建巴燕岱城图事》，军机处满文录副奏折，乾隆四十五年十一月十八日，中国第一历史档案馆藏，档号：03-0189-2862-033。

是由古城的地位及重要性所决定的，其存在也是一种必然。

伊犁九城城墙的设计规制并没有像城址的边长一样，试图采用以丈为单位的 10 的倍数，甚而是自然数倍。理论上讲，城墙的高度要在防御效果与构筑成本之间实现均衡，因而统一的均衡值就很可能不是整数。尽管如此，城墙的规制还是在内部实现了统一。

首先是古城内部城墙规格的统一，这一方面可以从舆图中的介绍反映出来，即每个城址只叙述了一种规制。另一方面可以从城址的扩建中反映出来。例如，惠宁城"其新筑城墙按照旧城，底宽一丈四尺（4.48 米），收顶宽一丈（3.2 米），城身高一丈四尺（4.48 米），周围垛口高四尺五寸（1.44 米），女墙高二尺（0.64 米）"[1]，既表明惠宁城城墙的高度、厚度在建好之后有所削弱，也反映出城墙新修的部分是按照旧城的规制建造的。

伊犁九城城墙规制的统一还反映在相同时期修建的城址规格统一上。绥定城与宁远城均在乾隆二十七年（1762）修筑，拱宸城、广仁城和瞻德城都是在乾隆四十五年（1780）修筑，虽然城墙的总高度是一样的，但他们形成了两套不同的墙高和垛高的体系。熙春城虽然也是乾隆四十五年所建，但其明显是等级最小、功能最弱的一个城，规制上较其他同时修筑的城墙小也是理所应当。

通过以上对文献材料的分析，已经可以知道各城址城墙的规格等级，那么实际城墙的建造情况如何？这个问题需要通过调查及勘探所获得的考古材料来进一步检验。需要指出的是，伊犁九城均已遭到破坏，如今所见城墙已不是始建时的样子，垛墙也已无存，仅残留墙体本身，墙体也多坍塌破损，尽管如此，遗址所残留下来的信息仍是重要的线索。

惠远老城在二普调查时城墙高约 4～5 米，宽 3～5 米，我们调查时残墙高约3～4.5 米，顶宽 3.5～3.7 米。惠宁城经调查城墙最高为 5 米，最低为 1.5 米，顶部最宽达 4 米，最窄约为 2.5 米。两座城池的墙体现存最高处均在 5 米左右，这与文献所载惠宁城城墙 5.12 米的高度非常接近，惠远老城则稍受破坏。由此可见两座城池城墙保存好的位置的高度与始建几乎一致。城墙顶部的宽度也应在 4 米左右。

绥定城二普调查时城墙高 4.5 米，宽 5.5 米，三普调查时高 3.85 米，宽 3.5 米，我们调查所测结果与二普资料一致。广仁城二普调查时墙高 2～4 米，宽 3～5.3 米；我们调查时仅残存北门瓮城一段，残高约 3.8 米，墙体顶宽 2.3 米。瞻德城二普调查时城高3.5 米，顶宽 5 米；我们调查时城墙以护城河起高 5 米，顶宽 2.3 米，东墙北部基本完

---

[1]《奏为展筑惠宁城垣移建教饬工竣查明取据册结咨部备案事》，朱批奏折，嘉庆十二年十二月十七日，中国第一历史档案馆藏，档号：04-01-37-0058-030。

整，残高 5 米，顶宽 4.5 米，底宽 6 米。拱宸城西墙南段残高约 3.6 米，顶宽约 1.2 米。塔勒奇城西墙北段残高 3.5 米，宽 3 米。整体来看，这 5 座城址残存的高度在 3～5 米，以 3 米居多，仅瞻德城高 5 米，略显高大。宽度也在 1.2～5.5 米不等。尽管与文献所记略有出入，但仍能大体看出这 5 座城城墙的高度较惠远城、惠宁城低。

伊犁九城城墙除了露出地表的墙体外，城墙底部还在夯筑时加夯了一层地基，形成"压槽"。这在惠远老城扩建东门南段的勘探成果中可以看出来，其夯层地基宽约 6.8 米（合 2.1 丈），厚约 0.4～0.9 米（合 1.2～2.8 尺）。该地基在扩建中并没有完全拆除，但因埋在地下，城墙拆除后就丧失其功能。同时，通过惠远老城北墙城墙及基础的勘探，可知夯土地基向城墙外侧延伸了 3.5 米，向城墙内侧延伸了 1.8 米，而惠远老城宽 3～5 米，这基本可与《清式营造则例》规定的官式建筑基础的槽宽应为砖墙的 2 倍相符合[1]。惠宁城亦是这种构筑模式，规制略有不同。惠宁城城墙底部挖槽构建夯土基础，形成类似梯形基槽，深度约为 0.8 米，之后在基槽顶部两侧各内收 0.8 米的位置开始砌筑城墙。

综合以上，可知伊犁九城的城墙在形态上体现出了一定的规律性。城墙由墙体、垛墙、拦马墙、墙基等部分组成，城墙的高度体现出一定的等级性，即城址越大，城墙的规格也越大，这在文献及调查勘探成果中均可以反映出来。

（二）城墙的构建

伊犁九城城墙的构建方式为分段夯筑。夯筑城墙可以比较清楚地观察到，一般表现为分层的形式，不同夯层之间土质土色一般会略有不同，或者在刮面后会清楚地表现出来夯层间的缝隙。地下的夯筑堆积则可以通过勘探判断出来，一般表现为土质较硬、夹杂细小石粒或炭灰粒。

伊犁九城的夯筑工具一般为夯锤。调查惠远老城时所看到的夯锤直径为 23 厘米，而夯窝直径约 10～12 厘米，深约 1.5 厘米，考虑到夯锤不可能完全陷入夯土，所以二者应该是对得上的。惠远新城的夯窝有大、小夯之分，均为圆头夯，其中大夯直径约 12 厘米，小夯直径约 10 厘米，深约 1.5 厘米，与惠远老城一致。但是二城所用的夹板略有不同，新城用的是檩条，旧城用的是木板，所以城墙外观略有不同[2]。

分段夯筑的标准一般不固定。首先表现为分段的长度不一，以瞻德城为例，其长

---

[1] 李剑平：《中国古建筑名词图解辞典》"压槽"条，山西科学技术出版社，2013 年，第 272 页。

[2] 新疆文物考古研究所：《新疆伊犁霍城县惠远古城考古调查报告》，《西部考古》第七辑，三秦出版社，2014 年。

度从 1.5 米至 2.5 米不等，这反映了版筑所用木板的尺寸每次都略有不同。其次表现为夯层的厚度不一，惠远老城夯层厚为 8～10 厘米，塔勒奇城约为 11 厘米，绥定城为 8～12 厘米，惠宁城为 10 厘米，广仁城为 7 厘米，瞻德城为 7～15 厘米，拱宸城为 10～25 厘米。以上数据均为在城墙某一点采样测量所得，事实上每个城不同地方的夯层厚度也都不太一样，以瞻德城为例，其北墙夯层厚 10～12 厘米，东城门墙体夯层厚 7～12 厘米，北门瓮城的夯层厚 12～15 厘米。夯层的厚度应与每夯筑一层时加土的量有关系，因此具有一定的随机性。

伊犁九城城墙主体采用夯土版筑，外层并无包砖。因伊犁地处亚欧大陆腹地，属于温带大陆性干旱气候，降雨较少，将就地取材的黄土逐层夯筑后就构成了传统城镇中最常使用的夯土城墙。在防水要求不甚严格的西北地区，夯土版筑所建造的城墙能够屹立较长时期[1]。清人雷以诚刚到惠远老城，便随口吟到："峨峨雉堞土为城，风静不闻戍鼓声。"[2]可见古城虽是土城，仍给人以壮丽雄奇之感。

为了使城墙更加坚固，部分城址在墙体夯层间加入木棍、树枝或者藤条来充当木筋（或连接筋），这就同混凝土建筑中的钢筋一样，起到进一步连接和加固建筑的作用。比如绥定城墙体 4 米以下的夯层间夹杂有芦苇、榆树枝等，夹层间厚度为 18～25 厘米。又如拱宸城城墙外侧 1 米厚为后来加筑而成，加筑部分的夯层厚约 11 厘米，夯层间夹有芦苇、树枝等。从调查看来，植物枝条基本都是呈水平布置，并且枝条方向与墙体方向垂直。

（三）城墙的附属建筑

设立城墙的目的是保护城内的衙署、庙宇、粮仓、住宅及居民等，所谓"筑城以守君，造郭以卫民"。城墙上设置有助于防御的城楼、瓮城、角台、马面、垛墙等设施，以增强城垣的军事防御属性。城楼通常为二层或三层塔楼，主要为木构建筑，一般上覆瓦顶。城楼可作为城门守兵驻守时的营房及弓箭手的射击点。瓮城为城门外围建筑，呈方形或马蹄形，取"瓮中捉鳖"之意，可在敌人进入瓮城时攻击之。瓮城城门有的同城门方向一致，也有的偏向左或右侧。角台为城四角凸出部分，上建有城楼，城楼上有炮眼，同马面一同构成防御工事。马面是城墙外侧的台状设施，既可以用来加固城墙，也可以用于观察和防御。

[1] 李江、韦承君：《清代伊犁河谷城镇分布与形态规模研究》，《建筑史》第 44 辑，中国建筑工业出版社，2019 年。

[2]（清）雷以诚：《甫抵伊犁口占》，《雨香书屋诗续钞》武昌江汉书院递刻本，《清代诗文集汇编》第五八九册，上海古籍出版社，2010 年，第 779 页。

1. 城门结构

城门是沟通城墙内外的媒介，"入必由之，出必由之"，是古城不可或缺的一部分。同时，城门实际上也是城墙的缺口，是古城防御最薄弱的部分，所以城门的防御是城市防御的重中之重。伊犁九城城门的设置同城墙一样，也有一定的规制。据文献及舆图所记，伊犁九城的城门是一个较为复杂的结构，由城门楼台（简称"楼台"）、城门楼（简称"城楼"）及城门洞组成。

目前看来，伊犁九城中除塔勒奇城只有东、西门外，其余城址在初建时均有四组城门结构。结合调查及舆图，建城伊始城门均位于城墙的中点处。城门位置一经选择，其相对位置很难再作改变。其后有城址进行扩建，由于城门及街道的位置难以变动，城门结果就偏向墙体某一侧了，这在惠远老城、惠宁城及塔勒奇城中都可反映出来，但扩建后城址也都尽量将城门设在墙体的中央或者三分之一处。

城门楼台是城门结构的核心，构成了城门楼的台基伊犁九城的楼台由城内正视均似梯形，城址间楼台的规格也不太一样。惠宁城楼台规格有文献记载，为"顶厚二丈七尺（8.64 米），底厚三丈一尺（9.92 米），顶宽四丈七尺（15.04 米），底宽五丈一尺（16.32 米），高一丈八尺（5.76 米）"[1]。我们在惠宁城西北门的位置发现向城内凸出 2.3 米的结构，应为楼台向城内凸出部分。拱宸城、广仁城、瞻德城楼台规格较小，"楼台高一丈三尺（4.16 米），底厚三丈四尺（10.88 米），宽五丈五尺（17.6 米）"[2]。熙春城则更小，"高一丈（3.2 米），底厚二丈一尺（6.72 米）"[3]。

通过考古勘探，惠远老城、惠远新城城门楼台的规格也已摸清。惠远老城的北门及初建东门处均发现有夯土基址，其中在北门发现东西长 23 米，南北宽 22 米的夯土基址，距地表深达 1.4 米，夯土下即见生土，应为北门楼台基址；在初建东门发现东西长约 36 米，距地表 0.3～0.6 米的夯土基址，夯土下即见生土，应为东门楼台基址。老城楼台规格较其他城址大，再结合勘探出的东门道路位于夯土台的南侧，可判断该夯土台应为楼台的北半部分。惠远老城西门、南门仅发现有楼台所附马道，西门马道宽

---

[1]《奏将建造伊犁惠宁城奋勉效力绿营官兵交兵部议叙奖赏并绘制城图呈览折》，军机处满文录副奏折，乾隆三十五年八月十三日，中国第一历史档案馆藏，档号：03-0184-2384-032。

[2] 拱宸城可见于《为呈览伊犁新建霍尔果斯城图事图》，军机处满文录副奏折，乾隆四十五年十一月十八日，中国第一历史档案馆藏，档号：03-0189-2862-031；广仁城可见于《呈览伊犁乌可尔博尔素克城图事图》，军机处满文录副奏折，乾隆四十五年十一月十八日，中国第一历史档案馆藏，档号：03-0189-2862-032；瞻德城可见于《为呈览伊犁新建东察汗乌素城图事》，军机处满文录副奏折，乾隆四十五年十一月十八日，中国第一历史档案馆藏，档号：03-0189-2862-034。

[3]《为呈览伊犁新建巴燕岱城图事》，军机处满文录副奏折，乾隆四十五年十一月十八日，中国第一历史档案馆藏，档号：03-0189-2862-033。

约 4.5 米，南门马道宽约 4.4 米，均为夯土构造。

尽管楼台的形制大体相似，均为梯形，但按照建筑规格可以大体分为两型：I 型，楼台的高度高于城墙，包括惠远老城、绥定城、宁远城和惠宁城，均可通过舆图反映出来，如惠宁城的楼台高一丈八尺（5.76 米），城墙高一丈四尺（4.48 米）；II 型，楼台的高度与城墙相同，包括广仁城、瞻德城、拱宸城和熙春城，亦可通过舆图及其所记反映出来，其中前三者楼台与城墙均高一丈三尺（4.16 米），熙春城为一丈（3.2 米）。两种类型城楼的形成一方面与城址的等级有关系，惠远城楼台最高，显示了其等级上的最高地位；另一方面也体现了不同时期城址设计思路上的差别，I 型均是伊犁九城里较早的一批，II 型则较晚。

从以上分析来看，楼台的规格也是有一定等级的：惠远老城、惠远新城（图 5-16）、惠宁城、绥定城、宁远城、广仁城、瞻德城和拱宸城较大，熙春城较小，大体与城墙规格所反映出的等级特征一致。

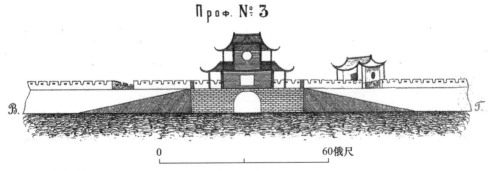

图 5-16　德·费德罗夫所绘惠远新城城门立面图
采自 Опыт Военно-статистического Описания Илийского Края, Ташкент: Типография Штаба Туркесганского Военного Округа, 1903

城门楼是设置于城门楼台上的土木建筑，既可起到防御作用，也具有装饰作用。伊犁九城城门楼大体采用了单檐或双檐两种模式，面阔三间或一间，构建较为精美。城门楼之间的规格并不完全一致。宁远城"城楼四座，每座高一丈五尺（4.8 米）"[1]。绥定城"城楼四座，每座高一丈（3.2 米）"[2]。拱宸城、广仁城、瞻德城"城门楼四座，每座高一丈六尺五寸（5.28 米），宽二丈一尺（6.72 米）。前后连廊深一丈七尺（5.44

---

[1]《奏报伊犁城垣竣工折》，军机处满文录副奏折，乾隆二十七年七月九日，中国第一历史档案馆藏，档号：03-0179-1958-036。

[2]《奏报伊犁城垣竣工折》，军机处满文录副奏折，乾隆二十七年七月九日，中国第一历史档案馆藏，档号：03-0179-1958-036。

米）"[1]。熙春城"城门楼四座，每座高一丈三尺八寸（4.416 米），宽一丈六寸（3.392 米）。前后连廊深九尺（2.88 米）"[2]。

　　城门洞位于楼台里面，但并不是每个楼台都会开城门洞。伊犁九城除塔勒奇城外，始建时均建有 4 个楼台，但绥定城、拱宸城、广仁城、瞻德城、熙春城北楼台均没开城门，扩建后的塔勒奇城也没北门。绥定城始开北门，名曰"宁漠"，后又将城门堵塞。不开北门是中国古代城市的一个传统，受到相关风水观念的影响。传统观念里，城门的开法非常重要，"城门者，关系一方居民，不可不辨，总要以迎山接水为主"[3]，东、北门一般是不开的，所谓"东北开门，多招怪异之事"[4]，这显然受到了《易经·坤卦》中"西南得朋，东北丧朋"[5]观念的影响。北面的城门一直被视为煞气的入侵口，这可能与中国大陆季风气候下冬天寒冷的北风有关，于是风水观念里北方位被认为是凶方，因之一般北门选择不开[6]。惠远老城、惠宁城作为地区内等级最高的城址，均开北门，应是出于实际需求而设。惠远新城则沿用了惠远老城的规制。而宁远城作为"回城"，受中原传统影响小一些，开北门也是合情合理的，甚至因地缘及历史因素，北门及门外北关成了宁远城重要的出入口和商贸集散区域。

　　城门同楼台一样，也可分为 I 型和 II 型，I 型为长方形城门，包括惠远老城、绥定城、宁远城和惠宁城；II 型为梯形城门，包括广仁城、瞻德城、拱宸城和熙春城，分类情况与楼台分型一样。I 型兴建时间比 II 型早，可见伊犁九城的兴建在规格上曾做过一些调整。一般来讲，梯形城门相对更稳定，因此乾隆四十五年（1780）兴建的四城的 II 型城门应为一种改进。城门进深一般同楼台的底厚相同，例如拱宸城、广仁城、瞻德城的城门入深和楼台底厚均为三丈四尺（10.88 米）。城门的宽度各有不同，宁远城

　　[1]　拱宸城可见于《为呈览伊犁新建霍尔果斯城图事图》，军机处满文录副奏折，乾隆四十五年十一月十八日，中国第一历史档案馆藏，档号：03-0189-2862-031；广仁城可见于《呈览伊犁乌可尔博尔素克城图事图》，军机处满文录副奏折，乾隆四十五年十一月十八日，中国第一历史档案馆藏，档号：03-0189-2862-032；瞻德城可见于《为呈览伊犁新建东察汗乌素城图事》，军机处满文录副奏折，乾隆四十五年十一月十八日，中国第一历史档案馆藏，档号：03-0189-2862-034。

　　[2]　《为呈览伊犁新建巴燕岱城图事》，军机处满文录副奏折，乾隆四十五年十一月十八日，中国第一历史档案馆藏，档号：03-0189-2862-033。

　　[3]　林筱谷编辑：《阳宅会心集》卷下《开城门论》，《稀见清代四部辑刊》第八辑 50，经学文化事业有限公司，2015 年，第 156 页。

　　[4]　邝璠：《便民图纂》卷一〇《起居类》，《续修四库全书》第九七五册，上海古籍出版社，2002 年，第 275 页。

　　[5]　（唐）李鼎祚撰，王丰先点校：《周易集解》，中华书局，2016 年，第 30 页。

　　[6]　陈宏、刘沛林：《风水的空间模式对中国传统城市规划的影响》，《城市规划》1995 年第 4 期。

"面阔三丈五尺（11.2 米）"，绥定城"（北）无门，东、西、南城门三座……高一丈二
尺（3.84 米），面阔一丈二尺（3.84 米）"，绥定城城门要远远小于宁远城，说明每个城
门在规格上是不同的，体现在城门的宽度、高度和深度有所不同。绥定城与宁远城在
城市等级上大体相近，但在城门的设计上似有不同，反映了城门的规制会根据情况有
所调整，侧面凸显了城门的实用性。

就考古调查来讲，伊犁九城城门均破坏较为严重，基本不存。早年调查时塔勒奇
城东门保存情况较好，调查者认为其"有过廊，门宽约 4.4 米"[1]，规格远逊于文献中所
记宁远城城门，却比绥定城城门稍宽。但由于塔勒奇城城门损坏已然较为严重，这个
结论仍有待于进一步的调查或者发掘来予以检验。但通过对惠远新城城门的复原，可
知伊犁九城城门的宏伟雄壮和谨严精美（图 5-17、图 5-18）。

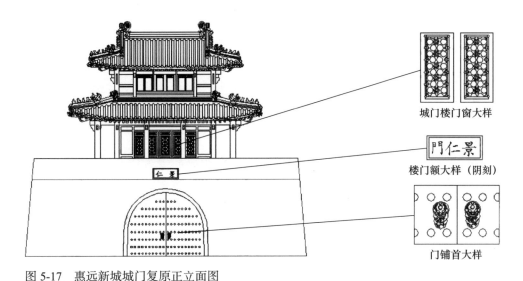

图 5-17 惠远新城城门复原正立面图
采自《惠远历史文化名镇保护规划（2006～2010）》，2006 年

2. 瓮城

瓮城，又称闉阇，是古城的重要组成部分，《武备志》载："（瓮城）大城外之小城
也，或圆或方，视地形为之，附城门之外，所以固守御者，亦谓之月城。"瓮城本质上
是城门外围的小城，因此，它也有城墙、城门、门楼、垛墙等结构，同时因为城墙内
外都起防守的作用，故墙顶内外均设垛墙，不设拦马墙。

---

[1] 国家文物局：《中国文物地图集·新疆维吾尔自治区分册》，文物出版社，2012 年，第
617 页。

图 5-18　惠远新城城门复原侧立面图
采自《惠远历史文化名镇保护规划（2006~2010）》，
2006 年

瓮城是城门外的设施，与城门结构连为一体。伊犁九城除塔勒奇城外，各城均设有 4 组城门结构，也即每个城都有 4 座瓮城，同时瓮城均为圆形，体现了统一性。但瓮城在周长、门洞、墙高等方面并不一致，瓮城门的数量也不相同，有的甚至不设门，在规制上体现出复杂性和一定的等级性。

从瓮城规模来讲，惠远新城最大，圆形墙体达 140 米（图 5-19），惠远老城和惠宁城次之。文献记惠远老城瓮城周长为三十二丈（102.4 米），与实测的 104 米基本吻合，惠宁城实测长 102 米。上述 3 座城址瓮城墙体长度均在百米以上。宁远城、绥定城、广仁城、瞻德城、拱宸城次之，周长均为 80 多米。熙春城最小，仅为 30 多米。由此可见，瓮城的等级分布同城址的等级分布是统一的。

瓮城城墙的规格也并不相同，较早兴建的一批城池都没有在舆图中记载城墙的规格，但通过对惠远老城、惠远新城的勘探，可知惠远老城瓮城的地基宽约 5 米，惠远新城瓮城地基宽 5.2~5.5 米。据文献，广仁城、瞻德城、拱宸城的瓮城城墙规格是一样的，均为底厚一丈一尺（3.52 米），顶厚六尺（1.92 米），高一丈二尺（3.84 米），垛墙高四尺（1.28 米），在城墙底厚方面要小于惠远老城和惠远新城。三城瓮城城墙厚度比古城城墙小了不到 1 米，墙体和垛墙高度上小了 30 厘米多，具体来说城墙底厚小了三尺（0.96 米），顶厚小了二尺五寸（0.8 米），高度小一尺（0.32 米），垛墙高小一尺（0.32 米）。熙春城瓮城墙体的规格为底厚六尺（1.92 米），顶厚三尺（0.96 米），高九尺五寸（3.04 米），垛墙高四尺（1.28 米），相较于熙春城墙体，底厚小了四尺（1.28 米），顶厚小了三尺五寸（1.12 米），城墙高度小了五寸（0.16 米），垛墙高度小了五寸（0.16 米）。

从以上分析看来，伊犁九城的瓮城在城墙规格上也是有等级差异的，其分布与城址的规格差异是一致的。并且就单个城址来说，瓮城城墙的规格要比古城城墙小一档，在视觉上也会体现出差异。

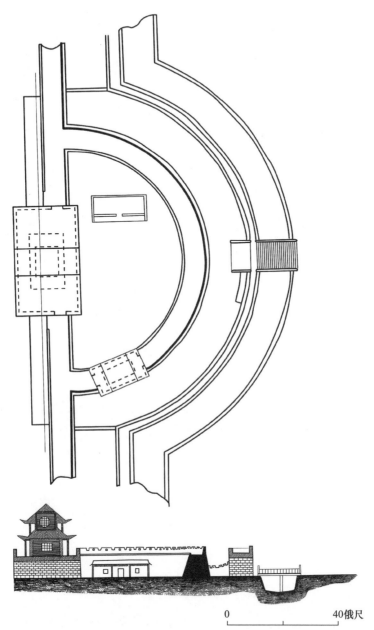

图 5-19　德·费德罗夫所绘惠远新城瓮城平面图及剖视图

据原图清绘，原图见于Опыт Военно-статистицеского Описания Илийского
Края, Ташкент: Типография Штаба Туркесганского Военного Округа, 1903

　　每个瓮城城门的数量也有所不同，有的瓮城没有城门，有的仅为 1 个，个别为 2
个。凡是不开古城城门的，瓮城城门也不开，比如绥定城北门、瞻德城北门、广仁城
北门、拱宸城北门及熙春城北门。古城及瓮城都不开城门，意味着瓮城成了一个封闭
的结构，似乎很难利用起来。不过根据文献，绥定城的北瓮城被用作火药库，这说明

其并不完全封闭。结合文献，绥定城北门一开始是有的，后来堵上了，那么可以推测北门可能并没有完全被堵上，而是留下了小门，充当火药库的门。大多数瓮城是开1个城门，而宁远城南门则开了2个城门。综合来看，瓮城城门数量并不能反映城市的等级，更多的是一种筑城观念和实际需求结合后的产物。瓮城城门的朝向也有所不同，一般来讲，瓮城城门的朝向同古城的城门朝向是不一样的。伊犁九城的南、北瓮城城门均朝向东开，东西瓮城城门均朝向南开。

每个瓮城城门的规格也略有不同，其中惠远老城瓮城为"门洞高一丈一尺（3.52米），面阔一丈一尺（3.52米），进深一丈二尺（3.84米）"[1]，而绥定城为"瓮城四座……瓮城门三座，每座门洞高一丈（3.2米），面阔一丈（3.2米），进深一丈一尺（3.52米）"[2]，两座城门正视均是正方形或半圆形，进深稍微比门宽大一点。广仁城、瞻德城、拱宸城的规格一致，"瓮城门入深一丈五尺一寸（4.832米）"[3]，进深值比瓮城底厚的一丈一尺（3.52米）要大，说明瓮城门门洞内外进行了额外加筑。熙春城的瓮城门"入深六尺（1.92米）"[4]，与瓮城城墙底厚相同，应没有进行加筑。

塔勒奇城无论是在文献还是考古调查中均没有发现存在瓮城的直接证据，据锁眼卫星影像可知，其西门外有一长方形遗址，有可能是瓮城，但有待于进一步探索。

3. 角台

伊犁九城城址四角均设有角台。角台亦称城隅，既可用来加固城墙，也可在防御时用于攻击两翼。角台上设角楼，既可驻兵防守，也可瞭望敌情。角楼有重要的防御作用，如惠远城角楼，在回变时，伊犁将军据其迎敌，取得胜利："臣亲赴西北城楼，督饬官兵奋勇攻击，枪箭齐施，将围城扑营之贼同时击退。"[5]我们调查时部分角台遗迹仍存，但已不见角楼。

[1]《惠远城图》，军机处满文录副奏折，乾隆三十一年正月，中国第一历史档案馆藏，档号：03-0182-2177-034。

[2]《奏报伊犁城垣竣工折》，军机处满文录副奏折，乾隆二十七年七月九日，中国第一历史档案馆藏，档号：03-0179-1958-036。

[3] 拱宸城可见于《为呈览伊犁新建霍尔果斯城图事图》，军机处满文录副奏折，乾隆四十五年十一月十八日，中国第一历史档案馆藏，档号：03-0189-2862-031；广仁城可见于《呈览伊犁乌可尔博尔素克城图事图》，军机处满文录副奏折，乾隆四十五年十一月十八日，中国第一历史档案馆藏，档号：03-0189-2862-032；瞻德城可见于《为呈览伊犁新建东察汗乌素城图事》，军机处满文录副奏折，乾隆四十五年十一月十八日，中国第一历史档案馆藏，档号：03-0189-2862-034。

[4]《为呈览伊犁新建巴燕岱城图事》，军机处满文录副奏折，乾隆四十五年十一月十八日，中国第一历史档案馆藏，档号：03-0189-2862-033。

[5]（清）奕訢等：《钦定平定陕甘新疆回匪方略》卷一〇九，中国书店，1985年，第10页。

　　角台的规格可分为三等：最大的包括惠远新城、惠远老城和惠宁城，惠远老城角台"高一丈四尺（4.48 米），见方三丈（9.6 米）"，新城规模与之接近（图 5-20）。惠宁城无角台高度记录，但宽度与惠远老城一样，"每处顶子见方二丈五尺（8 米），底子见方三丈（9.6 米）"，所以其高度也应同惠远老城接近。稍小一点的是绥定城、宁远城、拱宸城、广仁城和瞻德城。其中绥定城和宁远城规格较为接近，绥定城更大一点，台基宽度为二丈二尺（7.04 米），宁远城稍小，为二丈（6.4 米）。拱宸城、广仁城和瞻德城的规格一样，均为高一丈三尺（4.16 米），台底见方三丈一尺（9.92 米），顶见方二丈八尺（8.96 米），在规格上比绥定城、宁远城稍大。我们在实地调查瞻德城时，测得其角台的规格为南北宽 12 米，较其他 4 城多出约 2 米，可能是因为测量时将角台坍塌

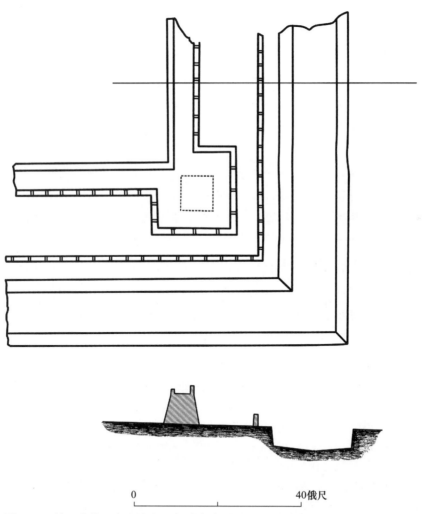

0　　　　　　　　　　　40俄尺

图 5-20 德·费德罗夫所绘惠远新城角台平面图及剖面图

据原图清绘，原图见于 Опыт Военно-статистицеского Описания Илийского Края, Ташкент: Типография Штаба Туркесганского Военного Округа, 1903

裂缝的数据计算在内。楼台最小的是熙春城和塔勒奇城，熙春城楼台底部宽二丈四尺（7.68 米），顶部宽一丈八尺（5.76 米）。塔勒奇城角台文献无载，但通过调查可知其西北角台南北残长 5.6 米，东西宽 2.7 米，分别向西墙、北墙凸出 1.2 米、1.5 米，西南角台的边长约为 4 米，残高 1 米。

楼台上角楼的形态和规格也不一致。惠远老城的角楼最为复杂，"各盖房三间"，构成曲尺形平面，即 L 形，类似于北京城内城之东南角楼，单檐歇山顶。惠宁城与绥定城为双檐顶，面阔一间，但规格不详。惠远新城结构、规格均不清楚。其他城址角楼的结构均较为简单，面阔一间，单檐顶，楼台之间的规格不太一样，宁远城为"角楼四座，每座高一丈二尺（3.84 米），面阔二丈（6.4 米）"[1]；拱宸城、广仁城、瞻德城为"高一丈三尺九寸（4.448 米），宽一丈二尺（3.84 米），入深一丈（3.2 米）"[2]；熙春城最小，"高一丈一尺五寸（3.68 米），宽六尺（1.92 米），入深六尺（1.92 米）"[3]。从目前掌握的资料来看，角楼的形态、规制与其建设的早晚有一定的关系。舆图中角楼的绘制模式也有一定的差别，惠远老城、绥定城、宁远城和惠宁城在绘制角楼时均表现了角台，而拱宸城、广仁城、瞻德城和熙春城在绘制时没有表现角台，尽管调查表明此四城均有角台。

4. 马面

马面，也称"墙垛"或"墩台"，在清代舆图中被称作"炮台"。马面既可以用来加固墙体，也可以用来观察和防御。理论上讲，两个相邻马面之间的距离不会超过 120 米，因为古代弓箭的射程是 60 米[4]。

伊犁九城除熙春城外，均设有马面，基本都是均匀分布在四周城墙，因此马面的个数为 4 的倍数。马面现存情况一般，每个城址残存数不到一半，有的甚至都已无存。通过调查可知，伊犁九城马面间距在 110～170 米不等，塔勒奇城北墙的两个马面间距最小，为 110 米；惠宁城北墙东北的两个马面间距最大，为 170 米。目前看来，同一

[1]《奏报伊犁城垣竣工折》，军机处满文录副奏折，乾隆二十七年七月九日，中国第一历史档案馆藏，档号：03-0179-1958-036。

[2] 拱宸城可见于《为呈览伊犁新建霍尔果斯城图事图》，军机处满文录副奏折，乾隆四十五年十一月十八日，中国第一历史档案馆藏，档号：03-0189-2862-031；广仁城可见于《呈览伊犁乌可尔博尔素克城图事图》，军机处满文录副奏折，乾隆四十五年十一月十八日，中国第一历史档案馆藏，档号：03-0189-2862-032；瞻德城可见于《为呈览伊犁新建东察汗乌素城图事》，军机处满文录副奏折，乾隆四十五年十一月十八日，中国第一历史档案馆藏，档号：03-0189-2862-034。

[3]《为呈览伊犁新建巴燕岱城图事》，军机处满文录副奏折，乾隆四十五年十一月十八日，中国第一历史档案馆藏，档号：03-0189-2862-033。

[4] 王其钧：《中国建筑图解词典》，机械工业出版社，2007 年，第 223 页。

个城址内马面的间距也是不同的，分布跨度可能会很大，这一现象可以惠远老城和惠宁城为例。马面间距最常见的范围是 128～133 米，即清代时的 40 丈左右。根据现有数据统计，马面的平均距离为 138.4 米。

　　根据文献所记，伊犁九城马面的规格大体相近，基本为梯形，上宽下窄。底部面宽均在 5～6 米左右，底部进深 4～5 米，拱宸城、广仁城和瞻德城的规格稍大，进深为 7 米。我们通过调查发现，马面规格的实际情况与文献所记比较接近，以惠远老城马面为例，文献记其统一为"面阔一丈八尺（5.76 米），进深一丈五尺（4.8 米）"[1]，实测北墙一个马面进深约 3.8 米，面宽约 5.8 米，高约 4.5 米，与文献所记比较接近。惠远新城的马面规模与老城接近（图 5-21）。绥定城马面，文献记其"每座面阔二丈（6.4 米），进深一丈八尺（5.76 米）"[2]，实际调查发现进深为 5.6 米，面宽约 6 米，现外侧残存约 4 米，与文献接近。也有个别马面数据与文献所载不同，惠远老城北墙另一个马面进深 5 米，面宽 8.4 米，高约 4.5 米，面宽值大出许多，其应是由惠远老城角台改建而成，规格与角台更接近，这也成为惠远老城向东扩建的证据之一。

　　大多数城址马面上无建筑，仅有惠远老城在马面上盖了一间房屋。根据绘制舆图，房屋规制非常简单，面阔一间，无多余装饰。

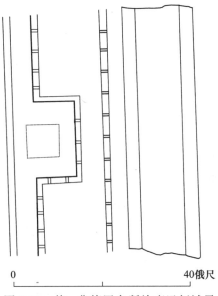

图 5-21　德·费德罗夫所绘惠远新城马面平面图

据原图清绘，原图见于Опыт Военностати-стицеского Описания Илийского Края, Ташкент: Типография Штаба Туркесганского Военного Округа, 1903

5. 护城河

　　护城河，亦可称为"城壕"，清代舆图中称之为"海壕"。根据文献记载和调查结果，仅惠远老城、惠远新城、惠宁城、绥定城有护城河，其余没有发现。关于护城河的规格，惠远老城和绥定城有明确文献记载，其中惠远老城的规模稍大，"宽三丈五尺（11.2 米），深八尺五寸（2.72 米）"，绥定城仅为"宽二丈四尺（7.68 米），深六尺（1.92 米）"。护城河离城墙有一定的距离，惠远老城为七丈（22.4 米），而绥定城仅为

　　[1]《惠远城图》，军机处满文录副奏折，乾隆三十一年正月，中国第一历史档案馆藏，档号：03-0182-2177-034。

　　[2]《奏报伊犁城垣竣工折》，军机处满文录副奏折，乾隆二十七年七月九日，中国第一历史档案馆藏，档号：03-0179-1958-036。

三丈（9.6 米）。三普调查时惠远老城东墙外护城河为"宽 30 米，长 860 米"[1]，经勘探，北墙护城河距古城现保留北墙约 21 米，护城河宽约 7.5 米，底部距地表 1.2～3.5 米，与文献所载非常接近。所以东墙外"护城河"可能是后来因人为扩挖而变宽，原始宽度应该在 10 米左右。

护城河上设置有桥，以供人员出入。一般来讲，桥的位置与城门的位置正对，而瓮城城门是偏向一侧的，所以行人进出古城时往往走的不是直线，而是要在瓮城城门处绕一下。这在军事上可以起到缓冲敌人进攻的作用，但在日常生活中会带来诸多不便。

三、规 划 思 想

伊犁九城创建的时间接近，在布局方面也体现出相近的模式，故而其营建应该存在一定的统一规划。关于伊犁驻防城的规制，文献均有较为详细的记载，基本都绘制有式样图，并附记城墙及建筑的规格。同时现在尚有可实测的残留遗迹，其中尤以惠远新城等保存最好，城内将军衙署、钟鼓楼等遗存仍在[2]。

通过对前述伊犁九城之墙体规格的整理，将所得结果加以比较分析，可得到如下认识（表 5-1）。

表 5-1　伊犁九城形制与规划分析表

城市		形状	宽度（步）	长度（步）	几何中心
塔勒奇城	扩建前	方形	140	140	横街中点
	扩建后	纵长方形	200	220	原中心点东北
惠远老城	扩建前	方形	840	840	横街中点
	扩建后	横长方形	1080	840	原中心点东 120 步
惠宁城	扩建前	纵长方形	540	600	横街中点
	扩建后	横长方形	764	600	原中心点西 270 步
绥定城		方形	400	400	横街中点
宁远城		方形	420	420	横街中点
拱宸城		方形	340	340	横街中点
广仁城		方形	320	320	横街中点

［1］ 新疆维吾尔自治区文物局：《不可移动的文物·伊犁哈萨克自治州（直属县市）卷（3）》，新疆美术摄影出版社，2015 年，第 28～29 页。

［2］ 任冠、郝园林：《惠远老城调查、勘探与研究》，《北方民族考古》第 6 辑，科学出版社，2018 年。

续表

城市	形状	宽度（步）	长度（步）	几何中心
瞻德城	方形	320	320	横街中点
熙春城	方形	200	200	横街中点
惠远新城	方形	840	840	横街中点

由统计表可看出，伊犁九城在始建时基本为正方形，仅惠宁城为纵长方形，形制基本上是统一的。同时，城址设制的模数为步的 10 的倍数。不过在当时的条件下，兴建后的城址在规格上仍存在一定的误差。塔勒奇城、惠远老城、惠宁城在扩建后变为长方形。惠远新城完全采用了惠远老城始建时正方形的规制，而没有采用扩建后的长方形规制，更加说明正方形是城池建设的首选规制。

伊犁九城中的城池，不论是扩建还是新建，都沿用了旧有城墙的形态和规制，基本尺度前后仍维持了统一。比如惠远老城在东扩时，东扩的距离是 388 米，约合 240 步，我们实地调查时测量北墙始建东北角台距其西侧马面的距离约 133 米，约合 80 步，因此可以推断城墙新建部分长度是按照三倍的马面间距来设计的，其新建东墙城门、瓮城、角台、马面也维持了原来始建东墙的规格。文献明确记载惠宁城新筑城墙是完全沿用老城规制，城市扩建情况同惠远城类似。塔勒奇城也是如此，新建东门与始建东门是东西向正对的，扩建的距离与马面间距相同。而惠远新城则是完全沿用了惠远老城的制度。

伊犁九城在始建时，城址的几何中心均位于城址中央，亦即十字大街的交汇处，惠远城还于中心处设钟鼓楼。部分城址在扩建后，几何中心发生了偏移，如惠远老城东移 120 步，惠宁城则西挪 270 步。从数据来看，两座城址的扩建也有一定的规划设计，均采用 10 的倍数的步数。塔勒奇城的扩建，使其几何中心向东北偏移，同其始建时一样，扩建亦无旧制可循（表 5-2）。

从城墙的形态尺度来看，伊犁九城城墙的设计尺寸并非完全采用以丈为单位的 10 或其余自然数的倍数的规制。但总体来看，古城城墙的规格是统一的。这一方面可以从式样图中的数据反映出来，即每个城址的墙体、瓮城、角台、马面均只采用了一种规制。另一方面，同一时期城址的规格是统一的。绿营绥定城与回城宁远城均为乾隆二十七年（1762）修筑，绿营的拱宸城、广仁城和瞻德城都是在乾隆四十五年（1780）建好，它们的城墙高和垛墙总高度是一样的（一丈八尺，5.76 米），但却形成了两套不同的墙身高和垛高的体系，第一批城墙略矮，但垛墙略高，第二批反之。熙春城虽然也是乾隆四十五年所建，但其明显等级最小，功能最弱，规制上较其他同时期修筑的城小也是理所应当。满城惠远城、惠宁城的等级最高，故城墙的高度及厚度是最大的。

表 5-2 伊犁九城规划分析表

满城　惠宁城　惠远新城　惠远老城

绿营城　塔勒奇城　熙春城　瞻德城　广仁城　拱宸城　绥定城

回城　宁远城

第二节　牛录城堡的多样形制及地方特征

　　牛录城堡的形制分析，同伊犁九城一样，也应从城址的形态入手，具体包括牛录城城墙的走向、构建及附属设施等方面。从目前的调查来看，牛录城的形制更多地体现出多样性，平面形状包括方形、五边形，圆角倒三角形等，但在附属设施方面要比伊犁九城简单得多，基本没有发现瓮城、马面、角台等设施。这两个特点从不同侧面反映出了牛录城的特征及功能。

　　牛录城的形态大体可分为方形和不规则形，方形城址包括孙扎齐牛录城（图5-22）、纳达齐牛录城（图5-23）和扎库齐牛录城（图5-24），不规则形城址包括五边形的堆齐牛录城（图5-25）、梯形的寨牛录城（图5-26）、近似倒三角形的乌珠牛录城（图5-27）和近似不规则四边形的宁古齐牛录城（图5-28）。

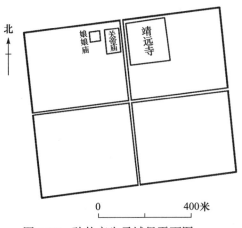

图5-22　孙扎齐牛录城堡平面图

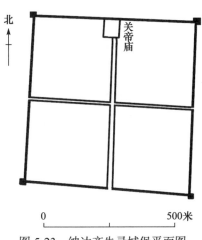

图5-23　纳达齐牛录城堡平面图

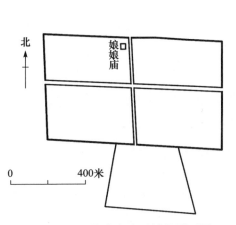

图5-24　扎库齐牛录城堡平面图

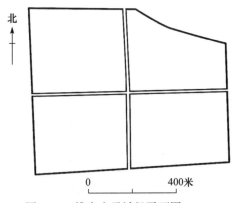

图5-25　堆齐牛录城堡平面图

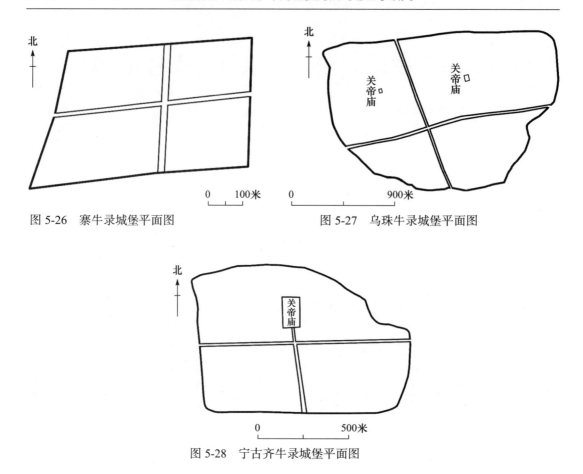

图 5-26　寨牛录城堡平面图　　　　　图 5-27　乌珠牛录城堡平面图

图 5-28　宁古齐牛录城堡平面图

　　不同形态划分下的城堡，又表现出规模上的梯级性。方形城址中，孙扎齐牛录和扎库齐牛录为长方形，纳达齐牛录近似正方形。其中规模最大的是孙扎齐牛录城和扎库齐牛录城，二者规模比较接近。孙扎齐牛录城南、北墙长 856 米（267.5 丈），东、西墙长 722 米（约 225.6 丈），周长为 3156 米（约 986.2 丈）。扎库齐牛录城东墙长 591 米（约 184.7 丈），南墙长 928 米（290 丈），西墙长 575 米（约 179.7 丈），北墙长 947 米（约 295.9 丈），合计 3041 米（约 950.3 丈）。纳达齐牛录较小，东墙长 666 米（约 208.1 丈），南墙长 634 米（约 198.1 丈），西墙长 640 米（200 丈），北墙长 628 米（约 196.3 丈），周长为 2568 米（802.5 丈）。不规则城址中，最大的是乌珠牛录城，周长约为 5875.7 米（约 1836.2 丈），下来依次是宁古齐牛录城，周长约为 3555 米（约 1110.9 丈）；堆齐牛录城，周长约为 3077 米（约 961.6 丈）；寨牛录城，周长约为 1840 米（575 丈）。

　　通过上述分析可以看到，在牛录城中，不规则的城址占据多数，且城址大小分布并无规律，规模上比较接近的仅有孙扎齐牛录城和堆齐牛录城，但二者形制又存在差异。就城址规模的数值来讲，无论是边长还是周长值，都没有体现出 10 的倍数的特征，这些都与进行过严格规划、等级特征明显的伊犁九城存在鲜明的不同。据此，可以初步判定牛录城在构筑时没有进行过详细规划，更有可能是一种随形就势的产物。

综合来看，牛录城中最大的是乌珠牛录城，下来依次是宁古齐牛录城、孙扎齐牛录城、堆齐牛录城、扎库齐牛录城、纳达齐牛录城、寨牛录城。值得注意的是，乌珠牛录古城是由乌珠牛录和依拉齐牛录共同使用的城池，若将它的值"分摊"到两个牛录里的话，最大的就是宁古齐牛录城了。宁古齐牛录城位于牛录城的正中间，地理位置最靠北，是最靠近伊犁九城的。综合以上判断，宁古齐牛录城为最高等级牛录城，这也使其成为后来察布查尔锡伯自治县治所所在，体现了一种历史的传承（图5-29）。

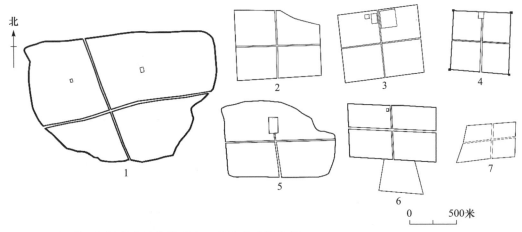

图 5-29　伊犁河谷锡伯营城堡的形态、道路及建筑布局

1. 乌珠牛录城堡、依拉齐牛录城堡　2. 堆齐牛录城堡　3. 孙扎齐牛录城堡　4. 纳达齐牛录城堡　5. 宁古齐牛录城堡　6. 扎库齐牛录城堡　7. 寨牛录城堡

牛录城城墙均破坏较为严重，我们只调查了保存情况较好的扎库齐牛录城城墙。墙体形态为上宽下窄，剖面呈梯形，保存好的部分顶宽 2.5 米（约合七尺八寸），底宽 5.5 米（约合一丈七尺），残高 3.5 米（约合一丈一尺），同伊犁九城里第二等级的绥定城、宁远城、广仁城、瞻德城、拱宸城规格比较接近，较伊犁九城里熙春城的规模要大。

扎库齐牛录城城墙的构筑方式为夯筑，夯层厚约 18 厘米。通过前面对伊犁九城的研究已经知道，夯层的厚度有一定的随机性，牛录城也很有可能如此。夯土中夹杂的白色三合土颗粒表明，在城墙夯筑方式上牛录城可能同伊犁九城不同。目前看来伊犁九城在夯筑时会夹杂芦苇、植物根茎等，有研究认为这种特征在牛录城中也存在，而且是具有锡伯族传统的建筑保护技术[1]。不论其是否为锡伯族传统技术，可以肯定的

---

[1]　唐剑：《新疆锡伯族传统建筑文化研究》，西南交通大学硕士研究生学位论文，2016 年。该论文指出锡伯族人"提高墙体整体强度最普遍的一种做法就是加入水平墙筋，用来制作墙筋的骨料较多，例如，具有韧性的芦苇席、麦草以及刚度比较大的砖石等"。

是，这种夹杂芦苇、植物根茎的做法在伊犁河南北岸得到了普及。而三合土则是一种更为有效的加固方式，其中重要的材料白灰不仅可以加固城墙，还可以有效防止雨水侵蚀。这也是我们发现的牛录城夯筑技术中比伊犁九城更为复杂的地方。

我们调查时除孙扎齐城堡发现角台外，在其他城堡均没有发现瓮城、角台、马面等设施的痕迹，这些都是有深远传统的筑城模式的重要组成部分。有人认为牛录城堡外围有类似护城河的水沟，宽两丈余，深一丈余，城墙上设有垛口，四角修筑小箭楼[1]。而调查时未发现垛墙、瓮城、角台、马面基本可以证明牛录城始建时就没有这些设施，这更加说明了牛录城没有严格的规划，或者说没有采用中原传统筑城模式的筑城规划。

综合以上，就目前的调查来讲，不论是城墙的形态还是构建，牛录城较伊犁九城均表现出诸多不同，这似乎可以体现出牛录城与伊犁九城的不同，即其并非伊犁将军等官员有组织营建的结果，更有可能是锡伯族人民在朝廷设置了八旗制度之后，根据实际需要兴建的，更像是用土围起来的栅栏，实际用途要远远大于象征意义。伊犁将军明瑞在上奏请示迁移锡伯族时曾指出：“锡伯兵若需房屋，亦令自行修造。”[2]这似乎指出了锡伯族日后要走自力更生、艰苦奋斗的光辉道路，这也使得锡伯族创造出了属于自己的物质文明和财富，牛录城便是集中体现。

第三节　卡伦、营盘的简单形制

卡伦的形制，同伊犁九城、牛录城一样，指城墙的走向、构造、附属设施所反映出来的城址的形态规制。卡伦同伊犁九城一样，在形制上体现出较强的统一性，具体表现在卡伦的平面形状、城墙构造，附属的角台、城门等。营盘与卡伦在性质、形态上有诸多一致，故在此一并论述。

形制分析有助于对卡伦进行分期研究。根据文献，伊犁地区的卡伦均有较为明确的建置名称与时间，大体可分为两期，即乾隆年间与光绪年间。但就现存卡伦来说，在名称与时间上很难与文献直接对应起来，因而无法直接通过文献所记载的名称来对卡伦进行分期。因此，将考古调查材料与文献结合起来，是进行卡伦分期研究的唯一路径，而形制分析则是考古分期的基础路径之一。

就目前发现来讲，伊犁卡伦均为四边形，以方形居多。城墙的规格也以边长在30

---

[1] 唐剑：《新疆锡伯族传统建筑文化研究》，西南交通大学硕士研究生学位论文，2016年。
[2] 《清实录》第十七册《清高宗实录》卷七〇七，乾隆二十九三月戊寅条，中华书局，1986年，第901页。

米（约 10 丈）左右的居多，占了近六成比例，但同时也有 6 座卡伦的边长超过了 40
米（约 12 丈）。就此看来，卡伦在形制上是统一的，但在规格上又略有不同，大体可
分为两个数量级。此外，卡伦的方向均是朝北，但仅一处为正北，其余多是向东或向
西偏移。大部分偏移角度较小，在 10° 及以内，偏移角度最大的是登元卡伦和纳林哈
勒噶卡伦，向西偏离了 35°（图 5-30）。

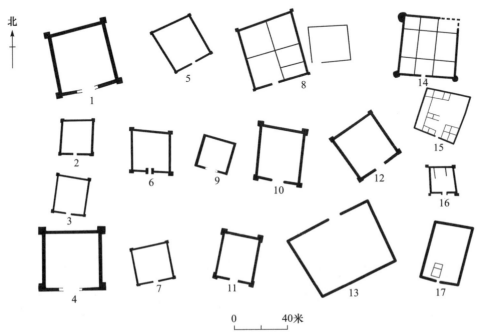

图 5-30　伊犁河谷卡伦形态及布局
1. 察罕额博卡伦　2. 头湖卡伦　3. 多兰图卡伦　4. 富尔干卡伦　5. 洪纳海卡伦　6. 阿布散特尔
卡伦　7. 梧桐孜卡伦　8. 哈桑卡伦　9. 河源卡伦　10. 纳旦木卡伦　11. 沙彦卡伦　12. 登元卡伦
13. 纳林哈勒噶卡伦　14. 格登山卡伦　15. 吐库尔浑卡伦　16. 契格尔干卡伦　17. 苏里季尔卡伦

卡伦的墙体基本为上宽下窄，剖面呈梯形，残存墙体的高度、厚度不等，最高者
可达 3 米多（沙彦卡伦），最厚者可达 3.5 米（登元卡伦），都在一丈左右，比较厚实高
大。卡伦城墙均为夯筑，但夯层的厚度也不同，纳旦木卡伦夯层厚约 7～8 厘米，洪纳
海卡伦夯层厚 20 厘米，这同伊犁九城、牛录城一样，在夯土厚度上有一定的随机性。
夯筑时，会在夯层之间夹杂石子、草木等，这在纳旦木卡伦和洪纳海卡伦中都有发现。
根据对纳旦木卡伦的现场调查，古城墙体应为先修筑中间，然后补筑两侧墙体。

在城墙的附属设施方面，卡伦均有城门，大多数发现了角台，个别有女墙。卡伦
均在南墙中间设一个门。从现存情况来看，卡伦城门设施较为简单，应该仅设有门道。
门道的宽度实测多为 3 米，即 1 丈左右。据此，我们初步认为城门的设计宽度应该就
是 1 丈，在调查时头湖卡伦、洪纳海卡伦城门宽度达 4 米，考虑到这两座城址均破坏

较为严重，所以城门实测值较大可能与其两侧遭破坏有关。

　　除城门外，大多数卡伦还发现有角台，均为夯筑，并且高度也同墙体一样。角台的规格一般为方形，边长在2～4米不等，最小的为梧桐孜卡伦，角台保存较好，边长为2米，约合五尺，可以认为该卡伦角台在设计时便是5尺的规格。角台最大的卡伦为纳旦木卡伦，边长均在4.5～5米，合1丈5尺左右，该卡伦保存也较好，也可以认为该卡伦角台在设计时便是1丈5尺的规格。

　　梧桐孜卡伦和洪纳海卡伦的墙体上均发现有女墙，通过对梧桐孜卡伦的调查，可知女墙厚度约为0.5米。女墙的设置表明卡伦除瞭望功能之外，也具有一定的防御属性，可单独作为一个防御力量而存在。发现女墙的卡伦中，梧桐孜卡伦保存情况较好，洪纳海卡伦保存较差，这说明女墙的发现与保存情况无关，进一步可推测有且只有这两个卡伦有女墙。至于为何只有这两个卡伦有女墙，需对其始建年代、地理位置等做进一步研究。

　　关于卡伦的内部建筑布局，仅可通过格登山卡伦和哈桑卡伦窥得一二。二者内部均被土墙均分，虽然方式不一样，但可以认定，卡伦内部是有特定功能分区的。参考沙图阿满军台的保存现况，可以推测这种功能分区包括士兵居住、马厩、库房等，不同房间形成了不同的物理空间，以满足其特定的使用功能。

　　文献中的记录也可以验证上述推论，曾有换防士兵何叶尔·文克津详述卡伦内部结构："正中有平房三间，谓之嘎赉达（翼长）住室，房屋虽低矮窄小，亦甚坚固。两旁有索伦官兵住房二间，东西两翼盖有马厩。大门内两侧，各有一间平房，此乃额鲁特营士兵之住所也。"[1]可以看到，在卡伦内部，除了分出兵房和马厩，对兵房本身也是有一定等级安排的。房间内则有房屋数间，陈设有土炕火盆："房屋隔作三间，西北盘炕……地下盘有泥土火盆。"[2]另据锡伯驻守老兵灵福寿回忆，卡伦内有居屋和库房："每个卡伦有三间土打墙的房子住人，里面有睡炕，西面另有两间房当库房。"[3]

　　通过以上对卡伦形制的初步梳理，结合古城的保存情况、形制、内部布局、位置，可将现存城址大体分成两期：第一期为乾隆时期，包括哈桑卡伦、格登山卡伦、纳林哈勒噶卡伦等，卡伦保存情况较差，城墙多为土垄状，但其方形结构明确，内部布局也较为明显，一般位于山口平地上，地势较高，视野开阔；第二期为光绪时期，包括

　　[1]（清）何叶尔·文克津，肖夫译：《来自辉番卡伦的信》，《来自辉番卡伦的信》，新疆人民出版社，2009年，第6页。

　　[2]（清）何叶尔·文克津，肖夫译：《来自辉番卡伦的信》，《来自辉番卡伦的信》，新疆人民出版社，2009年，第6页。

　　[3] 谢善智：《锡伯老兵话卡伦》，《察布查尔锡伯自治县志》，新疆人民出版社，2007年，第542页。

哈尔索胡尔卡伦、契格尔干卡伦、富尔干卡伦、沙彦卡伦、察罕额博卡伦、登元卡伦、河源卡伦、头湖卡伦、梧桐孜卡伦、纳旦木卡伦、阿布散特尔卡伦、多兰图卡伦、吐库尔浑卡伦、洪纳海卡伦等，它们一般保存情况较好，墙体仍存，夯层明显，结构明显，城门、角台等设施部分仍保存完好，多分布在边境线。

卡伦的这种形制与分期特点，是与其职能有着紧密联系的。一般来讲，卡伦在前期时，职能比较多元，除驻守巡查边界外，还包括监护矿山、守护封禁之资源，稽查游牧，监护屯田，稽查贸易、征收赋税、检验税票，稽查盗窃抢劫、查拿逃犯，传递官方文书等。因此其内部结构多较为复杂，且多分布在山口等交通要道之处。到了后期，随着边境形势的恶化，伊犁地区主要矛盾从对内转向对外，清廷在同一时间沿边境线修筑了大量的卡伦，其军事驻守瞭望的功能更为突出，因此夯筑得较为坚固，保存情况也较好。

以目前所发现的营盘遗址来看，营盘并无统一的规制。营盘形制包括单城、双城、三连城等形式。单城包括绥定城长远洞营盘、东营盘和瞻德城东营盘，形制与卡伦比较接近，有城门、角台等，但是规模比卡伦大。双城包括惠远新城南营盘、西营盘和北营盘，形式有南北上下叠压和东西左右并列两种，二城的规模比较接近，每个城只有一个城门，个别有角台。三连城仅指惠远新城东营盘，与双城不同的是，组成三连城的小城规模不一致，按照由大到小排列，不同规模应反映了不同的功能。

此外，我们也可看到营盘的方向存在一定的随机性，偏东、偏西的情况都有，有些如绥定城东营盘偏向非常严重。这种随机性在营盘形态上也表现出来，比如绥定城北的长远洞营盘，平面为平行四边形而非矩形，这在伊犁九城、牛录城及卡伦中都没有见过，是一个值得注意的现象，似乎说明营盘的构建有较强的随意性，这与牛录城的构建类似，在一定程度上体现出营造者的个人选择的因素（图5-31）。现在我们看到的营盘仅留夯土，但从莫理循拍摄的照片中可以看到，营盘当时在使用时，应该是用砖进行了包砌（图5-32）。

除上述城址外，伊犁河谷还有个别呈不规则形的驻防城，如哈什怀顺城（图5-33）和火烧庄子古城（图5-34），前者虽近似四边形，但城墙不规整，后者呈五边形，与其他驻防城相比呈现出更加鲜明的特征。这也体现了伊犁河谷驻防城的多样性。

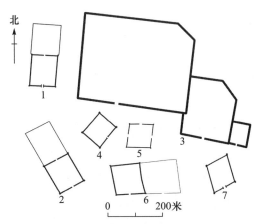

图5-31　伊犁河谷营盘形态
1. 惠远新城南营盘　2. 惠远新城西营盘　3. 惠远新城东营盘　4. 绥定城东营盘　5. 瞻德城东营盘　6. 惠远新城北营盘　7. 绥定城长远洞营盘

图 5-32　莫理循所摄赛里木湖附近的营盘（1910 年 5 月 18 日）

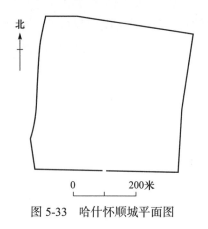

图 5-33　哈什怀顺城平面图

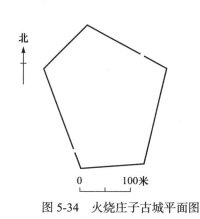

图 5-34　火烧庄子古城平面图

第四节　小　　结

　　通过对伊犁九城、牛录城、卡伦和营盘形制的分析，可知伊犁河谷的清代城址在平面形制和城墙形态的设计上体现出一定的规律性，这在伊犁九城中体现得最为明显。

　　伊犁九城始建时基本是方形，仅惠宁城为长方形，但规格也与正方形接近。同时采用了较为固定的规格，即以丈为单位的 10 的倍数来设计。尽管在实际筑城过程中，会存在一定的误差，但古城边长的误差均控制在 4 丈（12.8 米）以内，仅绥定城的误差达到 6.5 丈（20.8 米），可见清时筑城的水平已经比较高。此外，伊犁九城的规模大体可以分为三等：第一等级包括惠远老城、惠宁城，边长在 300 丈及以上，其中惠远城最大，边长为 420 丈；第二等级包括绥定城、宁远城、广仁城、瞻德城、拱宸城，边长在 150~210 丈；第三等级包括熙春城、塔勒奇城，边长在 100 丈及以下。与吴轶群认为的第一等级为惠远城，第二等级是惠宁城、绥定城、宁远城，第三等级是其他绿营城的观点略有不同[1]。吴的观点有一定的合理性，但仅是依据文献得出的结论。我们通过对清人筑城的实地考察，得出了考古学的认识，分类更为细致，也可在文献中得到佐证，是更为合理的结论。尽管惠远城在规模及内部建筑上似乎体现出更高的等级，但是只有将其与惠宁城放在一起，才能体现出清廷起始以军府制为核心统治新疆的策略及实践。

伊犁九城中惠远老城、惠宁城、塔勒奇城在建成后均有过扩建，扩建的尺度也经过一定的设计，以丈为单位的 10 的倍数来进行的。扩建部分延续了古城始建时的布局形态。

除平面布局外，伊犁九城在城墙的形态上也体现出一定的规律性。城墙由墙体、垛墙、拦马墙、墙基等部分组成，在规格上体现出一定的等级性，即城址越大，城墙的规格也越大。城墙均采用夯筑的方式，关键部位夯层间夹筑植物纤维，以增强墙体的连接强度。城墙的附属建筑不仅在规格上，还在形态上体现出城址的等级性特征。

通过调查可以看到，牛录城堡的保存情况不容乐观，绝大多数都损毁严重，部分城墙已不存，城内建筑也残留较少，需要引起足够的重视，并采取一定的保护措施。就目前的研究结果来看，不论从城墙的形态还是构筑，牛录城堡较官方所筑伊犁九城均表现出诸多差别，这似乎可以体现出牛录城堡与伊犁九城的区别，即其并非伊犁将军等官员有组织构建的结果，而有可能是锡伯族人民根据实际需要而兴建的。

牛录城的规律性远逊于伊犁九城，平面形制上体现出更多不规则的特征，并且大小的分布也无一定规律。城址无论是边长还是周长，在数值上都没有体现出丈的 10 的倍数这一特点。牛录城也基本没有发现垛墙、瓮城、角台、马面。据此，可以初步认为牛录城在建前未做过详细规划。

卡伦作为清代军府制度的重要组成部分，其历史发展呈现出一定的规律，并且留下了相应的考古遗迹，成为历史的见证。目前伊犁卡伦保存情况不一，基本为方形，大多门址、部分角台等尚有留存，个别卡伦的内部结构仍可见。伊犁卡伦的修建可分为乾隆时期与光绪时期两期，除了在文献中有直接反映，还在各自的形制、内部布局、地理位置、保存状况等方面有所体现。同时，卡伦的主要功能也随着时间的变化而有所不同。

---

[1] 吴轶群：《清代新疆边境地区城市对比研究——以伊犁、喀什噶尔为中心》，上海古籍出版社，2020 年。

　　卡伦是清代独有的基层军事组织，广泛分布在北疆地区，但一直少有发现。伊犁卡伦的大量发现与对其开展的考古调查，为进一步探索清代北方的军事制度提供了重要的线索，具有较大的意义。然而，伊犁地区的其他卡伦，尽管文献中有所记载，但仍没有发现对应的遗迹，这有两方面的可能：一方面，卡伦确实损坏严重，一般的地面探查已无法识别；另一方面，卡伦可能不仅仅以围墙的形态存在，还以房屋等其他形态存在，这就需要进一步细致的考古调查与发掘工作才能解决了。

　　综合来看，伊犁河谷清代城址的形制特征表现出两种趋势，分别是以伊犁九城、卡伦为代表的统一规则体系和以牛录城和营盘为代表的多样体系，二者有机统一。伊犁九城为绿营兵兴建，建成后城址舆图及兴建经过均向朝廷汇报，并由皇帝提名，这就使城址得到了皇权的认可。与伊犁九城不同，牛录城为锡伯族人自己修建。由于他们没有筑城传统，城址在其经济生活中的作用并不明显。伊犁河谷城址形制的这两种趋势，深刻反映了清廷入主伊犁河谷后采取的不同统治模式。

第六章　道路建筑

城墙内部的道路和建筑是人口日常活动的空间，构成了城市生活的舞台，是城市考古研究的重要方面。由于道路从根本上决定了城市内部的基本框架和结构，而主要建筑又赋予结构各组成部分以内容和意义，即城市形态学所谓"平面类型单元"。因此，城内的道路系统和主要建筑成为认识城内系统的关键钥匙，二者犹如人体内脏系统的血液和器官，是城市必不可少的基本要素。本章即从这两方面入手，探讨伊犁九城等城址内部结构的具体特征。

第一节　伊犁九城的道路

伊犁九城中最早兴建的塔勒奇城的街道系统最为简单，为"丁"字形。其后的城址道路逐渐完善，构成了由"十"字形的主街、窄巷和顺城街组成的道路系统，在布局上有一定的相似性。

经调查，塔勒奇城仅见东门和西门，南墙和北墙均没有城门遗址，故可推知其内部主街为东西干道。在锁眼卫星影像上观察，城内偏西侧三分之一处可见一条南北向阴影，仅见于东西干道的北侧，推测其应为扩建前的南北街，在古城扩建后继续使用。这样古城内部也就被倒"丁"字形道路分成了三个部分。

其后兴建绥定城时，道路规划得到了进一步完善，形成由十字大街、顺城街和大、小巷组成的道路系统。十字大街的宽度为八丈（25.6 米），文献中描述其为"四道"，这应是从十字中心到四个城门分别计算的。其中东、南、西三道直通城门向外而去，北道北通关帝庙，由于北门门道被封，北道就此成为口袋路。古城有顺城街一圈，宽三丈（9.6 米），沿墙底绕城内一圈，与十字大街共同构成"田"字形道路，将古城分为了四个部分，构成了古城内部的基本结构。每个部分内又有大、小巷子，大巷宽四丈（12.8 米），共八道，东西、南北向皆有；小巷宽一丈五六尺（4.8～5.12 米）至三丈五六尺（11.2～11.52 米），共四十二道，均为东西向。巷子将每个部分切割成了众多块状建筑单元，包括兵房、衙署、仓库等，其中最小单位为一个院落，较大的单位为联排院落或者是大的衙署。

　　宁远城与绥定城大概同时期修筑，其城内布局也同绥定城一样，由十字大街和顺城街组成的"田"字形街道将古城内部分成四个部分。但与绥定城不同的是，该城北道可直通城门外，并没有成为口袋路。巷子数目同绥定城亦有所不同，大巷共四道，均为南北向；小巷共二十九道，规格不详，均为东西向。巷子所分割出来的单元包括小至单个院落，大至联排院落或者清真寺、衙署等的块状结构。

　　再之后的惠远老城，始建时街道系统的基本结构同绥定城、宁远城一致，但在街道规格和数目上呈现出更高等级和多样性的特征。城内十字大街宽十六丈（51.2米），是绥定城的两倍，北道向北直通城门外。顺城街的宽度也不太一致，南顺城街最宽，达六丈（19.2米）。徐松在被遣戍伊犁期间，就住在从南门宣闿门内沿顺城街西行至南墙下第三舍的戍馆，即其自称的"老芙蓉庵"。北顺城街最窄，仅宽三丈（9.6米），东、西顺城街宽五丈（16米），总体要比绥定城的宽。城内各部分亦被大、小巷道所切割，大巷宽三丈（9.6米），共十六道，南北向、东西向皆八道；小巷宽二至三丈（6.4～9.6米），共一百一十五道，均为东西向。大、小巷子的规模同绥定城近似。

图 6-1　莫理循所摄惠远新城鼓楼附近大街（1910 年 5 月 20 日）

　　巷子同样将惠远老城各部分切割成块状单元，多为联排院落或者衙署、寺庙等大型建筑。林则徐自述其住所在"南街鼓楼前宽巷"[1]，宽巷即大巷，可知这种街巷布局也为时人所称，用来标注方位。

　　惠远老城的街道经过设计，笔直整洁，给到访的人留下了深刻的印象。清人洪亮吉曾作诗描绘惠远街景："日日冲泥扫落苔，一条春巷八门开。"并注曰："鼓楼北有八家巷，屋宇街道极修整。"[2] 莫理循特意拍了多张街道照片（图 6-1）。马达汉则由衷地赞美道："惠远城是我看到过的最整洁、最美丽的中国城市……城市设计得很好，笔直的街道，又宽敞又漂亮。"[3] 但有时雨后或雪

　　［1］（清）林则徐《林则徐全集》第九册《日记》，海峡文艺出版社，2002 年，第 4690 页。

　　［2］（清）洪亮吉：《洪亮吉集》更生斋诗卷一《万里荷戈集·伊犁纪事诗四十二首》，中华书局，2001 年，第 1212 页。

　　［3］［芬］马达汉著，王家骥译：《马达汉西域考察日记（1906-1908）》，中国民族摄影艺术出版社，2004 年，第 181～182 页。

融化之后，路面也会泥泞难行，甚至"泥没靴及膝"[1]。

　　这种城内被大、小巷切割成块状的情况可在锁眼卫星影像中清晰地反映出来。图中惠远老城东西、南北干道呈黑色条带状，宽度为 20～30 米，远没有达到舆图中所述的 51.2 米，两条干道相交于钟鼓楼。大巷在影像中也很清晰，为东西、南北向的较粗黑色线条，可以与舆图中的大巷一一对应，据此可知东北部分被大巷切割成了 3×3 的块状格局，其他被河水冲毁的三个部分也应是如此。小巷也可以在图上观察到，但是部分已然不清晰，很难一一对应。大、小巷子纵横交错，将古城切割成一个个块状单元。

　　惠远老城向东扩建后，东西干道也向东延伸，扩建部分又添加了大、小巷，延续了扩建前的布局。结合前面一章的论述，我们看到惠远老城新扩建部分努力在城墙和城内布局建筑上与始建部分保持一致。因此，伊犁驻防城中始建的方形城池作为"城市核"，决定了城池的整体样态，对之后的发展产生了深远的影响。

　　根据文献，惠远老城大、小巷子两旁是有栅栏的："自南至北，东西大小巷三十九道，俱设有木栅，每对面栅栏二道，设堆房一所，支更坐守，以司启闭。"[2]通过栅栏和堆房，严格地把由道路将城内切成块状的模式固定下来，形成如里坊制的结构。有专人值守，则说明栅栏是不能随便越过的，这与唐代里坊制的管理非常相像。街道两侧往往栽有榆树、柳树、白杨树等（图 6-2）。

　　惠宁城始建时间同上述城址一样，内部道路的整体结构为"十"字形，亦有顺城街和大、小巷，大巷为南北向，共六道，小巷为东西向，共一百零九道，大、小巷将城内分成块状。但是由于古城东侧地下水上涌的破坏，导致古城最东边本应有的南北大巷不存在了，东边布局也显得比较凌乱。东西向的小巷排列得比较齐整，南北向的队列则呈现出不规则的曲线状。

　　拱宸城、广仁城和瞻德城三者是同一批修建起来的城址，故道路系统比较接近，均由十字大街、顺

图 6-2　莫理循所摄惠远新城内大巷（1910 年 5 月 20 日）

　　[1]（清）洪亮吉：《遣戍伊犁日记》，阳湖洪用勤授经堂清光绪三年刻本，第 19 页。
　　[2]（清）格琫额：《伊江汇览》，《中国地方志集成·新疆府县志辑》第九册，凤凰出版社，2012 年，第 540 页。

城街和大、小巷组成（图6-3）。十字大街的北道同绥定城一样，为口袋路。大巷的数量均为四道，小巷的布局和数量略有不同，瞻德城和广仁城均为四十道，拱宸城为三十八道。这是由于拱宸城有两座大型建筑占据了整个街区，使得小巷数量减少。

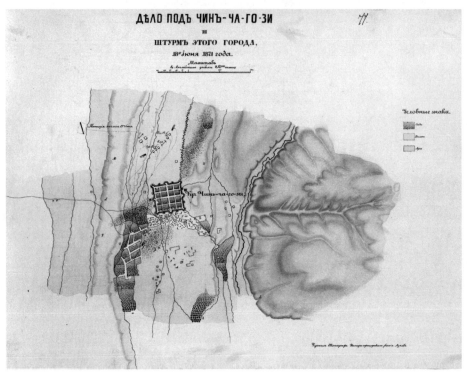

图 6-3　《针对清水河子及围城战役图》所见瞻德城街道布局
采自 Туркестанскій Альбомъ, Vol.6，美国国会图书馆藏

　　熙春城的道路结构比较简单，仅由十字大街、顺城街和小巷组成。十字大街北道为口袋路，没有大巷，仅有十二道小巷。

　　除了设计纵横交错的道路网，惠远老城、绥定城和惠宁城还将城外的河水通过水关引入城内，形成城内的水路。水路沿街巷分布，最后又由水关流出城外。水路的布局方式有两种，一种见于绥定城，仅设一个入口水门，一个出口水门。在城内的具体流向是从东墙北端的水门引入，沿小巷西流至南北大巷后分成两个支流：一支流北流，到达东西向大巷后折而向西，经关帝庙继续西流，到达仓库东南角后折而沿南北大巷南流，到达监狱东北角后与另一条水流汇合；另一支流南流，沿南北大巷直抵南端东西向大巷，折而西流，与前述支流汇合。汇合后的水流从南墙西端出水口南流出城。总体来看水路形成一个环形，这样安排有一定的优点，就是控制住了进水口和出水口的数量，有利于古城的安全。当然缺点也很明显，即城中央的公所衙门离水道略远，用水上存在些许不便。相比较而言，惠远城和惠宁城的水道规划则照顾到了古城的各个部分。

惠远城、惠宁城采取了另一种水路布局模式，即设多个入口水门和出口水门。惠远城共计四个入水口，均位于北墙。水流从入水口进来后沿大巷南下，直抵南墙，四条水流汇合于南墙底的东西向水道，再分别从东、西墙南端的两个出口流出。惠宁城共计三个入水口，也位于北墙。水道从入水口进来后便沿大巷南下，南向出城而去，因而出水口也是三个。这种水路布局模式总体来看是撒网式的，覆盖面较大，每个单元内的建筑均可以方便地取水。

水路与道路上还应有附属建筑，比如在水路两侧堆设岸壁，用来保护两岸不被侵蚀，既保证水流的畅通，也可以维护大巷道路的坚固和稳定。还有的在水路与道路的相交处架设木拱桥，如惠远老城，在四条水道与东西干道的交界处均建有木桥。从舆图上来看，木桥的规模比较小，仅为街宽的十分之一。据文献记载，惠远城内曾有两人打架，将木桥损毁，"二人对骂扭推，将水渠小桥上木栏杆碰断一根"[1]。从这点来说，木桥并非十分坚固，其规模也在一定程度上限制了东西干道人流的通过。

事实上，水道饮水还受到季节的影响。伊犁一般四月开始进入丰水期，水道渐满，惠远城人建"曲池"以蓄水，到八、九月则进入枯水期。洪亮吉曾作诗记为："五月天山雪水来，城门桥下响如雷。南衢北巷零星甚，却倩河流界画开。"并自注曰："四月以后，即饮水入城，街巷皆满，人家间作曲池以蓄之，至八九月始涸。"[2] 正是因冬天不便使用水道水，于是城内多挖井以补充。

综合以上可知，伊犁九城城内形成了纵横交错的路网结构，路网可分为十字街、顺城街、大巷、小巷四个等级，每一等级的道路都有相应的功能，它们共同联系起城内的每一个角落。其中惠远老城和惠宁城的路网稍显复杂，大巷和小巷的数目比其他城址多，绥定城、宁远城次之，拱宸城、瞻德城、广仁城再次之，熙春城和塔勒奇城则最为简单。在古今重叠型城址中这些道路大多得到了沿用，尤其是十字街和顺城街，仍作为城内的主要道路使用，这在宁远城、绥定城、瞻德城、拱宸城中均可以观察到。此外，部分城址由于不开北门洞，十字街北道成为口袋路，这使得古城的北半部分相对静止，人类活动相对较少，故而不容易遭受人为破坏，从而使北墙保存相对较好，瞻德城、广仁城、绥定城均是如此。这也验证了城市形态学中街道最不容易改变的理论。同时我们也可据此认为，街道布局会深刻影响城址的遗址形成过程，最终与城址

[1]《伊犁将军晋昌等奏为审明惠远城内居住遣犯陈明被遣犯陈宗胜打伤身死一案按律议拟事折》，嘉庆十七年六月初二日，档号：04-01-26-0027-001。

[2]（清）洪亮吉：《洪亮吉集》更生斋诗卷一《伊犁纪事诗四十二首》，中华书局，2001年，第1214～1215页。

图 6-4　莫理循所摄惠远新城东西向大街（1910 年 5 月 20 日）

现状产生关系。

从方向上来看，伊犁九城的主干道路均以东西方向为主（图 6-4）。一方面，建筑用地，特别是衙署均为坐北朝南（这样有利于提高正房的保温性能），出正门的大街理应采用东西向。另一方面，因伊犁九城基本是沿伊犁河东西向分布，所以在进行城际之间的沟通交往时，东西向便是主线，成为人员物资流线。这也集中体现在新疆地区清代的各类城市中。

第二节　伊犁九城内部建筑

街道将伊犁九城切割成规整的块状结构，形如一个个里坊。每一个区块其实都是一个建筑（群），包括衙署、书院、仓库、监狱、兵营等，在道路的中央也有钟鼓楼、关帝庙和牌坊等，它们成为城市组织的细胞，共同构成城市生命体的基本单元。

在分析城内的建筑时，本书依据的主要思路是古建筑学中的"三分"概念，即从古建筑的三个部分——台基、屋身、屋顶逐一入手。"三分"概念更早来源于北宋《木经》之"凡屋有三分，自梁以上为上分，地以上为中分，阶为下分"[1]，是对建筑水平层次的科学划分。目前保存的考古材料多为台基部分，可通过勘探发掘结合文献记载进行研究。屋身、屋顶要么留存，要么破坏殆尽，可结合所绘舆图、照片影像及文献记载来研究其原貌。

一、钟　鼓　楼

伊犁九城中惠远老城是最早设置钟鼓楼的，其位于古城始建时的中心位置，现已

---

[1]　（宋）沈括撰，金良年点校：《梦溪笔谈》卷 18《技艺》，中华书局，2015 年，第 169 页。

无存。钟鼓楼的作用为报时，早晨鸣钟，晚上击鼓，因此有"晨钟暮鼓"之说。一般来讲，钟楼和鼓楼分别建在东西两侧，相向而立，东面为钟楼，西面为鼓楼。但也有南北排列的，例如北京钟鼓楼就是南北排列，钟楼在北，鼓楼在南。还有部分钟鼓楼为单体建筑，惠远老城的钟鼓楼即是如此。钟鼓楼作为城址的中心，人员流动大，往往非常热闹，这给林则徐留下了深刻印象，其有诗云："踏月吟鞋凉似水，遏云歌板沸如潮。楼前夜市张灯灿，马上蛮儿傅粉娇。"[1]

据舆图载，惠远老城的钟鼓楼由楼台和台楼组成。楼台的规格为高一丈六尺（5.12米），面阔六丈六尺（21.12米），进深四丈六尺（14.72米），结合舆图所绘，面阔指南北底宽，进深指东西底宽。所以，钟鼓楼台基的横剖面应该是长方形，纵剖面应该是梯形。楼台的四个方向有楼洞，规格为宽一丈一尺（3.52米），高一丈二尺五寸（4米），用于行人通行。

楼台上有台楼，造型精美，共两层，上层面阔三间，四周出廊，单檐歇山顶，正脊两端装饰鸱吻，四角饰以垂铃。下层规制稍大，面阔三间，四周出廊，四条脊上各饰走兽一座，亦有垂铃。道光年间，因"鼓楼建修年久，倾欹颓落"，对其进行重新整修，具体就是："楼身加亭，四周宽展，悉与城门相配"，实现了"配合边地风水"，"以壮边地之规模"的理念目标[2]（图6-5）。

图6-5 舆图所见惠远老城钟鼓楼
据《惠远城图》清绘，原图见于军机处满文录副奏折，乾隆三十一年正月，中国第一历史档案馆藏，档号：03-0182-2177-034

其后随着惠远老城的废弃，该钟鼓楼也日渐残损，到了20世纪60年代，仅剩钟鼓楼基址，可在锁眼卫星影像上观察到。

惠远老城废弃后，新建的惠远新城亦设有钟鼓楼。莫理循游历时曾经拍摄过该钟鼓楼的照片（图6-6）。通过照片可知，惠远新城钟鼓楼的结构同惠远老城大体相近，占地面积约为900平方米，文物建筑面积为1500平方米，是新疆保存最完整的清代建筑。钟鼓楼由楼台和台楼所组成，楼台横剖面为正方形，边长约为22米；纵剖面为梯形，高5.95米。楼台四个方向有拱形楼洞，宽、高约为4米，较为高大，行人车马可顺利通过。台楼为三层，装饰精美。上层结构与惠

[1]（清）林则徐：《元夕与嶰筠饮，遂出步月，口占一律》，《林则徐全集》第六册，海峡文艺出版社，2002年，第3095页。

[2] 特依顺保、奕山：《奏为修建惠远城鼓楼完竣事》，军机处满文录副奏折，道光十六年九月六日，中国第一历史档案馆藏，档号：03-3633-004。

图 6-6　莫理循所摄惠远新城钟鼓楼（1910 年 5 月 20 日）

远老城之钟鼓楼近似，为面阔三间，四周出廊，单檐歇山顶，正脊两端装饰鸱吻，四角饰以垂铃。中层、下层规模依次变大，面阔三间，四周出廊。总的来看，惠远新城的钟鼓楼形制与惠远老城比较接近，但规模似有扩大，台楼的层数也有所增加。该钟鼓楼先后于 1927 年、1964 年、1984 年做了修缮。

宁远城亦有鼓楼，可在莫理循照片及玛丽·布尔东手绘图中看到（图 6-7），但在舆

图 6-7　宁远城钟鼓楼
左为玛丽·布尔东 1877 年 9 月所绘，右为莫理循 1910 年 5 月所摄

图中没有发现，说明该钟鼓楼应为后期所建，现已不存。宁远城钟鼓楼亦是由楼台和台楼所构成，但是做工更为精美，楼台四周墙面饰以雕花，门洞更为小巧。台楼共分三层，上层为六角攒尖顶，垂脊簇拥宝鼎，造型美观，最上层无出廊。中层、下层面阔一间，依次变大，四周出廊。惠宁城十字路口中央没有建造钟鼓楼，而是在路口的四个方向修建了牌坊。牌坊为典型的四排列柱形式，结构上为单排不出头。根据舆图判断，牌坊的面宽占据了街道的一半。在明清时期，牌坊象征性要远远大于实用性，充满了伦理教化的意义。

综合以上，目前可知的只有惠远新城、惠远老城和宁远城有钟鼓楼，惠宁城有牌坊。三座城的钟鼓楼结构大体相近，在台楼的层数上略有差异，惠远老城为二层，惠远新城与宁远城为三层，这种差异应与等级无关，而可能是与建造早晚有关。作为城中央的地标性建筑，钟鼓楼形制比较高大，有利于报时声音的传播。钟鼓楼从某种程度上代表了"日出而作、日落而息"的农业生产模式，也是一种安定的社会秩序的折射。惠宁城的牌坊更是中原儒家伦理道德的直接体现。上述城址作为"满城"或"回城"，在它们中央修筑的钟鼓楼、牌坊反映了其族属的复杂性，以及城址功能上的内在转变。

二、衙 署

衙署在古代城址中居于核心地位，所谓"官厅兵房，为栖止之所必有"[1]。在帝制时代，衙署的存在与否、驻扎官员的品阶高低往往可以成为一座城址兴废的关键所在。古代流传至今的"父母官"称谓也暗含着对于官员保护城中百姓的期许，这也成为评价官员执政合格与否的重要标准。由此，衙署对一个城址的影响是非常深刻的，其空间位置、规模布局及驻扎官员等均值得细致解剖。

清廷对不同等级官员的宅邸、衙署有严格的限定。如清光绪《钦定大清会典事例》记载："顺治五年题准：一品官给屋二十间，二品官十五间，三品官十二间，四品官十间，五品官七间，六、七品官四间，八、九品官三间，护军、领催、马甲各一间。"[2]事实上，在实践中，等级的规定更为详细，如："百官第宅定制，营造房屋不许歇山、转角、重檐、斗拱及绘藻井丹饰。惟楼居重檐不禁，其任满致仕与现任同祖父有官身殁，子孙许居祖父房舍。"[3]具体到每个品级，则有更详细的规定。在伊犁驻防城中，

---

[1]（清）王彦威等编：《清季外交史料》卷二六《伊犁将军金顺奏接收伊犁并分界事宜折》，湖南师范大学出版社，2015年，第515页。

[2]《钦定大清会典事例》卷八六九《工部·赐宅额数》，光绪二十五年重修本。

[3] 佚名：《帝阙城垣规制》，《府第规制定例》，清内府抄本。

根据等级的不同，给官兵分配不同级别住房，称作"次宅"。本书在探讨衙署时，也多从上述角度入手。

（一）伊犁将军衙署

伊犁九城在建立的同时也构建完善了军府制度下的官僚体系，其最高等级为伊犁将军，官阶为武官从一品，故而伊犁将军衙署也在城中占据了核心的地位。伊犁将军驻地先后迁过三次，从绥定城迁至惠远老城，又曾短暂迁回至绥定城，最终迁到惠远新城。下文将一一梳理。

清廷平定准部后，在新疆设置的最高等级官员是办事大臣，绥定城修好后驻扎在舆图中的"总理大臣房"中，其后伊犁将军便驻扎在这里。该建筑群坐北朝南，位于绥定城十字大街交叉口的东北角，背靠东西大巷，东接"领队大臣房"，西邻十字大街北路，面朝十字街东路。该建筑群为绥定城中最大的建筑，共四进院落。最前面为将军衙署大门，穿过大门便是第一进院落，后面是仪门。仪门平时关闭，只有在新将军到任、迎接圣旨、重大庆典、贵宾来访等时候才使用，平时都是走两侧。

通过仪门往里是第二进院落。大堂（正堂）位于该院落北侧，是将军举行庆典、迎接圣旨、就职的场所，是将军衙署中最重要的建筑。正堂两侧有耳房，为印房和官房所在地。正堂后面是内仪门，内仪门后便是第三进院落，其内便是二堂，是将军日常办公的地方。二堂两侧有厢房。二堂后为三堂，三堂面阔七间，等级较高。

主院落两侧有别院，在一、二进院落中各有小门与之相通，其中在东院落北侧有一小院落，仅与三进院落相通，为伊犁将军家眷生活起居之所。在最北处还有一个院落，舆图中没有绘制进出口，这应是第四进院落（图6-8）。伊犁将军在此驻扎了不到两年，便移驻新修好的惠远老城，该衙署也随之成为总兵衙署，"绥定城东街系总兵衙署一所"。该衙署现已无存，在锁眼卫星影像上也不见其端倪。

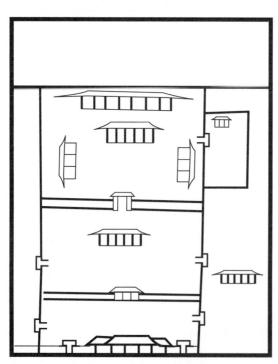

图6-8　舆图所见绥定城伊犁将军衙署

据《乌哈尔里克官兵城图》清绘，原图见于《奏报伊犁城垣竣工折》，军机处满文录副奏折，乾隆二十七年七月九日，中国第一历史档案馆藏，档号：03-0179-1958-036

惠远老城伊犁将军衙署坐北朝南，位于古城的东北部，东、西、北三侧为大巷，南面朝向十字大街东道，是惠远老城中规模最大的建筑，共五进院落，结构较绥定城将军衙署更为复杂，共有六十间房。府门面阔三间，两侧有耳房。府门外两侧街道旁各有面宽两间的小房子，应是辕门内的吹鼓亭："东西辕门内建吹鼓亭二。"[1]通过府门往里便是第一进院落，其后是仪门。仪门为面阔四间，两侧有耳房，同样只在新将军到任等重要时候才使用，平时走两侧。通过仪门可沿着箭道往里走："署中箭道堂皇，厅事悉备，嵲坦之中，树木耸翳。"[2]箭道两侧便是第二进院落，大堂（正堂）位于该院落北侧，是将军举行庆典等活动的场所，是将军衙署中最重要的建筑。大堂后有内仪门，通过内仪门往里便是第三进院落，二堂位于该院，是将军日常办公的地方。院子东西两侧有亭子、厢房，院内有抄手游廊将二堂、厢房、亭子连起来。

　　将军衙署内厢房应为其他执掌官员办公场所："内则印房、粮饷、驼马、营务及满营档房皆列屋而办公，颇为近便。"[3]院子北侧靠东的位置有一小门，往里走便是第四进院落，内有一较大的厅堂。从第三进院落东墙靠北的小门可进入一个小别院，院子里靠北、靠中间的位置有两座面阔三间的房子，从该院落的一个小北门可进入第五进院落，应是后花园一类的庭院（图6-9）。

　　衙署现已无存。但在锁眼卫星影像上仍可看到部分痕迹，衙署四周的院墙均有留存，衙署规格为东西宽207米，南北长241米，占地面积为49887平方米。府门遗址尚存，府门外似有比街道更宽的长方形空地。院内布局可大体与舆图一一对应，仍可看出四进院落的结构。其中一进院落进深为38米，二进院落进深为60米，三进院落进深为91米，四进院落进深为52

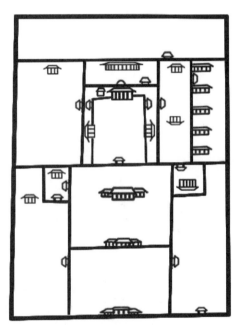

图6-9　舆图所见惠远老城将军衙署
据《惠远城图》清绘，原图见于军机处满文录副奏折，乾隆三十一年正月，中国第一历史档案馆藏，档号：03-0182-2177-034

　　[1]（清）格琫额：《伊江汇览》，《中国地方志集成·新疆府县志辑》第九册，凤凰出版社，2012年，第539页。

　　[2]（清）格琫额：《伊江汇览》，《中国地方志集成·新疆府县志辑》第九册，凤凰出版社，2012年，第539页。

　　[3]（清）格琫额：《伊江汇览》，《中国地方志集成·新疆府县志辑》第九册，凤凰出版社，2012年，第539～540页。

图 6-10　锁眼卫星影像所见惠远老城伊犁将军
衙署遗址（1965 年 10 月 1 日）

©U. S. Geological Survey, EROS Data Center, Sioux
Falls, SD, USA

米。现场勘探所发现的东、西夯土墙基址应为中心院落的墙基。我们调查时在将军衙署的位置采集到方砖、琉璃瓦当等，应是将军衙署的建筑构件（图 6-10）。

惠远新城将军衙署坐北朝南，在城内的相对位置与惠远老城始建时的情况相同，德·费德罗夫绘制了其平面图（图 6-11）。衙署大体上得到了保留，东西宽 105 米，南北长 154 米，现有建筑包括衙署大门、正堂、将军亭、东西营房、东厢房、西厢房等。整个将军衙署为四合院式布局，土木结构的飞檐式人字梁平房，地上铺以方砖，墙基为条形砖，内有土块，房内有用木板搭成的顶棚，院内有回廊，府门楼在南面，为二层土木建筑。后部有凉亭，房檐朴素淡雅，

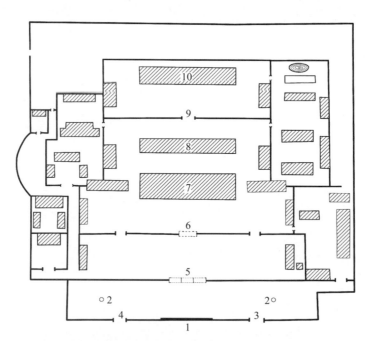

图 6-11　德·费德罗夫所绘惠远新城将军衙署平面图

据原图清绘，原图见于 Опыт Военно-статистицеского Описания Илийс-
кого Края, Ташкент Типография Штаба Туркесганского Военного Округа,
1903

1. 照壁　2. 旗杆　3. 东院门　4. 西院门　5. 头门　6. 二门　7. 大堂
8. 二堂　9. 三堂门　10. 三堂

无雕梁画栋（图6-12）。

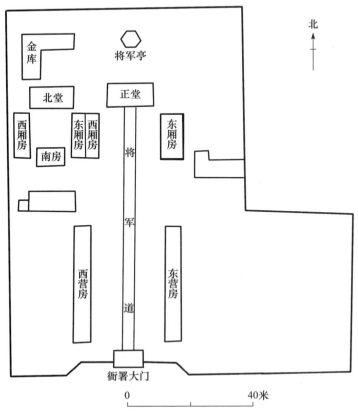

图6-12 惠远新城伊犁将军衙署平面图

现存衙署大门为单檐硬山布瓦顶建筑，面阔三间，进深二间，为抬梁式木结构建筑（图版八，3）。台明及踏跺用条石砌筑，现已不存。大门东西两侧有耳房，为硬山瓦顶建筑，面阔三间，进深一间，抬梁式结构，装修为新式门窗。

从衙署大门进去后便是院落，两侧为东、西营房，为单檐硬山瓦卷棚顶建筑，面阔十四间，进深一间，前出廊。前檐外其余各面以墙体围护，下槛及两山墙前后墀头用砖，其他部位均用土坯砌筑，室内用8组土坯墙隔成大小不同的九室。西厢房面阔五间，进深一间，前后出廊，两山墙体后墀头及下槛使用条砖，廊间墙做拱卷门。东厢房面阔五间，进深6.3米，高5.45米，前出廊。正堂面阔五间，进深一间，高7米，前、后出廊，单檐歇山布瓦顶建筑。西厢房面阔五间，进深一间，高5.2米，前出廊，单檐硬山布瓦顶建筑，梁架均为八檩，用四柱。东厢房面阔五间，进深一间，前出廊，单檐硬山布瓦顶建筑，两山墙体前后墀头及下槛使用条砖，廊间墙做拱券门。院落中部有大堂建筑基址，勘探发现大堂的两个房屋，前后进深约28米，东西总面宽至少为48米。

据《钦定八旗通志》载，惠宁城内亦有将军公署一座，有三十四间房，应是指舆图中所绘位于古城十字大街交汇处东北角的公馆。其形制与惠远老城公馆基本相似，共二进院落，办公衙署分布在第二进院落的东、西、北三侧，两侧有别院。该衙署并非伊犁将军常驻机构，应是其设置于惠宁城的临时办事机构。

（二）八旗衙署

在军府制度下，伊犁将军下设参赞大臣（裁设无定制），参赞大臣下设领队大臣、总兵等职。清廷规定八旗驻防皆有固定的方位："城之北曰镶黄、正黄旗，其东曰正白、镶白旗，其西曰正红、镶红旗，其南曰正蓝、镶蓝旗"[1]。惠宁城驻防八旗就采取了这种布局：古城北为正黄、镶黄二旗，统领二旗事务的协领衙署分处北大街两侧；南为其余六旗，统领旗务的协领衙署处于南大街两侧。协领下属的佐领衙署散布在各旗之内。故除伊犁将军衙署外，惠远老城、惠宁城、绥定城还有参赞大臣衙署、领队大臣衙署、协领房、佐领房、理事同知衙署等，绥定城、拱宸城、广仁城、瞻德城和熙春城有总兵衙署、参将衙署、守备衙署、千总衙署等衙署建筑。下文分别予以介绍。

参赞大臣并无明确品级，其衙署设于惠远老城，位于古城西北部分，东邻公所，西邻领队大臣衙署，北靠小巷，南向十字大街西道。该衙署的整体布局与同城伊犁将军衙署极为相似，只不过规模稍小，长度仅占将军衙署五分之四，宽度仅占一半。该衙署共五进院落，共有六十间房。府门、仪门均是面阔三间，两侧有耳房。大堂、二堂均是面阔五间。其与将军衙署不同之处在于三进院落东侧少一个别院。该衙署在锁眼卫星影像上仍可见，其大体轮廓仍在。

领队大臣亦无明确品级，其衙署在绥定城、惠远老城和惠宁城均有。绥定城共有领队大臣衙署三座，初步判断是较早设立的锡伯营、察哈尔营和厄鲁特营的驻地。三座衙署的结构、规模一致，为三进院落，两侧有别院。大门为面阔三间，主体建筑集中在第二进院落里。惠远老城领队大臣衙署共五座，均位于十字大街东西干道北侧，将军衙署两侧。根据舆图所绘，东侧有两座、西侧有三座领队大臣衙署。然据文献记载："署（将军衙署）东为锡伯营领队大臣衙署……西街察哈尔营领队大臣衙署，并屯镇行馆、参赞大臣衙署、索伦营领队大臣衙署、厄鲁特营领队大臣衙署、回务领队大臣衙署及惠宁城领队大臣行馆，凡六所。"[2] 二者略有差异。

从形制上来讲，惠远城内所驻领队大臣衙署的结构类似，均为五进院落，大小基

---

[1]《钦定大清会典》卷八四《八旗都统》，光绪二十五年八月石印本。

[2]（清）格琫额：《伊江汇览》，《中国地方志集成·新疆府县志辑》第九册，凤凰出版社，2012年，第540页。

本一致，仅有一个面积稍小，然每个领队大臣衙署都有四十间房。惠宁城内仅有一座领队大臣衙署，为惠宁城领队大臣所驻，亦为五进院落，共有四十间房（图6-13～图6-15）。

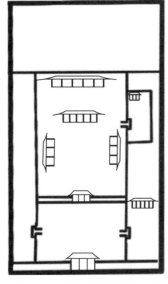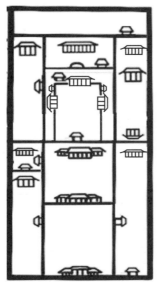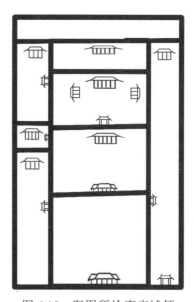

图6-13　舆图所绘绥定城领队大臣衙署

据《乌哈尔里克官兵城图》清绘，原图见于《奏报伊犁城垣竣工折》，军机处满文录副奏折，乾隆二十七年七月初九日，中国第一历史档案馆藏，档号：03-0179-1958-036

图6-14　舆图所绘惠远老城领队大臣衙署

据《惠远城图》清绘，原图见于军机处满文录副奏折，乾隆三十一年正月，中国第一历史档案馆藏，档号：03-0182-2177-034

图6-15　舆图所绘惠宁城领队大臣衙署

据《惠宁城图》清绘，原图见于《奏将建造伊犁惠宁城奋勉效力绿营官兵交兵部议叙奖赏并绘制城图呈览折》，军机处满文录副奏折，乾隆三十五年八月十三日，中国第一历史档案馆藏，档号：03-0184-2384-032

惠远老城中心有两座公所，一座应为惠宁城领队大臣公署，另一座应为绿营总兵公署，为二者在惠远老城的办事机构。两座公所分别位于十字路口的东北角和西北角，二者结构相似，均比较简单，为二进院落，第二进院落的东、西、北三侧为办公衙署，两侧有别院。两座公所北侧均有侍卫房，为单院落结构，北侧、东侧或者西侧有房屋。笔帖式房之间有联排衙署，舆图中没有标注，亦是单院落结构，北侧、东侧有房屋，其结构及排列方式与公所北侧之侍卫房一致，故可推测该这也应是侍卫房，是伊犁将军亲兵所驻。

绥定城内有两座公所，一座公所位于十字路口西南角，呈长方形，规模较大，公所大门南开，共三进院落，办公房屋主要集中在二进院落里，第二进院落东侧有一小别院，第三进院落无建筑。另一座公所位于城内西侧，与领队大臣房相邻，形制亦与领队大臣房接近。

　　满营官兵衙署房屋构成了惠远老城和惠宁城的主要组成部分。惠远老城扩建前，除伊犁将军衙署、参赞大臣衙署及领队大臣衙署外，还有等级更低的协领衙署、佐领衙署、防御衙署、骁骑校衙署等。

　　协领为武官从三品，惠远老城协领衙署共计八座，分布在十字大街南北道的两侧，北部有两座，南部有六座。惠宁城有协领衙署三座。二城协领衙署均为前后二进院落，每座协领衙署有二十三间房。协领衙署在二者舆图中均有清楚的标注，但在卫星影像中已观察不到了。

　　佐领为武官正四品，防御为武官正五品，骁骑校为武官正六品。惠远老城佐领衙署、防御衙署、骁骑校衙署分布于城中各处，各有四十座，其中舆图中贴条标注的佐领衙署数量是三十二座，防御衙署三十二座，骁骑校衙署二十九座。均是二进院落，其中佐领衙署更大，其院落宽度是防御衙署、骁骑校衙署的两倍。佐领衙署第二进院落东、北、南三侧有房，共十六间；防御衙署结构与其相似，共十二间房；骁骑校衙署第二进院落仅南、北有房，共十间。惠远老城舆图中有二十八座院落没有贴条标注，亦应是该类八旗衙署。惠宁城佐领衙署、防御衙署、骁骑校衙署亦分布于城中各处，各有十六座，亦均是二进院落，规格较协领衙署小，每一类衙署规格和房间数均与惠远老城内同类衙署相同。

　　惠远老城十字路口东北有营务、印房、粮饷、驼马、功过处公署，东侧紧邻伊犁将军衙署，西侧为公所。驼马处公署呈长条形。伊犁将军衙署南侧有四处笔帖式房。洪亮吉曾在将军衙署内印房的册房内值事，他详细介绍了各公署的职责事权："总统将军公署以印房为机速之所，册房为图书之府，此外则粮饷处、营务处、驼马处、功过处，统为五六处（册房合于印房）。大抵吏、礼之事司于印房、册房，户则粮饷处，兵则营务处，工则驼马处。若功过处，则又如都察院之稽察六部，而满汉刑名则又归于东、西二厅，厅并设同知一员，满事隶东厅，汉事隶西厅，此将军衙门之大略也。"[1] 各衙署分管吏、户、礼、兵、刑、工、民、政等事宜，共同为伊犁将军服务。

　　总理大臣驻绥定城时，亦在其衙署南侧，即十字路口东南角的位置设置了印房、驮马、功过处等官员的衙署，共计十九座。其中，十八座是单独一个院落，北侧为正房，东侧或者西侧有厢房，门朝南开；剩余一座为"回"字形院落，位于衙署群的东北角，其内院东、西、北三侧有房屋，南侧为门，外院没有建筑，仅南侧有门。该院落东边通过一小门与一小长条形院落相连，院落内亦无建筑。

　　衙署周围内外应绿树成荫，其中以柳树居多。洪亮吉在惠远老城的居所官墅"环碧轩"，四周竟有柳树达数百株，以致正午不见太阳"前后左右高柳百株，亭午几不见

　　[1]（清）洪亮吉：《天山客话》，阳湖洪用勤授经堂清光绪三年刻本，第6页。

日色"[1]。

（三）绿营、回部、民政衙署

绿营衙署在伊犁九城中存在较多，集中分布在绥定城、拱宸城、广仁城、瞻德城和熙春城中。绿营衙署按职官等级应包括总兵衙署、参将衙署、游击衙署、都司衙署、守备衙署、千总衙署、把总衙署、经制外委衙署等，这些在伊犁九城绿营军驻城中均有发现："参（参将）游（游击）都（都司）首（守备）衙署，皆分处各街。"[2]惠远老城也有绿营总兵公署一所，为绿营总兵驻地，但该衙署在舆图中没有标注。

总兵为武官正二品，其衙署除惠远城外，绥定城亦有，副将衙署在其旁："绥定城东街系总兵衙署一所，旁为副将之署。"[3]二者位置即早年之伊犁将军衙署及领队大臣衙署，应是沿用原来的建筑结构，变化不大，仍为四进院落，总兵衙署共六十一间房。绥定城总兵衙署风景极好，洪亮吉谓之："自嘉峪关至伊犁大城，万一千里，所见园亭之胜，以绥定城总兵官廨为第一。"[4]其内部景致秀丽："荷池至五六处，皆飞楼杰阁，绕之老树数百株，皆百年以外物。"[5]

参将为武官正三品，其衙署只在绥定城和拱宸城有，绥定城参将衙署位置不详。通过拱宸城舆图可知该城参将衙署位于十字街西北角，为三进院落，共有三十二间房。

游击为武官从三品，其衙署可见于绥定城、塔勒奇城、拱宸城、广仁城，前二者位置不详。塔勒奇城没有舆图，根据文献仅知其内部建筑较为简单："塔尔奇有游击、都司、千把衙署各一所。"[6]拱宸城和广仁城的游击衙署均位于十字大街东北角，为三进院落，亦有三十二间房，一进院落较参将衙署小很多。

都司为武官正四品，其衙署可见于绥定城、塔勒奇城、熙春城、瞻德城。前二者衙署位置不详。熙春城和瞻德城舆图所绘都司衙署位于十字大街东北角，均为三进院落，共二十五间房。

守备为武官正五品，衙署可见于绥定城、拱宸城、广仁城和瞻德城。拱宸城之守

［1］（清）洪亮吉：《天山客话》，阳湖洪用勤授经堂清光绪三年刻本，第1页。

［2］（清）格琫额：《伊江汇览》，《中国地方志集成·新疆府县志辑》第九册，凤凰出版社，2012年，第540页。

［3］（清）格琫额：《伊江汇览》，《中国地方志集成·新疆府县志辑》第九册，凤凰出版社，2012年，第540页。

［4］（清）洪亮吉：《天山客话》，阳湖洪用勤授经堂清光绪三年刻本，第2页。

［5］（清）洪亮吉：《天山客话》，阳湖洪用勤授经堂清光绪三年刻本，第2页。

［6］（清）格琫额：《伊江汇览》，《中国地方志集成·新疆府县志辑》第九册，凤凰出版社，2012年，第541页。

备衙署位于东街北侧，二进院落，共二十三间房，广仁城、瞻德城之守备衙署均位于西街北侧，三进院落，共二十三间房。

千总为武官正六品，把总为武官正七品，千总衙署、把总衙署可见于塔勒奇城、拱宸城、广仁城、瞻德城、熙春城。塔勒奇城各一座，位置不详。拱宸城有两座千总衙署，分别位于城南和城北，均处于十字大街旁，为单院落，各有十间房；有四座把总衙署，分别位于古城四个部分的中心位置，亦为单院落，各有十间房。广仁城、瞻德城亦有两座千总衙署、四座把总衙署，均为单院落，各有十间房，但在位置上与拱宸城略有不同，各有一座千总衙署位于古城西北和东南部分的中央。熙春城只有一座千总衙署和两座把总衙署，亦为单院落，有十间房。

外委千总为武官正八品，外委把总为正九品，额外外委为从九品，为最低等级。拱宸城有经制外委衙署六所，四所位于城北、两所位于城南。广仁城、瞻德城亦有经制外委衙署六所，前者两所位于城北、四所位于城南，后者南北各三所。熙春城有经制外委衙署三所，一所位于城北、两所位于城南。每所房子的结构是一样的，均为单院落，东侧、北侧各有一排房，每所有十间房。

回部屯民主要居住在宁远城，这也是宁远城被称作"回城"之原因。清廷在惠远老城一度设置过回务领队大臣衙署，后废置。其后伊犁回部事务主要有阿奇木伯克和伊什罕伯克统领，阿奇木伯克为三品，伊什罕伯克为四品，二者衙署均位于宁远城十字大街东道北侧，为单院落结构，院内东侧、北侧、西侧为联排房屋，结构较为简单，多为平房："宁远城系回户居住之处，虽有官署一所，今仅台吉等住址，平房土屋，无其雄丽矣。"[1]而在舆图中，除衙署外房屋均绘制成了圆顶。

惠远城内先后设立了理事同知、抚民同知、巡检等官，其衙署位于古城十字大街西道北侧靠近西门的地方。理事同知衙署为二进院落，规模甚小，主要房屋均在第二进院落里。惠远新城衙署位于北大街东侧，由正堂、东西厢房、正门组成（图6-16）。

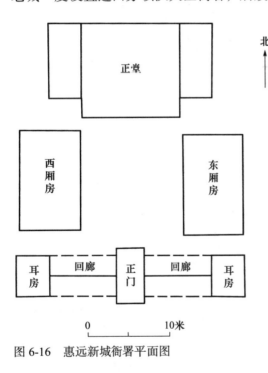

图6-16 惠远新城衙署平面图

[1]（清）格琫额：《伊江汇览》，《中国地方志集成·新疆府县志辑》第九册，凤凰出版社，2012年，第541页。

三、营房民居

伊犁驻防城兵营营房现已无存，在早年卫星影像上只能看出个别城址的轮廓，无法看到房址，因此只能依据文献及舆图做些推测。

满营兵房占据了惠远老城、惠远新城和惠宁城大部分面积（图6-17）。兵房的结构很简单，依据兵种不同，有的兵员如马兵和炮手是两间房，而步兵和匠役仅有一间："每佐领下，马兵八十二名，炮手一名，每名房二间，步兵十五名，匠役二名，每名房一间，官磨房五间，官兵房共计二百四十三间，八旗共计房屋九千一百四十四间。"[1] 另有文献记其"内盖官员衙署、兵丁房屋共计九千一百八十四间"[2]。

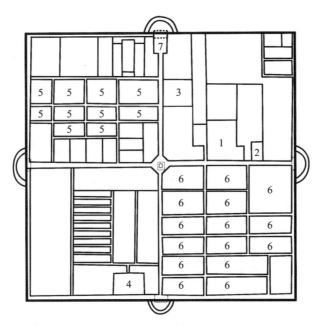

图6-17 惠远新城满营兵房位置示意图
1. 将军衙署 2. 文庙 3. 衙署 4. 粮仓 5. 新满营
6. 老满营 7. 关帝庙

惠远老城、惠宁城满营官兵每栋房间占一个院子，从式样图所绘及清末所拍照片来看，房子应以悬山顶居多，也有不少简易平房。其后，在惠远老城东扩后，又增建

---

[1]（清）格琫额：《伊江汇览》，《中国地方志集成·新疆府县志辑》第九册，凤凰出版社，2012年，第540页。

[2]（清）永保：《总统伊犁事宜》，《清代新疆稀见史料汇辑》，全国图书馆文献缩微复制中心，1990年，第196页。

了衙署、兵房："添盖兵房八百所，计一千六百间，衙署四所，井四眼。"[1]惠远老城有兵房共计上万间，均为联排构筑，彼此紧密相连。惠远城曾发生过一起命案，起因竟是一人擅自翻墙越入他人院落，"陈狗儿上房扫雪，失手将笤帚落入梁五儿院中，陈狗儿并未声唤，即从墙上跳落梁五儿院中"[2]。从中可看出官兵院落是紧密相连的，但院落之间的分隔却较为简单（图6-18）。

图6-18　莫理循所摄惠远新城内街道和房屋（1910年5月20日）

房间内应有炕、炉灶一类设施。伊犁将军曾上奏惠远城内一幼童在炕上被踢死之事，提及涉案人员在炕上的活动："善燕太与来玉坐于炕上，燕善太独饮，置菜碟于炕上之火盆边上。"[3]可知冬天炕上会置火盆取暖。

绿营兵房分布在塔勒奇城、绥定城、拱宸城、瞻德城、广仁城和熙春城里。塔勒奇城兵房布局结构不详，但通过文献所记"塔尔奇有游击、都司、千把衙署各一所，余皆兵房，亦有铺户。因创造之初，仅属小堡，并非城郭。故至今规模湫隘，不足以壮观瞻"[4]，"今查所修城郭衙房，除塔尔奇等城添修四百六十余间房屋外"[5]，可知其内

[1]（清）永保：《总统伊犁事宜》，《清代新疆稀见史料汇辑》，全国图书馆文献缩微复制中心，1990年，第196页。

[2]《伊犁将军晋昌等奏为审明惠远城内居住遣犯陈明被遣犯陈宗胜打伤身死一案按律议拟事折》，嘉庆十七年六月初二日，中国第一历史档案馆，档号：04-01-26-0027-001。

[3]《伊犁将军晋昌等奏为审明惠远城正红旗步甲善燕太踢毙幼童一案按律定拟折》，嘉庆十六年四月初十日，中国第一历史档案馆，档号：04-01-26-0024-059。

[4]（清）格琫额：《伊江汇览》，《中国地方志集成·新疆府县志辑》第九册，凤凰出版社，2012年，第541页。

[5]（清）铁保等：《钦定八旗通志》卷一一八《营建志七》，嘉庆四年刊本，台湾学生书局，1968年，第7682～7683页。

部也是以兵房居多，达四百六十余间，但规模较小。

绥定城的兵房为联排结构，每排的房间数不固定，宽窄不一。每栋兵房单独位于一个院落里，院落门均朝南开，文献载其"兵房虽多，然皆差兵居住，余各就其屯所，是以房间率空隙耳"[1]。从所绘式样图来看，拱宸城、瞻德城、广仁城和熙春城兵房的结构同满营兵房相似，基本为单院落，内有一栋房子，房子应为悬山顶，也是联排砌筑。

宁远城内均为回民兵房。房子总体比较简单，文献记载其为土筑平房："宁远城系回户居住之处，虽有官署一所，今仅台吉（伯克）等住址，平房土屋，无其雄丽矣。"[2]每两排房屋位于一个大的院落里，形成联排结构，并非单院落，各排房子的门均朝向大街，因此房子中间的空地就成为公共空间。舆图绘制每个房子为圆形穹顶，不论是布局还是房屋结构，与满营兵房和绿营兵房均有所不同，颇具民族特色。

伊犁九城之兵营房间，多是在城池建成后统一修建的，但是也允许兵丁自行营建。以惠远城为例，"其建盖兵房，所余空闲地面，准令八旗人口众多，房屋不敷居住者，自行修盖居住"[3]。

伊犁驻防城中有一些比较知名的民居园林，如惠远城之"醒园""德园"，绥定城之"绥园"等。"醒园"是施光辂遣戍伊犁时所建："值北塞用兵，以迟误军饷遣戍伊犁，因于塞外筑醒园。"[4]据施氏《醒园十二咏》描述，醒园中建有"青春作伴斋""小好洞天""待月廊"等景致，他在园中招待文人墨客，留下了许多描述醒园风光的诗作，如陈庭学"诗情蒲海角，楼影柳塘坳"[5]。"德园"是春日赏花、夏日消暑之地，舒敏有诗咏其风光："茸茸石径草初齐，绿涨前村水一溪。粉蝶寻香随絮舞，玉骢隔岸踏花嘶。山翁聚语东西陌，野鸟无名大小啼。日暮主人投辖意，相邀重步白沙堤。"[6]"绥园"位于绥定城总镇都督府署东侧，文人雅客们在这里"相与磋磨学业，品剑谈诗，春水泛舟，秋宵醉月"。该园在整个伊犁都属风流胜景，所谓"声溢九城，盖绥园兼九

[1]（清）格琫额：《伊江汇览》，《中国地方志集成·新疆府县志辑》第九册，凤凰出版社，2012年，第540～541页。

[2]（清）格琫额：《伊江汇览》，《中国地方志集成·新疆府县志辑》第九册，凤凰出版社，2012年，第541页。

[3]（清）永保：《总统伊犁事宜》，《清代新疆稀见史料汇辑》，全国图书馆文献缩微复制中心，1990年，第196页。

[4]（清）吴振棫编：《国朝杭郡诗续集》卷一七，光绪二年丁氏重刊本。

[5]（清）陈庭学：《塞垣吟草·中秋偕朱雪涛集同年施柳南醒园拈韵同赋》，《清代诗文集汇编》第三九五册，上海古籍出版社，2010年，第406页。

[6]（清）爱新觉罗舒敏：《适斋居士集·春日德园小集》，《清代诗文集汇编》第五二〇册，上海古籍出版社，2010年，第658页。

城之胜”[1]。有诸多名篇诗作描述了绥园风景，举舒其绍诗例：“十丈方壶半亩泉，短桡同泛五湖烟。横槎覆手扪霄汉，倒影楼台水底天。”[2]

四、仓　库

伊犁九城每个城址在建设之初，便在城内设置了仓库。仓库现已无存，早期卫星影像上也不见其端倪，但在舆图中可以反映出来，通过文献也可以得到印证。

《伊江汇览》记载了伊犁驻防城的仓储概况：“伊犁之有仓储也，分建于五城，岁获之粮，就近交纳，各有专责焉。惠远城仓系由陕督遴派同知或通判一员管理。宁远城之仓员亦如之，计三年而代。其惠宁城仓则奏请于效力人员内管理。至绥定城之仓，向系巡检经理，壬辰，以巡检改驻于惠宁城，而绥定城仓即归于屯镇委员管理。而塔尔奇仓亦由屯员经司之。”[3]可知塔勒奇城、绥定城、宁远城、惠远老城、惠宁城均有仓储。之后兴建的拱宸城、广仁城、瞻德城和熙春城也都设有仓库。

塔勒奇城仓库位置不详，形制亦不清楚，仅通过文献可知其仓储起先由绿营官兵管理，其后设专员：“绥定、塔勒奇二城，各设一仓，系绿营官经理，现在伊犁屯田，绿营兵丁携眷屯驻，此仓若仍交绿营官经理，恐日久不免那移情弊，似非慎重仓谷之道，请照惠远等城例，于伊犁废员内，拣选妥员，赏给职衔，各派一人经管。应如所请。从之。”[4]

绥定城仓库位于古城西北角，北侧、西侧均为古城墙体，东邻兵房，东南有水路流经，南侧为粮饷官员房。仓库为“回”字形院落，外圈院落墙体内侧即是粮仓，内圈院落之南墙、北墙内侧为粮仓。外院落的门位于南墙偏东处，内院落的门位于东墙正中，朝东开。绥定城同塔勒奇城一样，开始由绿营官兵管理，后设置专员。粮仓之官员应驻在粮仓外南侧的粮饷官员房里，该处为一进院落，大门位于东墙南角处，院落内侧东、西、北有房屋，应是官员办事场所。

宁远城仓库位于古城东北角，规模甚大，占了古城近八分之一的面积。仓库整体

---

[1]（清）王大枢：《西征录》，国家图书馆分馆编：《古籍珍本游记丛刊》第十三册，线装书局，2003 年，第 7008 页。

[2]（清）舒其绍：《听雪集·绥园散步中峰元戎得倒影楼台水底天之句》，《清代诗文集汇编》第四〇三册，上海古籍出版社，2010 年，第 373 页。

[3]（清）格琫额：《伊江汇览》，《中国地方志集成·新疆府县志辑》第九册，凤凰出版社，2012 年，第 541 页。

[4]《清实录》第二三册《清高宗实录》卷一一八三，乾隆四十八年六月癸未条，中华书局，1986 年，第 845 页。

呈长方形，门向南开，进门后对面便是呈⌐形的影壁，故只能右转进入院落。仓库位于院落北侧，房屋呈四合院式，每一面均由多间房屋联排而成。每一间房屋均有一门，屋顶有用来通风的构造。该仓库的管辖权并不在宁远城首领伯克手中，而是设了专门官员进行管理："惠远、惠宁、固勒扎三城，各设一仓，系专员经管。"[1]宁远城城外亦有两座仓库，城南一座规模较大，有一百二十间房。

惠远城仓库位于古城的西南角，规模较大。平面为长方形，大门位于南墙正中，面阔三间。仓库整体结构为"回"字形，外院落东、西两侧各有一长排房屋储库，南北各有四排房屋储库。内院落门朝南开，东、西、北墙体上有联排房屋储库。该仓库不同联排房屋的功能应该有所不同，文献记载了惠远城内仓储情况："惟惠远城为将军驻扎之地，仓内设有大库，凡兵饷各项银两皆存贮库内，以时支发。其所存绸缎、布匹，以系库所存贮，以备需用。"[2]仓库外东南角有粮员衙署，应是仓库官员驻地。该衙署为一进院落，门朝南开，东、西、北三侧有房。

惠宁城仓库位于古城的西北角，规模较大。仓库为单院落结构，外轮廓为正方形。门朝北开，院内东西两侧各有一联排仓库，南侧有前后两排仓库，北侧有左右两排仓库，共计房间一百零五间。该城同宁远城一样，设有专员管领。管粮官员衙署位于仓库东南角，衙署南北各设一骁骑校衙署。

拱宸城、广仁城、瞻德城和熙春城仓库均较小，均为单院落结构，呈长方形，前三者为二十间房，后者仅十五间房。仓库位置略有不同，拱宸城仓库位于古城的西北角，广仁城、瞻德城和熙春城仓库位于西门。拱宸城大门位于南墙中部偏东处，院内共四排仓储房，东西各一，北侧两座。广仁城、瞻德城二者仓库布局极为相似，大门位于南墙中部，院内靠北侧有四排仓储房，东、西、南、北各一，形成类似四合院结构。熙春城仓库大门位于南墙中部，共三排仓储房，分别位于东、西、北三面。

五、宗 教 建 筑

伊犁河谷驻防城作为军府制下构筑的城池，内部的宗教建筑形成了独特的建筑文化景观，构成了驻防城的信仰空间，同时也是公共空间。其中包括佛教、道教、伊斯兰教、天主教和其他民间信仰的祭祀场所。以惠远城为例，城内外便有诸多宗教建筑，

---

[1]《清实录》第二三册《清高宗实录》卷一一八三，乾隆四十八年六月癸未条，中华书局，1986年，第845页。

[2]（清）格琫额：《伊江汇览》，《中国地方志集成·新疆府县志辑》第九册，凤凰出版社，2012年，第541页。

文献中记载的就有万寿宫、关帝庙、社稷坛、先农坛、风神庙、火神庙、文昌宫、魁星阁、城隍庙、龙王庙、八蜡庙、刘猛将军庙、喇嘛庙、祠堂、节孝祠等。其中，关帝庙和清真寺在舆图中可观察到，关帝庙的痕迹也可在早年卫星影像中观察到，清真寺屡经改建，现址仍为清真寺，还有部分祠堂可在早年的照片影像中看到。通过这些材料，可以对伊犁九城内的宗教建筑进行研究。

（一）关帝庙

关帝庙是伊犁驻防城中最常见的庙宇，几乎在大部分的城址中都可以看到。民间对关羽的供奉可早至宋代，到了清代达到极盛，不仅在关内各省，在关外凡有八旗、绿营驻军之处，都普遍修建关帝庙。

惠远老城关帝庙位置曾多次变迁，有文献记载其"原在惠远城北门内。乾隆五十七年将军保宁奏改真武庙，移建关帝庙于西门大街，钦颁额曰神佑新疆，联曰春秋志在威名远，戊巳屯开庙貌崇"[1]。舆图将之绘在了惠远老城城内十字大街北道，是乾隆五十七年（1792）迁移之前的情况。据文献记载关帝庙与城址为同时兴建，且庙内有正殿、祠堂等建筑："关帝庙亦癸未同时所建，在（万寿）宫之后，北向正殿三间，左右廊房各三间，大门三间，外石狮二，殿中初设画像。"[2]其所描述情况与舆图所绘基本一致。总体来看，该关帝庙为三进院落，有南、北两座门，大殿台基高厚，木建筑巍峨高耸，造型精美，为双檐庑殿顶。关帝庙后风景也不错，"颇有池台之胜。池中积蒲盈顷，游鱼百尾，蛙声间之"[3]，宛然江南风景。

惠远城关帝庙内除供奉周公姬旦、忠公关羽外，还有在平定新疆过程中立下重要功劳的官员如班第、明瑞等人，庙内有皇帝御书匾额及对联："于丁亥仲夏，将军内大臣阿桂始命满营佐领格（琫额）率工塑圣像，暨圣祠周忠公之像各一，春秋祭享。是年，御制'神佑新疆'匾额一，'春秋志在威名远，戊巳屯开庙貌崇'联一，龙章凤篆，增辉倍昔。其正殿西边建祠三间，合龛供设将军公班（第），参赞大臣伯鄂莱安神主，以二公原在伊犁同时尽节，应设祭。殿之东边亦建祠堂三间，龛供将军公明（瑞）神主，以公著绩新疆，亦应同建祠宇，均内大臣阿公（桂）之奏请也。至今岁岁春

---

［1］（清）松筠：《新疆识略》卷四《伊犁舆图》，《续修四库全书》第七三二册，上海古籍出版社，2002年，第655页。

［2］（清）格琫额：《伊江汇览》，《中国地方志集成·新疆府县志辑》第九册，凤凰出版社，2012年，第536～537页。

［3］（清）洪亮吉：《天山客话》，阳湖洪用勤授经堂清光绪三年刻本，第4～5页。

秋动项，备以少牢，将军率在位官致祭焉。"[1]由此可以看出关帝庙的教化作用为皇帝所重。

惠远老城关帝庙南侧还有万寿宫，文献详细记载其建筑样式："在惠远城之北门内，癸未同城所建。南向三楹，殿址高爽，东西朝房各三间，宫门三间，环以木栅，悉丹绘之。岁逢之辰，大小臣工，皆肃班恭祝焉。宫门两边隙地，于乙未夏建立。土尔扈特归顺优恤二记穹碑二座，碑身高大，四面镌勒满、蒙、汉、回四样字体，两亭对峙，颇壮观瞻矣。"[2]惠远老城关帝庙及万寿宫的建筑基址现地表已无存，但通过锁眼卫星影像仍可以看到其大体轮廓，整体近似长方形，东西宽约140米，南北长约190米，规模相对比较大，但其内部结构已无法辨识出来。

相对于惠远老城，伊犁九城中其他城址的关帝庙结构相对简单。绥定城关帝庙应是最早兴建的，共有两座，一座位于北门内，建于乾隆二十七年（1762）六月，为二进院落，有南、北两座大门，大门面阔三间，主要建筑集中在第二进院落里，其北、东、西三面均有殿宇，正殿有三间房，后观音殿有三间房，两廊各二间房，皆塑像。北侧应为主殿，东西两侧为配殿。该关帝庙南边有影壁，致使城内河路在其门前转弯。另一座设于东门外："建于东门外，正殿三间，两廊各一间，亦系塑像而规小焉。"[3]

惠宁城关帝庙的结构与绥定城相似，位于古城北门内，同为二进院落，主体建筑集中在第二进院落里。有《惠宁城关帝庙碑》记其兴修的经过："惠远城东七十里为惠宁城，前将军明（瑞）公之所筑也。今年春，移西安八旗官兵来驻于此。于是置府库，立廨舍，筑室万堵，列市百重，工作既兴，乃相度城北面南爽之地，建土关帝庙，逾年而庙成。"并描绘其建筑："轮奂式崇，猗欤盛哉。"[4]其内部建筑包括大门、正殿、观音阁、山神庙、土地庙、碑亭等："凡大门三间，正殿五间，前观音阁三间，左为山神，右为土地庙各二间，门内碑亭二座，殿后东西住持房各三间，辛卯年建。"[5]

拱宸城、广仁城、瞻德城和熙春城的关帝庙结构都一样，均为一进院落，北侧为

[1]（清）格琫额：《伊江汇览》，《中国地方志集成·新疆府县志辑》第九册，凤凰出版社，2012年，第537页；阿桂：《奏在伊犁建造关帝庙折》，乾隆二十七年闰五月十六日，档号：03-0179-1948-034。

[2]（清）格琫额：《伊江汇览》，《中国地方志集成·新疆府县志辑》第九册，凤凰出版社，2012年，第536~537页。

[3]（清）格琫额：《伊江汇览》，《中国地方志集成·新疆府县志辑》第九册，凤凰出版社，2012年，第538页。

[4]（清）格琫额：《伊江汇览》，《中国地方志集成·新疆府县志辑》第九册，凤凰出版社，2012年，第532页。

[5]（清）格琫额：《伊江汇览》，《中国地方志集成·新疆府县志辑》第九册，凤凰出版社，2012年，第538页。

主殿，东西两侧为配殿，共有十二间房。这些关帝庙的宽度基本与北大街的宽度相同，致使两侧很难再通过行人，这也应是古城北门不通行的重要原因。这四座城址中的关帝庙现已无存，在早期卫星影像上也不见端倪。

（二）清真寺

清真寺同关帝庙一样，在伊犁九城初建的五个城址中均有设置，文献记载了清真寺的概况："清真寺即回民之礼拜寺，五城均有之，乃内地回民所建。并无邪说感人，只以早晚虔奉礼拜者，寺中初无所供，亦无塑像，惟以虔洁礼拜，非其教者，殊未易入也。"[1]然而，只有宁远城舆图将清真寺绘制出来。

宁远城清真寺位于十字大街西南角，是宁远城内最大、最高的建筑，足以说明其在该城中地位之突出，也反映了其在城址中所扮演的重要角色。该清真寺为二进院落，大门朝东开，为穹顶式建筑，进去后为第一进院落，正面即是穹顶礼拜大堂，两侧为联排平顶房屋。穿过礼拜堂即是第二进院落，正面和两侧均为穹顶式房屋。寺院充满了浓郁的伊斯兰风格，构成了宁远城文化景观的重要组成部分。该清真寺屡经重修，现在为拜图拉清真寺。根据《绥定县乡土志》，绥定城东关和南关均有礼拜寺[2]。

（三）其他宗教建筑

伊犁九城内除关帝庙、清真寺以外的其他宗教建筑主要集中在惠远老城。其城内除了关帝庙和万寿宫，还有城隍庙、八蜡庙、刘猛将军庙、子孙圣母庙等，均在文献中有记述，但在舆图中没有标注，考古调查也不见端倪，故本书只依据文献材料做简要介绍。

据记载，惠远城城隍庙在北门内的西边，其内部为正殿等："西边，正殿、两廊各三间，中塑神像一，鬼判像五，乃乙未秋所建也。"[3]八蜡庙位于步营大厅之旁，地处鼓楼东侧，其内部有正殿、住持房等："南向正殿三间，后为住持房二间，殿中供设先穑神农、司穑后稷、水庸、水房、猫虎、昆虫、农畯、邮表畷神位八，而无塑像。"[4]刘猛将军庙在八蜡庙西侧，鼓楼西侧，由阿桂所建："丙戌，蝗起伤禾，崇朝扑

[1]（清）格琫额：《伊江汇览》，《中国地方志集成·新疆府县志辑》第九册，凤凰出版社，2012年，第539页。

[2]《绥定县乡土志》，《新疆乡土志稿》，新疆人民出版社，2010年，第203页。

[3]（清）格琫额：《伊江汇览》，《中国地方志集成·新疆府县志辑》第九册，凤凰出版社，2012年，第537页。

[4]（清）格琫额：《伊江汇览》，《中国地方志集成·新疆府县志辑》第九册，凤凰出版社，2012年，第537页。

灭。将军内大臣阿（桂）以为默赖神佑，爰建二庙。至今岁时致祭祀，以少牢永护星屯矣。"[1]将军衙署内还有子孙圣母庙，庙内有住持房、正殿及塑像："住持房二间，二门内正殿三间，塑像建于癸巳年。"[2]

惠远城、绥定城等城内还有祠庙，主要是祭祀过世伊犁将军。惠远城祠庙位于北门内，乾隆三十一年（1766）由"将军明瑞奏建"，建好后，阿桂、明瑞、舒赫德等将军过世后依次入祀。绥定城内有金忠介公祠，位于绥定城东门处。金忠介即金顺，收复新疆有功，后为伊犁将军。莫理循曾拍摄过该祠的情况，由照片可知该祠应为二进院落，房屋为硬山顶，院子两侧有钟鼓楼（图6-19、图6-20）。

根据《绥定县乡土志》记载，瞻德城内有天主教堂，其兴建应是比较晚的事情了[3]。

图6-19　莫理循从绥定城东门拍摄金将军祠（1910年5月19日）

图6-20　莫理循所摄金将军祠内景（1910年5月19日）

六、学　　校

惠远老城城内还建有学校，具体包括清书学、义学、敬业官学、俄罗斯学等，其功能为供八旗子弟学习文、武方面的知识。清书学可"教书，教弓"，义学的教习包括"满洲、蒙古、汉字"各一人，敬业官学则是选取优秀者"教读，并宣讲圣谕广训"，俄罗斯学"于京城俄罗斯馆内选派一人来伊犁"，教习官兵子弟十数人习俄罗斯语。然而，文献中没有记上述学校的位置、形制和规格，舆图中也没有绘制。清书学的设立，一定程度上反映了乾隆皇帝很重视"清语"，但其在清末就被迅速取代了，取而代之的是养正学堂等学校。

[1]（清）格琫额：《伊江汇览》，《中国地方志集成·新疆府县志辑》第九册，凤凰出版社，2012年，第537页。

[2]（清）格琫额：《伊江汇览》，《中国地方志集成·新疆府县志辑》第九册，凤凰出版社，2012年，第538页。

[3]《绥定县乡土志》，《新疆乡土志稿》，新疆人民出版社，2010年，第203页。

惠远新城设养正学堂，现已无存，但文献中记述了其位置、规模与规格："一、学堂房屋拟捐资建造也。查此次设立学堂，堂屋拟容七十人。地位中设讲堂、食堂各一所，教习住房六间，学生书房十间，藏书房、储物房四间，体操场一所，丁役住房四间，厨役两间，厕房两间，门房两间，头门一座。现已勘定惠远城西大街地址一处，址基宽爽，地方清净，甚为合宜。传匠估计需用银两，旧、新两满营及四爱曼各官情愿自行捐建，不动公款，邀免造报。"[1]可以看到，养正学堂的规模还是比较大的，里面建有讲堂、食堂、住房、学生书房、藏书房、体场、厕所等，功能比较多。

作为屯兵驻地，伊犁九城内建筑以兵营、衙署为主，另有宗教建筑、仓库、学校等。总体来看，兵营和衙署等级是以几何中心为圆心，呈辐射状分布，即距几何中心越近，建筑等级越高。同时，高等级的衙署一般分布在十字大街临街左右，尤以横街居多。以惠远老城为例，高等级的伊犁将军衙署、各领队大臣衙署，皆位于横街北侧。伊犁将军衙署在始建时，并非处于最靠几何中心处，但在古城东扩后，衙署便紧邻几何中心。关帝庙均设在满城和绿营城竖街北端。仓库则多设在城角处，以西北、西南角居多，仅宁远城将之设在东北角。回城宁远城中心建有清真寺。

第三节　伊犁九城外部建筑

伊犁九城在城外设置有关城、营盘等建筑，城内的道路系统也延伸到城外，通向他处。城内外结构分属城墙内外，二者在结构、功能上有一定的差异，具体体现在建筑的形态、布局及使用上。

一、关　城

关城是古城的重要组成部分，是城内空间向外的延展。目前伊犁九城中惠远老城、惠远新城、宁远城和绥定城均有北关，绥定城另有东关和南关。起初，关城没有固定形态，应该就是城门外一片区域的统称。后来有些关城开始设有围墙，置门供出入。如惠远城北关周长有一里，设有东、西二门："安设塘汛，周围一里，开东、西门。"[2]

惠远老城北关城内建有衙署、火神庙、官铺房等。该关城没有事先进行规划，其发展一定的自发性。最早，北关的大片空地用来耕种："（乾隆）三十三年，民人马登

[1] 杜宏春校笺：《伊犁将军马、广奏稿》卷二《拟设养正学堂酌议试办章程折》，中国社会科学出版社，2016年，第80页。

[2] （清）佚名：《伊犁文档汇钞》，《清代边疆史料抄稿本汇编》，线装书局，2003年，第144页。

科四户以罪遣发，安插惠远城之北关种地，每户拨地十二亩，按亩岁纳细粮八升。"[1]
同年，还在北关修盖了官铺房，每月可获得房租："乾隆三十三年，本城北关修盖官铺
房八十间，每旗分给十间，每月得获房租银两，协领档房、佐领档房作为纸笔公费使
用。"[2]关城内还设有官布铺房。北关后来逐渐发展成为"阛阓之区矣"[3]。

惠远老城北关城内还有火神庙和老君庙。火神庙内有正殿、两廊、住持房、戏台
等："火神庙在惠远城之北关，正殿三间，中为火神，东为马明王，西为财神，凡塑像
坐神三尊，立帅及童子各六尊。两廊东西各三间，大门暨住持房各三间，门外两狮，
对面筑戏台一，乃癸未仲夏建成，颇极壮丽。"[4]火神庙之东还有老君庙，设有前殿、
鲁班殿、后殿、三清殿等："在火神庙之东，相距数武。前殿三间，供设公输子神位，
是为鲁班殿。后殿三间，塑儒、释、道三教像，是为三清殿。旁为住持房各两间，亦
癸未商民所建也。"[5]两座庙均是民间商人所建，由此可见北关商业之兴盛。

随着惠远老城北关人口不断增多，建筑不断增设，对其实行管理便成为题中之义。
伊犁将军在此设置了北关汛，内有官兵把守："（乾隆）五十三年，经将军公，因惠远
城北关外，居住各项人等，日渐众多，设立此北关汛一处，酌派绿营把总一员，带兵
十五名巡查。"[6]不断增补官员、守兵："乾隆五十五年，署将军永保奏准设北关汛，稽
查盗贼，派拨守备一员，把总一员，外委二员，兵丁一百名，驻北关汛地。嘉庆十年，
将军松筠奏明惠远城北关汛原派兵一百名，不足以资巡防，请于中、左、右等六营抽
拨差兵一百移赴北关汛，一同驻守。原守备员弁照料难周，并请于镇标左右营内添拨
把总一员，经制外委，额设外委各一员，移驻弹压。"[7]

关城内的建筑现均已无存，不过我们仍可通过锁眼卫星影像窥见当年的盛景。影

[1]（清）格琫额：《伊江汇览》，《中国地方志集成·新疆府县志辑》第九册，凤凰出版社，
2012年，第569页。

[2]（清）永保：《总统伊犁事宜》，《清代新疆稀见史料汇辑》，全国图书馆文献缩微复制中心，
1990年，第191~192页。

[3]（清）格琫额：《伊江汇览》，《中国地方志集成·新疆府县志辑》第九册，凤凰出版社，
2012年，第540页。

[4]（清）格琫额：《伊江汇览》，《中国地方志集成·新疆府县志辑》第九册，凤凰出版社，
2012年，第537页。

[5]（清）格琫额：《伊江汇览》，《中国地方志集成·新疆府县志辑》第九册，凤凰出版社，
2012年，第537页。

[6]（清）永保：《总统伊犁事宜》，《清代新疆稀见史料汇辑》，全国图书馆文献缩微复制中心，
1990年，第207页。

[7]（清）松筠：《伊犁驻兵书始》，《清朝经世文续编》卷六二《兵政一·兵制上》，文海出版
社，1972年，第1568页。

像中大量的建筑应是铺房、寺庙、衙署等，根据现在材料已无法区分。通过影像还可以看出，道路从北门出来后，先向北直行约 420 米，其后分别向东北、正北、西北三条方向分道，其中西北方向两侧房屋最多。这条道路通向绥定城、塔勒奇城，然后北向经过瞻德城、广仁城，出伊犁河谷通向乌鲁木齐，应为当年出城、入城的主道。道路两侧也可辨识出诸多小道，这与洪亮吉所谓"北关外狭邪之地极多"[1]的情况相符。

　　惠远老城北关属于古城的不稳定因素，这可以从其在回变中扮演过的重要角色反映出来。根据文献，回民屡次在北关起事："伊犁北关回匪数千，登时起事，攻扑城垣，接仗失利。"[2]其后也是在北关剿灭了这次起事："始将大城北关起事者堵剿，半日之间已擒斩数百人。"后来，惠远老城被攻陷，也是北关首先受到冲击，"伊犁贼来攻惠远，尽焚北关祠屋"[3]。

　　惠远新城北关的设施较惠远老城简单，有较多植被，而无建筑，谢晓钟在其游记中做过描述："北关亦有果子园二三，惟皆不及此园之壮丽。"[4]又如："十里，惠远新城北关，道树整齐参天，过于陕甘官柳。入北门，住天福居。"[5]由此可知，若从乌鲁木齐来惠远新城，多是通过北关道路入城。

　　宁远城北关聚集了俄国领事馆及商铺，是俄国人的重要据点："一里，伊宁北关，夹道翳林，俄商群聚，俄领事署，即驻此间。俄人呼是街曰'诺威噶尔特'，译言新城，直视为彼领土，华人尚梦梦也。"[6]可知从惠远城方向来宁远城，入城大道也在北关（图 6-21）。

　　绥定城有北关、东关和南关（图 6-22）。北关也是入城大道必经之路，谢晓钟入城便走这条路："二十里，（至）绥定北关，知事李棨、都督昔维岳，暨绅商十余人来迓。入北门，小憩县署。"[7]绥定城东关有"武庙一，礼拜寺二"，南关有"龙神祠一（在乌河北岸），礼拜寺二"[8]，其中礼拜寺"为其（回民）会宗讽经之所"[9]。莫理循在绥定城外所摄的庙宇，应是关城内的关帝庙（图 6-23）。绥定城南关内客商也较多："商务比

[1]（清）洪亮吉：《天山客话》，阳湖洪用勤授经堂清光绪三年刻本，第 7 页。

[2]《清实录》第四七册《清穆宗实录》卷一二四，同治三年十二月戊寅条，中华书局，1986年，第 719 页。

[3]（清）魏光焘：《戡定新疆记》卷一《武功记一》，华文书局，1969 年，第 28 页。

[4] 谢晓钟：《新疆游记》，中国国际广播出版公司，2016 年，第 137 页。

[5] 谢晓钟：《新疆游记》，中国国际广播出版公司，2016 年，第 133 页。

[6] 谢晓钟：《新疆游记》，中国国际广播出版公司，2016 年，第 137 页。

[7] 谢晓钟：《新疆游记》，中国国际广播出版公司，2016 年，第 133 页。

[8]《绥定县乡土志》，《新疆乡土志稿》，新疆人民出版社，2010 年，第 203 页。

[9]《绥定县乡土志》，《新疆乡土志稿》，新疆人民出版社，2010 年，第 201 页。

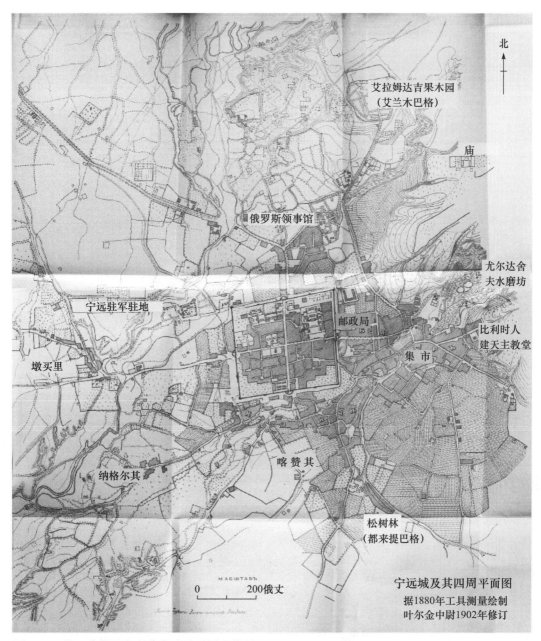

图 6-21　德·费德罗夫所绘宁远城及周边情况

采自 Опыт Военно-статистицеского Описания Илийского Края, Ташкент: Типография Штаба Туркесганского Военного Округа, 1903，略有改动

于绥来，店铺皆在南大街及南关，南关皆缠商，城内多津商。"[1]

　　拱宸城东侧亦有关城，主体建筑沿通往瞻德城的大道两侧分布（图 6-24）。

　　[1]　谢晓钟：《新疆游记》，中国国际广播出版公司，2016 年，第 133 页。

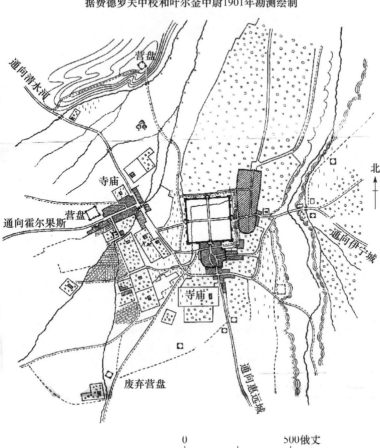

图 6-22　德·费德罗夫所绘绥定城及周边关城

采自 Опыт Военно-статистического Описания Илийского Края, Ташкент: Типография Штаба Туркесганского Военного Округа, 1903，略有改动

图 6-23　莫理循所摄绥定城附近大道旁的庙宇（1910 年 5 月 19 日）

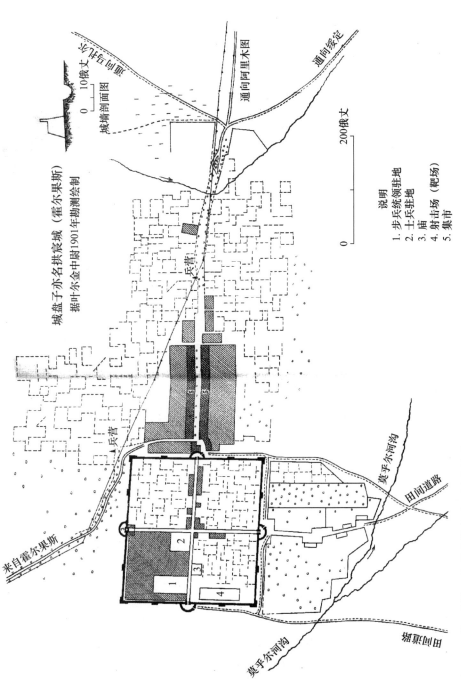

图 6-24　德·费德罗夫所绘拱宸城及周边边关城

采自 Опыт Военно-статистического Описания Илийского Края, Ташкент: Типография Штаба Туркестанского Военного Округа, 1903, 略有改动

二、其 他 建 筑

惠远老城除在近城处有关城外，还在稍远的地方建有宗教建筑，比如在古城东南角几里外的地方建有龙王庙，应为护佑伊犁河而建，其内有正殿、东西配殿，"大门一开，正殿三间，中系塑像，配殿东西各二间"[1]。龙王庙前有望河楼，"洞厂以观河道，乙未秋所建。其额曰：泽被伊江。联曰：源溯流沙气润万家烟井，泽通星宿波恬百里帆樯。皆将军伊（勒图）所署令协领格（琫额）建者也"[2]。望河楼是惠远城一胜景，洪亮吉曾游至此，作诗："趁得南山风日好，望河楼下踏春归。"并注曰："惠远城南有望河楼面伊江，为一方之胜。"[3]

惠远老城西门外建有风神庙，其内有大殿、配殿等："大门一间，正殿三间，供风伯神位，配殿东西各二间，亦乙未秋所建。"[4]还有老君庙，护佑采煤事宜："老君庙在空俄尔博即煤山也。辛巳岁，窑户立以采煤之事，赖其神佑。"[5]

惠远老城东还有普化寺，为藏传佛教寺院，规模很大。该寺最早建于绥定城北五里，当时仅有"土房十余间"，名为兴教寺。后因伊犁将军迁驻惠远老城，该寺也随之迁至惠远老城东十里的位置。其后阿桂将之移建高处，更名普化寺。该寺极盛时共有僧众八百六十九人，寺内有大殿、天王殿、钟鼓楼、僧房、经库等："大殿五间，天王殿三间，钟鼓楼二间，僧房四十间，经库一间，内贮甘珠尔经一百七卷，内蒙古字经一卷。原供溜金佛像，大仅盈尺。内戌之秋，大臣阿（桂）命满洲佐领格（琫额）率匠塑坐佛像三尊，立像菩萨八位。壬辰，土尔扈特汗渥巴锡布施经十四卷，绣佛一尊。"[6]可见其规模之大。

---

［1］（清）格琫额：《伊江汇览》，《中国地方志集成·新疆府县志辑》第九册，凤凰出版社，2012 年，第 538 页。

［2］（清）格琫额：《伊江汇览》，《中国地方志集成·新疆府县志辑》第九册，凤凰出版社，2012 年，第 538 页。

［3］（清）洪亮吉：《洪亮吉集》更生斋诗卷一《万里荷戈集·伊犁纪事诗四十二首》，中华书局，2001 年，第 1212 页。

［4］（清）格琫额：《伊江汇览》，《中国地方志集成·新疆府县志辑》第九册，凤凰出版社，2012 年，第 538 页。

［5］（清）格琫额：《伊江汇览》，《中国地方志集成·新疆府县志辑》第九册，凤凰出版社，2012 年，第 538 页。

［6］（清）格琫额：《伊江汇览》，《中国地方志集成·新疆府县志辑》第九册，凤凰出版社，2012 年，第 539 页。

综上可知，城外的每一个建筑都有具体的功能指向，政府衙署的添置也是随着城外人口规模的扩大而不断增加。如果说伊犁九城内部空间布局体现出呈棋盘状的严格规划的话，那对古城周边空间的利用则更多体现了实用性和适用性。

第四节　牛录城堡、卡伦的道路与建筑

牛录城的形制不统一，呈现出多样性的特征，其内部的道路也是不一样的，因此城内布局具有复杂性，但其内部建筑则相对简单得多。由于没有舆图绘制出早年牛录城堡的情况，我们只能依托锁眼卫星影像来推断古城早年的道路布局，建筑则主要依据的是现在的地表调查。

一、道　　路

牛录城道路布局总体分为两种，一种是棋盘状，另一种是不规则网状。前一种包括堆齐牛录、孙扎齐牛录、纳达齐牛录、扎库齐牛录，后一种包括乌珠牛录、依拉齐牛录、宁古齐牛录和寨牛录。其实结合古城的形制可知，方形城址均采用了棋盘状的道路结构，而不规则形城址则多采用不规则的网状道路结构。

堆齐牛录、孙扎齐牛录、纳达齐牛录、扎库齐牛录的道路结构相似，古城中央有南北大道贯穿全城，多条东西向街道等间距排列，中央为东西干道，总体形成了棋盘状，主干道为十字大街结构。其中堆齐牛录、纳达齐牛录东西街道向东通出城外，扎库齐牛录向西通出城外。

乌珠牛录、依拉齐牛录、宁古齐牛录和寨牛录的道路结构均为不规则网状，但城内均有东西主干道，向两侧通向城外，也有南北道路相交，或呈"十"字形，或呈"丁"字形。其中乌珠牛录和依拉齐牛录各有一个十字大街，位于东西两侧。

总体来看，牛录城内道路的布局虽然略有不同，为棋盘状或不规则网状，但主干道均为"十"字形或者"丁"字形，形成一、二、三级路网结构。棋盘状结构者似以南北大道为主，不规则网状结构者似以东西大道为主。

二、建　　筑

牛录城内清代建筑保存较少，现在仍保存的主要为宗教建筑，也有一些锡伯族传统民居。根据文献，城内应该有衙署、仓库等，但均已无存，且材料较少。现在主要根据宗教建筑保存情况做一研究。

（一）靖远寺

靖远寺是牛录城内的重要宗教建筑，始建于乾隆四十五年（1780）。该寺位于孙扎齐牛录城北侧，西临南北大街，屡经修缮，目前仍在，且修缮后保存情况较好。目前，已有较多对靖远寺的专门介绍，三普也对其进行了详细调查。该寺坐北朝南，共三进院落，最南面为山门，山门内是第一进院落，其北侧为四大天王殿，建筑为五檩双侧出檐，抬梁式结构，硬山顶，面阔三间，进深三间。再往北是第二进院落，据保存的手稿可知东西两侧应有钟楼和鼓楼，为攒尖式圆顶，现已无存。第二进院落北侧为大雄宝殿，形制与四大天王殿基本一样，规模稍大，北侧无檐廊，檐墙属于露檐的做法。通过大雄宝殿便进入第三进院落，北侧为三世佛大殿，该殿为双层双檐，重檐歇山顶，底层有一圈檐廊，面阔五间，进深四间。

靖远寺整体建筑布局规范，规整对称，在空间营造方面运用了中原传统寺庙常用到的建筑处理手法，比如，由外到内，从第一进院落到第三进院落，各单体佛殿依次抬高，最后到达建筑的主体部分。该寺同时也具有锡伯族自己的特点，部分单体建筑的造型独特，开窗比较小，呈现出"实多虚少"的特征，和锡伯民居的开窗形式有相似之处，天王殿上还有反映萨满教的砖刻。靖远寺是锡伯族建筑与明清寺院建筑结合的产物。

（二）其他宗教建筑

据文献，八个牛录城均设置有关帝庙和娘娘庙，此外还设置有土地庙、城隍庙、八蜡庙等。这些建筑的保存情况不一，关帝庙保存较多，其他则很少，甚至已无存。

现在仅乌珠牛录、依拉齐牛录、孙扎齐牛录、纳达齐牛录存有关帝庙。乌珠牛录关帝庙是最早修建的，但庙宇损毁严重，现仅存建筑构架，为五檩双侧出檐构造，抬梁式架构，面阔三间，进深三间；依拉齐牛录关帝庙建于清嘉庆五年（1800），建筑群由照壁、山门、霸陵桥、大殿、钟鼓楼和东西配殿等组成，主殿为勾连搭样式，面阔三间，进深四间；孙扎齐牛录关帝庙建于光绪十八年（1892），位于孙扎齐牛录城北侧路西的位置，现仅存大殿遗址，坐北朝南，抬梁式木构架，面阔三间，进深四间；纳达齐牛录关帝庙始建于光绪十三年（1887），现在保存情况较好，大殿主体结构为五檩单侧带檐廊结构，抬梁式架构，硬山顶，面阔三间，进深三间。可以看到，牛录城在结构上既有统一性，在房顶的建造等方面也体现出一定的差异性。

娘娘庙现仅见于纳达齐牛录和孙扎齐牛录，就此二城来说，娘娘庙一般位于关帝庙的西侧，二者相邻，并排而建。娘娘庙只有一座单体建筑，没有其他配殿或者附属建筑。纳达齐牛录娘娘庙建筑形式同关帝庙一样，但娘娘庙墙头的装饰更为精美。孙扎齐牛录娘娘庙为勾连搭样式，同关帝庙一样。

纳达齐牛录还设有图公祠一座，坐北朝南，为纪念图伯特而设。图伯特于嘉庆元年（1796）倡导并指挥开挖察布查尔大渠，贡献巨大。

关帝庙、娘娘庙和图公祠等宗教建筑，反映了锡伯族官兵百姓的多种民间信仰。明清之际，关帝庙颇为流行，老百姓认为关羽忠义耿介，奉其为驱邪除恶、扶正保民的大神，将士以其神武善战，奉之为克敌制胜的军神。关帝庙普遍存在于牛录城堡内，体现了宣扬忠武的要义内涵。娘娘庙亦如此，反映了锡伯族百姓在世俗生活中的企盼。图公祠则是锡伯族人民为纪念本民族英雄所建，是锡伯族人民对先贤的独特纪念。可以看到，锡伯营城堡内的宗教建筑，不论是在建筑形态上，还是在祭祀内涵上，都体现出中原文化与本民族特点的融合。

昭苏县另有圣佑庙一座，始建于光绪二十年（1894），是新疆最大的藏传佛教寺庙。该庙为中轴线布局，中轴线上依次设有山门、前殿、大殿、后殿（图6-25）。大殿平面为正方形，面阔七间，重檐歇山顶（图6-26）。

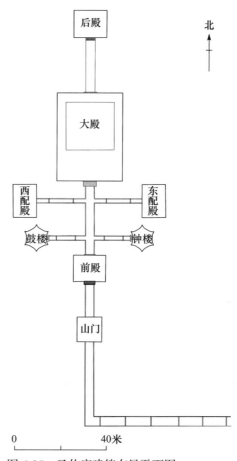

图 6-25　圣佑庙建筑布局平面图

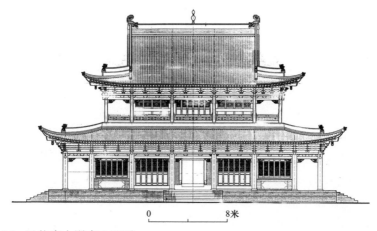

图 6-26　圣佑庙大殿南立面图
采自《不可移动的文物·伊犁哈萨克自治州（直属县市）卷（3）》，新疆美术摄影出版社，2015年，第727页

第五节　小　　结

通过对伊犁九城及牛录城城内道路及建筑的分析，可知伊犁九城的道路及布局较为规整，牛录城则体现出多样性。

"伊犁九城"各城以十字大街为主干，形成了纵横交错的网状道路结构，形似棋盘。路网分为十字大街、顺城街、大巷、小巷四个等级。其中惠远老城和惠宁城的路网设置更齐全，大巷和小巷的数目更多，绥定城、宁远城次之，拱宸城、瞻德城、广仁城再次之，熙春城和塔勒奇城则最为简单。惠远老城城内十字大街宽一十六丈（51.2米），是绥定城的两倍，北道向北直通城门外。顺城街的宽度不太一致，南顺城街最宽，达六丈（19.2米），北顺城街最窄，仅宽三丈（9.6米），东、西宽五丈（16米），总体要比绥定城的宽。城内各部分亦被大、小巷道所切割，大巷宽三丈（9.6米），共十六道，南北向、东西向皆八道。小巷宽二丈（6.4米）至三丈（9.6米），共一百一十五道，均为东西向。伊犁九城的主要道路在古今重叠型城址中被沿用下来。

惠远老城的街道，大、小巷子两旁设有栅栏："自南至北，东西大、小巷三十九道，俱设有木栅，每对面栅栏二道，设堆房一所，支更坐守，以司启闭。"[1]古城通过栅栏和堆房，把由道路将城内切成块状的模式严格地固定下来。从锁眼卫星影像上看，惠远老城与惠宁城扩建部分的布局同始建城内的布局基本相同，呈矩形的块状结构，每一个块状实际是一个建筑（群），包括衙署、兵营等。

作为屯兵驻地，伊犁九城城内建筑以兵营、衙署为主，另有宗教建筑、仓库、学校等。总体来看，兵营和衙署等级是以几何中心为圆心，呈辐射状分布，即距几何中心越近，建筑等级越高。同时，高等级的衙署一般分布在十字大街临街左右，尤以横街居多。以惠远老城为例，高等级的伊犁将军衙署、各领队大臣衙署，皆位于横街北侧。其中伊犁将军衙署在始建时，并非处于最靠几何中心处。但在古城东扩后，便紧邻几何中心。关帝庙均设在满城和绿营城竖街北端。而仓库则多设在城角处，以西北、西南角居多，仅宁远城将之设在东北角。回城宁远城中心建有清真寺。

惠远城内驻八旗官兵。清廷规定八旗驻防皆有固定的方位："皇城之北曰镶黄、正黄旗，其东曰正白、镶白旗，其西曰正红、镶红旗，其南曰正蓝、镶蓝旗。"[2]惠远城八旗即采取了这种布局：古城北为正黄、镶黄二旗，统领二旗事务的协领衙署分处北

---

[1]（清）格琫额：《伊江汇览》，《中国地方志集成·新疆府县志辑》第九册，凤凰出版社，2012年，第540页。

[2]《钦定大清会典》卷八四《八旗都统》，光绪二十五年八月石印本。

大街两侧；南为其余六旗，统领旗务的协领衙署处于南大街两侧。协领下属的佐领衙署散布在各旗之内。

伊犁九城城内建筑情况比较复杂，本书仅通过选取重要建筑梳理出其布局、功能方面的一些规律。九城之内衙署和兵营占据了大部分，还有仓库、寺庙、学校等建筑。每一个建筑都有其建筑特点，并且扮演了不同的角色。通过分析可知，不同类型的官职对应不同类型的建筑，建筑不仅仅具有空间容纳属性，还有了身份象征的意义。

牛录城道路有棋盘状和不规则网状两种布局，前者见于方形城址，后者多见于不规则形城址。牛录城内的主要建筑为宗教建筑，尚不清楚衙署的布局。通过宗教建筑的性质和布局可知，锡伯族的民间信仰比较兴盛，而通过关帝庙的设置可知，牛录城在部分民间信仰上是与九城相通的。

第七章 选址与功能转型

  城市的发展与周边的自然环境息息相关。从文化生态学的角度看，自然环境在很大程度上决定了城址的位置及形态，在城市建好以后又滋养着城市的发展。同时，自然环境也在规范着城市的一些行为，决定了城市对其的认识及态度。一定程度上讲，自然环境是城市的母体。而城市也在影响着周围的自然环境。城市一方面在主动汲取自然环境所给予的养分，另一方面也在试图改造自然环境为其所用，即作为孩子的城市总想长大成人，脱离母体的束缚。城市与自然环境的互动也是当今学术界所热衷于讨论的一个话题，伊犁河谷驻防城所处的地貌环境及其与自然环境的互动，使其成为探讨这个话题的绝佳材料。

  环境决定了驻防城的土地利用模式，即城市功能。清军进驻伊犁后，充分利用了伊犁河谷境内的自然环境，逐渐构筑起以伊犁九城为基础的军事防御体系。该体系以伊犁九城、牛录城、卡伦和军台等军事工程建筑为基础，再以八旗制为核心构建起了军府制，同时辅以各类军事装备配置，成为一个等级严密的"双核"驻防城体系。该体系从一开始便包含商业因素，其后由于人口的增多、生产的发展、俄商的入驻等因素，商业化进一步发展，这又进一步深刻改造了伊犁驻防城的结构布局。

第一节　伊犁驻防城与周边自然环境

  关于伊犁驻防城的周边地理情况，《伊江汇览》中有过精彩描述："自嘉峪关迤西，峰岭袤延绵亘，衔次入塔尔奇山口，平川数百里，即伊犁也。群山笋立，带水环迴，色拉博、和齐索果尔拱于南，匿俄尔俄博殿于北。东则塔尔奇、阿布拉尔、辟里沁诸峰耸翠，西则空果尔、鄂伦春济遥峙连云。四图山色，屏障毗联，凭眺之间，历历如绘。他如山之有厄楞海毕尔汉山、格登山、匿俄尔俄博山、阿布拉尔山、阿尔坦厄莫尔都图山、塔尔奇山凡六处；河之有伊犁河、阿里麻图河、哈什河、空亟斯河、撒麻尔河、车集河、奎屯河、赛里木诺尔、察汉乌苏河、和尔果斯吹河，凡十处，皆钟灵河岳，载在祀典。"[1]

---

  [1]（清）格琫额：《伊江汇览》，《中国地方志集成·新疆府县志辑》第九册，凤凰出版社，2012年，第519～520页。

上述文字主要描述了伊犁的山脉和河流，反映出中国古代很早就形成的风水舆地观念。就中国古代城市的选址来说，风水观念是围绕山脉、河流而构建起来的。风水的空间构成讲究背靠靠山，左右两侧有砂山护卫，前方则有曲水怀抱以及较矮的朝案之山，以互相拱卫。《管子·乘马篇》中就讲到城址选址的一些理念："凡立国都，非于大山之下，必于广川之上，高勿近旱，而水用足，下勿近水，而沟防省。因天材，就地利。故在郭不必中规矩，道路不必中准绳。"[1]总而言之，中国古代城市在选址时均尽力追求山、水形局上的完整[2]。突出了山脉、河流的重要性。

结合以上所述历史语境，本书认为影响伊犁驻防城的地理要素共有两个：天山的支脉和众多的河流。二者在很大程度上影响甚至决定了伊犁九城的选址、形态、建筑及功能变化等。伊犁驻防城与二者的互动，也成为伊犁九城历史的重要组成部分。

一、山 脉

伊犁地区山脉为天山山脉的一部分，总体分布在伊犁河谷地两侧，地势高峻。伊犁河谷地两侧的山脊在东部交汇，使其成为开口向西的口袋状。北侧为现在的科古琴山、博罗霍洛山（蒙古语"灰色的"的意思，亦名博乐科努山）、依连哈比尔尕山（蒙古语"侧面"的意思）等。其中，科古琴山位于霍城县与博乐市交界处，即清代文献中的塔勒奇山；科古琴山往东便是博罗霍洛山，文献中称其为崆郭罗鄂博山；再往东便是依连哈比尔尕山，即文献中的博罗布尔噶苏山、额林哈必尔罕山。东侧交汇处为阿吾拉勒山（亦名阿布热勒山），即文献中的阿布喇勒山。河谷南侧为乌孙山、那拉提山，即文献中的索果尔达巴罕、察布查尔山、雅玛图岭等。

（一）山脉对伊犁驻防城的影响

伊犁河谷两侧的山脉使该地区成为一个相对独立的地理单元，无论是南疆还是北疆，想进出伊犁河谷必须要越过山脉或者穿过沟口。这在清人所著《伊江汇览》《新疆识略》《大清一统志》等文献中可得到反映，如《新疆识略》记载道："博罗布尔噶苏山，在惠远城东二百一十里。乾隆二十三年，将军兆惠由博罗布尔噶苏，副将军富德由赛里木淖尔，分两翼合围会于伊犁，搜捕厄鲁特之潜匿者。兆惠所经盖即此山及博

---

[1]（明）刘绩补注，姜涛点校：《管子补注》卷1《乘马第五》，凤凰出版社，2016年，第25页。

[2] 陈宏、刘沛林：《风水的空间模式对中国传统城市规划的影响》，《城市规划》1995年第4期。

罗布尔噶苏水侧也。"[1]

　　由赛里木淖尔进入伊犁的道路即是果子沟，位于塔勒奇山内，文献记其位置及形势："塔勒奇山，在伊犁北，谷长七十里。乾隆二十八年，秩于祀典，有《岁祭塔勒奇山文》。《新疆识略》：塔勒奇山，在惠远城北九十里。乾隆二十年，北路大军由波罗塔拉越此山之阴进剿，岭险峻如关，谷中林木茂密，俗呼为果子沟。岭下出泉，汇为大河，径流谷中。往来者分绕水之东西，自松树头至山口，凡桥四十二座。"[2]

　　果子沟的地理位置非常重要，被称为"新疆省城北通伊犁最要门户"，其"在塔勒奇山之中，两山夹峙，险峻如关。自松树头至山南出口，计程约十八里，林木茂密，沟水回环，转运饷糈，驰递文报，以及行旅往来，皆由此经过"[3]。这条交通要道一直延续至今，我国东西向重要交通主干线，连云港—霍尔果斯高速公路（G30）便是从果子沟穿过。

　　从果子沟行走其实非常不便，受自然因素影响非常大。伊犁将军马亮曾上奏书述果子沟行路之难："惟历年并未动款修理，仅止镇标派令营勇伐木，修搭桥梁，因无经费，未能大修，以致山路愈圮，愈形窄狭；沟道愈壅，愈觉不通。每遇雪消冰化之时，山水泛涨，桥梁被冲，往来行车延累，殊难言状！间有冒险绕越者，倾车淹马，层见迭出，闻之尤属堪怜。"[4]冬天这里容易大雪封山，愈加难走，洪亮吉也曾描述果子沟之险峻难行："果子沟山径极险，南北并高峰峻岭，中辟一道，劣仅通人。每岁雪深时，往往连人及骑陷入雪中。至三四月路开，台员即络续报雪中检出人马尸骨，其人尚皆僵坐马背不仆，盖为雪气所逼也。"[5]因此，果子沟道路需要不断修缮，伊犁将军金顺曾"派员建设桥梁二十六道，开山凿石，以利行人。每年冰雪融化，水冲桥塌，山圮道梗，无不筹款，随时修理"[6]。

　　果子沟的位置及交通地位对伊犁九城的选址影响非常大，它从根本上决定了伊犁九城的布局形态。伊犁九城中最早兴建的塔勒奇城，便是在果子沟直接南下的位置上。

　　[1]（清）松筠：《新疆识略》卷四《伊犁舆图》，《续修四库全书》第七三二册，上海古籍出版社，2002年，第646页。

　　[2]（清）穆彰阿：《大清一统志》卷五一七《伊犁图》，《续修四库全书》第六二四册，上海古籍出版社，2002年，第245页。

　　[3] 杜宏春校笺：《伊犁将军马、广奏稿》卷四《奏报捐款兴修果子沟片》，中国社会科学出版社，2016年，第212页。

　　[4] 杜宏春校笺：《伊犁将军马、广奏稿》卷四《奏报捐款兴修果子沟片》，中国社会科学出版社，2016年，第212页。

　　[5]（清）洪亮吉：《晓读书斋杂录》三录卷下《塞外录》，清道光二十二年刻本，第5页。

　　[6] 杜宏春校笺：《伊犁将军马、广奏稿》卷四《奏报捐款兴修果子沟片》，中国社会科学出版社，2016年，第212页。

"塔勒奇城"一名来源于塔勒奇山，这也从另一个角度说明了塔勒奇城的选址受到了塔勒奇山、塔勒奇河及果子沟的影响。后来兴建的绥定城、惠远城均在大体相同的位置上，即果子沟南下这一片区域。后来修筑的广仁城更是扼守果子沟南口，从果子沟出来的道路直接通入广仁城中（图7-1）。伊犁九城中有四座城的选址受到了果子沟的影响，可见其重要意义。

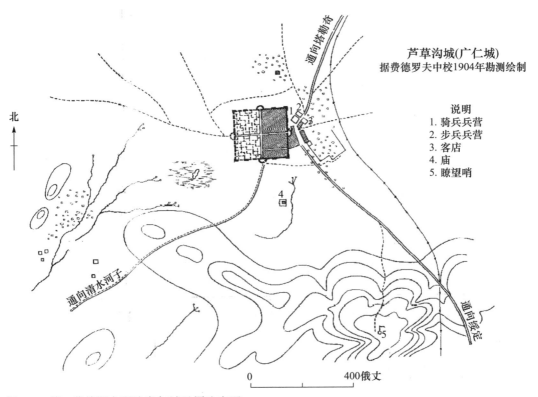

图 7-1　德·费德罗夫所绘广仁城及周边交通
采自Опыт Военно-статистического Описания Илийского Края, Ташкент: Типография Штаба Туркесганского Военного Округа, 1903，略有改动

　　塔勒奇山、崆郭罗鄂博山等山脉丰富的木材和矿产资源也是伊犁驻防城选址的决定性因素。如在绥定城选址时，就考虑到固勒扎没有木材等资源："地居旷野，薪炭无资。"乌哈尔里克则因有丰富的木炭和煤矿而于此建城："应于乌哈尔里克、察罕乌苏、哈什空格斯、伯勒齐尔等木植多处，或近山产煤之地筑城，驻兵仍令阿桂等再行勘定。"[1]最终聚集了惠远城、绥定城等城址的区域，除了木炭煤矿，还有铁、金等资源，

---

　　［1］（清）那彦成：《阿文成公年谱》卷一，文海出版社，1966年，第98～99页。

文献中对此均有较详细记载："崆郭罗鄂博山，在惠远城北三十余里，山产煤。"[1]"索果尔达巴罕，在惠远城东南二百十五里，索果尔军台南二十里，产铁，回子于此采挖。"[2]

洪亮吉对伊犁地区的矿产有综合性的描述："伊犁北山随地著名：一曰空鄂尔峨博，在惠远城北二十余里，势甚庄严，为伊犁之望，胪于祀典，产煤尤佳，热之即然，宿之不灭；一曰辟里箐，产金，封锢未开；一曰索果，产铁，置厂采取；一曰塔尔奇，乃往来孔道，即果子沟也。"[3]这些山里的矿产为伊犁驻防城提供了建筑原料和燃料，尤其是在寒冬时节，有木材、煤炭等供暖来源，对于城内的人口是非常重要的。

清人对伊犁河谷矿产的开发形成了一定的制度和规模，达到了比较高的利用水平，具体体现在煤炭、铁、铅等资源方面。

首先是对煤炭的利用，可以区分出好煤和次煤："惠远城北之空鄂罗俄博产烧煤焉。自我兵移驻以来，开窑采取，凡坚而无烟者，灰烬色白，易燃耐久，经夜不熄，见风而醉者为佳。其有铜星之种，燃灰色红，而有琉璜（硫磺）烟气者，次之。"其次对煤炭的开采规模较大，可以满足惠远等城内部的基本需求："窑距城仅十余里，往返最为近便，迩年商民开之数十窑，日可出煤数千车。其窑之深，不过一二丈，即可得煤。或随道仄磴，旁启深通，或巨绠辘轳，系取引上。计一窑所得工作，亦止七八人，第侧入幽邃，昼则燃灯，负至洞口，恒以为苦。其八旗官兵，以车赴山拉载者，每车山价银三钱七分五厘，是为官价。而民人购买，则每车价值五钱。四城军民炊爨皆仰给焉。"惠宁城北侧山里的煤炭也被发现，但尚未被开采，"他如惠宁城之东北辟里沁、莫和图、阿里木图三处山沟，俱有煤炭，且距惠宁城亦只十余里。近皆无人赴彼开窑者，若将来采挖有人，诚伊江之利薮也"[4]。

铁的生产对于伊犁驻防城非常重要，是兵器生产的重要来源。伊犁驻防城对铁矿的生产与使用已经比较成熟了，一般经过三道工序，即先把荒铁敲成净铁，再从净铁中冶炼出坚铁成品："视其石之色赤者，即为荒铁，连石挖取，敲推去石，煅炼成汁，入炉分之。亦三经手而成铁，计荒铁五斤，仅敲推净铁一斤，以净铁五斤入炉，仅得

［1］（清）佚名：《伊江集载》，《中国地方志集成·新疆府县志辑》第九册，凤凰出版社，2012年，第596页。

［2］（清）佚名：《伊江集载》，《中国地方志集成·新疆府县志辑》第九册，凤凰出版社，2012年，第598页。

［3］（清）洪亮吉：《晓读书斋杂录》三录卷下《塞外录》，清道光二十二年刻本，第7页。

［4］（清）格琫额：《伊江汇览》，《中国地方志集成·新疆府县志辑》第九册，凤凰出版社，2012年，第523页。

坚铁一斤，凡五分之中而得之一。创始之初，岁解尚无定额焉。"[1]

铅的生产对于伊犁驻防城也非常重要，是铸钱的原料之一，也是火炮使用的重要原料。伊犁河谷驻防城对铅的开采工艺已经比较完善，同冶铁一样，需经多道工序，先把花矿敲为净矿，再从净矿中炼出热矿，最后从热矿中冶炼出铅成品："其初挖之时，石矿交集，是为花矿；置水浸淘，敲择去石，是为净矿；加火煅之，凝结成块，是为热矿。凡三经手而始入炉，每花矿三斤可淘净矿一斤；净矿三斤，可煅热矿一斤；热矿三斤入炉，始炼得铅一斤，皆三分之中得一焉。其炼铅也，设有专厂，淘挖工作之人，悉以居之。"[2]然铅矿资源获取较难，所耗费人力较大，"伊犁惠远城之东南，有山曰色拉博和齐，距城二百六十里，所产黑铅向无知者。丙戌（乾隆三十一年，1766）始，以废员二人率遣发百人试采之，由哈什渡河行六十里甫抵山口，再行六十里，即产铅之处。于石罅中，视其苗线之盛者，挖洞深取，辄获数十斤。余以零星摭拾之，计一人穷日之力，可得荒矿十余斤"[3]。

对于伊犁九城来说，几乎每年都对铅有固定需求，一方面是铸钱需要，另一方面是军事演练所需："五十五年奏准，惠远、惠宁满营并绿营，春、秋二季六个月，二、五、八日演打准头一次。照依销三检七之例，核算三城，一年应销铅二千五十斤，在安西州采买。今将军公奏明，在于军器库存储，每年铅厂应交铅二万二千斤内，除宝伊局鼓铸钱文，需用铅四千斤外，尚剩铅八千斤，即在此项铅斤内，照数分领拨给，以资操演。又每年运拨塔尔巴哈台，演打准头，需用铅一百五十斤。"[4]

综合以上，伊犁河谷四周山脉在伊犁九城的发展中扮演了非常重要的角色。首先，山脉的存在调节了空气气流的流动，一定程度上减弱了寒冷北风的流动力度，同时截住了北冰洋的气流，将丰富的水资源留在了伊犁河谷地及两侧的山脊之上，深刻影响了伊犁河谷的气候环境。其次，山脉通过其固有的资源禀赋滋养了伊犁九城，大量的木材、煤炭、铁、铅等资源为伊犁九城的建设及发展提供了保障。最后，高耸的山脉导致从伊犁河谷通往南疆、北疆的道路非常少，而且路况复杂，从而使伊犁河谷地成为一个相对封闭的区域，这就限定了城内人口的日常活动半径。山系的结构走向也使

[1]（清）格琫额：《伊江汇览》，《中国地方志集成·新疆府县志辑》第九册，凤凰出版社，2012年，第522～523页。

[2]（清）格琫额：《伊江汇览》，《中国地方志集成·新疆府县志辑》第九册，凤凰出版社，2012年，第522页。

[3]（清）格琫额：《伊江汇览》，《中国地方志集成·新疆府县志辑》第九册，凤凰出版社，2012年，第522页。

[4]（清）永保：《总统伊犁事宜》，《清代新疆稀见史料汇辑》，全国图书馆文献缩微复制中心，1990年，第197～198页。

得伊犁九城相对地易守难攻，外界力量很难从山峦纵横的北侧、南侧、东侧攻进来。所以清人对于伊犁河谷周边山脉极为重视，在知识和实践层面不断强化山脉的重要角色。

（二）伊犁驻防城人口对山脉的认知和祭拜

山脉对人类的影响永远是无言的，然而人却时时能感受到它的神秘与力量，并且赋予其一定的象征性，甚至是神性。有能力表达的人类，就会通过语言、文字、行为反映出这样的态度。伊犁的山脉就是通过这样的逻辑与伊犁驻防城的人发生了互动。具体来说，清人在熟悉山脉，将之记录在册的同时，也持续对其进行着萨满式的官方祭拜。

清人文献对伊犁各山的记载都非常详细，叙述结构均大同小异，且能反映时人一定的认知。文献中，每一个山岭都有名字，大部分沿用了准噶尔时期的称呼，即蒙古文的发音（不同文献中可能存在发音相似而汉字不同的现象）。同时记录了其相对惠远城的方位距离及相关事项，主要包括该山在清廷统一新疆过程中的角色与史迹。如关于格登山的描述，就包括了班第在此击败达瓦齐的过程："格登山。在伊犁西南。乾隆二十年（1755），将军班第等平伊犁，击达瓦齐于此。有高宗纯皇帝圣制平定准噶尔勒铭格登山碑文，有告祭、岁祭格登山文。"[1] 在官方文献记载中，格登山不再只是空间地理中的一个存在，还被赋予了人文的内涵，具有象征意义。

《高宗纯皇帝圣制平定准噶尔勒铭格登山碑》碑文也非常具有典型性，文中详细记载了平定准噶尔的过程，充满教化色彩："格登之崔嵬，贼固其垒，我师堂堂，其固自摧。格登之截𡾋，贼营其穴，我师洸洸，其营若缀。师行如流，度伊犁川，粤有前导，为我具船。渡河八日，遂抵格登，面淖背岩，藉一昏冥。曰捣厥虚，曰歼厥旅，岂不易易，将韬我武。将韬我武，讵曰养寇，曰有后谋，大功近就。彼众我臣，已有成辞，火炎昆冈，惧乖皇慈。三巴图鲁，二十二卒，夜斫贼营，万众股栗。人各一心，孰为汝守？汝顽不灵，尚窜以走。汝窜以走，谁其纳之？缚献军门，追悔其迟。于恒有言，曰杀宁育，受俘赦之，光我扩度。汉置都护，唐拜将军，费赂劳众，弗服弗臣。既臣斯恩，既服斯义，勒铭格登，永诏亿世。"[2] 每岁对格登山的祭拜也不断强化了对于清军取胜的光辉历史的记忆。通过祭拜仪式，山脉成为连接人类和人类自身记忆的重要媒介。该碑现在仍屹立于格登山山顶之上，碑高 2.59 米，宽 0.83 米，厚 0.27 米，上刻

---

[1]（清）穆彰阿：《大清一统志》卷五一七《伊犁图》，《续修四库全书》第六二四册，上海古籍出版社，2002 年，第 244 页。

[2]（清）穆彰阿：《大清一统志》卷五一七《伊犁图》，《续修四库全书》第六二四册，上海古籍出版社，2002 年，第 244 页。

汉文、满文、蒙古文和藏文四种文字[1]，宣扬着祖国统一、民族融合。格登山的人文价值因该碑延续至今。

对山脉的祭拜仪式包含一套复杂的流程，史家称之为"官主山川祭祀"，是一套完整的系统，从地点的选择，到仪式的选择与执行，都有严格规定。祭拜的地点包括伊犁境内的多处山脉："伊犁每岁春秋二、八月初旬，择于惠远城东郊设坛，以太牢香帛致祭山河，凡七坛：厄楞海毕尔汉山、格登山、伊犁河三处各一坛；匡俄尔俄博、阿里麻图河同一坛；阿布拉尔山、哈什河、空集斯河同一坛；阿尔坦厄莫尔都图山、撒麻尔河、奎屯河同一坛；塔尔奇山、赛里木诺尔、察汉乌素河、和尔果斯河同一坛。"[2]

山川祭祀仪式的物资筹备需要各衙署通力合作："其神主香帛由印房发给，太牢由驼马处选用供应；扫坛铺垫、器具、牢牲之事，系同知衙门预备，至搭棚煮肉、捧盘诸务，则满营官兵经理之。"祭祀的规格非常高："致祭之日，各设神主。所有官员除出差使之外，概行分派七处。黎明齐集，营务处差官请将军至坛口下马，率众官分处行祭，诣神位前排，三跪九叩礼。赞礼者赞跪，读祝文者跪于桌左，恭读颁祝词毕，三叩兴。神主官捧神主香帛正走，将军各官随至各坛东醮垆侍焚毕而退。自将军以及与祭各官执事之人，皆视其等秩，各分胙肉有差。"[3]这种充满仪式感的祭拜，由伊犁将军领衔，几乎所有的官员都参加，已然成为伊犁驻防城的重要常规活动，一直延续至清末。山川祭拜深刻影响着城内人口与环境之间的互动，在某种程度上也决定了伊犁驻防城与环境之间的关系。

二、河　水

北冰洋的气流为伊犁河谷地带来了丰富的降水，使得伊犁河谷地的河流纵横，为伊犁驻防城提供了水源和水能，并由此深刻影响了伊犁驻防城的选址、形态及内部结构。

（一）河水对伊犁驻防城的影响

伊犁地区河流的"大动脉"是伊犁河，其由特克斯河、巩乃斯河和哈什河汇合而

[1] 新疆维吾尔自治区文物局：《不可移动的文物·伊犁哈萨克自治州（直属县市）卷（3）》，新疆美术摄影出版社，2015年，第736页。

[2] （清）格琫额：《伊江汇览》，《中国地方志集成·新疆府县志辑》第九册，凤凰出版社，2012年，第536页。

[3] （清）格琫额：《伊江汇览》，《中国地方志集成·新疆府县志辑》第九册，凤凰出版社，2012年，第536页。

成，又沿两侧汇集了众多的小支流。《大清一统志》对伊犁的河流有清晰描述："伊犁河，古曰伊列河，亦曰伊丽河，又曰帝帝河，即今伊犁河也。东源为空格斯河，西南源为特克斯河，东北源为哈什河，合而西流，名伊犁河。源流共长一千四百里，准部巨川也。南北支流不一，北则固尔札河、古尔班察罕水、阿里玛图河、策集河，南则呼那海博拉河、古尔班哈尔奇拉河，左右交注，合而西流四百余里，折西北流又四百余里，南会支河，北行二百里入巴勒喀什池。乾隆二十五年，西域平，遣官告祭，秩于祀典，有告祭岁祭伊犁河文。"[1]

河流与城址之间的关系非常紧密。在空间布局上，伊犁驻防城多沿河流分布，这可在《新疆识略》记述中反映出来："二水合流，是为伊犁河。经阿布喇勒山南，哈什河北来入之。河水西流，南分二渠。又西经宁远城南，又西经熙春城、惠宁城，南北分为大渠。又西经惠远城南。又西，乌哈尔里克河北来入之。又西经塔勒奇城南，塔勒奇水北来入之。又西小西沟、大西沟，察罕乌苏水北来入之。又西经拱宸城南，和尔郭斯水北来入之。"[2]在文献对河流的描述中，城址也成为非常重要的参照点。

在古人的观念中，城址与河流有着紧密的联系，如《水经注》便是通过河流介绍了大量城址及人类的活动，这一传统一直延续到清代，典型如徐松《西域水道记》，也采用了相同的叙述模式。这种关系，在伊犁驻防城得到了明显的体现，河流对伊犁各城产生了极大的影响。

河流对伊犁驻防城最大的影响便是提供了饮用水。城内取水一般采用直接去河道取水、引水入城或是挖井的方式。其中惠远老城在始建时，位置稍高，距伊犁河稍远，故采用挖井的方式取水，其后城内修建水道引河水入城，但最后不得已还是依靠挖井："惠远城筑于空郭尔俄博山前，高阜亢旱，艰于水泽；南临大河约一里许，坡坎往返，汲取为难。丁亥，将军阿（桂）于城内八旗宽巷及大街地方，共开挖井二十七眼，汲水食用。旋因渠水入城，便于挑取，不复汲取井水，历年久远，并无淘浚，微有硫磺臭气，遂为弃井。冬春冰冻渠涸，兵民仍汲大河之水焉。午春，皇上轸念水泽，筹议移城。而将军伊（勒图）复以井水为请，旋于仲夏之秋，先于署东开挖旧井一眼，甫深六丈，便得沙泉，水既涌旺，味亦甘平。随于各旗每佐领下，挖井一眼，共得井四十眼。又于大街地方挖井十眼，以为商民食用。四十年春，间复于每旗添挖井一，是为余井，以供淘挖不时之需。城中自将军、参赞、领队大臣各衙署及八旗，凡井六十五眼。其

[1]（清）穆彰阿：《大清一统志》卷五一七《伊犁图》，《续修四库全书》第六二四册，上海古籍出版社，2002年，第245页。

[2]（清）松筠：《新疆识略》卷一《新疆总图》，《续修四库全书》第七三二册，上海古籍出版社，2002年，第550～552页。

水深至三、四尺及三、二尺不等，一井日可得水二百余担及一百余担，数日淘浚一次，镶作如式，不致壅淤倾塌。而一佐官兵不过八百余口，食用之外，尚有余水，汲取挑送，各适其便，颇属丰裕，均无缺水之虞。每井之费，亦仅五十余金，工竣入奏，上契宸衷矣。"[1]惠远老城内陆陆续续修建了大量的水井，成为一道独特景观。

其他城址因为靠近河道或地下水资源丰富等，可直接取水："他如绥定城之密迩乌哈里克河，宁远城之紧傍伊犁大河，水泽之资，无须远汲。而惠宁城建于水土优裕之所，挖地及仞，甘泉旋涌，引绠而汲，尤为近便也哉。"[2]文献史料中没有记载拱宸城、广仁城、瞻德城、塔勒奇城、熙春城如何获取饮用水，而且古城舆图中没有绘制水井，加上每个城址均靠近河流，故判断应主要是从河道直接取水，当然，也有较大可能同时开挖了水井。

由于伊犁驻防城均是靠河流修建，故而河道也成为城址之间运输的补充手段，"伊犁大河自东而西横亘中间，可通舟楫，苟能足食足兵，一旦有事，逆流而上，东可以援应焉耆，顺流而下，西可以直捣强俄"[3]，这在惠远老城与宁远城之间表现得最为明显。有文献详细记载了伊犁地区船运发展始末，其中提及伊犁地区船运发展的一个重要原因是陆运的艰难："伊犁之有渡船也，始于乾隆二十八年春间，初仅修造一只。迄三十年春间，因乌什旋兵，复增一只焉。嗣因满营官兵月支粮米，八旗自雇车辆，赴古尔扎、塔尔奇二仓关领，二处道路纤坎，车脚昂贵，或逢雨雪之时，人畜往往冻毙。"[4]后来，渡船由两只迅速增至十六只，后又有所增："乾隆三十一年三月内，经前任将军阿（桂）以伊犁大河直通古尔扎之水次，可以行船，派委佐领格（琫额）率遣犯人等伐木修造粮船十六只告成，于三十三年五月，分给八旗载运。又因惠远城渡口为运送硝、磺、回布、马匹、公文必经之路，另造渡船二只，设于渡口，专资摆运。"[5]莫理循曾拍下了晚清伊犁河上的普通渡船，据其可窥得伊犁地区渡船样貌和使用情况（图7-2）。

---

[1]（清）格琫额：《伊江汇览》，《中国地方志集成·新疆府县志辑》第九册，凤凰出版社，2012年，第578页。

[2]（清）格琫额：《伊江汇览》，《中国地方志集成·新疆府县志辑》第九册，凤凰出版社，2012年，第578页。

[3]（清）许国桢：《伊犁府乡土志》，《新疆乡土志稿》，新疆人民出版社，2010年，第180页。

[4]（清）格琫额：《伊江汇览》，《中国地方志集成·新疆府县志辑》第九册，凤凰出版社，2012年，第578~579页。

[5]（清）格琫额：《伊江汇览》，《中国地方志集成·新疆府县志辑》第九册，凤凰出版社，2012年，第579页。

图 7-2　莫理循所摄伊犁河上的渡船（1910 年 5 月）

再以后，随着船运事务的增多，运力之艰难，陆续建立起相应的管理制度，由当差废员监管，每支船有舵工、缆头、水手等人员："旧系旗员及领催披甲押运，自三十八年三月间，经将军伊（勒图）每旗改派绿营效力当差废员一人，以代旗员之任，兼以原任副将海起云，稽查监收，而总理其事，则仍系协领格（瑺额）也。于三十八年冬具奏，今已试运一年矣，每船用舵工、缆头各一，水手八，俱系已未为民遣犯，其已为民者三十八名，系照铅厂之例，八年回籍，均日给口粮一斤。"[1] 伊犁驻防城的船运，成为陆路运输的重要补充，使得伊犁九城两大核心区之间的沟通更为紧密。然而，由于伊犁河时常水大势猛，摆渡比较困难，甚至不时有坠亡出现，这在文献中有较多记录，此处不再赘述。所以，对于伊犁地区船运的作用，我们仍持谨慎的态度。

河流还为伊犁驻防城提供了一部分动力来源，比如伊犁地区的磨房部分采用了水磨，"伊犁塔尔奇地方，向设水磨一座，系绿营各屯摊拨弁兵轮流应役"[2]。水磨满足了一部分加工麦子的需求，但也存在一些管理方面的弊病："该弁兵等由仓领麦，每年磨面十余万斤，以为出差官兵及各项当差遣犯口食应用。每年磨面运面不独常川占用弁兵车辆，而所磨之面新陈相接，夏热之际不无发变，每遇官兵等支领多致不堪食用，竟属两无裨益。"[3]

尽管河流为伊犁驻防城提供了水源、船运和水能，但也为城址带来了很大的困扰，

[1]（清）格瑺额：《伊江汇览》，《中国地方志集成·新疆府县志辑》第九册，凤凰出版社，2012 年，第 579～580 页。

[2]（清）松筠：《伊犁兴屯原始》，《清朝经世文续编》卷六五《兵政四·屯饷上》，文海出版社，1972 年，第 1643 页。

[3]（清）松筠：《伊犁兴屯原始》，《清朝经世文续编》卷六五《兵政四·屯饷上》，文海出版社，1972 年，第 1643 页。

集中表现在河水对古城占地及墙体的侵扰，伊犁九城之中最大的两座城惠远老城和惠宁城均受此影响。

惠远老城在选址时，选择了距伊犁河北岸两三里远的地方，是相对比较合适的位置。然而伊犁河对北岸的侵蚀是非常快的："惠远城在大河北岸，当年离城二、三里远，河水冲刷今河岸，离城仅半里许。"[1]于是，南修堤坝成了惠远城的重要议题："于嘉庆十二年，筑挑水土坝，长六十余丈，底宽七丈，顶宽四丈，迎溜筑扫镶护水至挂淤。每年春间，责成八旗协领于旗屯粮石变价项下动用，给与当差遣犯盐菜口粮，岁为修理。"[2]修堤坝不仅耗银巨大，对人力也有很大损耗。当地官员还试图通过疏浚南侧河道来缓解北侧堤岸的压力："据庆祥奏，伊犁河节年北徙，逼近城垣，急需疏筑，以资保护一折。伊犁河本距惠远城南数里之遥，因北岸土性沙松，近年河流北徙，逼近城垣，自应及时修筑，以资捍卫。据庆祥委员逐细查勘，请将已淤之察哈尔河二道展宽挑深，并将南北坐湾之处多挑引河，建筑各坝，逼溜南趋，复于城西南角顺筑长堤，以卫城垣。"[3]

到了道光年间，伊犁河对惠远老城的威胁已达到了兵临城下的态势："道光十二年十月癸亥，又谕（内阁），玉麟等奏，查勘大河堤岸，请复岁修旧制一折。伊犁惠远城南滨大河，从前每岁培修，藉资保障，嗣因堤岸坚固，奏请停止，兹经玉麟等查勘，该处土性本松，易致塌卸，虽现在大溜北趋，距城尚远，而已逼近田庐庙宇，倘此后或有涨溢，渐逼城垣，办理转多棘手，着照所请，该处大河堤岸，仍准每岁择要修补，趁此农隙之时，办运料物，开春修理。"但所修堤坝在遇到大水时，不堪一击："惠远城外之伊犁河，因本年秋间候降大雨，山水涨发，河流汇趋，护城堤工多被冲刷。"[4]到了光绪年间，古城南墙、西墙已然被冲坏："十余年来，西、南两面城垣均已被水冲坏，城内仓库、官厅、兵房荡然无存。"[5]其后的几十年，惠远老城也一直在遭受伊犁河的吞噬，到20世纪60年代时，通过锁眼卫星影像可知西墙、南墙已彻底无存，古城内部只剩下不到一半。

---

[1]（清）永保：《总统伊犁事宜》，《清代新疆稀见史料汇辑》，全国图书馆文献缩微复制中心，1990年，第139页。

[2]（清）永保：《总统伊犁事宜》，《清代新疆稀见史料汇辑》，全国图书馆文献缩微复制中心，1990年，第139页。

[3]《清实录》第三三册《清宣宗实录》卷四，嘉庆二十五年九月庚申条，中华书局，1986年，第120页。

[4]《清实录》第四四册《清文宗实录》卷二九六，咸丰九年十月丁酉条，中华书局，1986年，第323页。

[5]（清）王彦威等：《清季外交史料》卷二六《伊犁将军金顺奏接收伊犁并分界事宜折》，湖南师范大学出版社，2015年，第515页。

惠宁城的情况与惠远老城略有不同，其主要是受到地下水的影响而被迫改变了城址的形态："惟该城东面城垣内外屡出水泉荡漾，以致东面城内地多碱滩，渐成泥淖，房间时修时倒，难以栖止，常年补筑城墙，仍复间假倾圮。经该城领队大臣哈丰阿率同协领玉福等议，将潮湿之地隔出，向西于教场地面移筑。"[1]惠宁城的问题比惠远老城的简单，古城经过扩建，将东半部分隔出来后，便不再受到地下水的困扰。

（二）伊犁驻防城人口对河水的认知和祭拜

在诸如《新疆识略》《大清一统志》等文献中，对于伊犁地区的河流均有详细的记载，包括河流的名称、相对于惠远老城的位置、发源地、交汇等情况。可以说，清人对伊犁河谷流域的河流有比较清晰的认识，这同其对山脉的认识情况是类似的。其实，早在成书较早的《伊江汇览》等文献中，就对伊犁河谷地内的河流有了基本准确的描述。

可以认为，新进驻伊犁的清军很快就掌握了伊犁河谷的地理情况，并且记录到官方文献中。在有关河水的记述中，并没有发现关于清军占领伊犁的事迹，然而在有关赛里木湖的介绍中涉及了准部的阿睦尔撒纳："乾隆二十二年，阿睦尔撒纳自哈萨克潜入伊犁，会诸贼于此，欲自立为汗。盖旧为准噶尔游牧，今为察哈尔游牧。"[2]这段介绍将阿睦尔撒纳称为"贼"，间接地达到了官方正统性叙事的目的。可以说，文献中对于河水的记述，不仅仅是一种知识层面的认知，同时也是官方话语体系的确立。

同山脉一样，河水也是被祭拜的对象，伊犁河、阿里麻图河、哈什河、空集斯河、撒麻尔河、奎屯河、赛里木诺尔、察汉乌素河、霍尔果斯河等均设有祭坛。河流祭祀与山脉祭祀是一起进行的，故二者在流程、仪式、献祭等方面完全一致。

三、谷　　地

伊犁河谷地区土壤肥沃，适宜耕种，清人对此亦有清晰认识，并进行了充分利用："高宗纯皇帝谕旨：伊犁田土肥润，如敷多人耕作。令满洲官兵分种，既得力农，而于赡家喂马均属有益。着交明瑞查明地亩，俟满兵到齐后，酌量分给耕种，令即妥议。"[3]农业耕种改变了伊犁地区准噶尔时期对土地的游牧利用方式，大大提高了土地

---

［1］《奏为展筑惠宁城垣移建教饬工竣查明取据册结咨部备案事》，朱批奏折，嘉庆十二年十二月十七日，中国第一历史档案馆藏，档号：04-01-37-0058-030。

［2］（清）松筠：《新疆识略》卷四《伊犁舆图》，《续修四库全书》第七三二册，上海古籍出版社，2002年，第648页。

［3］（清）刘锦藻：《清朝续文献通考》卷一六《田赋十六·屯田》，商务印书馆，1936年，第7648页。

生产效率，可以有效地满足伊犁驻防城对粮食的需求，为城市的存在及发展奠定了充足的粮食基础。伊犁九城中的绿营城，作为屯兵驻所，周围均是肥沃农田（图7-3）。

图7-3　莫理循所摄广仁城及周边林木田地（1910年5月19日）

对城市周边土地的利用并非一蹴而就，而是有一个过程，需要移民、开渠等政策的配合："乾隆二十九年……其时将军明瑞复奏以附近伊犁二百里以内，可种之地甚多，俟官兵到齐，再为妥议办理。嗣于回屯之东，开筑新渠，因地势较高，未就绪而罢。三十七年，又设法引水，为土尔扈特屯田，不一二年亦罢。迨乾隆五十年、五十五年叠奉谕旨，驻防官兵生齿日繁，而国家经费有常，伊犁地广田肥，着分给官兵地亩，佃人耕种，用资生计，钦此。"[1] 这个过程一方面体现在对土地利用规模的不断扩大，屯田人口的不断增加，还表现在对城址周边土地的改造上，其中较典型的表现是修渠。

水渠在伊犁九城屯田过程中扮演了极为重要的角色。灌溉用水与城市用水不同，不可能通过打井或直接担水来获取，只有修渠才可以满足大规模用水的需要，伊犁便修筑了多条大渠："历任将军，皆以灌溉乏水，未及筹办。嘉庆七年，将军松筠相度地形，亲为履勘，始得导水要领，奏明于惠远城东，伊犁河北岸，浚大渠一道，逶迤数十里，引用河水灌田，又于城西北草湖中觅得泉水，设法疏浚筑堤岸，开支渠引溉旗屯地亩，又于城东北，就渠畔择可种善地，分授惠远城官兵播种，而以前此绿营裁撤之屯，授惠宁城八旗官兵。均令闲散余丁代耕，并雇人佃种，永为世业，得旨允行。嗣又浚大渠一道，与前所浚之渠通，名通惠渠，并于其东阿齐乌苏地方浚大渠，引皮

---

[1]（清）松筠：《伊犁兴屯原始》，《清朝经世文续编》卷六五《兵政四·屯饷上》，文海出版社，1972年，第1635～1636页。

尔沁山泉之水灌田数万亩，此又旗屯之所由始也。"[1]经过多年的努力，伊犁河谷形成了完善的河渠灌溉体系。

第二节　"双核"军事驻防体系的构建

清廷在平定伊犁前后，对如何控制这一区域有过不同的构想，最终采取了筑城移民、建制八旗和配置装备的一整套的军事体系设计，以实现其军政功能。

一、筑城移民

军事防御工事是军事防御体系的物质基础。清廷在伊犁地区设置了伊犁九城、牛录城、卡伦等军事城防建筑，城内有官兵营房，部分城池外设置了营盘。总体来看，伊犁九城独立形成了一个防御体系，并且有一定的分工，形成两大核心区的结构。每个城市也构成独立的城防体系，城墙、马面、角台、瓮城、护城河均是各个城防体系的一部分。同时，通过把移民安插在不同区域，如城内、城外或伊犁河谷周边的空地中，填充了防御工程内的空白区域。这就形成了一个几乎是全覆盖的防御平面。

伊犁九城的修筑工作，是调陕甘等地绿营兵完成的："绿旗营工作官兵随时酌调，无定额。乾隆二十四年以后，建立新疆各城垣仓署营房工程，调绿旗营兵分任工作，于工竣之后，或皙留屯垦，或即行撤回，随时酌定。"[2]绿营兵先后完成了塔勒奇城、绥定城、宁远城、惠远老城和惠远新城的修筑："二十六年，定伊犁筑城绿旗兵，以一千名为率，旋于塔尔奇建城，以居各兵。二十七年，于乌哈尔里克建绥定城，以驻换防满洲官兵。二十八年，又于固尔扎建宁远城，并于哈什建怀顺城以驻，迁移山南回户，皆调用绿旗兵。二十九年，以凉州、庄浪、热河八旗兵议携眷移驻伊犁。复奏调绿旗兵一千名于伊犁河岸，建惠远城以供驻防官兵居住。其管理筑城兵设副将一人，守备二人，千总二人，把总八人，外委十人，定以三年告竣。三十一年又以西安原驻满洲蒙古兵二千名议携眷移驻伊犁，续令绿旗兵一千名于巴颜岱地方筑城，至城工完竣撤回。"[3]

---

[1]（清）松筠：《伊犁兴屯原始》，《清朝经世文续编》卷六五《兵政四·屯饷上》，文海出版社，1972年，第1636页。

[2]《清文献通考》卷一九一《兵考》，《景印文渊阁四库全书》第六三六册，台湾商务印书馆，1986年，第336～337页。

[3]《清文献通考》卷一九一《兵考》，《景印文渊阁四库全书》第六三六册，台湾商务印书馆，1986年，第337页。

伊犁驻防城的修筑效率很高，基本半年左右便可筑好一城。古城建成后，官员便绘制城址的舆图，向中央汇报，以期得到嘉赏。事实上，凡参与修筑古城的官兵，均不同程度地得到了升迁。其后乾隆四十五年（1780）兴建的拱宸城、瞻德城、广仁城和熙春城也应是由绿营兵兴建，顺势也由绿营兵驻扎。

伊犁九城在建好后，形成了"双核"的城防布局结构，清人描述其为："伊犁凡九城，驻防满洲八旗官兵分驻惠远、惠宁两城。惠远居西，惠宁居东，相距七十余里，皆在伊犁河北岸。宁远城驻扎回子，在惠宁城东南。其余六城驻绿营官兵。在惠远城西北者五，曰绥定、曰广仁、曰瞻德、曰拱宸、曰塔尔奇。惟熙春一城，在惠宁城东南。"[1]伊犁九城按照驻兵可分为三套体系，分别是满营、绿营与回城。其中惠远城与惠宁城为满营，二者同时也是伊犁九城中规模最大、等级最高的城址，分处两个城市圈，形成"双核"的布局模式。

惠远城所处的城市群以惠远城为核心，还包括绥定城、拱宸城、瞻德城、广仁城、塔勒奇城，共六座。分析城址的规格、形制及内部建筑等可知，惠远城等级最高，绥定城次之，拱宸城、瞻德城、广仁城再次之，塔勒奇城等级最低。清末刘锦棠对该城市群的战略布局有过精要介绍："遵查伊犁列城有九，其西六城曰惠远，曰绥定，曰拱宸，曰广仁，曰瞻德，曰塔勒奇。旧制将军、参赞驻惠远城。现因旧城颓废，重建新城，衙署兵房缺然未备，暂时驻于绥定，将来应以惠远新城作为满城，仍请将军移往驻之，以仿照内地驻防之制。其余各城形势，以绥定为扼要，距广仁六十里，瞻德四十里，塔勒奇十里，惟距拱宸城即霍尔果斯九十里为最远。"[2]惠远城位于该城市群的东南角，可以起到同时节制东、西的效果。惠远城距绥定城的直线距离为 12.1 千米，距塔勒奇城 13.9 千米，距瞻德城 29.7 千米，距广仁城 32.1 千米，距拱宸城 43.9 千米。从距离上看，惠远城市群是以惠远城为核心，其他城市呈放射状向西北方向扩展的布局，空间体现出一定的层级性，由东向西大体可分为三层：第一层为塔勒奇城和绥定城；第二层为瞻德城和广仁城；第三层为拱宸城。

在一些重要城址周边会设置营盘，是对单个城址防御体系的重要补充。惠远新城周边设有五个营盘，我们调查的是其中的四个，另一个已不存（图 7-4）。绥定城周边有两个营盘，瞻德城东亦有一个营盘。

惠远老城驻扎由热河、凉州、庄浪移驻的满营官兵，初建时仅有兵员"四千六百

[1]（清）松筠修，（清）汪廷楷、祁韵士撰：《西陲总统事略》卷五《城池衙署》，中国书店，2010 年，第 71 页。

[2]（清）刘锦棠、李续宾：《刘锦棠奏稿·李续宾奏疏》卷一二《拟设伊塔道府等官折》，岳麓书社，2013 年，第 406 页。

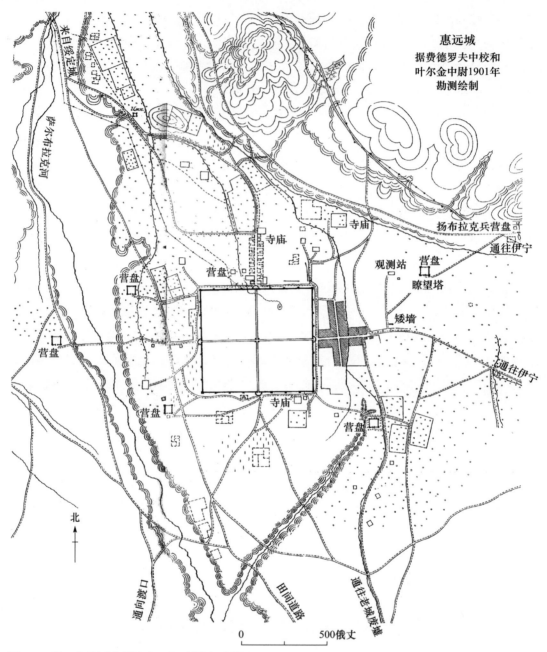

图 7-4　德·费德罗夫所绘惠远新城周边形势图

采自 Опыт Военно-статистического Описания Илийского Края, Ташкент: Типография Штаба Туркесганского Военного Округа, 1903，略有改动

四十名"[1]，其后家眷也迁入，城内人口规模竟达到"四千三百六十八户，计大小

---

[1]（清）佚名：《伊江集载》,《中国地方志集成·新疆府县志辑》第九册，凤凰出版社，2012年，第 604 页。

一万八千三百六十九名口"[1]，后又涨至"二万二千六百余口"[2]。惠远老城废弃后，在其北侧建立了惠远新城，伊犁将军进驻后，新城替代老城成为伊犁九城的核心。但新城在体系中的相对地理位置并没有变，仍位于西侧城市群的东南角。城防体系分层布局、东西相互节制的形势仍旧如故。

绥定城开始时驻换防满洲兵，"（乾隆）二十七年，于乌哈尔里克建绥定城，以驻换防满洲官兵"[3]，后由绿营中营驻扎，其兵员数为"马、步兵各三百名"[4]，共计 600 名。伊犁将军有时也会临时进驻绥定城，从这个意义上讲，绥定城扮演了"陪都"的角色。伊犁将军也很重视惠远城与绥定城之间互为掎角之势，并通过兵力加强二者的联系："前旗、右旗马队两旗改并为军标右路巡防马队一营，驻扎惠远城西门外乌河沿，兼防铁厂沟一带，与绥定城联络。"[5]

广仁城驻扎绿营左营官兵，瞻德城驻右营官兵，二者兵员数均为"马、步兵各三百名"[6]，共计 600 名。拱宸城驻霍尔果斯营，兵员数为"马、步兵各三百五十名"，共计 700 名。塔勒奇城驻塔尔奇营，兵员数为"马、步兵各一百名"，共计 200 名。总体来看，绿营城址的官兵数额大小不等，其中最大的为拱宸城，其位置相对独立，扼守伊犁河谷西口，管辖区域面积较大，其兵额最多亦在情理之中。而塔勒奇城夹在几个城址中间，开始规划时便是屯兵小城，因而兵额最少。从这个角度来看，绿营各城兵员数额不同，是与其实际功能需求有紧密的相关性的。

惠宁城所处的城市群以惠宁城为核心，还包括宁远城、熙春城，共三座城，刘锦棠介绍该区域情况为："东三城曰宁远，曰惠宁，曰熙春。以宁远为扼要。旧制回屯居此，设一粮员。此时商贾辐辏，俄领事亦驻于此，距惠宁三十里，熙春十里。"[7]此时

[1]（清）格琫额：《伊江汇览》，《中国地方志集成·新疆府县志辑》第九册，凤凰出版社，2012 年，第 554 页。

[2]（清）松筠：《新疆识略》卷四《伊犁舆图》，《续修四库全书》第七三二册，上海古籍出版社，2002 年，第 638 页。

[3]《清文献通考》卷一九一《兵考》，《景印文渊阁四库全书》第六三六册，台湾商务印书馆，1986 年，第 337 页。

[4]（清）佚名：《伊江集载》，《中国地方志集成·新疆府县志辑》第九册，凤凰出版社，2012 年，第 605 页。

[5]（清）刘锦藻：《清朝续文献通考》卷二二三《兵考二十二·巡防队》，商务印书馆，1936 年，第 9695 页。

[6] 本段数据均引自《伊江集载》，《中国地方志集成·新疆府县志辑》第九册，凤凰出版社，2012 年，第 605 页。

[7]（清）刘锦棠、李续宾：《刘锦棠奏稿·李续宾奏疏》卷一二《拟设伊塔道府等官折》，岳麓书社，2013 年，第 406 页。

宁远城的商业也急剧发展，故称其为"扼要"，然而从清廷统治者的角度来看，惠宁城的军事战略价值要远大于宁远城。

　　宁远城是惠宁城城市群中最早兴建的城址，目的为安置天山以南迁来回民，人口众多，亦称"回城"。文献记其人口数额："回子伯克并耕地挖铁额齐回子凡六千四百零六户，计大小二万五百五十六名口，招募民户七十一户，凡大小二百九名口。"[1]回民应是分布在城内外。在清廷统治期间，数次军事行动均从这里发轫。

　　惠宁城修建时间较宁远城晚，驻扎由西安移驻的满营官兵。惠宁城位于惠宁城市群的西北角，距熙春城的直线距离为 3.8 千米，距宁远城的直线距离为 8.22 千米。惠宁城内官兵数最早为"二千一百四十四名"[2]，其后逐渐增至为"凡二千二百一十六户，计大小八千七百二十三名口"[3]。从惠宁城的位置及其兵额配备来看，其主要作用应是监视和震慑宁远城。事实上，这样的安排在清廷抵抗回变时，确实起到过一定的作用。熙春城位于惠宁城与宁远城之间，驻扎绿营之巴彦岱营官兵，官兵数额为"马、步兵各一百五十名"[4]，共计 300 名（表 7-1）。

表 7-1　伊犁九城驻兵及周长统计

性质	城址	驻扎兵员	周长（丈）
满营	惠远城	4640	1674
	惠宁城	2144	1134
绿营	绥定城	600	774
	拱宸城	700	666
	瞻德城	600	648
	广仁城	600	648
	熙春城	300	396
	塔勒奇城	200	280
回城	宁远城	无	846

　　惠宁城城市群的城址数目较惠远城城市群少一半，总体占地面积与辐射面积也较

[1]（清）格琫额：《伊江汇览》，《中国地方志集成·新疆府县志辑》第九册，凤凰出版社，2012 年，第 555 页。

[2]（清）佚名：《伊江集载》，《中国地方志集成·新疆府县志辑》第九册，凤凰出版社，2012 年，第 604 页。

[3]（清）格琫额：《伊江汇览》，《中国地方志集成·新疆府县志辑》第九册，凤凰出版社，2012 年，第 555 页。

[4]（清）佚名：《伊江集载》，《中国地方志集成·新疆府县志辑》第九册，凤凰出版社，2012 年，第 605 页。

小，人口也少很多，但是其对于伊犁九城的稳定性非常重要。惠宁城的兴建与宁远城是有极大关系的，二者之间的军事联系也得到格外重视："左旗马队两旗改并为军标左路巡防马队一营，驻扎惠宁城，兼防辟里沁沟一带，与宁远城联络。"[1]惠宁城选址于此，使得不稳定的势力天平趋于平衡，在战略上有重要意义。

两个城市群的形成，主要是空间和制度上的安排。在下层商民的活动中，区分的情况不甚明显，交通的便利使二者之间的沟通较为频繁："惠远、惠宁两城，计隔七十里，然中为大桥，居民茆店秖蓐有资，遂无行李之乏焉。"[2]

双核布局的形成，是由伊犁地区的形势变化所决定的。清廷平定新疆后，确定了驻防的防守战略。先是择地利之便，修筑了塔勒奇城与绥定城，同时移山南回户于原"金顶寺"处，即宁远城。伊犁将军初驻绥定城，初步形成了西城市群。但后来清廷决定大规模调集凉州、庄浪、热河等地携眷官兵约5000余人进驻伊犁，绥定城是远远不能满足需要的，因此在绥定城不远处修筑了惠远老城。其后不久移西安满洲兵约6000余名进驻伊犁，需另筑一规模较大的满城。同时，清统治者考虑到宁远城地处东侧，惠远城距之较远不便辖制，于是便在惠远老城与宁远城之间修筑了惠宁城。由此形成了"双核"的布局结构，所谓"奇正相错而变化生，正隅相辅而弥缝密"[3]。

除伊犁九城所覆盖区域被满营、绿营、回民占领之外，在伊犁谷地的四周，还安排了锡伯营、索伦营、察哈尔营和厄鲁特营入驻，对伊犁九城形成拱卫之势。其中，锡伯营驻扎于伊犁河南岸，与伊犁九城遥相呼应；索伦营游牧于伊犁河谷西侧，与九城之拱宸城相近；察哈尔营驻牧于塔勒奇山北的赛里木湖、博尔塔拉等地，与广仁城、瞻德城隔山呼应；厄鲁特营驻牧于河谷东侧的喀什河谷以及乌孙山以南的特克斯河谷地。各营人口大小不等，其中最多的是厄鲁特营，最少的是索伦营："锡伯营官兵凡一千零一十八户，计大小四千四百三十九名口，索伦营官兵凡一千零一十八户，计大小三千一百六十八名口，察哈尔营官兵凡一千八百三十六户，计大小五千五百四十八名口，厄鲁特营官兵闲散凡三千五百一十六户，计大小一万七百三十七名口。"[4]

[1]（清）刘锦藻：《清朝续文献通考》卷二二三《兵考二十二·巡防队》，商务印书馆，1936年，第9695页。

[2]（清）格琫额：《伊江汇览》，《中国地方志集成·新疆府县志辑》第九册，凤凰出版社，2012年，第535页。

[3]（清）铁保等：《钦定八旗通志》卷三二《兵制志》，嘉庆四年刊本，台湾学生书局，1968年，第3026页。

[4]（清）格琫额：《伊江汇览》，《中国地方志集成·新疆府县志辑》第九册，凤凰出版社，2012年，第555页。

随着防御工事的完善，人口的移驻，清廷在伊犁河谷及周边做好了防御体系的基础工作。这对巩固清廷对伊犁的统治有极为重要的作用，正如伊犁驻防体系建设重要的参与者格琫额所讲："总而计之，满蒙、锡伯、索伦、察哈尔、厄鲁特、绿营六营之兵，凡万伍千有奇。在城守者，固常训练，而游牧者，亦属饱腾，即绿营之屯，锡伯之耕耘，莫非寓兵于农之意，而为边阃之屏藩也。"[1]

二、制 度 构 建

对于移驻伊犁的人口，需要用一定的制度将其组织起来。清廷对伊犁地区采用的是军府制，即军政事务由伊犁将军统一领导的模式。此前这种模式清廷已多有实践，如设于顺治元年（1644）的盛京将军、乾隆二年（1737）的绥远将军等，已经是一套比较成熟的制度。在新疆军府制下，设置了不同等级官员，兵员包括满营兵、绿营兵、锡伯营兵、索伦营兵、厄鲁特营兵、察哈尔营兵等。关于新疆军府制度的架构，前人多有研究[2]，故不赘述。

军府制不仅仅有官制体系，还包括程序制度。日常程序性活动很大程度上决定了古城的功能。通过文献可知，在伊犁驻防城，军事训练是非常重要的活动，受到格外的重视："伊犁为边疆重地，训练一事，最属要务。虽驻防之八旗满洲、蒙古，以及锡伯、索伦、察哈尔、厄鲁特等营，并屯镇绿营官兵，皆国家劲旅，操演务臻纯熟，纪律端贵严明。"[3]并且，演习是有固定日期的，以惠远城为例，除止在换防与出卡伦官兵外，其余均要在每月四、七、十日演练合队行操，二、八日演练过堂准头马枪（瞄准射击），一、五、九日演练步箭（徒步射箭），三、六日演练马箭（马上射箭），还有诸如演吹法螺、军事演习、军事检阅等活动[4]。其他如惠宁城、锡伯等大营均是如此："锡伯、索伦、察哈尔、厄鲁特四营，各于屯所游牧，随时操演枪及骑射。绿营操演

---

［1］（清）格琫额：《伊江汇览》，《中国地方志集成·新疆府县志辑》第九册，凤凰出版社，2012年，第554页。

［2］管守新：《清代新疆军府制度研究》，新疆大学出版社，2002年；管守新：《清代伊犁将军执掌考述》，《中国边疆史地研究》2008年第4期。

［3］（清）松筠修，（清）汪廷楷、祁韵士撰：《西陲总统事略》卷六《训练》，中国书店，2010年，第88页。

［4］据记载："惠远城满营官兵……内除换防及卡伦各项差使外，其余官兵，每逢四、七、十日演合队行操，二、八日演过堂准头马枪，一、五、九日演步箭，三、六日演马箭。"（清）永保：《总统伊犁事宜》，《清代新疆稀见史料汇辑》，全国图书馆文献缩微复制中心，1990年，第146页。

兵……秋收后轮流添演兵丁，俱习枪箭，间习刀矛藤牌。"[1]

日常训练不仅仅是兵员的重要活动，伊犁将军等地方大员也需要定期参与："每年夏秋，将军赴校场阅看两城满兵技艺。每年秋，将军带兵赴哈什演围肄武。每年四月间，领队大臣巡查布鲁特边界一次。每年八月间，领队大臣巡查哈萨克边界一次。每年冬月，将军赴绥定城阅看绿营兵技艺。每年十月，将军查阅军器一次。每年十月，两满营及绿营官兵在红山口演放炮位，共用官兵四百余员名。"[2]可以说，伊犁驻防城的日常活动便是军事训练，由此从本质上来讲，伊犁驻防城为军事性城址无疑。洪亮吉曾参与了某次训练，其有诗形容军演之壮："坐来八尺马如龙，演武堂高夹路松。谪吏一边三十六，尽排长戟壮军容。"并注曰："四月一日，随将军演武场角射。时废员共七十二人。"[3]据此我们可以想象日常训练时的军容之盛。

三、装 备 配 置

武器装备在军事体系中也扮演了非常重要的角色。清代伊犁驻防城的兴建与发展处于冷热兵器过渡的阶段，武器种类繁多，所以城内军器配置呈现出一定的复杂性。但每个城址所应配置的武器都有严格规定，所以，这种复杂性中也体现出一定的规律性。

惠远城、惠宁城满营的武器配置集中体现了清朝统治者"骑射立国""骑射为本"的思想。如惠远城官兵配备以骑射为主，具体包括了盔甲、弓箭、腰刀等："纛四十八杆；盔甲一百三十副；撒袋四千零十副；弓四千六百二十张；梅针箭、战箭共二十六万余枝；腰刀四千四百余把；帐房九百五十顶；锅九百五十口；长枪一千九百八十杆；前锋手枪二百三十二杆；鸟枪三千五百二十杆；火绳三万五千二百火（丈），每年兵丁造三千五百二十丈，操演出阵易新；棉甲三千四百二十三件；大神炮一位；大铜炮八位；威远炮四位；小铜铁炮各二位；骆驼炮十三位；子母炮十六位；劈山炮一位；钻巴喇特鸟枪五杆。"[4]惠宁城的种类与惠远城大体一致，但数目大

[1]（清）永保：《总统伊犁事宜》，《清代新疆稀见史料汇辑》，全国图书馆文献缩微复制中心，1990年，第146页。

[2]（清）永保：《总统伊犁事宜》，《清代新疆稀见史料汇辑》，全国图书馆文献缩微复制中心，1990年，第146～147页。

[3]（清）洪亮吉：《洪亮吉集》更生斋诗卷一《伊犁纪事诗四十二首》，中华书局，2001年，第1212页。

[4]（清）永保：《总统伊犁事宜》，《清代新疆稀见史料汇辑》，全国图书馆文献缩微复制中心，1990年，第148～149页。

概较后者少一半，个别武器种类没有，比如骆驼炮、劈山炮等火炮。两座城址的武器配置，一方面体现出等级性，这是由二者兵员数额不同所致，另一方面体现出满营驻兵守备的特点。

其实武器装备的等级性和差异性，不仅仅体现在两座满营城之间，还表现在满营官员内部和满营同绿营、锡伯营、察哈尔营、厄鲁特营、索伦营等其他营的配置上。绿营兵的撒袋、弓箭、腰刀等数量约占惠远城的四分之一，更关键的是绿营兵没有配置火炮，战斗力由此而被削弱很多。可以认为，绿营城在防御强度上是低于惠远城和惠宁城的。其他如锡伯营、察哈尔营、厄鲁特营、索伦营的装备配置种类和数量更少，察哈尔营与厄鲁特营则需要官兵自己准备，战斗力因此削弱不少。

伊犁驻防城的军备一部分为自造，一部分需要通过内地调拨。例如，惠远城内有专门制造军备的机构，起先共设有五处："于城内设弓、箭、鞍、铁、撒袋五局，各挑满兵熟悉技艺者数人修造，各局均派官一员承办，而以协领综司之。"[1]其后，将这几处进行了合并，成立造办军器总局，专门用来生产军备："归并一处，改为造办军器总局，拨派官兵造办。"[2]"伊犁所需弓一万一千余张，着于陕省办给一半。……其一半即在伊犁各营兵丁内，挑选能造弓张之人，赶紧学习制造。"[3]通过这两种军备获取渠道，伊犁九城的武备得以完善，军事防御体系也初步构建起来。

四、战役分析

伊犁驻防城防御体系在建好之后，经历了两次考验，一次是回变，另一次是沙俄入侵，其大体经过为："同治三年，迪化莠回作乱，将军当清遣兵往援，败。续伊犁群回踵变，陷惠宁。五年春，惠远城陷。将军明绪合门殉节，兵民死者数万人。六年，汉装回与几头回争长，互攻其属，又劫掠俄境，俄人责之不悛。九年夏，俄浩罕守将考甫曼不告其君，擅发兵入伊犁。"[4]透过对这两次战乱的分析，我们可以窥得伊犁九城军事防御体系的得与失。

---

[1]（清）格琫额：《伊江汇览》，《中国地方志集成·新疆府县志辑》第九册，凤凰出版社，2012 年，第 557 页。

[2]（清）永保：《总统伊犁事宜》，《清代新疆稀见史料汇辑》，全国图书馆文献缩微复制中心，1990 年，第 227 页。

[3]（清）永保：《总统伊犁事宜》，《清代新疆稀见史料汇辑》，全国图书馆文献缩微复制中心，1990 年，第 227 页。

[4] 刘锦藻：《清朝续文献通考》卷三二一《舆地考十七·新疆省》，商务印书馆，1936 年，第 10615 页。

（一）回变

自同治元年（1862）开始，陕西、甘肃爆发了轰轰烈烈的回民反清起事，波及伊犁地区，伊犁将军上奏称"伊犁各城回人闻去岁陕回滋事，经大兵痛剿，心环疑惧。彼时即闻有关内奸回潜伏伊犁暗相煽惑"[1]，伊犁地区不稳定因素骤增。

同治二年（1863），回民在塔勒奇城起事："伊犁惠远城之三道河地方，回民怀疑起事，勾结塔尔奇营回人，扭锁开城，抢劫库存军械，杀毙兵丁。"[2]该次起事最终以失败收场："经常清派员缉捕，先后生擒首从各犯百余名，并将逆首杨三腥及飞刀马二等，凌迟处死。"[3]此次起事的规模很小，参与人数也就一百多人。尽管起事地点选在了伊犁九城中最小的塔勒奇城，但塔勒奇城所处位置基本在惠远城城市群的中心，其东4.8千米便是绿营绥定城，东南13.8千米便是满营惠远城，北侧还有绿营广仁城、瞻德城和拱宸城。综合以上两点，该次起事必然失败。

同治二年起事之后，伊犁将军开始有意加强对惠远城和惠宁城的防守："该将军现调锡伯、索伦等营官兵，会同惠远城官兵，分扎东、西、北三门，巡查守御。惠远城现已安堵。其巴燕岱地方，亦派图库尔带兵防守，并饬锡拉那等前往安抚商民，查收器械，办理甚为妥协。"[4]这时，锡伯、索伦等营官兵的重要性就体现出来了，二者被抽调部分协调惠远城的防守，"当经调集锡伯营官兵三百名，索伦营官兵一百五十名，于惠远城东、西门外扎营，以为掎角之势；并派本城官兵一百名在北门外轮守巡查。……巴燕岱距惠远城七十余里，地方辽阔，南与阿奇木伯克回城接壤，汉回杂处，人烟稠密，兼之遣犯众多，素不驯顺，难免藉端焚掠，致酿巨案。臣即委索伦营领队大臣图库尔，带领官兵三百名前赴巴燕岱；并拨该城官兵一百名，扎营城外，以资防守"[5]。

同治三年（1864）十月十三日，伊犁维吾尔族、回族人在宁远城阿奇木伯克阿布都鲁素的率领下起事，并且迅速占领了宁远城。伊犁河南岸锡伯营与厄鲁特营也遭到冲击。十一月九日，惠远旗丁根老八率千名群众攻击惠宁（巴彦岱），惠远城北关数千人也"登时起事，攻扑城垣"，伊犁将军常清"屡出兵皆失利"，遂被革职。后明绪接

[1]（清）奕䜣等：《钦定平定陕甘新疆回匪方略》卷四四，中国书店，1985年，第10页。

[2]《清实录》第四六册《清穆宗实录》卷六八，同治二年五月己巳条，中华书局，1986年，第379页。

[3]《清实录》第四六册《清穆宗实录》卷六八，同治二年五月己巳条，中华书局，1986年，第379页。

[4]《清实录》第四六册《清穆宗实录》卷六八，同治二年五月己巳条，中华书局，1986年，第379页。

[5]（清）奕䜣等：《钦定平定陕甘新疆回匪方略》卷四四，中国书店，1985年，第12页。

任，紧急调集军队解惠远之围，又募集汉民及哈萨克族牧民守城。回变军在惠远城作战失利，便集中攻打惠宁城，同时派出两队人马阻击援兵，一队在伊犁河南岸阻击锡伯营，另一队在特克斯阻击厄鲁特营。

经过连月的激战，同治五年（1866）二月九日，惠宁城失陷。随后，惠远城和绥定城被围。到了同治五年三月八日，回变军使用炸药攻破惠远城城墙，惠远城失陷。四、五月间绥定城、拱宸城失陷，标志着伊犁九城完全失陷。

这次攻占伊犁九城耗时较长，且回变军付出了惨痛的代价，说明伊犁九城防御体系起到了一定的作用。尤其是惠宁—惠远的双核结构设计，使得回变军只能采取各个击破的战略，当回变军集中精力攻打惠宁城时，惠远城的伊犁将军仍可以统一调度，组织惠远城的防御。但当惠宁城被攻破后，双核的稳定性系统被打破，惠远城便摇摇欲坠，剩余城址更无招架之力。由此可见，伊犁九城的防守关键仍在惠远，惠宁城是惠远城的重要补充，二者共同构成了伊犁九城防御体系的基础。

回变军起事成功的因素主要有以下几个方面。首先，战略选择正确。其首先争取到了宁远城内伯克头目的支持，这使得宁远城轻而易举被攻克，并由此成为回变军大本营。从这点可以看出，宁远城本身既构成防御体系的一部分，也是伊犁九城中的不稳定因素。惠宁城的修建在一定程度上就是为了震慑宁远城，伊犁将军还在二者之间修建了驻绿营的熙春城作为补充，这是一种正确的战略选择，但由于种种原因该战略安排最终还是失效了。其次，回变军在战术上也比较成功，注意切断锡伯营、厄鲁特营对惠宁、惠远等城址的支援。这也从侧面说明了九城周边的大营遗址是九城防御体系的重要组成部分。最后，伊犁将军没有做好充分的准备也是一个关键原因，在整个战役中，绿营兵没有发挥应有的作用，而察哈尔营甚至没有对九城进行大力支持，这都是伊犁将军在部署过程中欠妥的地方。

（二）沙俄入侵

回变胜利之后，伊犁驻防城落入回变军之手。回变军建立塔兰奇汗国，首领自称苏丹。伊犁九城由清军的防御体系变成了塔兰奇汗国的防御体系，虽然九城城址没有太大变化，但是防守的策略和效果似乎发生了变化。这在沙俄入侵过程中可以反映出来。

1871年5月，沙俄开始正式入侵伊犁地区，其进攻分为两路：一路从博罗呼吉尔发起，沿伊犁河入侵马扎尔；另一路从恰尔克迪苏发起，向东北进攻伊犁河谷南侧的克特缅山口，与第一路形成包夹合围之势。对伊犁九城来说，俄人入侵是来自西方的外部威胁，与回变这一来源于内部的威胁不同，所以伊犁九城与俄人的战事多发生在九城的边缘，针对城址的攻防战役数量少，规模也小。

博罗呼吉尔一路的俄军在进攻中遇到了伊犁军民的顽强抵抗，双方首先在阿克肯特发生了激烈的战争，伊犁军民一度在阿克肯特附近埋伏，有效打击了俄军，但俄军增援很快赶到，伊犁防线不得已撤退。随后，俄军很快渡过了霍尔果斯河，到达伊犁九城中位置最靠西的拱宸城的防御半径范围内，但塔兰奇汗国政权并没有在该城有效组织防御，伊犁军民在阿里玛图村进行抵抗后，防线便退到了瞻德城。

俄军进攻瞻德城时采取同时进攻东门、南门、西门的策略："第一路纵队由巴利茨基少校率第十一营第二连扑向要塞东大门，第二路由冯·戈伊叶尔上校指挥第十二营的一个步兵连直取南大门，第三路由皮丘金大尉指挥攻打要塞西大门，所有这三个连队同时攻入要塞。"[1] 俄军装备精良，很快拿下了瞻德城，随后又在短短一个

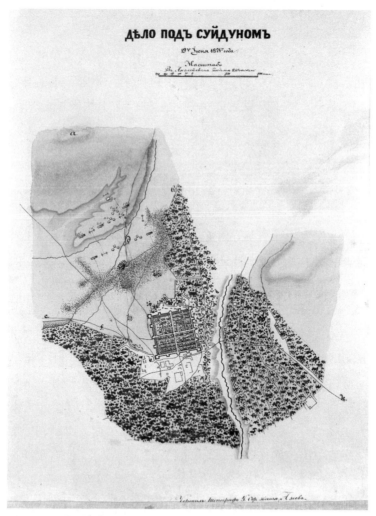

图 7-5　绥定战役图
采自 Туркестанскій Альбомъ, Vol.6，美国国会图书馆藏

[1]　[俄] M. A. 捷连季耶夫：《征服中亚史》（第二卷），商务印书馆，1983 年，第 49 页。

月之内先后攻克了绥定城（图 7-5）、惠宁城和宁远城，伊犁九城完全沦陷于俄人之手。恰尔克迪苏一路的俄军主要从西南方向进攻，双方在克特缅隘口发生激烈斗争，均损失惨重，但俄方进攻失败后没有从该隘口进去，转而同博罗呼吉尔一路汇合。

　　沙俄侵占伊犁九城的过程相比回变时容易许多，一方面是因为沙俄武器更为先进，另一方面是因为塔兰奇汗国政权内讧不断，并没有借助伊犁九城的防御工事构建有效的军事防御体系。这说明，对于军事防御体系来说，防御工事仅仅是基础，更重要的是能否在防御工事上构建合理的军政制度，组织有效的防御力量。

第三节　商业化的兴起

　　伊犁九城是因军政需要而构建的，但是商业化的因素从筑城移民伊始便出现了，而且逐渐发展成为伊犁九城历史的另一条内在的线索。后来，随着中俄通商的增多，地区稳定性不断巩固，人口不断发展，个别城市的商业很快发展起来，深刻影响了伊犁九城的城市格局。

一、惠远、惠宁城的商业因素

　　惠远城、惠宁城作为伊犁九城的中心城址，尽管均是军城，但在兴建伊始便有了商业化的因素，这主要体现在城内外的商业行为中，也可在城内外的建筑上反映出来。

　　修建惠远城时，城内南北大道两侧均有铺面房。铺面房有公私之分，目的是收租盈利："惠远等九城，官盖并民人自盖铺面房间，分别等次，由同知衙门按月取租交库，以备公用。"[1] 城外北关修建了官铺房，获取房租："乾隆三十三年，本城北关修盖官铺房八十间，每旗分给十间，每月得获房租银两，协领档房、佐领档房作为纸笔公费使用。"[2]

　　此外，惠远城内还修建有药铺、当铺、恩济库等商业性机构，用来盈利。收租利润是惠远城的重要财政来源之一，既可满足官兵的开支，也可作为资本进行再投入："所得利银内，陆续散给原入本银兵丁外，于四十二年八月，所剩利银内，以五万两作本，营运生息，办理一年，如果安协，将该管官纪录二次。"[3] 惠宁城按照惠远城的模

---

[1]（清）永保：《总统伊犁事宜》，《清代新疆稀见史料汇辑》，全国图书馆文献缩微复制中心，1990 年，第 259 页。

[2]（清）永保：《总统伊犁事宜》，《清代新疆稀见史料汇辑》，全国图书馆文献缩微复制中心，1990 年，第 191～192 页。

[3]（清）永保：《总统伊犁事宜》，《清代新疆稀见史料汇辑》，全国图书馆文献缩微复制中心，1990 年，第 192 页。

式，修建了类似的商业化机构："惠宁城设立恩丰布铺、药铺，恩盛、恩济新陈当铺，并恩济库、学房、磨房、煤车等，俱照惠远城之例，办理营运。"[1]

惠远城内有夜市、早市、南市等，其中南市位于鼓楼附近。庄肇奎在其诗中形象描写了南市众人购买大头鱼的情形："伊犁江上泮冰初，雪圃才消未有蔬。齐向鼓楼南市里，一时争买大头鱼。"并记道："伊犁大头鱼颇肥美，每岁二月中，河泮可得。"[2]

随着城内商业因素的发展，惠远城及周边很快出现了"商贾往来，军民辐辏，数城寰市，鳞次雁排，附郭郊坰，星罗棋布"，"商民阛阓，民乐田畴，轮蹄懋迁，货殖平准，村落毗接，鸡犬相闻，昔年荒服之区，今悉无殊内地矣"[3]的繁荣景象。通过设馆通商，对哈萨克、俄罗斯等地的贸易也逐渐发展起来："伊犁向例止准哈萨克、布鲁特、安集延三部落在本地通商，易换羊布。在惠远城西门外，设立贸易亭，为其卖货之所，历年已久，颇属相安。咸丰元年，俄罗斯国咨由理藩院具奏，请在伊犁、塔尔巴哈台、喀什噶尔三城设馆通商，奉旨饬议，准其在伊犁、塔尔巴哈台两处通商。"[4]

经过几十年的发展，惠远、惠宁城的商业得到了快速发展，尤其是惠远城，一度商业繁盛，洪亮吉有诗云："谁跨明驼天半回，传呼布鲁特人来。牛羊十万鞭驱至，三日城西路不开。"并注曰："布鲁特每年驱牛羊及哈拉明镜等物至惠远城互市。"[5]描述了惠远城繁荣的牛羊等贸易。陈中骐有诗作："哈萨东西至，亭成贸易街。非徒柔远使，于此群珍材。天马何难赋，房星不易猜。茂陵如有识，汗血漫称魁。"[6]从中也可见端倪。

林则徐在写给家人的信中提及伊犁有绸缎、布匹、海菜等店，商人来自关内陕甘等地："伊犁及红庙（今乌鲁木齐）买卖人无非陕甘来的……昨见有永顺公字号绸缎布匹海菜店，据云已开七十年……又有余庆公字号较大，在伊犁北关外，系渭南谢姓所开（已六十年），又闻临潼县人买卖极多。"[7]谪戍伊犁的杨廷理也曾记述伊犁药行之发

［1］（清）永保：《总统伊犁事宜》，《清代新疆稀见史料汇辑》，全国图书馆文献缩微复制中心，1990年，第198页。

［2］（清）庄肇奎：《伊犁纪事二十首效竹枝体》，《清代诗文集汇编》第三六三册，上海古籍出版社，2010年，第51页。

［3］（清）格琫额：《伊江汇览》，《中国地方志集成·新疆府县志辑》第九册，凤凰出版社，2012年，第569页。

［4］（清）佚名：《伊江集载》，《中国地方志集成·新疆府县志辑》第九册，凤凰出版社，2012年，第624页。

［5］（清）洪亮吉：《洪亮吉集》更生斋诗卷一《伊犁纪事诗四十二首》，中华书局，2001年，第1211页。

［6］（清）陈中骐：《伊江百咏》，清嘉庆抄本，北京大学图书馆藏。

［7］（清）林则徐：《家书》，《林则徐全集》第七册，海峡文艺出版社，2002年，第3605页。

达："伊犁药肆极多，开设最久者惟万全堂耳，闻其能精炼药品，合古方戥分。"[1]

惠远新城的商业也非常繁荣，在十字大街两侧布满了各式商行（图7-6），也有外国银行（图7-7），可见其商业之繁盛。

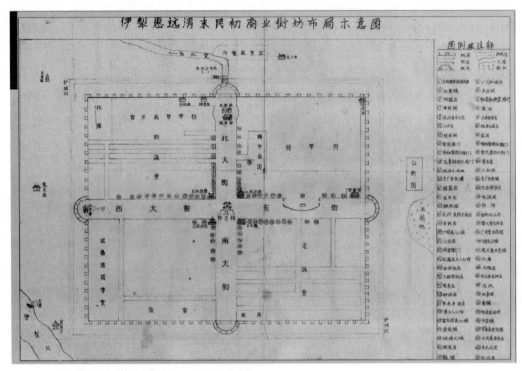

图 7-6　惠远新城清末民初商业街坊布局示意图
采自《惠远历史文化名镇保护规划（2006—2010）》，2006 年

图 7-7　莫理循所摄惠远新城的华俄道胜银行（1910 年 5 月 20 日）

---

[1]（清）杨廷理：《知还书屋诗钞》卷三《西来草》，清道光十六年刻本，《清代诗文集汇编》第四一八册，上海古籍出版社，2010 年，第 574 页。

二、绥定、宁远城的商业崛起

绥定城与宁远城作为伊犁九城中的第二等级城市，商业是建城后逐渐发展起来的，并且逐渐超过惠远城、惠宁城。伊犁九城由此转向成为绥定城、宁远城的双核结构，这对伊犁九城的城市格局产生了根本性的改造，并影响至今。

绥定城修筑时间较惠远城早，经过多年发展，绥定城同惠远城一样，也出现了一定的商业因素。比如绥定城与惠远城同时设置巡检，其作用之一便是控制商人："绥定城添设巡检一员，兼理仓大使事，弹压商民。"[1] 说明城内有一部分商人从事交易，但是规模较小。宁远城的商业在开始时也不明显。

绥定城与宁远城商业真正开始发展应是在沙俄侵占伊犁之后。沙俄大力发展位于惠宁城市圈的宁远城，并且在其后的《中俄伊犁条约》中，规定俄人可以在伊犁通商，其领事官员及侨商就住在宁远城南门外。而惠远城市圈的城址在战争中遭到极大破坏，尤其是惠远城，在俄人侵占时西墙、南墙被冲毁，古城遭到废弃。而绥定城保存相对较好，清廷收回伊犁后，伊犁将军临时驻在绥定城，这在一定程度上刺激了绥定城商业的发展。

光绪十四年（1888），绥定城、宁远城分别设县，前者同时是伊犁府府治所在，二城的商业均有较大发展。绥定城内销售有棉花、酒、茶叶、牲畜等："吐鲁番之棉花、葡萄，湖商晋商之茶筋，蒙古哈萨克之牲畜，均行销于境内。"[2] 宁远城商业水平更高，交易种类较多，以牲畜、皮毛、土药材为主："所产之物以牲畜、皮毛、土药为一大宗。牲畜等类售销本地，亦有贩销他处者难查其数，约每月除俄商贩卖不计外，可获牲税银三百两有奇，详报有案。"[3] 在绥定城内从事商业的主要是维吾尔族商人和京津商人，前者集中于南关，后者多分布在城内。

宁远城内商业交易规模也较大，波及俄国、中亚等地，而且销量很大："皮毛每年经华人卖与俄商者一万四千普筒，经俄人卖归俄商者四万六千普筒，合华秤共重一百六十五万斤，此非宁远一县所产，蒙哈各游牧所出实多，均运来汇总发售耳。土药行销本地，亦有贩销他处者，每年约共销二十余万，所有本地行销他处各项货物每年约三十万有奇（蒙哈各种人等均赴此间购货），此系华商由关内并俄国运来之货，而

---

[1]《清实录》第十八册《清高宗实录》卷七九一，乾隆三十二年闰七月丁未条，中华书局，1986年，第704页。

[2]《绥定县乡土志》，《新疆乡土志稿》，新疆人民出版社，2010年，第205页。

[3]《宁远县乡土志》，《新疆乡土志稿》，新疆人民出版社，2010年，第210页。

俄商销数更当加倍。"[1]由此可见宁远城商业之发达。

　　通过以上文献可知，宁远城在清末不仅具有一定的行政中心职能，而且已成为跨地域的重要商业据点，更是伊犁河谷地区的商贸中心。宁远城与周边的城址逐渐形成了施坚雅所谓"核心—边缘"结构，即从以宁远城为核心的城市群来看，形成了以宁远城为中心，熙春城、惠宁城为边缘的商贸体系。而从伊犁河谷城市群来看，宁远城也逐渐成为河谷的中心城市，绥定城及其城市群逐渐成为边缘地区。它们逐渐形成了一个有连结点，有地区范围，同时具有内部差异的人类互相作用的体制。在该体制内部，不断进行着商品、服务、货币、信贷、讯息及象征的流动。

　　施坚雅"中心地"理论本质上反对按照国家行政安排所形成的空间观念，他认为"在明清时期，一个地方的社会经济现象更主要地是受制于它在本地以及所属区域经济层级中的位置，而不是政府的安排"[2]。就宁远城后期的发展来讲，这种观点是符合实际情况的。

第四节　小　　结

　　通过对伊犁河谷自然条件的分析，可知自然环境对伊犁河谷城址产生了很深的影响，城址内人口对自然的态度也决定了人们利用自然的模式。本章中对伊犁河谷自然环境的分析主要着眼于山脉、河流和谷地这三个要素。

　　伊犁河谷周边地区山脉众多，并且将谷地包围起来，这一方面阻碍了谷地与外界的交通，另一方面也使得谷地的防御可以更有针对性。此外，山脉还为城址提供了木材、煤炭、铁等资源，满足了城址的需求。河流同样如此，一方面提供了水源，使得谷地内部的沟通更为便捷，另一方面河水的不断侵蚀也影响了城市的形态。由伊犁将军主导的对山水的祭拜，是一套复杂完整的仪式，体现了山脉、河流在伊犁河谷城址中所扮演的重要角色。

　　伊犁九城在规模、建筑等方面表现出了等级性，可分为三个层次。第一等级是惠远老城、惠远新城、惠宁城，边长在 600 步及以上。惠远老城、惠宁城在总体规模及城墙设施如城门、瓮城、马面、角台等方面均是最大的，城内各衙署建筑等级也最高，并且又都曾扩建过。二者作为仅有的两座在伊犁河谷驻扎满营的城址，在诸多方面表

　　[1]　《宁远县乡土志》，《新疆乡土志稿》，新疆人民出版社，2010 年，第 210 页。
　　[2]　施坚雅：《中文版前言》，《中华帝国晚期的城市》，中华书局，2000 年。

现出了相似性，所谓"（惠宁城）官兵房间，一如惠远城之制"[1]。第二等级是宁远城、绥定城、广仁城、瞻德城、拱宸城，边长在320～420步。第三等级是熙春城、塔勒奇城，边长在200步及以下。不同等级城址驻扎不同的军队，第一等级驻扎满营官军，第二等级驻扎绿营较大编制官军，如霍尔果斯营、左营、右营等，宁远城则收纳回民，第三等级驻扎绿营较小编制。

根据城址的等级及其空间布局，可知伊犁九城形成了一个"双核"的防御体系，即西六城、东三城的城市群布局模式。每个城市群都由三个等级的城址组成，分别以两个最高等级的城址为核心，其他各等级城址位于外围，拱卫核心城址。

西部城市群以惠远城为核心，还包括绥定城、拱宸城、瞻德城、广仁城、塔勒奇城，共有六座城。惠远城是核心城址，绥定城次之，拱宸城、瞻德城、广仁城再次之，塔勒奇城等级最低。清末刘锦棠对该城市群的战略布局有过精要介绍："遵查伊犁列城有九，其西六城曰惠远，曰绥定，曰拱宸，曰广仁，曰瞻德，曰塔勒奇。旧制将军、参赞驻惠远城。现因旧城颓废，重建新城，衙署兵房缺然未备，暂时驻于绥定，将来应以惠远新城作为满城，仍请将军移往驻之，以仿照内地驻防之制。其余各城形势，以绥定为扼要，距广仁六十里，瞻德四十里，塔勒奇十里，惟距拱宸城即霍尔果斯九十里为最远。"[2]惠远城位于该城市群的东南角，可以起到同时节制东、西的效果。从距离上看，惠远城市群是以惠远城为核心，其他城市呈放射状向西北方向扩展的布局，且城市的扩展体现出一定的层级性。

东部的城市群以惠宁城为核心，还包括宁远城、熙春城，共有三座城，刘锦棠介绍该地情况为："东三城曰宁远，曰惠宁，曰熙春。以宁远为扼要，旧制回屯居此，设一粮员。此时商贾辐辏，俄领事亦驻于此，距惠宁三十里，熙春十里。"[3]此时宁远城的商业也急剧发展，故称其为"扼要"，然而从统治者的角度来讲，惠宁城的军事战略价值要远大于宁远城（图7-8）。

双核布局的形成，是由伊犁地区的形势变化所决定的。清廷平定新疆后，确定了驻防的防守战略。先是择地利之便，修筑了塔勒奇城与绥定城，同时移山南回户于原"金顶寺"处，即宁远城处。伊犁将军初驻绥定城，初步形成了西城市群。但之后清廷决定大规模调集凉州、庄浪、热河等地携眷官兵约5000余人进驻伊犁，绥定城远远不能满足

---

[1]（清）格琫额：《伊江汇览》，《中国地方志集成·新疆府县志辑》第九册，凤凰出版社，2012年，第540页。

[2]（清）刘锦棠、李续宾：《刘锦棠奏稿·李续宾奏疏》卷一二《拟设伊塔道府等官折》，岳麓书社，2013年，第406页。

[3]（清）刘锦棠、李续宾：《刘锦棠奏稿·李续宾奏疏》卷一二《拟设伊塔道府等官折》，岳麓书社，2013年，第406页。

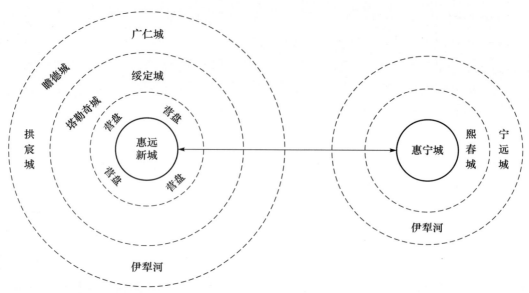

图 7-8　伊犁驻防城双核布局示意图

　　需要，因此在绥定城不远处修筑了惠远老城。其后不久移西安满洲兵约 6000 余名进驻伊犁，需另筑一规模较大的满城，清统治者考虑到宁远城地处东侧，惠远城距之较远不便辖制，于是便在惠远老城与宁远城之间修筑了惠宁城。由此形成了双核的布局结构。

　　伊犁河谷的清代驻防城经历了从军事性向商业性的转变，但是城址的双核结构却维持了下来。在伊犁河谷的建置转入府县制后，随着绥定城、宁远城商业的发展，二者成为新的核心，这种格局一直维持至现在。从商业性角度看，伊犁河谷城址作为军府制下的设施，其本身便有商业化的因素，沙俄侵占伊犁后，客观上也造成了商业化的进一步发展。

　　在以等级性为基础，以"双核"为结构的伊犁驻防城体系基础之上，清人进行了筑城移民、制度构建、装备配置等各种努力，形成了一套完整的军事系统。该体系的城防基础，分别被清人、回变军和沙俄侵略者所用，体现了不同的防御特点，从不同方面显示出防御体系的效果。

第八章　结论与反思

人类历史刚刚破晓时，城市便已经具备成熟形式了。要想更深刻地理解城市的现状，我们需要略过历史的天际线去考察那些依稀可辨的踪迹，去了解城市更远古的结构和更原始的功能。这应成为我们城市研究的首要任务。但这还不够，我们还要循这些遗迹继续追寻，沿着城市经历的种种曲折和所留下的印痕，通考五千年有文字可考的历史，直至看到正在展开的未来。[1]

——芒福德

本书通过对清代伊犁河谷驻防城的考古学研究，不但获得了有关伊犁河谷城址本身的认识，提炼出古城的考古学特征，为我们认识清代城址构建提供了一把关键的钥匙，而且还进一步检验了相关理论假设的适用情况，深化了对城市考古学及相关理论范式的认识。

第一节　伊犁驻防城的考古学特征

本书主要研究了伊犁河谷清代驻防城，其中包括伊犁九城、牛录城、卡伦等遗址，它们的保存情况不一。总体来看，保存稍好的是伊犁九城和卡伦，牛录城和营盘仅有部分城墙残存。通过对古城形制的分析，可以得出古城本身的一些考古学特征。

一、历 史 面 貌

自清乾隆二十四年（1759）开始，清廷确立并逐渐巩固了对新疆的统治。之后于乾隆二十七年批准设立"伊犁将军"，开始确立以伊犁河谷为统治核心地区的军府制，其基础性的工作之一便是筑城移民。在伊犁将军的统筹下，伊犁官兵民众在伊犁河北

---

[1]［美］刘易斯·芒福德著，倪文彦、宋俊岭译：《城市发展史—起源、演变和前景》，中国建筑工业出版社，1989年，第1页。

岸修建了"伊犁九城"，在伊犁河南岸兴建了八座牛录城，在谷地各处兴修了卡伦、军台、营盘等，它们共同构成伊犁河谷驻防城体系，成为本书研究的主要对象。

本研究通过实地调查、勘探以及使用卫星影像，对上述遗址的现状进行了分析，基本复原了相关城址的形制，并且得到了细致精准的数据，为进一步研究城址的形态及特征奠定了基础。在对伊犁九城、牛录城、卡伦城以及营盘的形态进行详细分析后，本研究发现伊犁九城始建时基本均为方形城址，个别城址后来扩建成长方形。伊犁九城城墙的墙体及其形态，包括其附属建筑均呈现出统一性和多样性有机统一、层级性和联合性互相结合的特点。牛录城的形态则表现为方形和不规则形共存，城墙的构建也表现出独特性。卡伦城更多体现出的是构建上的统一性，而营盘形态则有较多变化。

伊犁九城城内的主干道路均为"十"字形，四周有顺城街，城内散布有大巷、小巷等支干道路。牛录城的主干道均近似"十"字形，但支道呈现出明显的多样性。伊犁九城城内的建筑以衙署和兵营为主，在建筑形态及规格上体现出明显的等级性。牛录城内部的宗教建筑占比较大，体现出一定的民间信仰特色。伊犁驻防城多数兴建有关帝庙，体现了该区域普遍性的关帝信仰。

伊犁河谷内山脉、河流的基本情况及其与河谷内城址的互动也是本书研究的一个重要方面。这种互动既体现在环境为城址提供了资源，并且限定了城址的活动上，也体现在城址对自然的改造上。正是在这样的自然环境基础之上，清廷通过筑城移民、制度构建、装备配置等方式构建起了军事防御体系。随着商业化的发展，伊犁河谷城址的格局发生了变化，这种变化也体现出环境影响因素的式微。

伊犁河谷城址的分布也体现了一定的特征。伊犁九城呈现出"双核"的布局模式。从军事防御体系的角度来说，该体系是以惠远老城和惠宁城两座满营城为核心，分别位于伊犁河谷的东、西两侧，形成两个相对独立的城市防御圈。其后随着商业化的发展，两个城市圈的核心分别变为绥定城和宁远城，成为后来伊犁河谷的两个行政中心。卡伦可分为两期，前期是乾隆年间所筑，后期是光绪年间所筑，保存比较好的是后者，形制较统一，体现出了较强的线性分布特征。

通过对文献材料的分析，以城址的兴建为标准，本书认为清廷平定准噶尔部后伊犁地区的历史发展可分为五个阶段，分别是初建阶段（1761~1762）、营建高潮阶段（1763~1770）、完善阶段（1771~1863）、战乱阶段（1864~1881）、重建阶段（1882~1911）。清廷在伊犁河谷的城址兴建几乎没有任何前人基础，然而却迅速地完成了营建工程，构建起了比较完善的军事驻防体系。

二、保 存 情 况

城址的保存状态，是进行城市考古学研究时首要面对的问题。遗址保存状态一方面决定了研究的取向及可能性，另一方面可以通过其探源遗址的形成过程。在一定程度上，遗址的初始状态会影响遗址的形成过程，因此可根据遗存现有保存情况回溯其始建及使用状况。这在伊犁河谷驻防城中都得到了体现。

就保存情况来讲，伊犁河谷城址目前均已遭到破坏，其中尤以伊犁九城和牛录城为最，卡伦城保存情况稍好，主要原因是前二者受人为破坏较为严重，而后者位置较偏僻，主要受自然侵蚀影响，人为干扰较少。就伊犁九城来说，保存最好的是最后修筑的惠远新城，其建于清晚期，建成后未经历战争等人为破坏，故保存较好。而惠远老城和惠宁城为伊犁九城的两个中心，受战争等人为因素影响，反而破坏较为严重。其余如瞻德城、广仁城、拱宸城和塔勒奇城等，仅保留部分墙体。其中瞻德城的瓮城、马面、角台等保存稍好。宁远城和熙春城为近现代城市的建设所破坏，已完全无存。牛录城的情况与伊犁九城类似，也是仅有部分墙体留存，现场没有发现瓮城、角台及马面的痕迹。卡伦保存情况不一，但是墙体均有所保留，大多保留有角台。

伊犁河谷的墙体保存情况，为本书研究古城的形制、墙体及附属建筑的规格提供了可能性。通过对墙体、门址、瓮城等局部遗存的重点勘探，更加丰富了遗址的基本信息。基于以上，通过实地的田野调查并借助相关的卫星影像，本书基本实现了预先拟定的研究思路。再进一步结合文献记载，使本书对于城址形制及建筑规格的研究得以进一步细化，可以做类型式的分析，从而得出超越前人的研究结论。

目前，伊犁九城均是北墙保存情况相对较好，如惠远老城、惠宁城、绥定城及瞻德城北墙保存较好，广仁城仅残存了北门瓮城部分，拱宸城西墙保存尚好，但北墙亦有残存，塔勒奇城的北墙及西墙北段保存尚好。出现这种现象并非偶然，以惠远老城来说，其保存状况受伊犁河影响很大，伊犁河一直北侵，冲刷了古城的南墙及西墙，故而北墙及东墙保留相对较好完全在情理之中。

对于其他城址来说，北墙保存较好则主要是因为不开北门（如瞻德城、广仁城、拱宸城、绥定城），甚至是不设北门。伊犁九城中的一些城池，只在东、西、南三面设置城门，而北面不开城门，原因主要有三点。首先，由于城镇规模较小，城门数量较少可以降低设防压力。其次，伊犁九城主要沿塔勒奇山前东西两向一字排开，南侧则面向伊犁河，东西向交通线为主要的人员物资流线，因此常取消北门。最后，伊犁地区风沙强烈，取消北门可以避免风沙的直接吹入，创造较好的城镇微气候。

不开北门使得北墙及两侧区域成为一个相对静止的区域，人类活动较不频繁。而东西大街为主要干道，人流密集，人类活动频繁，街道两侧以及东西门受人类干扰较多，所以北墙受人为破坏就较东、西、南墙轻微，得以更好地保存下来。事实上，虽然肉眼所见决定城址保存状况的是城门，但从根本上起决定作用的是街道。街道是人口流动的主要区域，街道越少，人类活动越少，对遗址的干预也就越少，附近的遗址的保存状况大概率就会更好一些。

拱宸城西墙保存较北墙好，应该是拱宸城作为防止沙俄入侵的第一道防线，在中俄勘界之后，有意对西墙进行加固的结果。惠远城尽管北墙保存较好，但并没有不开北门的因素，因为北门是惠远城最重要的门，通过北门可抵达其他八城，北门外北关也聚集了大量的人口。而且回变军也曾从北关起事，后又炮轰北门，可见惠远城北门的情况较为特殊，其北墙得以保留的因素也与其他城址不同。

伊犁驻防城的道路和建筑保存情况相对较差。道路的活动面现在均已不见，古今重叠型城址内道路已被彻底扰动，郊野型城址则被后来的文化层所叠压，通过锁眼卫星影像可观察到。惠远老城内道路通过勘探得以发现，可知其踩踏面路土的构成、包含物、厚度及宽度。

除惠远新城、宁远城的部分建筑留存下来外，伊犁九城城内的地面建筑均已无存。惠远新城、惠远老城、惠宁城的部分建筑基址被掩埋于地下，通过勘探可知其规模。牛录城堡街道基本被沿用下来，但同时也不见遗痕，城内有部分宗教建筑遗址留存下来。虽然已对惠远新、老城址的地下遗址进行了勘探，但信息仍为欠缺，这为本书研究城内建筑带来一定的困难。尽管这样，本书仍借助相关文献的文字及图片资料，还原了部分建筑的形态及特点。

三、考　古　特　征

在田野调查及研究的基础上，本书总结出了伊犁河谷驻防城的相关特征，主要包括统一性和多样性有机统一、层级性与联合性相互结合的双重表象。前者是针对城址本身而言，后者是由城址之间的关系所总结出来的。伊犁河谷驻防城表现出以汉式建筑为主体、多元性和民族性杂糅的考古学文化面貌。

统一性主要体现在伊犁九城的方形形制以及城内十字干道的结构布局上，同时还体现在伊犁河谷城址的军事功能上。伊犁九城在始建时，基本采用了正方形形制，并且统一按照以丈为单位的10的倍数的规模来设计。城内主要采用了十字大街的结构，四方各有一门，北门基本不开，以东西大道及东门、西门为主。城池还设置了瓮城、角台、马面等设施，城内均在北门内修筑了关帝庙，体现了高度的一致性。

伊犁九城这种城建模式影响到了伊犁河谷地的牛录城堡及卡伦遗址。牛录城仅有个别城址采用了方形的形制，但基本上都采用了十字街的结构，且都以东西大街为干道，城内也普遍设置有关帝庙。卡伦城均为方形，基本上具有角台，门朝南开。二者均体现了一定的统一性。

统一性在城址形制上的表现，其实是中原筑城传统在新疆实施的结果。元明之际，北方新筑城池日益趋于规整，尤以明代卫所城为典型。明代卫所城基本都是新筑城池，形制非常规整，基本为方形，有瓮城、角台及马面等设施，城内为"十"字形大街或"丁"字形大街结构，城内供奉关帝庙，体现出较强的统一性。这一筑城传统被清廷所继承，通过绿营兵的规划建设，最终体现在伊犁九城的建设上。

统一性还体现在城址功能上，即伊犁河谷地城池始建时均是以军事性防御功能为主，其后逐渐转变。伊犁九城主要驻扎满营官兵及绿营官兵，牛录城驻扎锡伯营，而卡伦是用于瞭望及戍守，上述城址构成了一套较为严密的军事防御体系。伊犁九城在初建时，城内主要驻扎官兵人员，仅有很少的商业性活动，城内建筑也多为军事官员衙署或者兵员营房，体现出非常浓烈的军事防御性特征。

多样性是指城址形制、城墙结构、城内建筑等细节方面上表现出的多变，是伊犁河谷城址在统一性基础上必然会出现的特征，而且随着时间的推移，多样性表现得越来越明显。比如城址形态除九城统一的方形外，还有多边形、不规则形状等，在牛录城中表现得格外明显。城墙结构上，有的直接夯筑，有的夹杂芦苇，有的夹杂石灰，体现了不同建筑者所采用的不同夯筑技术。

层级性是伊犁河谷城址比较鲜明的一个特征，在伊犁九城中表现得格外明显。伊犁九城在古城的规模、建筑等方面均表现出等级性，而且根据不同的分级标准所区分出的城址等级结果是一致的，即最高等级是惠远城及惠宁城，具体体现在二者规模最大，又都曾扩建过，二者城墙设施如城门、瓮城、马面、角台的规模也是最大的，城内各衙署建筑也是等级最高、面积最大的，其中惠远城在各方面表现要略高于惠宁城。惠远城与惠宁城不仅是伊犁九城的核心，同时也是伊犁河谷城址的核心。二者作为仅有的两座驻扎满营的伊犁河谷城址，在诸多方面表现出相似性，所谓"（惠宁城）官兵房间，一如惠远城之制"[1]。

联合性是伊犁河谷城址的另一个特征，首先表现为河谷内驻防城之间是紧密相连的，同时城址与环境也存在着紧密的关联。城址之间的紧密联系表现为牛录城、卡伦

---

[1]（清）格琫额：《伊江汇览》，《中国地方志集成·新疆府县志辑》第九册，凤凰出版社，2012年，第540页。

城等拱卫着伊犁九城，而伊犁九城可分为两大城市群，两个城市群各以满营为核心，形成既相互独立又紧密相连的关系。城址与周围环境是一种互相作用的关系，城市依托环境给予的资源进行营建、发展，而城址内部的人群也在塑造着环境，二者密切相关。因此可以说，伊犁驻防城本身和周围的环境共同构成了一个"生态系统"。在该生态系统中，山脉、河流、气候、降水与驻防城之间的关系是有机统一的。

第二节　驻防城规划理念与"新清史"

伊犁河谷驻防城作为清代城市兴建的一个断面，需要放在更大的视野下来观察其特征，只有这样，才能知道伊犁河谷城址特征的适用性以及特殊性。本节依据伊犁河谷的地望及属性，将之分别放在新疆的筑城活动以及将军城的营建的视野下来观察，以期通过比较来窥得清代筑城的一些特点。

清廷几经裁设，最终全国共设有盛京、吉林、黑龙江、绥远、宁夏、伊犁、西安、成都、荆州、江宁、杭州、福州、广州、乌里雅苏台等 14 个地区的驻防将军。驻防将军为武职从一品，统辖八旗和绿营官兵，驻守各省要地，实权低于总督，但品阶要高于总督。同伊犁将军一样，驻防将军各有其衙署，且均位于驻防城里。这其中，盛京、绥远、乌里雅苏台的城址形态很明确，衙署规制也清楚，同伊犁将军城一样，都位于北方边疆地带，故本书仅选取上述三个城址，对清代驻防城做简要论述。

一、清代驻防城举要

（一）盛京城

盛京城是清军入关前的都城，在清廷贵族心目中具有重要地位。天命十年（1625）三月，努尔哈赤迁都至沈阳卫。当时，沈阳卫是典型的卫所城的格局："周围九里三十步，高二丈五尺。池二重，内阔三丈，深八尺，周围一十里三十步，外阔三丈，深八尺，周围一十一里有奇。"[1] 到皇太极时期，对城址进行了增建。皇太极对沈阳城的改造也是从增拓城门着手，将原城四门改为八门，八门之名与东京同，并将城内由原来的十字街区划分为井字街区。具体改造过程包括扩大面积、包砖、增加建筑设施等："因旧城增拓。其制内外砖石，高三丈五尺，厚一丈八尺，女墙七尺五寸，周围九里

---

[1]（清）阿桂等：《盛京通志》卷一八《京城》，《景印文渊阁四库全书》第五〇一册，台湾商务印书馆，1986 年，第 331 页。

三百三十二步，四面垛口六百五十一。明楼八座，角楼四座，改旧门为八……池阔十四丈五尺，周围十里二百四步，钟楼一，在福胜门内大街；鼓楼一，在地载门内大街。八门正戴，方隅截然，内池七十余处，水不外泄，城邑既定。"[1] 此外，作为都城的要素，宫殿、官衙、坛庙、钟鼓楼等一应增建齐备。其后，该城成为留都，由盛京将军驻防。

盛京城的规模与惠远老城的规模很接近，惠远老城为九里三分（5356.8米），盛京城为九里三十步（5232米）。但是在兵房方面，盛京城的"三千六百三十六间"要远逊于惠远老城的九千一百八十四间。盛京城共计八个门，城内道路结构也因之成为两横两纵，这与惠远城的十字大街结构略有不同。墙体方面，盛京城墙体的规模是远远高于伊犁九城的，其墙体高达三丈五尺（11.2米），比惠宁城、惠远城高出一倍多，墙体厚度也达到一丈八尺（5.76米），比我们对惠远城实际调查的数值要大一倍多。

盛京将军衙署"在抚近门内，天聪六年设立，六部时为吏部衙门，顺治元年迁都裁改。康熙十三年重修，为镇守奉天等处将军衙署，新旧共房五十六间"[2]，规格基本与惠远老城将军衙署的六十间房相同。

关于盛京城内的建筑风格，目前有两种不同的观点：一种认为盛京城体现了满汉融为一体的筑城原则，比如有考古学者认为盛京是在明卫所衙门基础上改造而成，不仅继承了中原文化都城的规划理念，同时也保留了满人自身的传统，吸收了藏传佛教的思想[3]。另一种观点认为，盛京城的改建理念主要是使其更接近中国传统的都城规制，汉化特征明显，但仍保留有女真遗风。比如有学者指出，对于盛京城大政殿，"设计者没有采用满人传统的硬山建筑形式，而是选择了八角重檐攒尖顶的亭式建筑，这种独特的建筑造型在皇家主要议政建筑上很少见。大政殿的大木结构沿袭汉族传统作法，其斗拱用材粗壮，布局和谐明朗。屋顶所用琉璃瓦件，全部由黄瓦窑烧制，殿顶覆以黄琉璃瓦镶绿剪边，既保留了以黄为尊的传统观念，又体现了北方民族对故乡山林草原浓厚眷恋的感情色彩"[4]。

（二）绥远城

绥远将军驻绥远城，文献记载其规模、建筑："乾隆二年设立城垣、衙署、官房等

---

[1]　（清）阿桂等：《盛京通志》卷一八《京城》，《景印文渊阁四库全书》第五〇一册，台湾商务印书馆，1986年，第331～332页。

[2]　（清）铁保等：《钦定八旗通志》卷一一六《营建志五》，嘉庆四年刊本，台湾学生书局，1968年，第7506页

[3]　姜思念：《清代盛京城规划理念探析》，《中国名城》2011年第3期。

[4]　王茂生：《清代沈阳城市发展与空间形态研究》，华南理工大学博士论文，2010年，第54页。

项，城长九里十三步，内土外砖，鼓楼一座，万寿宫一座，二十间。将军衙署一所，一百三十二间，左右司二所，各十六间。"[1]通过文献可知，绥远城亦为方形，有四个城门，四个角台，还有马面，城外有护城河，这些均与惠远老城一致。绥远城周长5204.8米，较盛京城和惠远老城小。但与惠远城不同的是，该城没有瓮城。从舆图所绘城内建筑来看，东西大街两侧有较为密集的建筑，且以衙署居多，这点与惠远城一致，故而可判断该城亦是以东西大街为主干道。通过锁眼卫星影像可知，绥远城城内的格局基本沿用了下来，东西干道仍为城市主街。

绥远将军衙署位于古城中轴线上，建筑坐北朝南。衙署建筑屋顶多为悬山式和硬山式，从南至北依次排列着照壁、府门、仪门、大堂、二堂、三堂，共五进院落，两侧有厢房和耳房。衙署共有一百三十二间房，远比惠远城将军衙署大，但是二者的结构大体相似。我们在锁眼卫星影像中看到的惠远老城南门外的一片区域，应该就是类似绥远城南门外照壁和府门之间的区域。

（三）乌里雅苏台城

乌里雅苏台城建于雍正十一年（1733）。据文献记载，该城由三座小城组成，中间为大城，东西两旁为耳城。大城长宽俱为一百二十丈（384米），东城长宽俱为八十丈（256米），西城长宽俱为九十丈（288米）。在谷歌地球影像中仅可见中城及东城，西城似被河水冲毁。中城东、西墙长356米，南、北墙长446米，周长为1604米，与文献所记周长1536米比较接近。东城南、北墙长333米，东墙长350米，西侧为护城河。

古城中城形制较为规整，呈长方形，共计四个门，门外有圆形瓮城，城外有护城河。中城、东城墙体据文献记载高约一丈（3.2米），三城均用粗四五寸不等的木料修筑[2]。城内分布有建筑基址，文献记载其城内兴建过程："内外植木，中实土块，建造城垣，于城内建设仓库，明岁青草生时，调集官驼，将察罕叟尔所贮钱粮、米石、军装、火药等项，陆续运送。"[3]

（四）小结

通过以上清代三座将军城的情况，可知清代将军城并无严格规制，尽管均为方形，

---

[1]（清）铁保等：《钦定八旗通志》卷一一八《营建志七》，台湾学生书局，1968年，第7666～7667页。

[2] 王小虹等译：《雍正朝满文朱批奏折全译》第四二四六件，黄山书社，1998年，第2189～2190页。

[3]《清实录》第八册《清世宗实录》卷一三〇，雍正十一年四月庚申条，中华书局，1986年，第690页。

但是在大小、城门、瓮城等方面均体现出了差异性。其中地位较高的盛京城，并没有成为被刻意模仿的对象。由此我们可以认为，一方面盛京城更多地体现出满族人的都城规划观念，另一方面惠远城的营造观念是由绿营官兵自己主导的，体现出明代卫所城的设计思路。同时，尽管城内的将军衙署在结构上体现出极大的相似性，但不同将军的衙署规格是不一样的。虽然将军均为从一品武职，但是绥远将军和伊犁将军的衙署在规模上相差较大，这似乎可说明房间数并不能作为衡量官员职别的尺度，与伊犁九城内部衙署等级的区分存在一些区别。

二、清代驻防城筑城理念的来源

通观伊犁河谷的城址形态，尤其是伊犁九城的城市形态，均体现出明以来北疆卫所城的建筑特征，体现了明清在北疆筑城规格上的延续性。这种延续性表现在城址的选址、形制及内部建筑等各个方面。

据李孝聪先生研究，明代卫所城池在选址时往往会考虑以下因素：第一，地理区位因素，会优先考虑山川冲要之地，往往凭险而筑，达到控扼辖毂的目的，从而保障边境安定，实现其戍守功能；第二，屯田因素，卫所城址周围往往有一定面积的土地用以耕种，以此来保证卫所城内官兵的生计，从而实现其自给自足的屯垦功能；第三，水源因素，卫所城址往往靠近川溪泉流，从而保证城内的水源供给，满足城内人员基本的生存条件[1]。

作者曾对明代万全卫所城军事防御体系做过较为系统的研究，充分验证了李孝聪先生的结论。该防御体系由万全右卫城、洗马林堡、新河口堡、新开口堡、膳房堡、张家口堡以及明长城组成。它们在明代划归于同一行政体系，组成了一套相对独立完整的扇形军事防御系统。其中，洗马林堡扼守镇河口线之南出口，同时可兼防新河口线之南出口，堡子紧邻洗马林河，位于洗马林河的冲积平原上；新河口堡扼守新河口线北大门，位于谷地内的肥沃台地上，东侧有河床；新开口堡扼守新开口线北大门，亦位于谷地内的肥沃台地上，西侧、北侧有河床；膳房堡扼守黑风口线的北大门，处于谷地内的肥沃台地上，古城东西两侧均有河床；张家口堡扼守大境门之天险，东侧有清水河流经，堡子就位于清水河南出坝上高原形成的冲积平原上。万全右卫城为镇河口线、新河口线、新开口线、黑风口线几路交通要道的交汇之处，位于洋河冲积平原北侧上。处于核心的万全右卫城东西两侧均有河道，位于谷地的中心，对于屯垦是

---

[1]　李孝聪：《明代卫所城选址与形制的历史考察》，《徐苹芳先生纪念文集》，上海古籍出版社，2012年，第64页。

极为便利的。每一座城址，都综合考虑了地理区位因素、屯田因素以及水源因素[1]。

清人筑城选址时，延续了明代筑城理念。伊犁河谷城址是在零基础之上修建的，但其初始筑城时，均计划将古城选在伊犁河两岸，最终伊犁九城建在伊犁河北岸，牛录城在河南岸，卡伦城主要分布在霍尔果斯河两岸，这样既保证了充足的水源供给，同时也充分地利用了两岸谷地适宜耕种的肥沃土壤。在此基础上，考虑战略要素，在交通要道果子沟南口集中修建了塔勒奇城、绥定城、瞻德城、广仁城、惠远新城、惠远老城等，在回人集中的区域修建了宁远城、惠宁城及熙春城，拱宸城以及卡伦则均修在中俄勘界后的边境地带，伊犁河南岸的战略防御空虚则由牛录城来填充。以上均体现了地理区位在城址选址时的决定作用，充分体现了清人在筑城选址时的理念，而这种理念，是直接延续自明代。

明代卫所城的形制、内部建筑也有一定特征，如古城均筑有结构完整的城墙，城内主要分布有衙署、操场、营房、仓库等，同时也有一些民居以及寺庙。由于卫所城主要用来容纳屯戍军队，因此外廓城墙在设计时均采用相对方正的形态，这就与汉唐时期的军事性城址在形制上保持了一致。同时，卫所城内的营房排列较为整齐，城中心多为十字大街，大街交叉处建造钟鼓楼，似乎是用以强化对古城中心区域的控制，这也影响了明代地方州县的城市规划与制度。

明代万全卫所城也体现了上述特征，其中尤以万全右卫城为甚。该城近似正方形，古城内部由"十"字形街道分成四个部分，这种布局形态决定了其在功能分区上有一定的规律性：古城的东南部一般为粮仓所在地，如万全右卫城广运仓、洗马林堡的洗马林仓、张家口堡的张家口仓等；古城的西南部一般设有城隍庙，万全右卫城、洗马林堡、张家口堡均是如此，万全右卫城西南部还有大量的官署建筑，如万全右卫指挥使司、参将府等；古城的西北部建筑较少，一般设真武庙于此处，万全右卫城、洗马林堡、张家口堡均是如此，因真武大帝为北方之神，万全右卫城西北部还有万全右卫儒学。由上述可知，明代卫所城逐渐形成比较有规律的内部建筑分布模式。

伊犁九城城内的建筑模式，也较大程度延续了明代的格局。九城城内路网分为十字大街、顺城街、大巷、小巷四个等级，其中十字大街为主干道，这种街道模式在明代基本稳定下来，到清代已成为一种标准结构。伊犁九城城内建筑情况比较复杂，较大城址十字街中心均有钟鼓楼。九城之内衙署和兵营占据了大部分，还有仓库、寺庙、学校等建筑，而且基本分布在十字大街两侧。

明代北疆卫所城在规模上表现出较为严格的等级体系特征。以万全卫所城防御体

---

[1] 郝园林：《张家口万全卫所城调查与研究》，《北方民族考古（第三辑）》，科学出版社，2016年，第55页。

系为例，该体系中万全右卫城最大，边长约为 860 米，其他则较小，边长在 200～500 米之间。而万全右卫的上属机构万全都司驻地宣府镇的边长约为 3000 米。之前有人总结提出宣府镇城周长是路城、卫城的 3.5～4 倍，是所城、一般堡城的 8～10 倍[1]。体系内古城内部宫宇建筑的分布也体现了帝制时代的森严等级。

万全右卫城作为较高一级城市，城内宫宇数量繁多，而且级别较高，其建筑名称和风格也都具有标杆意义，地方城市多是模仿右卫城宫宇建筑来兴建。此外，每个古城均有角台、马面，这是卫所城军事性质的集中体现。部分重要古城还设有南关，应为古城内部空间的向外延伸，多用来存储粮草。建筑方式上，重要城池城墙内部用土夯筑，夯层厚约 15～25 厘米，外面砌砖，底部垫条石。有的全部包砖，有的部分包砖，根据古城的重要性不同有所区别。

伊犁河谷驻防城，尤其是伊犁九城，在等级性上同样表现得十分明显。就形制来讲，最大的为惠远城及惠宁城，扩建后周长分别达到 6155 米及 4951 米，即边长在 300 丈及以上，其中惠远城更大，边长在 420 丈以上；第二等级是绥定城、宁远城、广仁城、瞻德城、拱宸城，周长分别为 2390 米、2986 米、1905 米、1913 米、1975 米，即边长在 150～210 丈；第三等级是熙春城、塔勒奇城，周长分别为 1346 米、1345 米，即边长在 100 丈及以下。

伊犁驻防城城内建筑也同样在重要性上表现出差别，最高等级的惠远老城内集中分布了伊犁将军衙署、各地领队大臣衙署等，相对来说高等级官员是最多的，其他城址内的衙署等级则依据城址等级相应降低。除衙署外，惠远老城内集中了最多的祠庙，其他则相对较少。因此从总体来看，城址体现出的鲜明等级性在明清时期是一致的，并且在表现形式上趋向统一。

明代在边地所设的卫所城，主要职责为镇戍一方，但由于边地往往没有设置州、县等行政建置，卫所往往集军事与民政功能于一身。卫所城作为军事城堡，城址内部或者城外附近处却设有交易市场，不同程度地发挥着地区物资集散地的商业性功能。明代在边疆与海疆地带大量兴建的这种军事卫所城，虽然其主要功能属于军事性的城堡，但这些卫所边城在承担军事防务功能的同时，也在当地发挥过物资加工、集散和买卖的社会经济功能。到清代，随着大一统帝国的稳定，边疆再无战事，这种有商业性萌芽的城址迅速发展起来。这点在万全军事防御体系中的张家口堡上得到了鲜明的体现。

张家口在明末由军事重镇转变为北边重要的马匹交易和供应之地。辽东战事吃紧时，多次商议去张家口买马："臣闻人言，宣府张家口夷马蕃庶，即差左都司前去易

---

[1]　王琳峰、张玉坤：《明宣府镇城的建置及其演变》，《史学月刊》2010 年第 11 期。

买。"[1]另有明人指出："二十九年以前，夷市未开，何以有马。关西张家口一带非无马者，如使马必取给于本地"[2]，"将各路棚桩及节省各兵饷银内动支，在张家口买马"[3]。清代以后，张家口一跃成为了中俄、中蒙贸易的重要中转站，地位迅速得以提高。

这种从军事性城址向商业性城址的转变及其对地区城市格局的影响，在伊犁九城中也得到了鲜明的体现。伊犁九城始建时均是军事性城址，构建起了伊犁河谷军事防御体系。该体系以筑城徙民为基础，以八旗、绿营等兵制为构架，辅以各种军事装备，是一套完整的军事系统。其后，随着边疆局势的稳定以及行政制度的改革，之前在军府制下设施的商业化因素进一步发展，导致转入府县制后，随着绥定城、宁远城商业的发展，二者代替惠远城、惠宁城成为了核心，而且这种格局一直维持至现在。

明清之际城市形态、建筑及内部功能的这种继承性，一方面是入主中原的满族统治者有意为之。清朝入关伊始便沿用明代卫所制度，并重新绘制舆图来表现。清廷不仅沿用了前朝的长城边墙、沿海地带以及四川边地的都司、卫、所的城址，还将其中一部分卫所城改为府、州、县治所，主要是原来的都司驻地、卫城和比较重要的千户所，它们除了有军事戍卫职能，还因交通、地理之便拥有对某个区域的中心调控职能，比较容易转为地方行政层级管理城市。而大量仅具有军事戍守职能的守御千户所、百户所城则渐渐变成村落，只不过其体量和形制还保存着昔日的规模，仍与一般的自然村庄有所区别。明代在边防实行的卫所屯戍制导致城址在农牧交错地带大量出现，引起地区交通网络、城镇分布及社会环境在相当大程度上的改变。清朝建立以后，虽然废弃了卫所屯戍制，但大量卫所屯堡城址的存在，仍不同程度地制约或影响着当地的交通与城镇分布体系。

另一方面，这种继承性受到客观因素的较大影响，某种程度上可以说是历史的必然。有明一代，一直不断在长城沿边地带投入防守力量，城池不断得以兴建，技术也日渐成熟，并且趋于稳定。嘉靖隆庆年间，又开始一波营建城池的新高潮，并且对大量城址进行包砖。开展营建工作的便是明代沿长城驻守的兵员，而这些营兵制下的兵员，在清廷入关后，几乎被整编制地纳入清代绿营系统，成为清廷北疆筑城力量的重要组成部分。在修建伊犁河谷驻防城之前，计划安排筑城兵员时，绿营兵占了近乎一半："舒赫德奏称，驻防伊犁，应派出满洲、索伦兵四千名建筑城堡，亦派绿旗兵四千

---

[1] 熊廷弼：《按辽疏稿》卷二《兑寺马疏》，《续修四库全书》第四九一册，上海古籍出版社，1995年，第506页。

[2] （明）熊廷弼：《辽中书牍》卷一《与王振宇总戎》，《四库禁毁书丛刊》集部第一二二册，北京出版社，2000年，第665页。

[3] 康熙《宣镇西路志》卷二《抚赏》，国家图书馆馆藏抄本，第32页。

名，所需口粮，由水路造船运送。"[1]事实上最后在实际营建时，是以绿营兵为主的。绿营兵在进驻伊犁的同时，也将明代较为成熟的城址营建工程技术带了过来，对新疆地区新筑城址产生了根本性影响，这是明清之际筑城技术有继承性的重要原因之一。

三、"边疆理论"和"新清史"反思

梳理清楚清代驻防城筑城理念来源于明代中原卫所城，有助于我们批判性地去理解"新清史"。

首先得承认，"新清史"将关注视角置于亚洲内陆，无疑对清史研究是有极大启发性的。清廷在平定准噶尔部之后，选择在伊犁兴建城池，满营、锡伯营、察哈尔营、厄鲁特营、索伦营、绿营官兵迅速进驻伊犁河谷周边，牢牢地控制住了伊犁局势，伊犁河谷成为清廷统治新疆的大本营。在此基础上，通过向南疆、塔尔巴哈台、乌鲁木齐等地派驻官兵，清廷进一步控制住了整个新疆地区。整个伊犁，乃至新疆在清朝都是处于一种动态的变化之中，体现在人口迁徙流动、大范围贸易、不同势力的角逐等方面，这些都对欧亚局势产生较大影响。从这一点来看，欧文·拉铁摩尔及"新清史"关于新疆重要性的论述是值得肯定的。

但本书的研究使我们看到，从伊犁驻防城考古材料所反映的文化模式来看，伊犁呈现出一种相对稳定的状态，表现出一种中原汉文化为主体、多民族合力的面貌。这种文化上的恒定状态是非常有力的。因而"新清史"对"满洲"因素的强调，可谓是重了表象而忽视了根本。

以濮德培的研究为例，他对统一新疆的研究实际上是全面细致的。他十分强调清朝统一新疆过程中对于后勤供应的重视，因而清廷在伊犁实施修筑屯城的政策。而我们看到，伊犁驻防城基本功能之一均是收纳绿营兵，并且城中往往设有仓库。其中拱宸城、瞻德城、广仁城便是因收纳绿营屯兵而筑，更具有典型性。但同"新清史"的其他研究的问题一样，他仅仅看到表层的族属区别，没有看到中原汉文化所体现出的秩序性及其能效。而这种汉文化又体现在城址形态、城内规划、兵营建筑等各个方面。如果我们可以穿越回任何一个伊犁驻防城中，亲眼看到的景象将和在中原看到的景致颇为一致：笔直的街道、高耸的钟鼓楼或牌坊、城门上的皇帝题名，等等。

伊犁河谷驻防城体系中的建筑以中原汉文化因素为主体，其原因是多方面的，也具有一定的必然性。正如前文所述，伊犁九城均是由绿营兵规划、修筑，更多地体现

---

[1]《清实录》第一六册《清高宗实录》卷五九九，乾隆二十四年十月癸卯条，中华书局，1986年，第710页。

了中原筑城的传统，更具体来讲，在一定程度上是延续前朝卫所城的筑城传统。事实上，明朝的营兵在入清后，被收编纳入绿营兵系统，明代卫所的造城系统由此传承下来，进而通过西迁的绿营兵传到了新疆。卫所城的城市体系具有较强的规律性，城址多呈方形，在布局上有层级性、向心性和联合性的特征，可以有效地组织防御，故而清人在入主伊犁河谷后采用卫所这套体系也是在情理之中。绿营兵在清廷筑城中发挥了重要的作用，甚至满营城的兴筑也是由绿营兵来完成的。

事实上，除了建筑的汉化，当时在惠远城、惠宁城这样的满城里，人们使用的语言也多是汉语。乾隆三十年（1765），当时还是领队大臣的伊勒图觐见皇帝，被指"清语较前生疏""清语转不如前"。乾隆皇帝所认为的"伊犁大员皆说汉话，全不以清语为事"[1]，应是一种事实。所以身处在这样的两个满城里，不论是看周围的建筑，还是与周围人交往，感受到的都是汉文化色彩。

此外，惠远、惠宁二城作为满城，其较高的等级地位确实在一定程度上反映了满族统治者的自我认同。但所谓"满洲化"，实际上仅仅存在于康雍乾几代皇帝的主观意志和满人上层统治者中。在晚清，象征满洲之道的"国语、骑射"等更加迅速地被遗忘、遗弃，在惠远、惠宁两座满城中更是如此。中国走向近代化的历程反倒逆转了满汉在军事力量方面的对比。惠远、惠宁二城的衰落，绥定、宁远城的崛起证明了这一力量的转折。

综上，清廷之所以能逐渐稳固其在新疆的统治，是由于满营八旗在前期进驻时发挥了主体作用，但实际上真正确立在新疆的统治，是通过绿营兵、锡伯营的筑城屯兵，满营兵的进驻和察哈尔营、索伦营的屯兵进驻，以及回营、厄鲁特营的屯田等手段来实现的。从考古学视角来看，发挥更重要作用的是绿营兵以及锡伯营。所以，从本书研究来说，"新清史"的结论是有待进一步商榷的。但本书的研究结论，仅是依托考古材料所得出的，对其的论证需要进一步深入。上述问题，仍是非常值得继续关注的。

第三节　对相关理论的反思

一、"理想城市"和"中心地"理论

通过本书的系统研究，可知马克斯·韦伯对中国古代城市的论述是非常适用于伊

---

[1]《清实录》第一八册《清高宗实录》卷七二七，乾隆三十年正月下乙丑条，中华书局，1986年，第10页。

犁驻防城早期情况的。伊犁驻防城是典型的军事要塞，是为驻军屯兵而建的，因此为满足农业需求的治河修渠，成为伊犁驻防城的重要工作。从一定程度上说，伊犁驻防城是"有赖于皇室统辖的功能"，是帝国皇家权力在地方的代理，它从城市设计，到城市、城门的命名，再到官员的命名，都是由皇帝钦点。

伊犁驻防城布局有较为严格的规划，特定官兵只能居住于特定区域，而且通过栅栏和什字堆房，对官兵的活动区域和时间做了限定。城内等级分明，军队对其控制十分严格，有以伊犁将军为首的八旗、绿营等官兵，而高级军政长官的衙署占据了城内相当的面积。

一开始，伊犁驻防城内虽有一定的商业行为，但本质是服务于军政的。商人租用所有权属官兵的铺面房，销售面向官兵的生活必需品，而到了晚上，商人只能出城外居住。在这样一种情况之下，城市很难自由发展。如果没有持续性的政治输血，这样的城市很快便会衰亡，伊犁驻防城中惠宁城、熙春城、塔勒奇城便是典型的例子。

所以从上述方面看，伊犁驻防城是比较典型的中国式"理想城市"。这种情况并非偶然，正如我们一直所强调的，伊犁驻防城是中原筑城理念在新疆的实现，而城内驻防兵员的生活模式，也是一种"理想城市"的状态。从这点来说，伊犁驻防城为我们观察中国古代城市提供了非常好的样本。

从本研究来看，施坚雅的观点同马克斯·韦伯的观点并不矛盾，二者有着时间先后的关系。施坚雅认为，明清时期一个地方的社会经济现象更主要地受制于其在本地以及所属区域经济层级中的位置，而不是政府的安排。从根本上来看，施氏的观点是基于地理因素的成本角度，采用区域体系分析方法，得出的一种中心地"核心—边缘"结构的范式。

本研究中伊犁驻防城后期的情况比较契合施坚雅上述观点。后期"双核"结构的核心绥定城、宁远城各成为一个"中心地"。二者处于合适的距离，各有特定的辐射范围，地理位置决定了二者"中心地"地位的形成。其后，宁远城的中心地角色愈加突出，绥定城及其城市群成为边缘地区。

事实上，宁远城所在的伊犁地区的商业，在乾隆平定新疆后便通过与哈萨克的朝贡贸易逐渐发展起来，"兹查伊犁向为贸易辐辏之区，而雅尔地方，近亦驻扎办事大臣，将乌鲁木齐贸易实务定议，统归伊犁、雅尔处理"[1]。伊犁所需马匹等，全靠

[1]《永泰等为预办丙午年伊犁各处贸易绸缎事呈军机处文》，乾隆三十年七月二十八日，《清代档案史料丛编》第十二编，中华书局，1987年，第95页。

与哈萨克贸易得来，"伊犁驻防大兵，一切需用牲畜，全赖哈萨克贸易"[1]。同治十年（1871），伊犁河谷沦陷于沙俄之手，俄人重点兴建宁远城，伊犁河谷的其他城或停滞，或被毁弃，"将大城、巴彦岱、霍尔果斯三城房屋俱平毁，清水河、塔尔奇、绥定三城俱付汉回居住，芦草沟、城盘子俱弃置，而专于大城东南九十余里之金顶寺及固尔札两处拆各城材木，营盖市廛，横亘几二十里，用费以数百万计。不知者疑其不营西北，转营东南，为失计"[2]，所谓"当占据之时，尽徙遗民于宁远，而列城皆墟蘧，地数千里被割"[3]。左宗棠亦曾说："伊犁大城，人烟甚少，俄兵及商户均萃居东面惠宁、熙春、宁远三城，而金顶寺烟户尤多。"[4]俄商在宁远城北门一带开设大量店铺，将古城北大街至西沙河子这一带叫作"诺威噶尔特"（俄语"新城"之意）。由此宁远城商业逐渐繁荣起来，很快成为伊犁地区的中心城市。

光绪十四年（1888），宁远城设县，商业有较大发展，交易种类较多："所产之物以牲畜、皮毛、土药为一大宗。牲畜等类售销本地，亦有贩销他处者，难查其数，约每月除俄商贩卖不计外，可获牲税银三百两有奇，详报有案。"[5]交易规模及范围也较大，波及俄国、中亚等地："皮毛每年经华人卖与俄商者一万四千普筒，经俄人卖归俄商者四万六千普筒，合华秤共重一百六十五万斤，此非宁远一县所产，蒙哈各游牧所出实多，均运来汇总发售耳。土药行销本地，亦有贩销他处者，每年约共销二十余万，所有本地行销他处各项货物每年约三十万有奇（蒙哈各种人等均赴此间购货），此系华商由关内并俄国运来之货，而俄商销数更当加倍。"[6]由此可见宁远城商业之发达。

所以我们可以看到，与中原地区不同的是，宁远城"核心—边缘"结构的辐射范围相当之广，但层级相对简单。中原地区由于人口密集，农村聚落相对较近，因此其区域层级系统内"中心地"较多，从最低级的乡镇市场，到县城，再到中心城市，也正因如此，小"中心地"的辐射范围很有限。而宁远城不仅是伊犁河谷的"中心地"，其贸易更是辐射到哈萨克、布鲁特、俄罗斯等地，且其贸易内容也有鲜明的地方草原

［1］《清实录》第一八册《清高宗实录》卷七七九，乾隆三十二年二月壬戌，中华书局，1986年，第570页。

［2］（清）李云麟：《论伊犁》，（清）葛士浚：《清朝经世文续编》卷七五《兵政十四》，文海出版社，1972年，第1924页。

［3］（清）刘锦藻：《清续文献通考》卷三二一《舆地考十七·新疆省》，新兴书局，1963年，第10615页。

［4］（清）罗正均编：《左文襄公（宗棠）年谱》卷九，文海出版社，1967年，第740页。

［5］《宁远县乡土志》，清光绪三十四年抄本，马大正、黄国政、苏凤兰整理：《新疆乡土志稿》，新疆人民出版社，2010年，第210页。

［6］《宁远县乡土志》，清光绪三十四年抄本，马大正、黄国政、苏凤兰整理：《新疆乡土志稿》，新疆人民出版社，2010年，第210页。

特色。这是伊犁河谷驻防城较为独特的地方。

二、城市形态学

本书研究虽然极大程度地借鉴了城市形态学的相关概念和理论，但也通过研究，丰富了城市形态学的一些理论观点。

本书研究发现，中国古代城址的关城在古城功能的转变中扮演了极为重要的角色。惠远老城及宁远城的北关面积较大，在城址兴建不久便孕育了商业的萌芽。其后宁远城北关甚至成为了贸易集散中心，促进了宁远城的快速发展，最后成为地区的中心。绥定城南关也是商业的据点，而且文献记载其内部有天主教堂、清真寺等建筑，成为多种势力聚合的场所。而关城的这种重要作用，其实在康泽恩的"城市边缘"的界定中就已得到了说明。关城作为城市最外缘与乡村交接之地，处于混沌的物质状态，潜伏着城市化的巨大力量。康氏的观点是通过观察英国的城镇所总结出来的，但该理论放在中国古代城址的框架下也是可以说得通的。

城市形态学定义了城市中的两个亚区域，即"城市核"与"城市边缘"。"城市核"是城市的发源地，保留了城市在萌芽阶段的功能、街道和一些建筑物（大多数是地标和公共建筑），这些元素可以说明一个城市起源、形成和发展的原动力。在许多古今重叠型城址中，都可以看到"城市核"的影子，比如北京城的"城市核"便是元大都故城，它决定了北京城市形态的基本面貌。"城市核"是城市考古学发掘与研究的主要对象，历来受到考古学者的主要关注。

对于伊犁驻防城而言，其始建时的城池便构成了"城市核"。通过本书研究可知，伊犁驻防城的街道、建筑和功能在一开始建成后便被决定了。若驻防城要进行扩建，就可看到其城墙结构、道路系统、建筑风格、布局分区基本沿用了始建部分，即"城市核"的样态。

相比较而言，"城市边缘"则是城市考古学容易被忽略的部分，它是城市最外缘与乡村的交接之地，构成了该地区混沌的物质状态。"城市边缘"地处城市周边，重要遗迹较少，因此所做田野工作较少，研究也相对薄弱。但考古工作理应重视城址的边缘带，关注城址周边的遗迹，因为根据城市形态学理论，"城市边缘"反映了从乡村发展为城市过程中各个阶段的不同状态，而且边缘带潜伏着城市化的巨大力量。

在本书研究的实践中，我们发现关城便是"城市边缘"的一个重要部分。明清时期关城得以成熟，内部有大量低级工商手工业的活动，是城市内最为活跃的一部分。对于城市管理者来说，关城处于城门之外侧，容易被忽视，但包括关城在内的城市边缘地区其实是最不安定的区域。此外，关城内部建筑与道路没有经过刻意规划，呈现出诸多平民特征，但却是城市风貌最为鲜明的地区。

具体来说，伊犁驻防城关城内多有寺庙，如惠远城北关有火神庙、老君庙，绥定城东关、南关分别有武庙、礼拜寺和龙神祠。这些寺庙有一定公共空间的性质，日常活动较多。关城内商业也较为发达，惠远老城北关有官铺房，宁远城北关有领事馆和商铺，绥定城南关也有诸多商铺。伊犁驻防城关城同样也是不稳定因素。就惠远老城来讲，其北关日渐发展，尽管伊犁将军派驻兵员进行管辖，但是官兵势力相对较小，在回民之乱时，该城也是北关民众率先揭竿而起，由此可见一斑。

同时，关城紧邻城址，一般在门址外侧，因此人类活动较为频繁，为商业发展提供了空间和动力，这就在一定程度上论证了康氏所提出的"城市边缘"理论。康氏理论认为建筑最容易改变，下来是街道，这也在伊犁驻防城形态演变过程中得到了验证。

康氏指出需要明确研究的尺度，他以"平面类型单元"，即大致在同一时期，因相同的内在原因而形成的亚区域为基本分析单位，将囫囵的"城市形态"分成三个相互关联的组成部分：道路和道路系统、地块和地块的镶嵌格局、建筑布局。单元内部具有类似的街道网格系统和土地划分方式的同质性特征。目前学术界所关注的唐代城址里坊，具有城市形态学"地块"概念的一些属性，其研究成果颇为丰富，为清代城址展开"地块"概念的考古学研究提供了有益启发。

在此思路下，我们在对新疆清代城址的调查与研究中，明确了研究的尺度，即采用清代的营造尺度单位测量驻防城的规模及主要建筑的规格，由此认识到这些古城是按照丈数的 10 倍数来设计的，以及不同城址在构建上依据等级采用了不同的规格，从而使得我们对于古城的认识更深入一步。

康泽恩学派强调将城址混乱的状态拆分成定义清晰的不同方面，并对之逐一分析。本书在此思路下，分析了城址的城墙、城门、瓮城、马面、角台、城内外建筑、道路等要素，使得我们对于城址的认识更加立体丰富。这与康泽恩所谓的三个角度，即道路和道路系统、地块和地块的镶嵌格局、建筑布局不谋而合。

康泽恩基于大量的个案研究发现，一个城市中最容易改变的东西是"功能"，其次是"建筑"，再次是土地划分，最后是街道。本书对伊犁河谷驻防城的研究，基本验证了康氏的观点。道路系统在伊犁河谷驻防城中的古今重叠型城址中基本保留了下来，变化不大，目前仍维持着清代的路网结构。而废弃的郊野型城址的道路系统，有些已无法辨识，但仍有像惠远老城这样的遗址在卫星影像中清晰可见其路网。由街道所确定的土地划分可见两种情况，由大路所确定的结构得以保留，而由小巷所切分的结构则屡见拆改现象。建筑相对变化较大，各驻防城内的古代遗存大多已无存，但也有例外，宗教建筑如关帝庙、靖远寺、清真寺等，则保存相对较多，这与当地的民间信仰普及有较大关系。

城市形态学是城市历史地理中的理论之一，其理论基础、理论范式是根据近现代城市构建起来的，但是在我们研究中国古代城址时，它也能成为一把锐利的武器。同样，相关领域的理论也值得我们进一步探索，有助于进一步开阔我们的研究思路和视野。

三、城市考古学

城市考古学是以城址为对象的一个研究领域。本书通过对清代伊犁河谷城址的研究，进一步丰富了对城市考古学内容及研究方法的认识，看到了一些与其他范式进行融合的可能。

（一）田野工作反思

对于作为考古学的重要组成部分的城市考古学而言，田野发掘与调查同样是其研究的基础和先决条件。因此，田野发掘与调查城址的内容及方法也是值得进一步反思的。目前在城址的田野考古工作中，以调查居多，发掘工作也日渐增多，本研究采取的主要方法是前者。

从城址的调查来说，单个城址的调查与研究所获得的信息较为有限，在认识上较难实现大的突破。就伊犁河谷驻防城来说，二普、三普时虽然进行过调查，但本质上都是单个城址资料的汇集，所以认识上的深入仅体现在数据更为详实，理论层面并无突破。而本书研究将视野放在伊犁河谷这样一个区域之内，通过研究驻防城的形制与内部结构，突出区域内的人口组织结构和文化面貌。同时强调自然环境与驻防城内各要素的交互作用，探讨时代背景下政治军事、社会经济（技术、资源和经济）与环境之间的动态关系。这与聚落考古研究中的区域系统调查方法不谋而合。因此，对于历史时期的城址来说，区域系统调查的思路仍是非常值得采纳的。

区域系统调查中，首先需要确定的就是调查区域。调查的区域最好是独立的地理单元，如一条或几条河的流域、谷地或者盆地。本书研究所调查的伊犁河谷便是一个适中的地理区域，形成一个"共生区域"。一方面该区域内有足够的、不同类型的考古遗存，为研究的展开提供了丰富的可能；另一方面该区域的面积较为合适，便于开展考古调查工作。这提示我们，对于历史时期的城址来说，按照自然地理划分研究区域是有相当合理性的。

在选定调查区域后，对于该地区的自然地理情况需要有相当的了解，需要有不同内容的区域地图作为基础。我们调查伊犁河谷驻防城能够取得一些认识，一个重要的原因是遥感影像，特别是早年遥感影像的使用。早年遥感影像保留了较多的遗迹情况和遗存早期的风貌，既能使作者全面搜集遗址单位，也便于系统直观地把握遗址内的聚落布局。这就为考古调查的展开打下了坚实的基础。

中国古代城市的建筑均为土木工程，但留存下来的多为土结构，木结构等有机材料是缺失的，这就使得我们在调查时测量的数据总是不完整的。由于早期城市甚至可以通过木结构判断年代，因此我们在调查时需要格外注意木构件的痕迹，尽可能复原木结构在整个建筑中的格局。

此外，在具体调查过程中，对城址辅以考古勘探同样非常重要。城址地基保留了始建时的原貌，基本没受到人为干扰，反映了古城最原始的规格。本研究通过对惠远新、老古城的勘探，验证了与其有关的城址扩建、城墙建造、衙署建筑规格、护城河规模等问题，而这些都是仅通过地面调查无法确认的。通过勘探获得的地基数据要比地上数据更为客观，更能反映始建时的情况。

在做调查时，现代城市的结构样貌也是我们要观察的一个方面，这是古今重叠型城址研究的重要特点。通过对伊犁河谷驻防城的研究，我们发现城市形态是有延续性的，尤其是街道，基本会沿用下来，观察现在的街道可为我们复原过去城址的街道提供线索。伊犁驻防城城市形态延续性的另一个例子是古城北门，若门被封闭，则会使北侧人类活动相对不那么频繁，所以伊犁驻防城北城墙大多都保存得稍好。

（二）研究范式反思

作为历史时期城址研究，本书的范式仍是在中国考古学的范畴之下，即先通过文献梳理清楚伊犁河谷驻防城的建置，然后介绍考古调查的成果，再基于前两者的梳理对驻防城进行多方面研究。文献与考古材料在本研究中是相辅相成、缺一不可的关系。但是在既往的历史城市考古学研究中，历史文献和考古资料的作用得到了不太合理的评价。

有一种观点认为文献与考古材料是对立的，二者是"零和游戏"，尤其对于清代这一历史时期最后一个朝代，这种特征格外明显。不可否认，在研究中首先通过文献梳理清楚城址建置非常重要。一方面，可通过文献确认城址年代和相对早晚关系；另一方面，可有助于城址的科学分期。考古学的类型学研究，必须要与人的行为与文化结合起来，单纯的分类分型没有意义。而通过文献建立起的分期，是人类活动的直接产物，可以有效避免无效分期。我们可在伊犁河谷驻防城的研究中看到，不同的分期阶段对应不同风格城址的兴建，而每一期均是由某一将军所主导，反映了伊犁将军的建城规划思维，也间接反映了伊犁河谷驻防城的局势。所以，在历史考古学研究中，文献通过它所记载的年代，起到了先导性作用。

文献还有一个重要意义，便是将重要的历史概念引入城市考古学研究中。借助城址历史事件的梳理，我们可看到很多重要概念在城市发展中是不可或缺的，这些概念共同为古代城址提供了生活的情景或者语境。将城址纳入当时社会的语境下，可以使我们确定认识城址的标准和尺度。这对本书来说是非常重要的，比如在驻防城的建置介绍中引入的度量、职官、地名等概念，成为后文研究中的标尺，由此得以发现一些重要的规律和模式。所以我们认为，历史时期城址的研究一定要放在特定的历史语境之下，而历史语境需要通过文献才能获得。

事实上，以上所讲的文献的作用，是相对比较理想的情况。文献记载也存在诸多客观的问题：首先是其记录可能不完全，无法解答考古学及各学科学者所提出的问题，这些问题是有无限可能性的；其次是有些记载存在失真的问题，无法与考古资料相匹配；最后，文献只能反映当时的情况，对遗址的现在及形成过程，无法做出回应。文献资料存在的这些问题，决定了考古学在城市遗址研究过程中的重要作用。

可以说，城市考古学的威力，同时也是它的魅力，主要体现在其"田野"属性上。田野考古工作使研究者了解真实的遗址现状，有助于其获取准确的城址信息，同时也为遗址形成过程的研究提供了充足的证据。此外，进入到城址的情境之中，我们会对不断涌现的新现象产生新的疑问，也会对生活在城市中的先人产生情感共鸣与理解，有机缘感受到城址的美学意蕴，这样能使我们更深刻地去热爱它，讲述它，宣传它。

很多学者认为城市考古的目的就是绘出城址平面图，这个观点在大多数情况下是有一定道理的，特别是对于年代稍早些的城址。然而，不同城址的情况不一样，伊犁九城基本上都有时人绘制的城址平面图，似乎没有进一步研究的必要，但本书通过研究认为，还可以在城址平面图基础上，从微观研究伊犁九城城址的城壕、城门、衙署、仓廒等，除平面图外，还可绘制"立面图""剖面图""复原图"。这样不仅能得出丰富有趣的结论，甚至可以有效回应历史问题，如本书对于"新清史"等问题的有效回应就是一个很好的例证。

以上启发我们在研究古代城址时，不能局限在一个目标中，而是要通过田野深入到城址中，同时拓宽研究思路，不断提出新的问题。只有这样，才能丰富我们对城址的认识，将城市考古的研究推向深入。

目前，就中国古代社会来说，城市一般指的是带有城墙的城市。基于此种观念，有学者指出西方与中国在筑城上的差别，即西方先有居民定居，再修城，中国则是先有城，再住人。本书通过对伊犁河谷城址的研究发现，中国筑城现象要远比这个概括复杂。比如，伊犁驻防城是先行筑城，后移民进驻，似乎能验证一般性的中国先有城后住人的结论。然而，牛录城则不同，是先移民进驻，后修筑城池，提供了另一种模式。这启发我们，对中国城址做一概而论的认识是非常危险的，需要谨慎做归纳。

（三）与城市形态学的互鉴

本书对伊犁驻防城的考古学研究，充分借鉴了城市形态学的相关概念和理论，取得了一些重要的新认识。可以说，围绕"形态"，城市考古学和城市形态学具有了共同的前提假设，二者也可借此在基础概念和理论分析框架上实现有效的互相借鉴。

1. 互鉴基础

事实上，城市考古学与城市形态学有诸多共通之处，为二者的互相借鉴提供了基础，具体表现在以下四个方面。

（1）共同的研究前提和假设。二者均认为城市或城址是经过层累叠加所形成的。中国考古学者将城市考古的研究对象分为古今重叠型城址和郊野型城址，目前已对二者做了大量田野工作。就古今重叠型城址来说，"一般地说都保留着古代城市的遗痕。所谓'遗痕'，是指古代城市的城垣、河湖、街道和大型建置所遗留的痕迹，它反映着城市本身的历史变化"[1]，其是由不同时期的历史遗存层叠后形成。就郊野型城址来说，有学者指出其"考古中平面图的绘制主要依赖于勘探和发掘手段，虽然工作旷日持久，但复原内容一般均有地层依据，较为可靠"[2]。郊野型城址虽然早年被废弃，但是特定时期的人类活动，在城址的空间内留下了遗存，形成了不同的文化层。在对城址进行研究时，可通过层位的相对位置和包含物判断城市的相对年代，以研究城址形态的形成过程。

城市形态学认为城市是在漫长的时间中逐渐积累起来的物质形态，现存的城市物质环境是历史上各时期的物质化体现的积累，在时间和空间两个向量上都很复杂。城镇景观并不是静态的，而是在更广泛的社会及地域背景中，在特定的时间发展过程中体现在空间上的动态变化。城镇形态的变化并不是随机的，而是由不同社会、经济和文化特征决定的，也因此形成了不同时期的城市形态特征，分别表现出不同的形态样式。城市形态学强调城市物质形态的历史过程分析，认为应从现存的形态回溯历史，探究其潜在的形成过程，将传统城市的复杂物质形态理解为历史上各个时期形态变化叠加、累积的结果。在具体实践中，康泽恩学派强调了演进式的研究方法，即通过大量历史地图，进行历史变化过程的分析。

---

[1] 徐苹芳：《现代城市中的古代城市遗痕》，《中国城市考古学论集》，上海古籍出版社，2015 年。

[2] 刘未：《辽金燕京城研究史——城市考古方法论的思考》，《故宫博物院院刊》2016 年第 2 期。

城市形态学与城市考古学这种共同的研究前提和假设，导致二者均强调研究城市在特定时期的形态，再以此为基础厘清城市形态的沿革变化，从而研究清楚这类经过层累形成的目前的城市形态。

（2）强调发展演化的视角，注重探寻城市发展动力。城市考古学和城市形态学均考虑城址所属时期的经济与社会背景，用演变的视角研究在城市平面格局基础上建立的完整的不同时代的特征信息。在城市考古的研究中，这种文化背景因素的分析范式也比较普遍，学者在论述古代城址形态的形成时，往往会强调文化的因素，比如"天圆地方"思想、风水观念、历史传承、皇权等级制度等。城市形态学中，解读形态形成及演化背后的社会、经济和文化意识，是研究的非常重要的组成部分，形态描述与成因剖析一直都是两条彼此交织的线索。

（3）以"形态"为基础的认识论。"形态"作为事物的固有表象之一，在认识论层面具有基础性的性质。城市形态学以形态及其动因的关联分析为主体研究内容。一般认为，识别和呈现形态构型的两个基本维度为结构与类型，二者也提供了形态复原的基本思维架构。结构关联通常表现为梯级、分区、联结、分割、复合等具体的构造类型：梯级反映了城市从宏观领域到微观领域、从上至下的约束传递和由下至上的构造关系；分区是指同一梯级中不同规划单元在性质和量化上的差异呈现；联结和分割呈现某种形态在同一梯级要素或不同梯级要素之间所产生的连缀或割裂状态；复合展现的是不同形态要素对土地的共同占有状态，或同一种要素所具备的不同的形态意义。总的来看，城市形态学方法强调形态的结构与构成，关注分析与概念，而非单纯描述性地解读和分析城市物质空间。

同样，形态理解也是城市考古研究的基本内容。城市考古的核心工作，其实就是做出面向过去的形态复原，通常表现为一系列展现结构以及类型特征的图像。城市考古学研究城址、城墙的形态、城内的道路结构和城内的建筑，一般来讲是从研究相应遗存的几何形态及结构入手。在对城址形态进行研究时，考古学家也强调城址的梯级、分区、联结、分割、复合等不同状态，以此来分析城址的性质。比如，根据城址的规模、形制来对城址进行等级上的划分，是城市考古研究的方法之一，具有一定的解释力，展现了梯级的研究路径。而使用这种方法需要以下三个方面的能力：首先是对城址形态梯级构造的判断力；其次是对不同城址类别形态的结构本质（区别于具体的图形）及其内在动因的把握能力；最后是对城址不同类别形态之间相互作用的系统理解。

（4）重视田野考古调查工作，以绘制城市平面图为目标。田野考古调查与发掘，是开展城市考古工作的根本。城市考古的理论研究，均是建立在田野考古基础之上的。而城市考古中新的田野发现，也在不断地推进着城市考古与城市史的研究。城市形态学中康泽恩学派的研究非常重视实地观察，其以田野观察为基础，再进一步结合历史文献分析，对城市做形态学分析。正因为此，二者都重视地图的复原和使用。众多城市考古学者终其一生的努力成果，便是绘制了某城址的复原图，而其中很多细节仍需要后代考古学者不断去完善。可以认为，城市考古本身就是在通过城址的复原图做城市形态的还原。

在城市形态学的研究中，地图也起着非常关键的作用。例如康泽恩对英格兰安尼克小镇的研究，便主要是通过几幅不同时期的大比例地图实现的。城市具有一定的斑块机理，展现出某种特定的图形特征，这是由其密度、高度、强度、尺度与几何方向性联合作用的结果，而这种图像特征集中表现在了城市地图上。因此，将城市形态学的理论方法应用于城市考古学的研究中，不仅可行，而且有非常大的探索空间。

2. 互鉴方式

城市考古学与城市形态学经过近两百年的发展，均已形成相对完善的概念体系，研究范式也已成熟。城市考古学的发掘成果和研究思路，极大地拓展了城市形态学的研究视野。与此同时，城市形态既然是城市考古研究的核心之一，那么城市形态学的部分研究成果就可以成为城市考古学的有益借鉴，主要体现在基础概念及研究视角上。

（1）城市形态学基于二维或者三维空间构建出来的一些基本概念，如城墙、街道、地块、土地利用、建筑、建筑肌理、边缘带等，可以为城市考古学者所用。城墙是中国古代城市的重要标识，是城市考古研究的重要内容之一。在传统的城市考古学研究中，往往重点关注城墙的构筑方式及城墙的附属建筑，包括城门、瓮城、马面、角台等，本质上仍是围绕城墙所起到的防御功能进行讨论。但事实上，城墙还具有重要的地理和空间意义，它不仅决定了城市的轮廓形态，还主导了城市发展的走向。在城市形态学的理论下，城墙的这种丰富内涵可得到较为充分的发掘。"固结线"是城市形态学中的重要概念，指的是一个强有力的、往往具有保护性的线性地物。在随后的城镇发展过程中，这个地物限定了环状街道系统，是城市内外的分界线之一。

中国古代城址的环壕、城墙等，便是典型的固结线，体现出了固结线所具有的特定特征。壕墙作为城市考古中非常突出的遗迹现象，是一种具有强烈线性特征的地块，其所构成的线条结构，一般比较稳定，不容易发生变化，其平面特征与地形轮廓会对后来的城市形态发展产生强有力的影响，构成城市发展主要的形态框架。

通过本书对伊犁驻防城研究的考古实践，可以发现城墙作为固结线是城址遗迹内保存情况相对较好的，除非遭到人为破坏，其也因此成为田野调查及发掘时的首要目标。沿线形城墙分布的环形街道在城墙被拆除后一般会保留下来，现代有些城市中有名为"顺城街""墙底街"的街道，便是早年沿城墙分布的环形街道所遗留的产物。基于此，我们应意识到郊野型城址的城墙及其两侧，都可能构成行走的道路，可能有较多的遗迹现象，需要格外关注。

古代道路与交通一直是历史学、考古学所关注的重点，但古代城市内部的街道往往为研究者所忽视[1]。相对来讲，街道遗迹多埋藏在地下，现象不明显，遗物也较少。然而，城市形态学却把街道和街区作为主要的研究对象，认为其是理解建筑形态和城市总体形态的一个媒介。街道是城市建成区的一个空间组成部分，用于地面交通的空间，是平面格局的要素之一。而街区是一个地块或相邻地块部分或全部被道路所围合与分割而形成的独立的地块格局，在传统西方城市中扮演着基本空间组织单元的角色。

在中国古代，街道系统亦是城市的"骨架"，为城市内部形态的发展根本。街巷系统是古代城市规划的重要表征。事实上，中国古代的城建思想对街道网络有着较为严格的控制，街道的宽窄不仅反映着人流量的不同，高等级的建筑如衙署、书院均位于主干道路两侧，反映出使用者较高的社会等级。街道不仅为城市解决交通的问题，而且容纳了人们的日常生活、商业和休闲活动，成为人与人交往的场所之一。

就城内建筑而言，城市考古学与城市形态学对其都给予了足够的关注，都重视对城市内建筑的调查与研究。城市考古学所面对的地下古代建筑，仅残留地基及部分建筑构件。城市考古学者的任务便是通过发掘复原建筑基底的原貌，再通过发现的建筑材料，结合古建筑学等学科，尽可能地还原建筑的形态及样貌，进而对其功能进行研究。

城市形态学将城内建筑明确地区分为"房屋"与"建筑"：房屋是人们生活的一部分，是一系列自发的建造现象，是"自然生长的设计"。农夫、石匠和普通居民都知道房屋应该是什么样子，怎样建造。因此，在一定历史时期、一定地区的房屋具有大致类似的特征，即所谓"类型"。建筑是一系列经过历史设计的建造现象，多是城市内的公共建筑或者高等级的私人住宅。这样的概念分类也适用于城市考古学的研究。由于城址发掘的周期漫长，所以一般优先发掘城内的大型建筑基址，也就是城市形态学之"建筑"，即经过一定设计、展现当时较高建筑水平的城市构成，而对平民居址的主动性发掘较少，丧失了诸多研究普通居址"类型"的机会。随着城市考古工作的不断发展，相关方面的发掘与研究也将会逐步推进。

城市形态学划分了城市中的两个子区域："城市核"和"城市边缘"。"城市核"代表了城市的起源地，保留了其初期的功能、街道和一些标志性建筑，往往包括地标和公共建筑。这些元素为我们提供了关于城市起源、发展和动力的线索。值得注意的是，在许多历史重叠的城市遗址中，"城市核"的本质是可以觉察的。

相反地，"城市边缘"虽然在城市考古学中常常被忽视，却构成了重要的一部分。

---

[1] 刘未：《辽金燕京城研究史——城市考古方法论的思考》，《故宫博物院院刊》2016年第2期。

它位于城市边缘，连接着城市景观与农村广袤，形成了一个模糊的物质领域。尽管这里的显著遗迹较少，但"城市边缘"在城市的外围地带具有重要地位，因此田野工作有限，相关研究也相对较少。然而，考古调查应该认真关注城市遗址的边缘地带，研究这些地区的遗迹。根据城市形态学理论，"城市边缘"反映了从乡村向城市转变过程中不同阶段的状态，且边缘地带蕴藏着巨大的城市化力量。在城市考古的实践中，我们发现关城是"城市边缘"的重要组成部分。从明清时期开始，关城逐渐成熟，内部涌现大量工商手工业活动，是城市中最为活跃的区域之一。对于城市管理者而言，包括关城在内的城市边缘地区也是最不稳定的地方。此外，关城内部的建筑和道路并未经过精心规划，展现出许多普通人的特点，然而却是城市风貌最为鲜明的地方。

（2）中国古代城市考古作为中国考古学的重要部分，历史悠久，积淀丰厚。经过近百年的发展，城市考古在田野工作方法上已然比较成熟。随着材料的积累，城市研究方法也趋向多元，且呈现出与不同学科相互融合的趋势，如将考古材料与历史文献结合的城市历史考古学研究，又如确定古城地望区位的城市考古地理研究等。其中也包括对城市形态的研究。

城市考古包含两方面内容，一方面指围绕城市历史、空间结构和功能等所开展的研究，另一方面，人们也将其理解为在现代城市范围内进行的各项考古工作[1]。城市考古学是以田野考古为基础的学科。一般来讲，城市考古学的田野考古工作，针对的是一切与人类城市化聚居活动有关的遗存，既包括地表的城市遗址，也涉及地下的古城遗迹。而后者的信息是其他学科无法直接获取的，只能通过城市考古的田野发掘工作来获得。从这个方面来讲，城市考古是城市形态学研究的前提和基础，具有先导性。

随着现代科技手段及理念的不断运用，城市考古的田野工作内容也越来越丰富，获取的有关城市形态的信息也更多。城市考古的发掘或者调查，一般需要全面搜集遗物，详细记录遗物的现场情况及形态。近年来，在考古发掘过程中还要及时地多角度拍摄影像资料，包括无人机所摄全景照片、相机三维影像记录、影音资料等，在此基础上进行遗址三维影像的重建，获得有关遗址的最直观形态。此外，野外工作还需要采集各类建筑、生活类遗迹标本，通过科技考古分析，可以获得有关城市形态更多的信息。

中国古代城市的建筑均为土木工程，但留存下来的多为土结构，木结构等有机材料是缺失的，而在考古调查或发掘时，通过注意木构件的痕迹，就有可能复原木结构在整个建筑中的格局，复原中国古代城市的完整形态。所以城市考古对城市形态的发

---

[1]　宋新潮：《关于城市考古的几个问题》，《中国文物报》2016 年 12 月 27 日第 3 版。

掘要更为深入和全面，这样获得的形态信息也就更为直观深入。此外，从事城市田野考古的发掘者，直接参与了城市形态的还原过程，其对城市形态"层累"的形成过程有更清晰的认识和更宏观的把握，这是城市考古所具有的独特优势。

中国城市考古作为中国考古学的重要组成部分，先天性地具有与历史研究结合的基因。中国城市考古早年就很注重城市历史的研究，包括城市建置沿革、职官制度、人口组成、风土人情等，再结合考古调查或发掘的收获对城址进行综合研究。通过对城址历史信息的梳理，城市研究引入许多重要的历史概念，将城址纳入特定时期的语境下，以此来确定认识城市的标准。

事实上，不同时期、不同地区的城址，具有不同的文化面貌，对城市历史文化信息的发掘与引入，可以使我们对城市形态的解读更具有人文性、故事性及启发性。进而，通过与城市形态学相关概念的融合，达到基本概念及内涵的统一，由此可以将中外城址纳入统一的话语体系下进行比较研究，这将极大地开拓双方的研究视野。比如，有学者研究指出，典型的中国古代都城较好地体现了中国古代棋盘（方格）式布局营城思想，这与西方现代模式的方格网状路网城市有很多相似之处，这一点也在城市道路网—街区系统、功能分区以及规划想法等方面体现出来。同时，中国一些依地形自由发展形成的城市，与西方有机模式的城市在形态和风貌上也有相近之处。可以看到，中国城市考古学有其独特的历史底色和研究范式，其对城市形态的把握和研究视角是非常深入和多元的，为跨学科的城市形态研究提供了充足的材料和视角。

综合以上，城市考古学在研究材料和视角上，对城市形态学研究视野的扩展有重要意义。通过对科技手段的不断运用，城市考古对古代城市形态的认识也将更加全面和深入。材料不断被开发的潜力使得城市考古学在理论借鉴及构建上具有更广阔的前景。而中国城市考古注重历史研究的传统，使我们能将对城市形态的认识置于特定历史语境下，由此更能发掘出城市形态的"原味"及形成背景。

城市考古学和城市形态学均侧重研究城市的过去，但二者作为现代学术体系下的学科，有其固有的现实使命。二者均是通过研究城市历史文化遗产来为城市遗产的保护和开发利用奠定基础，面向的是城市的未来。城市考古学的发掘成果直接成为城市遗产的一部分，其研究成果更是成为认识城市历史文化内涵的根本。在实际的研究工作中，城市考古工作者极为重视古代城市的历史文化遗产，例如徐苹芳先生曾痛斥某些地方政府在城市规划和建设时的破坏行为[1]。可以说，城市历史保护规划与实践，需要建立在对城市物质实体以及人文内涵的深刻解读的基础上，而只有通过城市考古学的实践，才能扎实地推进对二者的研究与解读。而城市形态分析是推进二者研究进一

---

[1]　徐苹芳：《中国历史文化名城的保护》，《中国城市考古学论集》，上海古籍出版社，2015年。

步深入的有效理论工具，特别是微观形态研究，通过对其形态变化的动态检视分析变化的趋势及原因，为历史保护管理提供指导。

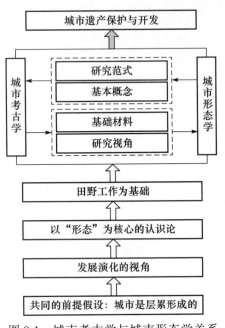

图 8-1　城市考古学与城市形态学关系框架图

城市考古学与城市形态学面对的不仅仅是城市的物质实体、形态样貌，还包括人类本身。在如此重任之下，城市考古学与城市形态学的研究道路漫长且阻，二者需要互相借鉴，同时吸取其他学科成果，在认识论和方法论层面不断丰富，以此推动我们对生存环境及人类自身的反思。考古学不应该只是对过去的发现和整理，更要关注现有的遗存。如此，我们更应该重视考古学在学术思想体系上的作用，突出强调考古思想史的价值，而不是只将考古学者看作不断进行发掘的考古信息的生产者。同样，城市环境中的考古学，不仅仅是田野发掘的实践，也不只是深埋地下的遗物和历史，更是一种对历史情境的思考和表达方式，能够启发我们创造新的概念，进而探讨如何利用过往的遗产来发展当今的城市环境（图 8-1）。

四、余　　论

本书通过对清代伊犁河谷内伊犁九城、牛录、卡伦及营盘等城址的系统研究，解决了一些相关的学术及实践层面的问题，进一步推进了清代新疆地区城址的研究。在研究中，本书以考古类型学及地层学为基础，充分利用城市考古学的理论方法，借鉴城市形态学、马克斯·韦伯"理想城市"与施坚雅"中心地"理论、"边疆理论"与"新清史"等研究范式，探讨了相关城址的形态结构及分布特征，总结出明清之际北疆城址的综合特征及发展脉络。同时对清代北疆部分将军城作了比较研究，认为将军城在筑城模式上并无统一的规制。

基于对明清时期部分城址的个案研究，本书还进一步探索了清代筑城模式的来源问题，认为清廷的筑城方式受到明代卫所城模式的深刻影响。本书也对研究中所使用的城市考古学理论，所借鉴的三套理论范式进行了反思，对其在城市考古研究中的适用性及前景进行了探讨。本书主要尝试在研究内容和研究方法上取得突破，进而在结论上求得新的认识，以达到创新的目的。内容上，本书从考古学的角度对清代伊犁河谷城址进行系统地梳理分析，将所发现的考古资料和历史文献材料进行对比研究，对伊犁地区城址营建及行政建置等方面的问题进行探讨。此前相关清史研究多集中在政治、经济层面，而本书对伊犁河谷城址城市面貌和社会生活的综合分析，可以帮助人们更为全面地了解清朝时期边疆的社会历史状况，总结伊犁河谷城址的考古学特征。

通过实地调研并借助卫星影像，本书发现并确认了一些新的遗址，如惠远新城周围的南营盘、西营盘及北营盘，惠远老城北关建筑等，这些都是之前调查时所不知的；还有如牛录城的城墙及构建方式，之前较少得到学者的关注，这些都在本书的研究中予以确认且进行了深入研究，进一步完善了对伊犁河谷城址的认识。

本书从城市考古的视角出发，对伊犁河谷驻防城及周边相关遗址进行综合研究，同时在分析材料的过程中借鉴反思了城市形态学、"中心地"理论和"新清史"的理论方法，尝试在城市考古的研究视角和研究方法上有所创新。结论上，本书总结出清代伊犁河谷城址的形态及分布特征，进而据此探讨了清代筑城实践的特征，得出伊犁河谷城址受到了明代卫所城的影响这一结论。上述研究实践与结论，对探讨明清之际北方地区筑城实践的连贯性有重要启发，为探讨北方地区元明清城市考古提供了新的思路。

我国大多数现代城市都是建立在清代城址基础之上的，即所谓古今重叠型，加上清廷在边疆生地上修建的如伊犁九城等大批驻防城，对清代古城的研究无疑具有重要的理论和现实意义。然而，在中国城市考古的考古实践与研究中，清代的城市遗存由于拥有海量文献，年代又距今较近，往往不太容易引起考古学家的注意。但身处前工业时代的最后一个朝代，清代古城以其丰富的资料属性（除文字性材料外，还有大量舆图、图片、视频等影像资料），为我们切入中国古代城市制度提供了最多的可能性，也提供了一个研究传统社会各类城市议题的有益参照。清代城市考古，特别是边疆地区城址遗存的调查、发掘和研究，是值得考古学界大力推进的。

参 考 书 目

一、古 籍

1.《清实录》，北京：中华书局，1986 年。

2.《钦定大清会典》卷八四《八旗都统》，光绪二十五年八月石印本。

3.《钦定大清会典事例》卷八六九《工部·赐宅额数》，光绪二十五年重修本。

4. 郭平梁、纪大椿原辑，周轩、修仲一、高健整理订补：《〈清实录〉新疆资料辑录》，乌鲁木齐：新疆大学出版社，2017 年。

5. 赵尔巽等：《清史稿》，北京：中华书局，1976 年。

6.（清）《清文献通考》，《景印文渊阁四库全书》第六三六册，台北：台湾商务印书馆，1986 年。

7.（清）葛士濬编：《清朝经世文续编》，台北：文海出版社，1972 年。

8.（清）刘锦藻：《清朝续文献通考》，上海：商务印书馆，1936 年。

9. 中国第一历史档案馆：《乾隆朝满文寄信档》，长沙：岳麓书社，2011 年。

10. 赵国华，张英聘，孙红丽等译：《雍正朝满文朱批奏折全译》，合肥：黄山书社，1998 年。

11. 马大正、吴丰培主编：《清代新疆稀见奏牍汇编》，乌鲁木齐：新疆人民出版社，1997 年。

12. 石光明：《清代边疆史料抄稿本汇编》，北京：线装书局，2003 年。

13. 中国边疆史地研究中心、新疆维吾尔自治区档案局编：《清代新疆档案选辑》，桂林：广西师范大学出版社，2012 年。

14.（清）穆彰阿等：《大清一统志》，《续修四库全书》第六二四册，上海：上海古籍出版社，2002 年。

15.（清）格琫额：《伊江汇览》，《中国地方志集成·新疆府县志辑》第九册，南京：凤凰出版社，2012 年。

16.（清）佚名纂：《咸丰伊江集载》，《中国地方志集成·新疆府县志辑》第九册，南京：凤凰出版社，2012 年。

17.（清）佚名：《伊犁文档汇钞》,《清代边疆史料抄稿本汇编》,北京：线装书局,2003 年。

18.（清）佚名：《伊犁略志》,《清代新疆稀见史料汇辑》,北京：全国图书馆文献缩微复制中心,1990 年。

19.（清）铁保等：《钦定八旗通志》,嘉庆四年刊本景印本,台北：台湾学生书局,1968 年。

20.（清）松筠修：《新疆识略》,《续修四库全书》第七三二册,上海：上海古籍出版社,2002 年。

21.（清）王树枬等纂修,朱玉麒等整理：《新疆图志》,上海：上海古籍出版社,2015 年。

22.（清）傅恒等：《钦定皇舆西域图志》,《景印文渊阁四库全书》第五〇〇册,台北：台湾商务印书馆,1986 年。

23.（清）傅恒等：《钦定西域同文志》,《景印文渊阁四库全书》第二三五册,台北：台湾商务印书馆,1986 年。

24.（清）松筠修,（清）汪廷楷、祁韵士撰：《西陲总统事略》,北京：中国书店,2010 年。

25.《伊犁事略》,《北京大学图书馆藏稀见方志丛刊》第 78 辑,北京：国家图书馆出版社,2013 年。

26.（清）永保纂：《总统伊犁事宜》,《清代新疆稀见史料汇辑》,北京：全国图书馆文献缩微复制中心,1990 年。

27.（清）许国桢：《伊犁府乡土志》,《新疆乡土志稿》,乌鲁木齐：新疆人民出版社,2010 年。

28.《绥定县乡土志》,《新疆乡土志稿》,乌鲁木齐：新疆人民出版社,2010 年。

29.《宁远县乡土志》,《新疆乡土志稿》,乌鲁木齐：新疆人民出版社,2010 年。

30.（清）徐松：《西域水道记》,北京：中华书局,2005 年。

31.（清）阿桂等：《盛京通志》,《景印文渊阁四库全书》第五〇一册,台北：台湾商务印书馆,1986 年。

32.（清）何秋涛：《朔方备乘》,《续修四库全书》第七四一册,上海：上海古籍出版社,2002 年。

33.（清）奕䜣等：《钦定平定陕甘新疆回匪方略》,北京：中国书店,1985 年。

34.（清）傅恒等：《平定准噶尔方略》,《景印文渊阁四库全书》第三五八册、三五九册,台北：台湾商务印书馆,1986 年。

35.（清）魏光焘：《戡定新疆记》,台北：华文书局,1969 年。

36. 杜宏春：《伊犁将军马、广奏稿校笺》，北京：中国社会科学出版社，2016 年。

37. （清）左宗棠：《左宗棠全集》，长沙：岳麓书社，2014 年。

38. （清）林则徐：《林则徐全集》，福州：海峡文艺出版社，2002 年。

39. （清）刘锦棠、李续宾：《刘锦棠奏稿·李续宾奏疏》，长沙：岳麓书社，2013 年。

40. （清）那彦成纂：《阿文成公年谱》，台北：文海出版社，1966 年。

41. （清）七十一：《西域闻见录》，日本宽政十三年刻本。

42. （清）洪亮吉：《洪亮吉集》，北京：中华书局，2001 年。

43. （清）洪亮吉：《晓读书斋杂录》三录卷下《塞外录》，清道光二十二年刻本。

44. （清）王彦威、王亮编：《清季外交史料》，长沙：湖南师范大学出版社，2015 年。

45. （明）邝璠：《便民图纂》，《续修四库全书》第九七五册，上海：上海古籍出版社，2002 年。

46. （明）熊廷弼：《按辽疏稿》，《续修四库全书》第四九一册，上海：上海古籍出版社，2002 年。

47. （明）熊廷弼：《辽中书牍》，《四库禁毁书丛刊·集部》第一二二册，北京：北京出版社，2000 年。

48. （清）《宣镇西路志》，国家图书馆馆藏抄本。

49. （唐）李鼎祚撰，王丰先点校：《周易集解》，北京，中华书局，2016 年。

50. （明）刘绩补注，姜涛点校：《管子补注》，南京：凤凰出版社，2016 年。

51. （宋）沈括撰，金良年点校：《梦溪笔谈》，北京：中华书局，2015 年。

52. （清）佚名：《帝阙城垣规制》，清内府抄本。

53. （清）林筠谷编辑：《阳宅会心集》，《稀见清代四部辑刊》第八辑 50，台北：经学文化事业有限公司，2015 年。

二、研究专著

1. 新疆维吾尔自治区文物局：《新疆古城遗址》，北京：科学出版社，2011 年。

2. 国家文物局：《中国文物地图集·新疆维吾尔自治区分册》，北京：文物出版社，2012 年。

3. 新疆维吾尔自治区文物局：《不可移动的文物·伊犁哈萨克自治州（直属县市）卷》，乌鲁木齐：新疆美术摄影出版社，2015 年。

4. 新疆维吾尔自治区文物局：《新疆维吾尔自治区长城资源调查报告》，北京：文物出版社，2014 年。

5. 新疆维吾尔自治区地方志编纂委员会：《新疆通志·文物志》，乌鲁木齐：新疆人民出版社，2007年。

6. 黄文弼：《新疆考古发掘报告》，北京：文物出版社，1983年。

7.《霍城县志》编纂委员会编：《霍城县志》，乌鲁木齐：新疆人民出版社，1998年。

8. 察布查尔锡伯自治县地方志编纂委员会编：《察布查尔锡伯自治县志》，乌鲁木齐：新疆人民出版社，2007年。

9. 管守新：《清代新疆军府制度研究》，乌鲁木齐：新疆大学出版社，2002年。

10. 贺灵：《丝绸之路伊犁研究》，乌鲁木齐：新疆人民出版社，2009年。

11. 吴轶群：《清代新疆边境地区城市对比研究——以伊犁、喀什噶尔为中心》，上海：上海古籍出版社，2020年。

12. 刘玉皑：《边疆与枢纽：近代新疆城市发展研究（1884—1949）》，广州：中山大学出版社，2016年。

13. 贾建飞：《清代西北史地学研究》，乌鲁木齐：新疆人民出版社，2010年。

14. 朱永杰：《清代驻防城时空结构研究》，北京：人民出版社，2010年。

15. 朱永杰：《清代满城历史地理研究》，北京：知识产权出版社，2017年。

16. 安沛君：《清代八旗营房研究》，郑州：大象出版社，2020年。

17. 黄达远、吴轶群：《多重视角下的边疆研究：18世纪至20世纪初叶的新疆区域社会史考察》，北京：民族出版社，2009年。

18. 黄达远：《隔离与融合：清代新疆边疆城市发展研究》，成都：巴蜀书社，2010年。

19. 马大正、厉声、许建英：《芬兰探险家马达汉新疆考察研究》，哈尔滨：黑龙江教育出版社，2007年。

20. 马达汉：《马达汉西域考察日记（1906—1908）》，北京：中国民族摄影艺术出版社，2004年。

21.《新疆通史》编撰委员会：《新疆史地论文著作索引（1988—2007）》，乌鲁木齐：新疆人民出版社，2016年。

22. 李孝聪：《历史城市地理》，济南：山东教育出版社，2007年。

23. 韩光辉：《宋辽金元建制城市研究》，北京：北京大学出版社，2011年。

24. 牛贯杰：《惠远城文献资料汇编》，台北：知书房出版社，2016年。

25. 梁思成：《清式营造则例》，北京：清华大学出版社，2006年。

26. 冯尔康：《清史史料学》，沈阳：沈阳出版社，2004年。

27. 宝音朝克图：《清代北部边疆卡伦研究》，北京：中国人民大学出版社，2005年。

28. 姚晓菲：《明清笔记中的西域资料汇编》，北京：学苑出版社，2016年。

29. 谢晓钟：《新疆游记》，北京：中国国际广播出版公司，2016 年。

30. 马长泉、张春梅：《清代新疆卡伦制度研究》，广州：暨南大学出版社，2020 年。

31. 陈澄之：《伊犁烟云录》，上海：中华建国出版社，1948 年。

32. 日野强著，华立译：《伊犁纪行》，哈尔滨：黑龙江教育出版社，2006 年。

33. 于维诚、潘喜明编译：《日本新修中国通志·新疆卷》，乌鲁木齐：新疆大学出版社，1994 年。

34. 莫理循：《1910，莫理循中国西北行》，福州：福建教育出版社，2008 年。

35.［俄］M. A. 捷连季耶夫：《征服中亚史》（第二卷），北京：商务印书馆，1983 年。

36.［法］勒内·格鲁塞著，蓝琪译：《草原帝国》，北京：商务印书馆，1998 年。

37.［德］康泽恩著，宋峰等译：《城镇平面格局分析：诺森伯兰郡安尼克案例研究》，北京：中国建筑工业出版社，2011 年。

38.［德］马克斯·韦伯著，王荣芬译：《儒教与道教》，北京：商务印书馆，1995 年。

39.［美］施坚雅主编，叶光庭等译：《中华帝国晚期的城市》，北京：中华书局，2000 年。

40.［美］拉铁摩尔著，唐晓峰译：《中国的亚洲内陆边疆》，南京：江苏人民出版社，2014 年。

41.［美］濮德培著，叶品岑、蔡伟杰、林文凯译：《中国西征：大清征服中央欧亚与蒙古帝国的最后挽歌》，台北：卫城出版，2021 年。

42. Owen Lattimore. Pivot of Asia: Sinkiang and the inner Asian frontiers of China and Russia. Boston: Little, Brown and Company, 1950.

43. Henry Lansdell. Russian Central Asia: Including Kuldja, Bokhara, Khiva and Merv. London: Sampson Low and Co. Press, 1885.

44. Nicola Di Cosmos and Don J Wyatt. Political Frontiers, Ethnic Boundaries and Human Geographies in Chinese History. London and New York: Routledge Press, 2003.

45. Piper Rae Gaubatz. Beyond the Great Wall: Urban Form and Transformation on the Chinese Frontiers. Stanford, Calif.: Stanford University Press, 1996.

三、研 究 论 文

1. 新疆维吾尔自治区文物普查办公室、伊犁地区文物普查队：《伊犁地区文物普查报告》，《新疆文物》1990 年第 2 期。

2. 新疆文物考古研究所：《新疆伊犁霍城县惠远古城考古调查报告》，《西部考古》第七辑，西安：三秦出版社，2014年。

3. 康萍、赵铁生：《清代新疆第一重镇：伊犁惠远古城探考记》，《大众考古》2017年第8期。

4. 闫雪梅：《清代伊犁九城遗址》，《新疆文物》2005年第4期。

5. 魏长洪：《伊犁九城的兴衰》，《新疆社会科学》1987年第1期。

6. 田卫疆：《清代伊犁惠远城建史初识》，《中国边疆史地研究》2009年第1期。

7. 施新荣、魏晓金：《史源学方法的价值——以清代伊犁惠远城建城时间为例》，《西域研究》2021年第2期。

8. 牛贯杰：《新发现地图所见两惠远城述论》，《西域研究》2021年第2期。

9. 张建军：《清代新疆城市地理研究》，陕西师范大学博士学位论文，1998年。

10. 张建军：《论清代新疆城市的占地规模》，《中国历史地理论丛》1998年第3期。

11. 阚耀平：《近代新疆城镇形态与布局模式》，《干旱区地理》2001年第4期。

12. 阚耀平：《历史时期新疆北部城镇的形成与发展》，《人文地理》2001年第4期。

13. 秦川：《清代伊犁惠远城功能的变化及其与地理环境的关系》，《新疆师范大学学报（哲学社会科学版）》2004年第3期。

14. 秦川：《从惠远城兴建的军事功能看清代新疆军府制的建立》，《新疆师范大学学报（哲学社会科学版）》2003年第4期。

15. 黄达远：《隔离下的融合——清代新疆城市发展与社会变迁（1759—1911）》，四川大学博士学位论文，2006年。

16. 尹雪萍、卢川：《清代伊犁惠远城的建立及八旗驻防概况》，《安徽广播电视大学学报》2013年第1期。

17. 马利红、安英新：《清代伊犁惠宁城相关史实考述》，《满族研究》2016年第3期。

18. 马长泉：《卡伦的起源及类型问题》，《新乡师范高等专科学校学报》2003年第1期。

19. 马长泉：《清代卡伦职能简论》，《新疆大学学报》2003年第2期。

20. 马长泉：《新疆卡伦的设立及作用》，《新疆大学学报》2005年第1期。

21. 宝音朝克图：《清朝边防中的三种巡视制度解析——"卡兵巡查"、"巡查卡伦"、"察边"之区别与联系》，《清史研究》2003年第4期。

22. 佟加·庆夫：《锡伯营驻守的卡伦及遗址》，《新疆日报》1989年4月22日。

23. 吕一燃：《伊犁索伦营卡伦的变迁》，《中国边疆史地研究报告》1992年第3-4期。

24. 巴赫：《清代新疆厄鲁特营卡伦》，《新疆社会科学研究》1988 年第 11 期。

25. 刘文鹏：《论清代新疆台站体系的兴衰》，《西域研究》2001 年第 4 期。

26. 王志强、姚勇：《清代新疆台站体系及其在边疆开发中的作用》，《西域研究》2007 年第 4 期。

27. 董琳、杨晓梅：《清代新疆台站与古今交通地名》，《新疆师范大学学报》2001 年第 4 期。

28. 吴轶群：《试论清代伊犁城市体系之产生》，《新疆大学学报（哲学人文社会科学版）》2009 年第 3 期。

29. 吴轶群：《清代伊犁城市体系变迁探析》，《地域研究与开发》2009 年第 4 期。

30. 彭修建：《清代伊犁九城的布局与战略作用研究》，《伊犁师范学院学报（社会科学版）》2010 年第 2 期。

31. 李江、韦承君：《清代伊犁河谷城镇分布与形态规模研究》，《建筑史》第 44 辑，北京：中国建筑工业出版社，2019 年。

32. 王芳、张小雷、杨兆萍等：《历史时期伊犁河谷文化遗址时空特征及驱动力分析》，《地理学报》2015 年第 5 期。

33. 王芳、张小雷等：《4000aBP 以来伊犁河谷文化遗址时空分布及变异性》，《中国沙漠》2015 年第 4 期。

34. 栾福明、王芳、熊黑钢：《伊犁河谷文化遗址时空分布及地理背景研究》，《干旱区地理》2017 年第 1 期。

35. 哈斯巴、博河：《清代新疆察哈尔营牧地考》，《新疆师范大学学报》1989 年第 2 期。

36. 巴赫：《清代新疆察哈尔营的戍守与开发》，《新疆师范大学学报（哲学社会科学版）》1990 年第 2 期。

37. 张丕远：《清朝乾隆时代新疆屯垦统计数据的探讨》，《历史地理》第十四辑，上海：上海人民出版社，1998 年。

38. 唐剑：《新疆锡伯族传统建筑文化研究》，西南交通大学硕士学位论文，2016 年。

39. 唐智佳：《清代伊犁锡伯营城堡研究》，《中国边疆史地研究》2019 年第 1 期。

40. 杨俊国：《平准之前北疆城市建设考》，《昌吉学院学报》2003 年第 4 期。

41. 徐苹芳：《中国边疆史地研究与考古学》，《中国边疆史地研究》1992 年第 2 期。

42. 黄平：《清代满城兴建与规划建设研究》，四川大学硕士学位论文，2006 年。

43. 洪涛：《历史上新疆伊犁的果子沟路》，《西域研究》1997 年第 1 期。

44. 潘志平：《清代新疆的交通与邮传》，《中国边疆史地研究》1996 年第 2 期。

45. 赵云田：《清代新疆的军府建置》，《中国社会科学院研究生院学报》1992 年第

2 期。

　　46. 谢志宁：《清前期的伊犁设防》，《中国边疆史地研究》1993 年第 3 期。

　　47. 杨尘：《清代伊犁军府制财政管理体制述略》，《伊犁师范学院学报》1998 年第 3 期。

　　48. 定宜庄：《清代北部边疆八旗驻防概述》，《中国边疆史地研究》1991 年第 2 期。

　　49. 佟克力：《清代伊犁驻防八旗始末》，《西域研究》2004 年第 3 期。

　　50. 朱永杰、韩光辉：《清代新疆"满城"时空结构研究》，《满族研究》2010 年第 3 期。

　　51. 苏奎俊：《清代新疆满城探析》，《新疆大学学报》2007 年第 5 期。

　　52. 佟克力：《伊犁驻防满营与新满营始末》，《新疆大学学报》2004 年第 3 期。

　　53. 佟克力：《清代伊犁索伦营驻防始末》，《新疆大学学报》2006 年第 1 期。

　　54. 贺灵：《伊犁新满营的组建及巩留旗屯》，《满族研究》1991 年第 3 期。

　　55. 马协弟：《清代满城考》，《满族研究》1990 年第 1 期。

　　56. 鄞秋华：《清代索伦部之研究》，台湾政治大学硕士学位论文，1996 年。

　　57. 吐娜：《清代厄鲁特营的设置及作用》，《卫拉特研究》1992 年第 4 期。

　　58. 巴赫：《清代新疆察哈尔营的戍守与开发》，《新疆师范大学学报（哲学社会科学版）》1990 年第 2 期。

　　59. 李娜：《近代沙俄对中国新疆的侵略史实概述》，《昌吉学院学报》2003 年第 3 期。

　　60. 刘存宽：《俄国近代对新疆的地理考察》，《历史月刊》1993 年第 8 期。

　　61. 黄达远：《晚清新疆城镇近代化初探》，《西域研究》2005 年第 3 期。

　　62. 黄达远：《清代中期新疆北部城市崛起的动力机制探析》，《西域研究》2006 年第 2 期。

　　63. 吴轶群：《清代新疆建省前后伊犁人口变迁考》，《新疆地方志》2009 年第 3 期。

　　64. 张建军：《论清代新疆城市的人口规模》，《中国历史地理论丛》1999 年第 4 期。

　　65. 凤良：《清代进行丝绸与马匹交易的新疆城市》，《中国历史地理论丛》1994 年第 1 期。

　　66. 盛岚：《民国时期新疆城镇发展研究》，新疆大学硕士学位论文，2007 年。

　　67. 吴元丰：《军机处满文月折包内新疆史料及其研究价值》，《西域研究》2000 年第 1 期。

　　68. 吴元丰：《清代新疆历史满文档案概述》，《西域研究》2010 年第 3 期。

　　69. 玉努斯江·艾力：《"塔兰奇"名称研究评述》，《伊犁师范学院学报（社会科学版）》2014 年第 2 期。

70. 斯波义信：《宋都杭州的城市生态》，《历史地理学读本》，北京：北京大学出版社，2006 年。

71. 郑莘、林琳：《1990 年以来国内城市形态研究述评》，《城市规划》2002 年第 7 期。

72. 王子奇：《中国城市考古学的探索历程——徐苹芳〈中国城市考古学论集〉书后》，《中国文物报》2016 年 11 月 1 日第 6 版。

73. 郑同修：《城址考古与城市考古——以山东地区考古工作为例》，《东北亚古代聚落与城市考古国际学术研讨会论文集》，北京：科学出版社，2014 年。

74. 鲁西奇、马剑：《城墙内的城市——中国古代治所城市形态的再认识》，《中国社会经济史研究》2009 年第 2 期。

75. 成一农：《中国古代方志在城市形态研究中的价值》，《中国地方志》2001 年第 1-2 期。

76. 刘未：《蒙元创建城市的形制与规划》，《边疆考古研究》第 17 辑，北京：科学出版社，2015 年。

77. 王琳峰，张玉坤：《明宣府镇城的建置及其演变》，《史学月刊》2010 年第 11 期。

78. 王肃：《我国城墙的起源与发展》，《文博》2004 年第 6 期。

79. 徐龙国：《中国古代都城门道研究》，《考古学报》2015 年第 4 期。

80. 韩建华：《中国古代城阙的考古学观察》，《中原文物》2005 年第 1 期。

81. 叶万松：《中国古代马面的产生与发展》，《考古与文物》2004 年第 1 期。

82. 贾亭立、陈薇：《中国古代城墙的垛口墙形制演进轨迹》，《东南大学学报（自然科学版）》2010 年第 2 期。

83. 侯宣杰：《中国边疆城市发展史的特点与研究方法》，《青海民族研究》2011 年第 1 期。

84. 陈宏、刘沛林：《风水的空间模式对中国传统城市规划的影响》，《城市规划》1995 年第 4 期。

85. 苏奎俊：《清代新疆满营研究》，新疆大学硕士学位论文，2006 年。

86. George E. Taylor. Review Pivot of Asia: Sinkiang and the Inner Asian Frontiers of China and Russia, by Owen Lattimore. The Far Eastern Quarterly, 1951(2).

后　记

　　望着书案上厚厚的书籍打印稿，我的心思瞬间回到了2016年那个夏天，以及初次踏足的伊犁河谷地，顿时百感交集。

　　2016年盛夏，我尚在美国匹兹堡大学访学交流，焦急等待着8月底回国。之所以焦急，一是因为匹村闷热的天气，更主要是因为博士论文题目尚未确定，而我马上要进入博士三年级。好在那时导师便已告知希望我能9月份一同去新疆伊犁做考古调查，焦躁之余便有了期待，之所以期待，是因为又可以见到导师和同门，也是出于对新疆伊犁这片土地的神往。但当时，我是没有预料到会和这片土地发生生命上的这种联系。

　　那次调查，留下了难忘的记忆。惠远老城高耸而残破的城墙，述说着往日的荣光，城内布局清晰的街道，依稀中使我看到了川流的人息。再通过导师现场的指导，深感以惠远城为核心的伊犁九城，其研究价值巨大。经过与导师的交流，决定将伊犁九城定为我的博士论文题目。于是便紧张地投入到资料收集与整理的过程。其后又有数次调查和勘探，最终在2018年完成并答辩通过了博士论文《清代伊犁河谷城址的考古学研究》。

　　博士毕业后选择去天津师范大学就职，在工作期间继续完善博士论文。首先是做了几次补充调查，去了哈密、昭苏等地，补充了一些清代的卡伦遗址。与此同时，将博士论文中的部分章节摘出修改发表，投稿过程中得到一些审稿意见，发表后也有人私下交流，这些对相关问题的认识都大有裨益，为书稿完成增益不少。在工作期间，承担了考古学通论、田野考察与历史人类学、考古绘图等课程，在课程中我也介绍了一些博士论文研究内容，在教学与同学交流的过程中，我也收获了一些新的思考。最后又在工作间隙抽出时间修改文稿，绘制了一些图片，增加了一些俄文的材料。最终完成了这部小书。

　　这本书之所以能面世出版，最需要感谢的是我的恩师魏坚老师。本书的选题是恩师敲定的。为了这篇论文，恩师带领我和团队两次远赴伊犁河谷，不畏辛劳，翻山越岭，探寻清代城址遗迹。论文框架也是与恩师反复商讨拟定的。最后书籍的出版也得到了恩师经费的支持，并且忝列于"中国人民大学考古文博学术系列丛书"中。可以说，没有恩师的指导，是断然不会有本书的。

　　我常想师恩如同父母恩。父母生养并教会我如何做人。恩师除传授我知识外，也在教我如何做人。从上魏老师的第一堂课开始，就被魏老师的人格魅力所折服。从本科到博士，跟随魏坚老师学习达 11 年的时间。老师言传身教，使我在学术上不断进步。想起研一时，老师在重感冒下，一句句帮我修改论文，而且不厌其烦地告诉我如何写作行文，也从此我才真正明白点写文章的套路。后几年跟着老师走南闯北，去过内蒙古、贵州、上海、重庆、河北等地，还去过以色列，长了不少见识，这也让自己也不再那么书生气。恩师的培养，没齿难忘。

本书的完成，也同样需要感谢我博士论文的答辩委员会成员老师，包括白云翔、乔梁、董新林、韩建业、李梅田、陈胜前等前辈老师。他们的答辩意见为后面论文的修改指明了方向。也要感谢王晓琨、刘未、陈晓露、James Williams 老师，几位老师在论文开题时提出了非常中肯的意见，使得毕业论文的写作走在了正确的道路上。中国人民大学考古文博系的其他老师也曾给予我诸多帮助。感谢吕学明老师，正是吕老师提供在牛河梁的实习机会，我才可以有机缘去匹兹堡大学接触前沿的考古学理论和方法。感谢森谷一树老师，森谷老师毫不吝惜地提供了各种卫星影像，他认真、细致的工作态度也感染了我。

本书成立的基础，便是几次考古调查，而这也得到了同门师兄弟的大力帮忙。任冠师兄对本书的研究对象也做了大量的调查和勘探工作，并且不吝分享成果。常璐、金菁、肖冬男、公雪、张倩、朱鹏等师弟师妹和北京科技大学谭宇辰博士，在调查与勘探的过程中做了很多艰苦的工作。毕德广师兄在书稿写作和修改过程中不吝赐教，巴依尔帮忙翻译部分俄文资料。对以上同门的各位表示衷心的感谢。考古文博系犹如一个大家庭，除了老师们的关怀和慈爱，同门之间的相亲相爱也是我此生珍重的财富。

在调查中，也得到了地方文物部门领导和朋友的大力支持。感谢伊犁哈萨克自治州文物局佟金玉局长、戴景礼主任、郭林平科长，感谢霍城县文物局夏永成局长、霍城县文物局办公室主任陈利明、伊宁市文物局局长陈勇、察布查尔县文物局局长何成蓉、昭苏县文物局局长乌云其米格、伊犁哈萨克自治州博物馆赵铁生馆员，几位朋友在我调查及勘探时，提供了坚实的后盾支持，也提供了很多第一手材料。也正是因为伊犁这些辛劳而专业的文史工作者，我才得从伊犁这片土地中吸取营养，使我在书稿的写作中坚定不移，得以完成相应工作。

在书稿的撰写过程中，其他单位的老师、朋友也提供了诸多指导和帮助。十分感谢陈弘法先生，先生身体欠安却仍尽力帮忙翻译俄文资料，其勤奋、严谨、无私的风范令人动容。特别感谢中国社会科学院考古研究所刘建国老师，老师非常慷慨地提供了研究地区的卫星影像、DEM 数据等，并且在百忙之中帮我做了部分数据处理工作，令人感动。也要感谢天津师范大学历史文化学院的领导和同事，侯建新、孙立田、张乃和，故去的杨效雷，以及鲁鑫等老师领导的鼓励和关怀，为本书的写作提供了宽松的环境和友好的氛围。与毛曦、张献忠、李里、罗艳春、杜宪兵、曹牧、戴玥、石洪波等老师的友谊和交流，令我受益匪浅，都或多或少体现在了书稿中。

感谢我的妻子闫晓庆女士，是你的支持、理解和付出，得以让我全身心投入到书稿的修改中。爱女一诺，是我生命中最好的礼物，让我体验到了为人父母的责任和喜悦。父母给我提供了宽松的成长环境，让我自己去探索、成长，使我明白了吃苦耐劳的道理。哥哥和嫂子自幼对我非常好，一直关心疼爱我。谨以此书，献给我爱的家人们。

最后，感谢编辑周巡女士和科学出版社的同仁，你们的敬业态度和职业精神感染了我。也正是因为你们的严格把关，使得本书得以更为完善。

恩师魏坚先生百忙中拨冗欣然为本书作序。

一本小书，花费了不少心血，写作时也抱着祁韵士在编纂《西陲总统事略》时"倘不足以信今而证古，是无益之书，可以不作"的态度。但限于个人才识学各方面的欠缺，书稿仍存在诸多遗憾和不足。本书的主要难点是研究对象尚存的资料相对较少，并且没有经过考古发掘，做系统分析时可供研究的考古材料相对单薄，撑起博士论文的框架略显勉强。与之相对的是庞杂的文献史料。所以本书仍呈现出以文献为主的历史学研究的特点，考古材料的解读尚不充分。同时，对于历史文献的使用尚有不足，满文文献也没有充分利用。现不揣简陋，将其付梓，期待各位方家的批评指正，以求在学术道路上进一步完善。

一路回望，我的思绪也再一次回到了2016年与伊犁河的第一面。彼时伊犁河已然过了汛期，婉转流淌，宛若女子。但看到惠远城被她冲掉了的西南角，使我感到我似乎永远无法彻底理解她，也无法拥有她，更做不到陪伴她。我不由想到一首诗："伊犁河中水，本是情人泪。源从天上来，点滴心中溉。流水岂容追，莫待干涸时。未识惟恐早，既爱反恨迟。"伊犁河及其哺育的城址，也必定是我此生深情思念的"情人"，陪伴我走向学术上的成熟。

郝园林

2023 年 6 月 30 日于文韵园

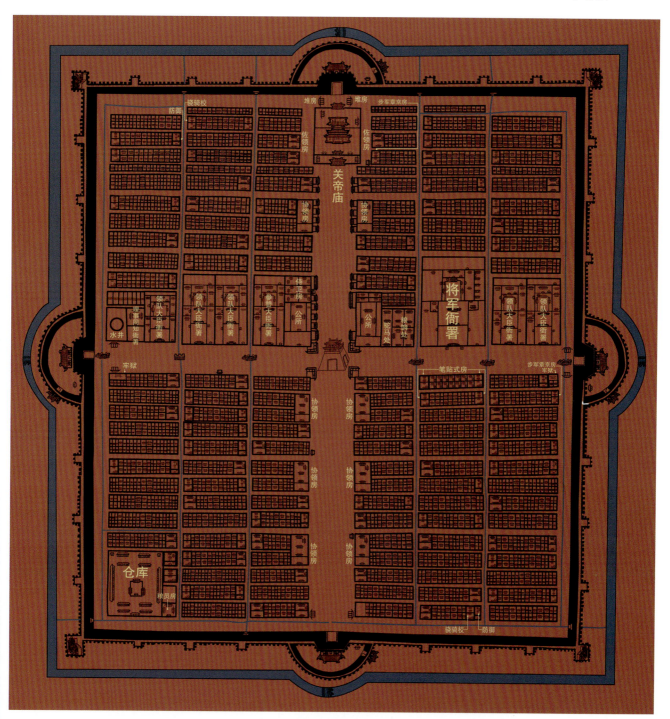

惠远老城舆图

据《惠远城图》清绘，略有改动，原图见于军机处满文录副奏折，乾隆三十一年正月，中国第一历史档案馆藏，档号：03-0182-2177-034

图版二

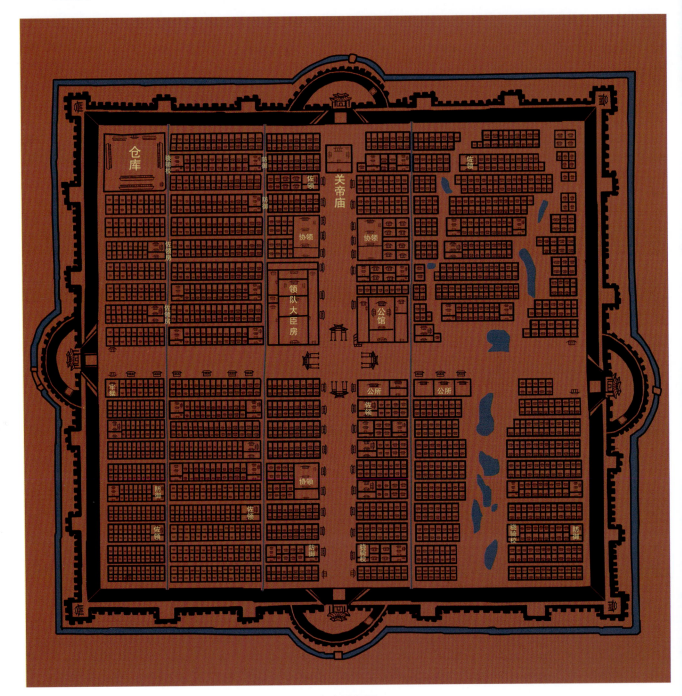

惠宁城舆图

据《惠宁城图》清绘，略有改动，原图见于《奏将建造伊犁惠宁城奋勉效力绿营官兵交兵部议奖赏并绘制城图呈览折》，
军机处满文录副奏折，乾隆三十五年八月十三日，中国第一历史档案馆藏，档号：03-0184-2384-032

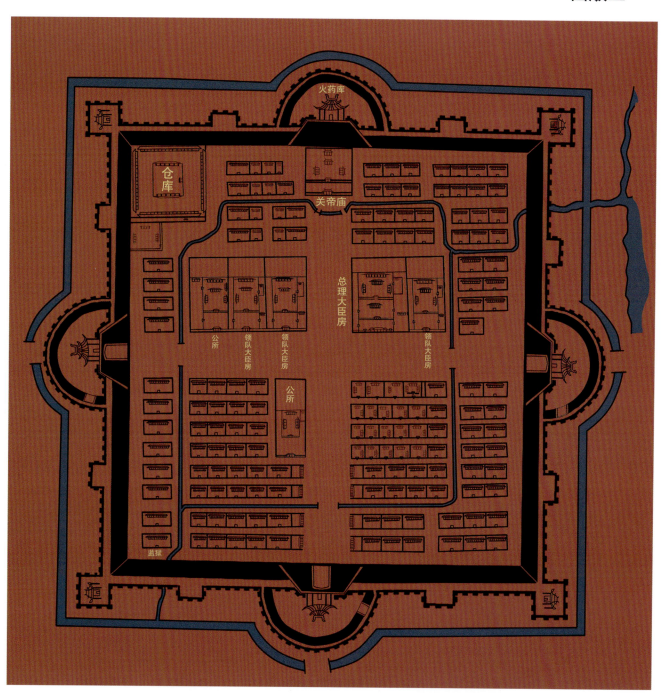

绥定城舆图

据《乌哈尔里克官兵城图》清绘，略有改动，原图见于《奏报伊犁城垣竣工折》，
军机处满文录副奏折，乾隆二十七年七月初九日，中国第一历史档案馆藏，档号：03-0179-1958-036

图版四

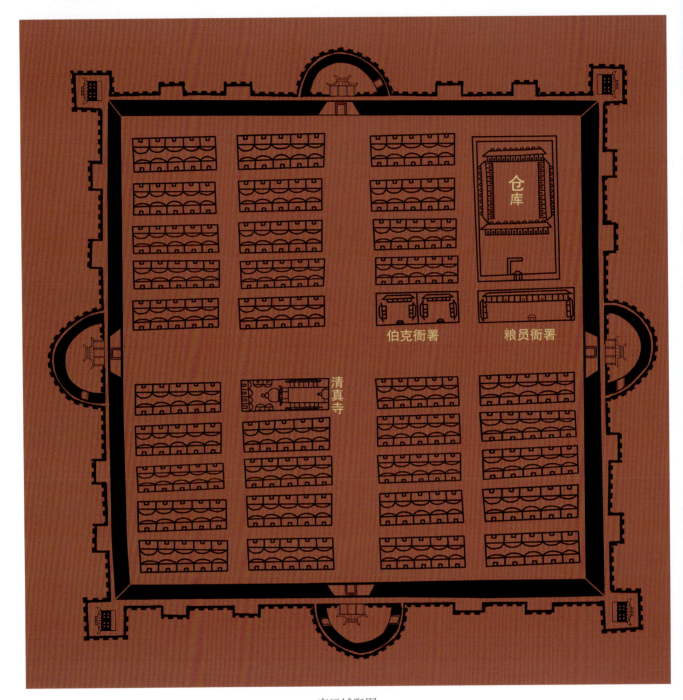

仓库

伯克衙署　　　　粮员衙署

清真寺

宁远城舆图

据《古尔扎回民城图》清绘，略有改动，原图见于《奏报伊犁城垣竣工折》，
军机处满文录副奏折，乾隆二十七年七月初九日，中国第一历史档案馆藏，档号：03-0179-1958-036

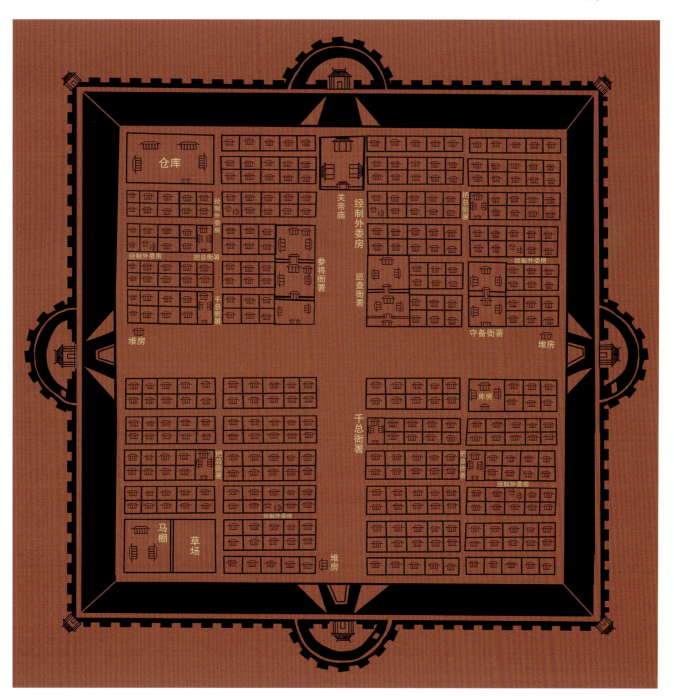

拱宸城舆图

据《为呈览伊犁新建霍尔果斯城图事图》清绘，略有改动，
原图见于军机处满文录副奏折，乾隆四十五年十二月，中国第一历史档案馆藏，档号：03-0189-2862-031

图版六

1. 惠远老城东墙航拍图（北—南）

2. 惠远老城老东门残存夯土台（东—西）

3. 惠远老城东门瓮城墙体（西—东）

4. 惠远老城北墙（东北—西南）

5. 惠远老城东墙南段（东北—西南）

6. 惠远老城北墙马面（西北—东南）

1. 惠远老城北墙夯层（北—南）

2. 惠远老城内所采集夯锤

3. 惠远老城内所采集建筑构件

4. 惠远老城内采集遗物

图版八

1. 惠远新城西北角台（西北—东南）

2. 惠远新城钟鼓楼（西南—东北）

3. 惠远新城伊犁将军衙署正门（南—北）

4. 伊犁将军衙署大堂遗址地面现状（西—东）
左起：魏坚、夏永成

5. 惠远新城伊犁将军衙署大堂遗址勘探现场测绘（东—西）

6. 惠远新城伊犁将军衙署大堂遗址东房基探出碎砖块

1. 惠宁城北墙（东南—西北）

2. 惠宁城西北角台及西墙（东—西）

3. 惠宁城北墙夯层（南—北）

4. 绥定城北墙（西—东）

5. 拱宸城西墙（西—东）

6. 瞻德城东墙（东北—西南）

1. 塔勒奇城北墙及西北角台（西—东）

2. 火烧庄子古城西南城墙（东—西）

3. 乌珠牛录城北墙东段（西—东）

4. 扎库齐牛录北墙（东南—西北）

5. 惠远新城东营盘东墙（北—南）

6. 长远洞营盘东南角台及东墙（东南—西北）

1. 沙彦卡伦城内景（西北—东南）

2. 察罕额博卡伦东北侧瞭望台（西南—东北）

3. 登元卡伦内景（西北—东南）

4. 乔老克炮台全景（东南—西北）

5. 头湖卡伦东南角台及东墙（东南—西北）

6. 哈桑卡伦城内景（西北—东南）

图版一二

1. 纳旦木卡伦城内景（东北—西南）

2. 纳旦木卡伦东南角台及东墙（东南—西南）

3. 纳旦木卡伦南门（南—北）

4. 纳旦木卡伦夯层（南—北）

5. 格登山卡伦内景（西南—东北）

6. 沙图阿满军台（南—北）

1. 惠远老城北墙勘探现场

2. 惠远老城北门勘探现场

3. 惠远老城伊犁将军衙署勘探现场

4. 惠远老城踩踏路土提取土样

5. 惠远老城北门内底层堆积土样

6. 惠远老城夯土基址土样

图版一四

1. 调查组在惠远老城测绘（2016年9月5日）
左起：金菁、任冠、郝园林、张倩

2. 调查组在惠远老城调查（2016年9月3日）

3. 调查组在惠远老城测量城墙高度
（2016年9月3日）
左起：郝园林、魏坚

4. 调查组在广仁城调查（2017年8月23日）
左起：常璐、郝园林、巴依尔、王建刚

5. 调查组在纳旦木卡伦测量（2017年8月24日）

6. 调查组在拱宸城调查（2017年8月23日）
左起：王建刚、郝园林、巴依尔

1. 调查组在惠远老城合影（2017年3月13日）
左起：郝园林、陈利明、任冠

2. 考古勘探人员在惠远老城合影（2017年6月17日）
左三：朱鹏，左五：陈利明，左七：任冠

3. 调查组在绥定城调查（2017年8月23日）
左起：常璐、戴景礼、陈利明、魏坚

4. 调查组在惠宁城调查（2017年8月24日）
左起：巴依尔、魏坚、陈勇、郭林平、郝园林

5. 调查组在扎库齐牛录城堡调查（2017年8月24日）
左起：常璐、何成蓉、何新军、魏坚、郭林平、郝园林

6. 调查组在沙图阿满军台调查
（2018年8月10日）
左起：加克、纳森巴雅尔、吾加

图版一六

1. 调查组在宁远城调查（2017年8月24日）
左起：王建刚、郝园林、巴依尔、陈勇、魏坚、郭林平

2. 调查组在绥定城调查（2017年8月23日）
左起：陈利明、常璐、郝园林、魏坚、巴依尔

3. 调查组在惠远老城合影（2016年9月3日）
左起：郝园林、任冠、公雪、张倩、魏坚、金菁、肖冬男

4. 调查组在惠宁城合影（2017年8月24日）
左起：常璐、公雪、顾伟、巴依尔、郝园林、魏坚、郭林平、陈勇

5. 调查组在察布查尔县调查合影（2017年8月24日）
左起：公雪、常璐、马厚钦、王建刚、巴依尔、魏坚、郭林平、郝园林

6. 调查组在乌孙山合影（2018年8月8日）
左起：郝园林、谭宇辰、纳森巴雅尔、加克、吾加、木扎帕尔、戴乐